JN095364

「令和 6 年度版　弁護士職務便覧」に関するご案内

令和 6 年 10 月 23 日
日本加除出版株式会社

　本書は「令和 6 年 6 月 1 日」現在の情報を元としており、「令和 6 年 10 月 1 日」以降の郵便料金変更には対応しておりません。

　令和 6 年 10 月 1 日の郵便料金変更と、その対応については、お手数ですが下記参考サイト等にてご確認ください。

＜参考サイト＞
日本郵政
　https://www.post.japanpost.jp/service/2024fee_change/index.html

東京地方裁判所（裁判手続きを利用する方へ）
　https://www.courts.go.jp/tokyo/saiban/index.html
東京家庭裁判所（裁判手続を利用する方へ）
　https://www.courts.go.jp/tokyo-f/saiban/index.html
東京簡易裁判所（裁判手続を利用する方へ）
　https://www.courts.go.jp/tokyo-s/saiban/index.html
東京高等裁判所（裁判手続を利用する方へ）
　https://www.courts.go.jp/tokyo-h/saiban/index.html
知的財産高等裁判所（手続を利用する方へ）
　https://www.ip.courts.go.jp/tetuduki/index.html

弁護士職務便覧

令和6年度版

東　京　弁　護　士　会
第　一　東　京　弁　護　士　会　編
第　二　東　京　弁　護　士　会

日本加除出版株式会社

は　し　が　き

　東京三弁護士会は、弁護士、法律事務所事務職員の職務遂行あるいは事務処理の便宜に供するため、『弁護士職務便覧』を刊行し、順次改訂して参りました。

　近年来の相次ぐ法改正や官公庁の統廃合や移転等に伴い、随時情報更新を要することとなり、平成15年度より毎年改訂しております。

　本年度版では、令和5年10月1日の郵便料金改定に伴う予納郵券の変更に関する情報をはじめ、庁舎案内や法廷一覧表等、最新の情報に内容を更新いたしました。

　また、東京地方裁判所民事第22部での審理についてのご説明として、審理のポイントや基本的書証のリスト、Teamsを用いた一覧表の提出方法等の情報を新たに掲載し、訴訟の進行に関する照会書についての更新も行っております。

　そのほか、東京三弁護士会各会における各種証明・届出に必要な手続に関する情報、各種相談及び相談センターに関する情報等につきましても、変更を反映しております。

　なお、本便覧の作成にあたっては、東京高等裁判所、東京地方裁判所、東京簡易裁判所、東京家庭裁判所の書記官の方々をはじめ、関係機関の皆様の全面的なご協力をいただきました。心よりお礼申し上げます。

　　令和6年7月

東　京　弁　護　士　会
　会長　　上　田　智　司
第一東京弁護士会
　会長　　市　川　正　司
第二東京弁護士会
　会長　　日下部　真　治

━━━━━━━━━━━━━━ **目　　次** ━━━━━━━━━━━━━━

1 訴額算定についての一般原則

1 　勝訴によって原告の受ける利益を基準とする。

2 　訴の変更によって原告の受ける利益に変更をきたすときは変更時の訴額を算定し差額を追納する。

3 　一の訴で数個の請求をするときは各利益を合算する。（合算主義の原則）

4 　経済的利益の同一である訴（例．主債務者と保証人を共同被告とする貸金請求、同一手形上の債務を数人に請求する場合等）は合算しない。

5 　付帯請求(例．元本とともにする利息・損害金請求、家屋明渡とともにする延滞賃料等）は合算しない。

6 　本訴と目的を同じくする反訴については本訴の限度において訴額に対する手数料は免除される。

7 　訴額算定不能の場合、非財産権上の訴は160万円とみなされる。

8 　一の訴で非財産上の訴とその原因事実から生ずる財産権上の訴を併合するときは額の多い訴の利益を基準とする。

2 訴訟物価額の算定基準

(注) 以下目的物の価額とは次の価額をいう

不 動 産 固定資産税評価額（但し土地を目的とする訴訟・調停及び借地非訟事件の訴訟物の価格の算定基準については、受付事務の取扱いとしては、平成6年4月1日より当分の間、固定資産税評価額に2分の1を乗じて得た金額を基準とする）

その他の物 取引価格

訴　　訟　　物	算　　定　　基　　準	
	権　利　自　体	その引渡（明渡）請求権
(1)所　　　　　有　　　　　権	目的物の価額	目的物の価額の½
(2)占　　　　　有　　　　　権	目的物の価額の⅓	目的物の価額の⅓
(3)地 上 権 ・ 永 小 作 権 　　賃 借 権	目的物の価額の½	目的物の価額の½
(4)所有権移転登記請求権	目的物の価額	（賃貸借契約解除等による場合も同じ）
(5)地　　　役　　　権	承役地の価額の⅓又は要役地の価額の⅓	
(6)境　　界　　確　　定	係争地域の価額	
(7)担　　保　　物　　権 　（登記請求権を含む）	被担保債権の金額 　但し、目的物の価額の方が低額であることを疎明したときは、その額	
(8)金 銭 支 払 請 求 権	請求金額 　但し、将来の給付請求権は、中間利息を控除した金額	
(9)賃料増減額の請求権	「1か月当たりの賃料差額×（増額又は減額の始期から訴え提起までの期間＋12か月）」 　但し、目的不動産の価額の½の額の方が低額であることを疎明したときは、その額	
(10)詐 害 行 為 取 消 権	次のうちいずれか小さい金額 　　①原告の債権額　②取消される法律行為の目的の価額	
(11)請 求 異 議 の 訴	（原則として）債務名義に表示された金額	
(12)第 三 者 異 議 の 訴	（原則として）差押えられた目的物の価額の½	
(13)執 行 文 付 与 の 訴 (14)執行文付与の異議の訴	債務名義に表示された金額の½又は前記(1)〜(3)の引渡請求権の½	
(15)作為・不作為を求める訴	①主張利益の金額（例、謝罪広告の訴は掲載料金、工作物の撤去は前記(1)〜(3)の引渡請求権の基準額） ②金額が不明確なときは算定不能として160万円とみなす	
(16)解雇無効確認及び労働者の地位確認	算定不能として160万円とみなす	
(17)行 政 処 分 取 消 の 訴	(1)主張利益の金額 (2)金額が不明確なときは160万円とみなす	
(18)会社設立無効、株主総会の決議の取消、無効	非財産権上の権利として160万円とみなす	

3│訴額算出事例

（事例１）

> **1 問 題**
>
>   次のようないわゆる賃料増額訴訟の訴額は、それぞれいくらとなるか。
> （ただし、目的不動産の価額の疎明はないものとする）
> (1) 賃料増額の始期　　　平成３年３月１日
>   増額後の賃料額　　　１か月35万円
>   従前の賃料額　　　　１か月25万円
>   訴え提起日　　　　　平成３年６月14日
>   請求の態様　　　　　平成３年３月１日以降の賃料額が１か月35万
>   　　　　　　　　　　円であることの確認
> (2) 請求の態様　　　　　増額の始期から訴え提起日までの間の未払賃料
>   　　　　　　　　　　差額の総額30万円及び平成３年６月以降毎月
>   　　　　　　　　　　末日限り35万円の賃料の給付請求
>
>   その余は(1)と同じ

2 結 論

(1) 訴額は150万円となる。
  （計算式）
  10万円×（３か月＋12か月）＝150万円
  　　10万円：増額後の賃料額の従前の賃料額との差額
  　　３か月：増額の始期から訴え提起日までの期間
  　　　　　　（３か月14日であるが、１か月に満たない端数期間の14日を切
  　　　　　　り捨てる。）
  　　12か月：第一審裁判所における平均審理期間
(2) 訴額は450万円となる。
  （計算式）
  30万円＋35万円×12か月＝450万円
  　　30万円：訴え提起日までの間の賃料差額総額
  　　35万円：訴え提起以降の賃料月額
  　　12か月：第一審裁判所における平均審理期間

（事例２）

> **1 問 題**
>
> 　次のような請求を併合して訴えが提起された場合の手数料額はいくらとなるか。
>
> （請求の趣旨）
>
> ①　原告と被告とを離婚する。
>
> ②　原告と被告との間の長女Ａの親権者を原告と定める。
>
> ③　被告は、原告に対し、金1,000万円を支払え。
>
> 　ただし、③については、請求原因には、財産分与として300万円及び慰謝料として700万円の支払を求める旨の記載がされている。

2 結 論

　①の訴額160万円と、③の慰謝料の訴額700万円とを比較し、多額である700万円が訴額となりこれに対応する手数料3万8,000円と③の財産分与（家事審判事項）の申立手数料1,200円との合計3万9,200円が手数料額となる。②は、手数料不要。

※出典『訴額算定に関する書記官事務の研究』（法曹会）

4 貼用印紙額

訴 額 （万円）	（一） 訴　状	（二） 控 訴 状	（三） 上 告 状	（四） 支払督促	（五） 借地非訟	（六） 調停申立	（七） 調停差額
万円	（円）	（円）	（円）	（円）	（円）	（円）	（円）
10	1,000	1,500	2,000	500	400	500	500
20	2,000	3,000	4,000	1,000	800	1,000	1,000
30	3,000	4,500	6,000	1,500	1,200	1,500	1,500
40	4,000	6,000	8,000	2,000	1,600	2,000	2,000
50	5,000	7,500	10,000	2,500	2,000	2,500	2,500
60	6,000	9,000	12,000	3,000	2,400	3,000	3,000
70	7,000	10,500	14,000	3,500	2,800	3,500	3,500
80	8,000	12,000	16,000	4,000	3,200	4,000	4,000
90	9,000	13,500	18,000	4,500	3,600	4,500	4,500
100	10,000	15,000	20,000	5,000	4,000	5,000	5,000
120	11,000	16,500	22,000	5,500	4,400	5,500	5,500
140	12,000	18,000	24,000	6,000	4,800	6,000	6,000
160	13,000	19,500	26,000	6,500	5,200	6,500	6,500
180	14,000	21,000	28,000	7,000	5,600	7,000	7,000
200	15,000	22,500	30,000	7,500	6,000	7,500	7,500
220	16,000	24,000	32,000	8,000	6,400	8,000	8,000
240	17,000	25,500	34,000	8,500	6,800	8,500	8,500
260	18,000	27,000	36,000	9,000	7,200	9,000	9,000
280	19,000	28,500	38,000	9,500	7,600	9,500	9,500
300	20,000	30,000	40,000	10,000	8,000	10,000	10,000
320	21,000	31,500	42,000	10,500	8,400	10,500	10,500
340	22,000	33,000	44,000	11,000	8,800	11,000	11,000
360	23,000	34,500	46,000	11,500	9,200	11,500	11,500
380	24,000	36,000	48,000	12,000	9,600	12,000	12,000
400	25,000	37,500	50,000	12,500	10,000	12,500	12,500
420	26,000	39,000	52,000	13,000	10,400	13,000	13,000
440	27,000	40,500	54,000	13,500	10,800	13,500	13,500
460	28,000	42,000	56,000	14,000	11,200	14,000	14,000
480	29,000	43,500	58,000	14,500	11,600	14,500	14,500
500	30,000	45,000	60,000	15,000	12,000	15,000	15,000
550	32,000	48,000	64,000	16,000	12,800	16,000	16,000
600	34,000	51,000	68,000	17,000	13,600	17,000	17,000
650	36,000	54,000	72,000	18,000	14,400	18,000	18,000
700	38,000	57,000	76,000	19,000	15,200	19,000	19,000
750	40,000	60,000	80,000	20,000	16,000	20,000	20,000
800	42,000	63,000	84,000	21,000	16,800	21,000	21,000
850	44,000	66,000	88,000	22,000	17,600	22,000	22,000
900	46,000	69,000	92,000	23,000	18,400	23,000	23,000
950	48,000	72,000	96,000	24,000	19,200	24,000	24,000
1,000	50,000	75,000	100,000	25,000	20,000	25,000	25,000
1,100	53,000	79,500	106,000	26,500	21,200	26,200	26,800
1,200	56,000	84,000	112,000	28,000	22,400	27,400	28,600
1,300	59,000	88,500	118,000	29,500	23,600	28,600	30,400
1,400	62,000	93,000	124,000	31,000	24,800	29,800	32,200
1,500	65,000	97,500	130,000	32,500	26,000	31,000	34,000
1,600	68,000	102,000	136,000	34,000	27,200	32,200	35,800
1,700	71,000	106,500	142,000	35,500	28,400	33,400	37,600
1,800	74,000	111,000	148,000	37,000	29,600	34,600	39,400
1,900	77,000	115,500	154,000	38,500	30,800	35,800	41,200
2,000	80,000	120,000	160,000	40,000	32,000	37,000	43,000

各種貼用印紙額、手数料

訴 額 （万円）	（一） 訴 状	（二） 控 訴 状	（三） 上 告 状	（四） 支払督促	（五） 借地非訟	（六） 調停申立	（七） 調停差額
2,100	83,000	124,500	166,000	41,500	33,200	38,200	44,800
2,200	86,000	129,000	172,000	43,000	34,400	39,400	46,600
2,300	89,000	133,500	178,000	44,500	35,600	40,600	48,400
2,400	92,000	138,000	184,000	46,000	36,800	41,800	50,200
2,500	95,000	142,500	190,000	47,500	38,000	43,000	52,000
2,600	98,000	147,000	196,000	49,000	39,200	44,200	53,800
2,700	101,000	151,500	202,000	50,500	40,400	45,400	55,600
2,800	104,000	156,000	208,000	52,000	41,600	46,600	57,400
2,900	107,000	160,500	214,000	53,500	42,800	47,800	59,200
3,000	110,000	165,000	220,000	55,000	44,000	49,000	61,000
3,100	113,000	169,500	226,000	56,500	45,200	50,200	62,800
3,200	116,000	174,000	232,000	58,000	46,400	51,400	64,600
3,300	119,000	178,500	238,000	59,500	47,600	52,600	66,400
3,400	122,000	183,000	244,000	61,000	48,800	53,800	68,200
3,500	125,000	187,500	250,000	62,500	50,000	55,000	70,000
3,600	128,000	192,000	256,000	64,000	51,200	56,200	71,800
3,700	131,000	196,500	262,000	65,500	52,400	57,400	73,600
3,800	134,000	201,000	268,000	67,000	53,600	58,600	75,400
3,900	137,000	205,500	274,000	68,500	54,800	59,800	77,200
4,000	140,000	210,000	280,000	70,000	56,000	61,000	79,000
4,100	143,000	214,500	286,000	71,500	57,200	62,200	80,800
4,200	146,000	219,000	292,000	73,000	58,400	63,400	82,600
4,300	149,000	223,500	298,000	74,500	59,600	64,600	84,400
4,400	152,000	228,000	304,000	76,000	60,800	65,800	86,200
4,500	155,000	232,500	310,000	77,500	62,000	67,000	88,000
4,600	158,000	237,000	316,000	79,000	63,200	68,200	89,800
4,700	161,000	241,500	322,000	80,500	64,400	69,400	91,600
4,800	164,000	246,000	328,000	82,000	65,600	70,600	93,400
4,900	167,000	250,500	334,000	83,500	66,800	71,800	95,200
5,000	170,000	255,000	340,000	85,000	68,000	73,000	97,000
5,100	173,000	259,500	346,000	86,500	69,200	74,200	98,800
5,200	176,000	264,000	352,000	88,000	70,400	75,400	100,600
5,300	179,000	268,500	358,000	89,500	71,600	76,600	102,400
5,400	182,000	273,000	364,000	91,000	72,800	77,800	104,200
5,500	185,000	277,500	370,000	92,500	74,000	79,000	106,000
5,600	188,000	282,000	376,000	94,000	75,200	80,200	107,800
5,700	191,000	286,500	382,000	95,500	76,400	81,400	109,600
5,800	194,000	291,000	388,000	97,000	77,600	82,600	111,400
5,900	197,000	295,500	394,000	98,500	78,800	83,800	113,200
6,000	200,000	300,000	400,000	100,000	80,000	85,000	115,000
6,100	203,000	304,500	406,000	101,500	81,200	86,200	116,800
6,200	206,000	309,000	412,000	103,000	82,400	87,400	118,600
6,300	209,000	313,500	418,000	104,500	83,600	88,600	120,400
6,400	212,000	318,000	424,000	106,000	84,800	89,800	122,200
6,500	215,000	322,500	430,000	107,500	86,000	91,000	124,000
6,600	218,000	327,000	436,000	109,000	87,200	92,200	125,800
6,700	221,000	331,500	442,000	110,500	88,400	93,400	127,600
6,800	224,000	336,000	448,000	112,000	89,600	94,600	129,400
6,900	227,000	340,500	454,000	113,500	90,800	95,800	131,200
7,000	230,000	345,000	460,000	115,000	92,000	97,000	133,000

各種貼用印紙額、手数料

訴　額 （万円）	(一) 訴　　状	(二) 控　訴　状	(三) 上　告　状	(四) 支払督促	(五) 借地非訟	(六) 調停申立	(七) 調停差額
7,100	233,000	349,500	466,000	116,500	93,200	98,200	134,800
7,200	236,000	354,000	472,000	118,000	94,400	99,400	136,600
7,300	239,000	358,500	478,000	119,500	95,600	100,600	138,400
7,400	242,000	363,000	484,000	121,000	96,800	101,800	140,200
7,500	245,000	367,500	490,000	122,500	98,000	103,000	142,000
7,600	248,000	372,000	496,000	124,000	99,200	104,200	143,800
7,700	251,000	376,500	502,000	125,500	100,400	105,400	145,600
7,800	254,000	381,000	508,000	127,000	101,600	106,600	147,400
7,900	257,000	385,500	514,000	128,500	102,800	107,800	149,200
8,000	260,000	390,000	520,000	130,000	104,000	109,000	151,000
8,100	263,000	394,500	526,000	131,500	105,200	110,200	152,800
8,200	266,000	399,000	532,000	133,000	106,400	111,400	154,600
8,300	269,000	403,500	538,000	134,500	107,600	112,600	156,400
8,400	272,000	408,000	544,000	136,000	108,800	113,800	158,200
8,500	275,000	412,500	550,000	137,500	110,000	115,000	160,000
8,600	278,000	417,000	556,000	139,000	111,200	116,200	161,800
8,700	281,000	421,500	562,000	140,500	112,400	117,400	163,600
8,800	284,000	426,000	568,000	142,000	113,600	118,600	165,400
8,900	287,000	430,500	574,000	143,500	114,800	119,800	167,200
9,000	290,000	435,000	580,000	145,000	116,000	121,000	169,000
9,100	293,000	439,500	586,000	146,500	117,200	122,200	170,800
9,200	296,000	444,000	592,000	148,000	118,400	123,400	172,600
9,300	299,000	448,500	598,000	149,500	119,600	124,600	174,400
9,400	302,000	453,000	604,000	151,000	120,800	125,800	176,200
9,500	305,000	457,500	610,000	152,500	122,000	127,000	178,000
9,600	308,000	462,000	616,000	154,000	123,200	128,200	179,800
9,700	311,000	466,500	622,000	155,500	124,400	129,400	181,600
9,800	314,000	471,000	628,000	157,000	125,600	130,600	183,400
9,900	317,000	475,500	634,000	158,500	126,800	131,800	185,200
10,000	320,000	480,000	640,000	160,000	128,000	133,000	187,000
10,100	323,000	484,500	646,000	161,500	129,200	134,200	188,800
10,200	326,000	489,000	652,000	163,000	130,400	135,400	190,600
10,300	329,000	493,500	658,000	164,500	131,600	136,600	192,400
10,400	332,000	498,000	664,000	166,000	132,800	137,800	194,200
10,500	335,000	502,500	670,000	167,500	134,000	139,000	196,000
10,600	338,000	507,000	676,000	169,000	135,200	140,200	197,800
10,700	341,000	511,500	682,000	170,500	136,400	141,400	199,600
10,800	344,000	516,000	688,000	172,000	137,600	142,600	201,400
10,900	347,000	520,500	694,000	173,500	138,800	143,800	203,200
11,000	350,000	525,000	700,000	175,000	140,000	145,000	205,000
11,100	353,000	529,500	706,000	176,500	141,200	146,200	206,800
11,200	356,000	534,000	712,000	178,000	142,400	147,400	208,600
11,300	359,000	538,500	718,000	179,500	143,600	148,600	210,400
11,400	362,000	543,000	724,000	181,000	144,800	149,800	212,200
11,500	365,000	547,500	730,000	182,500	146,000	151,000	214,000
11,600	368,000	552,000	736,000	184,000	147,200	152,200	215,800
11,700	371,000	556,500	742,000	185,500	148,400	153,400	217,600
11,800	374,000	561,000	748,000	187,000	149,600	154,600	219,400
11,900	377,000	565,500	754,000	188,500	150,800	155,800	221,200
12,000	380,000	570,000	760,000	190,000	152,000	157,000	223,000

訴　　額 （万円）	（一） 訴　　状	（二） 控 訴 状	（三） 上 告 状	（四） 支払督促	（五） 借地非訟	（六） 調停申立	（七） 調停差額
12,100	383,000	574,500	766,000	191,500	153,200	158,200	224,800
12,200	386,000	579,000	772,000	193,000	154,400	159,400	226,600
12,300	389,000	583,500	778,000	194,500	155,600	160,600	228,400
12,400	392,000	588,000	784,000	196,000	156,800	161,800	230,200
12,500	395,000	592,500	790,000	197,500	158,000	163,000	232,000
12,600	398,000	597,000	796,000	199,000	159,200	164,200	233,800
12,700	401,000	601,500	802,000	200,500	160,400	165,400	235,600
12,800	404,000	606,000	808,000	202,000	161,600	166,600	237,400
12,900	407,000	610,500	814,000	203,500	162,800	167,800	239,200
13,000	410,000	615,000	820,000	205,000	164,000	169,000	241,000
13,100	413,000	619,500	826,000	206,500	165,200	170,200	242,800
13,200	416,000	624,000	832,000	208,000	166,400	171,400	244,600
13,300	419,000	628,500	838,000	209,500	167,600	172,600	246,400
13,400	422,000	633,000	844,000	211,000	168,800	173,800	248,200
13,500	425,000	637,500	850,000	212,500	170,000	175,000	250,000
13,600	428,000	642,000	856,000	214,000	171,200	176,200	251,800
13,700	431,000	646,500	862,000	215,500	172,400	177,400	253,600
13,800	434,000	651,000	868,000	217,000	173,600	178,600	255,400
13,900	437,000	655,500	874,000	218,500	174,800	179,800	257,200
14,000	440,000	660,000	880,000	220,000	176,000	181,000	259,000
14,100	443,000	664,500	886,000	221,500	177,200	182,200	260,800
14,200	446,000	669,000	892,000	223,000	178,400	183,400	262,600
14,300	449,000	673,500	898,000	224,500	179,600	184,600	264,400
14,400	452,000	678,000	904,000	226,000	180,800	185,800	266,200
14,500	455,000	682,500	910,000	227,500	182,000	187,000	268,000
14,600	458,000	687,000	916,000	229,000	183,200	188,200	269,800
14,700	461,000	691,500	922,000	230,500	184,400	189,400	271,600
14,800	464,000	696,000	928,000	232,000	185,600	190,600	273,400
14,900	467,000	700,500	934,000	233,500	186,800	191,800	275,200
15,000	470,000	705,000	940,000	235,000	188,000	193,000	277,000
15,100	473,000	709,500	946,000	236,500	189,200	194,200	278,800
15,200	476,000	714,000	952,000	238,000	190,400	195,400	280,600
15,300	479,000	718,500	958,000	239,500	191,600	196,600	282,400
15,400	482,000	723,000	964,000	241,000	192,800	197,800	284,200
15,500	485,000	727,500	970,000	242,500	194,000	199,000	286,000
15,600	488,000	732,000	976,000	244,000	195,200	200,200	287,800
15,700	491,000	736,500	982,000	245,500	196,400	201,400	289,600
15,800	494,000	741,000	988,000	247,000	197,600	202,600	291,400
15,900	497,000	745,500	994,000	248,500	198,800	203,800	293,200
16,000	500,000	750,000	1,000,000	250,000	200,000	205,000	295,000
16,100	503,000	754,500	1,006,000	251,500	201,200	206,200	296,800
16,200	506,000	759,000	1,012,000	253,000	202,400	207,400	298,600
16,300	509,000	763,500	1,018,000	254,500	203,600	208,600	300,400
16,400	512,000	768,000	1,024,000	256,000	204,800	209,800	302,200
16,500	515,000	772,500	1,030,000	257,500	206,000	211,000	304,000
16,600	518,000	777,000	1,036,000	259,000	207,200	212,200	305,800
16,700	521,000	781,500	1,042,000	260,500	208,400	213,400	307,600
16,800	524,000	786,000	1,048,000	262,000	209,600	214,600	309,400
16,900	527,000	790,500	1,054,000	263,500	210,800	215,800	311,200
17,000	530,000	795,000	1,060,000	265,000	212,000	217,000	313,000

訴 額 （万円）	(一) 訴 状	(二) 控 訴 状	(三) 上 告 状	(四) 支払督促	(五) 借地非訟	(六) 調停申立	(七) 調停差額
17,100	533,000	799,500	1,066,000	266,500	213,200	218,200	314,800
17,200	536,000	804,000	1,072,000	268,000	214,400	219,400	316,600
17,300	539,000	808,500	1,078,000	269,500	215,600	220,600	318,400
17,400	542,000	813,000	1,084,000	271,000	216,800	221,800	320,200
17,500	545,000	817,500	1,090,000	272,500	218,000	223,000	322,000
17,600	548,000	822,000	1,096,000	274,000	219,200	224,200	323,800
17,700	551,000	826,500	1,102,000	275,500	220,400	225,400	325,600
17,800	554,000	831,000	1,108,000	277,000	221,600	226,600	327,400
17,900	557,000	835,500	1,114,000	278,500	222,800	227,800	329,200
18,000	560,000	840,000	1,120,000	280,000	224,000	229,000	331,000
18,100	563,000	844,500	1,126,000	281,500	225,200	230,200	332,800
18,200	566,000	849,000	1,132,000	283,000	226,400	231,400	334,600
18,300	569,000	853,500	1,138,000	284,500	227,600	232,600	336,400
18,400	572,000	858,000	1,144,000	286,000	228,800	233,800	338,200
18,500	575,000	862,500	1,150,000	287,500	230,000	235,000	340,000
18,600	578,000	867,000	1,156,000	289,000	231,200	236,200	341,800
18,700	581,000	871,500	1,162,000	290,500	232,400	237,400	343,600
18,800	584,000	876,000	1,168,000	292,000	233,600	238,600	345,400
18,900	587,000	880,500	1,174,000	293,500	234,800	239,800	347,200
19,000	590,000	885,000	1,180,000	295,000	236,000	241,000	349,000
19,100	593,000	889,500	1,186,000	296,500	237,200	242,200	350,800
19,200	596,000	894,000	1,192,000	298,000	238,400	243,400	352,600
19,300	599,000	898,500	1,198,000	299,500	239,600	244,600	354,400
19,400	602,000	903,000	1,204,000	301,000	240,800	245,800	356,200
19,500	605,000	907,500	1,210,000	302,500	242,000	247,000	358,000
19,600	608,000	912,000	1,216,000	304,000	243,200	248,200	359,800
19,700	611,000	916,500	1,222,000	305,500	244,400	249,400	361,600
19,800	614,000	921,000	1,228,000	307,000	245,600	250,600	363,400
19,900	617,000	925,500	1,234,000	308,500	246,800	251,800	365,200
20,000	620,000	930,000	1,240,000	310,000	248,000	253,000	367,000
20,100	623,000	934,500	1,246,000	311,500	249,200	254,200	368,800
20,200	626,000	939,000	1,252,000	313,000	250,400	255,400	370,600
20,300	629,000	943,500	1,258,000	314,500	251,600	256,600	372,400
20,400	632,000	948,000	1,264,000	316,000	252,800	257,800	374,200
20,500	635,000	952,500	1,270,000	317,500	254,000	259,000	376,000
20,600	638,000	957,000	1,276,000	319,000	255,200	260,200	377,800
20,700	641,000	961,500	1,282,000	320,500	256,400	261,400	379,600
20,800	644,000	966,000	1,288,000	322,000	257,600	262,600	381,400
20,900	647,000	970,500	1,294,000	323,500	258,800	263,800	383,200
21,000	650,000	975,000	1,300,000	325,000	260,000	265,000	385,000
21,100	653,000	979,500	1,306,000	326,500	261,200	266,200	386,800
21,200	656,000	984,000	1,312,000	328,000	262,400	267,400	388,600
21,300	659,000	988,500	1,318,000	329,500	263,600	268,600	390,400
21,400	662,000	993,000	1,324,000	331,000	264,800	269,800	392,200
21,500	665,000	997,500	1,330,000	332,500	266,000	271,000	394,000
21,600	668,000	1,002,000	1,336,000	334,000	267,200	272,200	395,800
21,700	671,000	1,006,500	1,342,000	335,500	268,400	273,400	397,600
21,800	674,000	1,011,000	1,348,000	337,000	269,600	274,600	399,400
21,900	677,000	1,015,500	1,354,000	338,500	270,800	275,800	401,200
22,000	680,000	1,020,000	1,360,000	340,000	272,000	277,000	403,000

訴　額 （万円）	(一) 訴　状	(二) 控訴状	(三) 上告状	(四) 支払督促	(五) 借地非訟	(六) 調停申立	(七) 調停差額
22,100	683,000	1,024,500	1,366,000	341,500	273,200	278,200	404,800
22,200	686,000	1,029,000	1,372,000	343,000	274,400	279,400	406,600
22,300	689,000	1,033,500	1,378,000	344,500	275,600	280,600	408,400
22,400	692,000	1,038,000	1,384,000	346,000	276,800	281,800	410,200
22,500	695,000	1,042,500	1,390,000	347,500	278,000	283,000	412,000
22,600	698,000	1,047,000	1,396,000	349,000	279,200	284,200	413,800
22,700	701,000	1,051,500	1,402,000	350,500	280,400	285,400	415,600
22,800	704,000	1,056,000	1,408,000	352,000	281,600	286,600	417,400
22,900	707,000	1,060,500	1,414,000	353,500	282,800	287,800	419,200
23,000	710,000	1,065,000	1,420,000	355,000	284,000	289,000	421,000
23,100	713,000	1,069,500	1,426,000	356,500	285,200	290,200	422,800
23,200	716,000	1,074,000	1,432,000	358,000	286,400	291,400	424,600
23,300	719,000	1,078,500	1,438,000	359,500	287,600	292,600	426,400
23,400	722,000	1,083,000	1,444,000	361,000	288,800	293,800	428,200
23,500	725,000	1,087,500	1,450,000	362,500	290,000	295,000	430,000
23,600	728,000	1,092,000	1,456,000	364,000	291,200	296,200	431,800
23,700	731,000	1,096,500	1,462,000	365,500	292,400	297,400	433,600
23,800	734,000	1,101,000	1,468,000	367,000	293,600	298,600	435,400
23,900	737,000	1,105,500	1,474,000	368,500	294,800	299,800	437,200
24,000	740,000	1,110,000	1,480,000	370,000	296,000	301,000	439,000
24,100	743,000	1,114,500	1,486,000	371,500	297,200	302,200	440,800
24,200	746,000	1,119,000	1,492,000	373,000	298,400	303,400	442,600
24,300	749,000	1,123,500	1,498,000	374,500	299,600	304,600	444,400
24,400	752,000	1,128,000	1,504,000	376,000	300,800	305,800	446,200
24,500	755,000	1,132,500	1,510,000	377,500	302,000	307,000	448,000
24,600	758,000	1,137,000	1,516,000	379,000	303,200	308,200	449,800
24,700	761,000	1,141,500	1,522,000	380,500	304,400	309,400	451,600
24,800	764,000	1,146,000	1,528,000	382,000	305,600	310,600	453,400
24,900	767,000	1,150,500	1,534,000	383,500	306,800	311,800	455,200
25,000	770,000	1,155,000	1,540,000	385,000	308,000	313,000	457,000
25,100	773,000	1,159,500	1,546,000	386,500	309,200	314,200	458,800
25,200	776,000	1,164,000	1,552,000	388,000	310,400	315,400	460,600
25,300	779,000	1,168,500	1,558,000	389,500	311,600	316,600	462,400
25,400	782,000	1,173,000	1,564,000	391,000	312,800	317,800	464,200
25,500	785,000	1,177,500	1,570,000	392,500	314,000	319,000	466,000
25,600	788,000	1,182,000	1,576,000	394,000	315,200	320,200	467,800
25,700	791,000	1,186,500	1,582,000	395,500	316,400	321,400	469,600
25,800	794,000	1,191,000	1,588,000	397,000	317,600	322,600	471,400
25,900	797,000	1,195,500	1,594,000	398,500	318,800	323,800	473,200
26,000	800,000	1,200,000	1,600,000	400,000	320,000	325,000	475,000
26,100	803,000	1,204,500	1,606,000	401,500	321,200	326,200	476,800
26,200	806,000	1,209,000	1,612,000	403,000	322,400	327,400	478,600
26,300	809,000	1,213,500	1,618,000	404,500	323,600	328,600	480,400
26,400	812,000	1,218,000	1,624,000	406,000	324,800	329,800	482,200
26,500	815,000	1,222,500	1,630,000	407,500	326,000	331,000	484,000
26,600	818,000	1,227,000	1,636,000	409,000	327,200	332,200	485,800
26,700	821,000	1,231,500	1,642,000	410,500	328,400	333,400	487,600
26,800	824,000	1,236,000	1,648,000	412,000	329,600	334,600	489,400
26,900	827,000	1,240,500	1,654,000	413,500	330,800	335,800	491,200
27,000	830,000	1,245,000	1,660,000	415,000	332,000	337,000	493,000

各種貼用印紙額、手数料

訴　額 （万円）	(一) 訴　状	(二) 控　訴　状	(三) 上　告　状	(四) 支払督促	(五) 借地非訟	(六) 調停申立	(七) 調停差額
27,100	833,000	1,249,500	1,666,000	416,500	333,200	338,200	494,800
27,200	836,000	1,254,000	1,672,000	418,000	334,400	339,400	496,600
27,300	839,000	1,258,500	1,678,000	419,500	335,600	340,600	498,400
27,400	842,000	1,263,000	1,684,000	421,000	336,800	341,800	500,200
27,500	845,000	1,267,500	1,690,000	422,500	338,000	343,000	502,000
27,600	848,000	1,272,000	1,696,000	424,000	339,200	344,200	503,800
27,700	851,000	1,276,500	1,702,000	425,500	340,400	345,400	505,600
27,800	854,000	1,281,000	1,708,000	427,000	341,600	346,600	507,400
27,900	857,000	1,285,500	1,714,000	428,500	342,800	347,800	509,200
28,000	860,000	1,290,000	1,720,000	430,000	344,000	349,000	511,000
28,100	863,000	1,294,500	1,726,000	431,500	345,200	350,200	512,800
28,200	866,000	1,299,000	1,732,000	433,000	346,400	351,400	514,600
28,300	869,000	1,303,500	1,738,000	434,500	347,600	352,600	516,400
28,400	872,000	1,308,000	1,744,000	436,000	348,800	353,800	518,200
28,500	875,000	1,312,500	1,750,000	437,500	350,000	355,000	520,000
28,600	878,000	1,317,000	1,756,000	439,000	351,200	356,200	521,800
28,700	881,000	1,321,500	1,762,000	440,500	352,400	357,400	523,600
28,800	884,000	1,326,000	1,768,000	442,000	353,600	358,600	525,400
28,900	887,000	1,330,500	1,774,000	443,500	354,800	359,800	527,200
29,000	890,000	1,335,000	1,780,000	445,000	356,000	361,000	529,000
29,100	893,000	1,339,500	1,786,000	446,500	357,200	362,200	530,800
29,200	896,000	1,344,000	1,792,000	448,000	358,400	363,400	532,600
29,300	899,000	1,348,500	1,798,000	449,500	359,600	364,600	534,400
29,400	902,000	1,353,000	1,804,000	451,000	360,800	365,800	536,200
29,500	905,000	1,357,500	1,810,000	452,500	362,000	367,000	538,000
29,600	908,000	1,362,000	1,816,000	454,000	363,200	368,200	539,800
29,700	911,000	1,366,500	1,822,000	455,500	364,400	369,400	541,600
29,800	914,000	1,371,000	1,828,000	457,000	365,600	370,600	543,400
29,900	917,000	1,375,500	1,834,000	458,500	366,800	371,800	545,200
30,000	920,000	1,380,000	1,840,000	460,000	368,000	373,000	547,000
30,100	923,000	1,384,500	1,846,000	461,500	369,200	374,200	548,800
30,200	926,000	1,389,000	1,852,000	463,000	370,400	375,400	550,600
30,300	929,000	1,393,500	1,858,000	464,500	371,600	376,600	552,400
30,400	932,000	1,398,000	1,864,000	466,000	372,800	377,800	554,200
30,500	935,000	1,402,500	1,870,000	467,500	374,000	379,000	556,000
30,600	938,000	1,407,000	1,876,000	469,000	375,200	380,200	557,800
30,700	941,000	1,411,500	1,882,000	470,500	376,400	381,400	559,600
30,800	944,000	1,416,000	1,888,000	472,000	377,600	382,600	561,400
30,900	947,000	1,420,500	1,894,000	473,500	378,800	383,800	563,200
31,000	950,000	1,425,000	1,900,000	475,000	380,000	385,000	565,000
31,100	953,000	1,429,500	1,906,000	476,500	381,200	386,200	566,800
31,200	956,000	1,434,000	1,912,000	478,000	382,400	387,400	568,600
31,300	959,000	1,438,500	1,918,000	479,500	383,600	388,600	570,400
31,400	962,000	1,443,000	1,924,000	481,000	384,800	389,800	572,200
31,500	965,000	1,447,500	1,930,000	482,500	386,000	391,000	574,000
31,600	968,000	1,452,000	1,936,000	484,000	387,200	392,200	575,800
31,700	971,000	1,456,500	1,942,000	485,500	388,400	393,400	577,600
31,800	974,000	1,461,000	1,948,000	487,000	389,600	394,600	579,400
31,900	977,000	1,465,500	1,954,000	488,500	390,800	395,800	581,200
32,000	980,000	1,470,000	1,960,000	490,000	392,000	397,000	583,000

訴 額 (万円)	(一) 訴 状	(二) 控 訴 状	(三) 上 告 状	(四) 支払督促	(五) 借地非訟	(六) 調停申立	(七) 調停差額
32,100	983,000	1,474,500	1,966,000	491,500	393,200	398,200	584,800
32,200	986,000	1,479,000	1,972,000	493,000	394,400	399,400	586,600
32,300	989,000	1,483,500	1,978,000	494,500	395,600	400,600	588,400
32,400	992,000	1,488,000	1,984,000	496,000	396,800	401,800	590,200
32,500	995,000	1,492,500	1,990,000	497,500	398,000	403,000	592,000
32,600	998,000	1,497,000	1,996,000	499,000	399,200	404,200	593,800
32,700	1,001,000	1,501,500	2,002,000	500,500	400,400	405,400	595,600
32,800	1,004,000	1,506,000	2,008,000	502,000	401,600	406,600	597,400
32,900	1,007,000	1,510,500	2,014,000	503,500	402,800	407,800	599,200
33,000	1,010,000	1,515,000	2,020,000	505,000	404,000	409,000	601,000
33,100	1,013,000	1,519,500	2,026,000	506,500	405,200	410,200	602,800
33,200	1,016,000	1,524,000	2,032,000	508,000	406,400	411,400	604,600
33,300	1,019,000	1,528,500	2,038,000	509,500	407,600	412,600	606,400
33,400	1,022,000	1,533,000	2,044,000	511,000	408,800	413,800	608,200
33,500	1,025,000	1,537,500	2,050,000	512,500	410,000	415,000	610,000
33,600	1,028,000	1,542,000	2,056,000	514,000	411,200	416,200	611,800
33,700	1,031,000	1,546,500	2,062,000	515,500	412,400	417,400	613,600
33,800	1,034,000	1,551,000	2,068,000	517,000	413,600	418,600	615,400
33,900	1,037,000	1,555,500	2,074,000	518,500	414,800	419,800	617,200
34,000	1,040,000	1,560,000	2,080,000	520,000	416,000	421,000	619,000
34,100	1,043,000	1,564,500	2,086,000	521,500	417,200	422,200	620,800
34,200	1,046,000	1,569,000	2,092,000	523,000	418,400	423,400	622,600
34,300	1,049,000	1,573,500	2,098,000	524,500	419,600	424,600	624,400
34,400	1,052,000	1,578,000	2,104,000	526,000	420,800	425,800	626,200
34,500	1,055,000	1,582,500	2,110,000	527,500	422,000	427,000	628,000
34,600	1,058,000	1,587,000	2,116,000	529,000	423,200	428,200	629,800
34,700	1,061,000	1,591,500	2,122,000	530,500	424,400	429,400	631,600
34,800	1,064,000	1,596,000	2,128,000	532,000	425,600	430,600	633,400
34,900	1,067,000	1,600,500	2,134,000	533,500	426,800	431,800	635,200
35,000	1,070,000	1,605,000	2,140,000	535,000	428,000	433,000	637,000
35,100	1,073,000	1,609,500	2,146,000	536,500	429,200	434,200	638,800
35,200	1,076,000	1,614,000	2,152,000	538,000	430,400	435,400	640,600
35,300	1,079,000	1,618,500	2,158,000	539,500	431,600	436,600	642,400
35,400	1,082,000	1,623,000	2,164,000	541,000	432,800	437,800	644,200
35,500	1,085,000	1,627,500	2,170,000	542,500	434,000	439,000	646,000
35,600	1,088,000	1,632,000	2,176,000	544,000	435,200	440,200	647,800
35,700	1,091,000	1,636,500	2,182,000	545,500	436,400	441,400	649,600
35,800	1,094,000	1,641,000	2,188,000	547,000	437,600	442,600	651,400
35,900	1,097,000	1,645,500	2,194,000	548,500	438,800	443,800	653,200
36,000	1,100,000	1,650,000	2,200,000	550,000	440,000	445,000	655,000
36,100	1,103,000	1,654,500	2,206,000	551,500	441,200	446,200	656,800
36,200	1,106,000	1,659,000	2,212,000	553,000	442,400	447,400	658,600
36,300	1,109,000	1,663,500	2,218,000	554,500	443,600	448,600	660,400
36,400	1,112,000	1,668,000	2,224,000	556,000	444,800	449,800	662,200
36,500	1,115,000	1,672,500	2,230,000	557,500	446,000	451,000	664,000
36,600	1,118,000	1,677,000	2,236,000	559,000	447,200	452,200	665,800
36,700	1,121,000	1,681,500	2,242,000	560,500	448,400	453,400	667,600
36,800	1,124,000	1,686,000	2,248,000	562,000	449,600	454,600	669,400
36,900	1,127,000	1,690,500	2,254,000	563,500	450,800	455,800	671,200
37,000	1,130,000	1,695,000	2,260,000	565,000	452,000	457,000	673,000

訴　額 （万円）	（一） 訴　　状	（二） 控　訴　状	（三） 上　告　状	（四） 支払督促	（五） 借地非訟	（六） 調停申立	（七） 調停差額
37,100	1,133,000	1,699,500	2,266,000	566,500	453,200	458,200	674,800
37,200	1,136,000	1,704,000	2,272,000	568,000	454,400	459,400	676,600
37,300	1,139,000	1,708,500	2,278,000	569,500	455,600	460,600	678,400
37,400	1,142,000	1,713,000	2,284,000	571,000	456,800	461,800	680,200
37,500	1,145,000	1,717,500	2,290,000	572,500	458,000	463,000	682,000
37,600	1,148,000	1,722,000	2,296,000	574,000	459,200	464,200	683,800
37,700	1,151,000	1,726,500	2,302,000	575,500	460,400	465,400	685,600
37,800	1,154,000	1,731,000	2,308,000	577,000	461,600	466,600	687,400
37,900	1,157,000	1,735,500	2,314,000	578,500	462,800	467,800	689,200
38,000	1,160,000	1,740,000	2,320,000	580,000	464,000	469,000	691,000
38,100	1,163,000	1,744,500	2,326,000	581,500	465,200	470,200	692,800
38,200	1,166,000	1,749,000	2,332,000	583,000	466,400	471,400	694,600
38,300	1,169,000	1,753,500	2,338,000	584,500	467,600	472,600	696,400
38,400	1,172,000	1,758,000	2,344,000	586,000	468,800	473,800	698,200
38,500	1,175,000	1,762,500	2,350,000	587,500	470,000	475,000	700,000
38,600	1,178,000	1,767,000	2,356,000	589,000	471,200	476,200	701,800
38,700	1,181,000	1,771,500	2,362,000	590,500	472,400	477,400	703,600
38,800	1,184,000	1,776,000	2,368,000	592,000	473,600	478,600	705,400
38,900	1,187,000	1,780,500	2,374,000	593,500	474,800	479,800	707,200
39,000	1,190,000	1,785,000	2,380,000	595,000	476,000	481,000	709,000
39,100	1,193,000	1,789,500	2,386,000	596,500	477,200	482,200	710,800
39,200	1,196,000	1,794,000	2,392,000	598,000	478,400	483,400	712,600
39,300	1,199,000	1,798,500	2,398,000	599,500	479,600	484,600	714,400
39,400	1,202,000	1,803,000	2,404,000	601,000	480,800	485,800	716,200
39,500	1,205,000	1,807,500	2,410,000	602,500	482,000	487,000	718,000
39,600	1,208,000	1,812,000	2,416,000	604,000	483,200	488,200	719,800
39,700	1,211,000	1,816,500	2,422,000	605,500	484,400	489,400	721,600
39,800	1,214,000	1,821,000	2,428,000	607,000	485,600	490,600	723,400
39,900	1,217,000	1,825,500	2,434,000	608,500	486,800	491,800	725,200
40,000	1,220,000	1,830,000	2,440,000	610,000	488,000	493,000	727,000
40,100	1,223,000	1,834,500	2,446,000	611,500	489,200	494,200	728,800
40,200	1,226,000	1,839,000	2,452,000	613,000	490,400	495,400	730,600
40,300	1,229,000	1,843,500	2,458,000	614,500	491,600	496,600	732,400
40,400	1,232,000	1,848,000	2,464,000	616,000	492,800	497,800	734,200
40,500	1,235,000	1,852,500	2,470,000	617,500	494,000	499,000	736,000
40,600	1,238,000	1,857,000	2,476,000	619,000	495,200	500,200	737,800
40,700	1,241,000	1,861,500	2,482,000	620,500	496,400	501,400	739,600
40,800	1,244,000	1,866,000	2,488,000	622,000	497,600	502,600	741,400
40,900	1,247,000	1,870,500	2,494,000	623,500	498,800	503,800	743,200
41,000	1,250,000	1,875,000	2,500,000	625,000	500,000	505,000	745,000
41,100	1,253,000	1,879,500	2,506,000	626,500	501,200	506,200	746,800
41,200	1,256,000	1,884,000	2,512,000	628,000	502,400	507,400	748,600
41,300	1,259,000	1,888,500	2,518,000	629,500	503,600	508,600	750,400
41,400	1,262,000	1,893,000	2,524,000	631,000	504,800	509,800	752,200
41,500	1,265,000	1,897,500	2,530,000	632,500	506,000	511,000	754,000
41,600	1,268,000	1,902,000	2,536,000	634,000	507,200	512,200	755,800
41,700	1,271,000	1,906,500	2,542,000	635,500	508,400	513,400	757,600
41,800	1,274,000	1,911,000	2,548,000	637,000	509,600	514,600	759,400
41,900	1,277,000	1,915,500	2,554,000	638,500	510,800	515,800	761,200
42,000	1,280,000	1,920,000	2,560,000	640,000	512,000	517,000	763,000

訴　　額 （万円）	(一) 訴　状	(二) 控　訴　状	(三) 上　告　状	(四) 支払督促	(五) 借地非訟	(六) 調停申立	(七) 調停差額
42,100	1,283,000	1,924,500	2,566,000	641,500	513,200	518,200	764,800
42,200	1,286,000	1,929,000	2,572,000	643,000	514,400	519,400	766,600
42,300	1,289,000	1,933,500	2,578,000	644,500	515,600	520,600	768,400
42,400	1,292,000	1,938,000	2,584,000	646,000	516,800	521,800	770,200
42,500	1,295,000	1,942,500	2,590,000	647,500	518,000	523,000	772,000
42,600	1,298,000	1,947,000	2,596,000	649,000	519,200	524,200	773,800
42,700	1,301,000	1,951,500	2,602,000	650,500	520,400	525,400	775,600
42,800	1,304,000	1,956,000	2,608,000	652,000	521,600	526,600	777,400
42,900	1,307,000	1,960,500	2,614,000	653,500	522,800	527,800	779,200
43,000	1,310,000	1,965,000	2,620,000	655,000	524,000	529,000	781,000
43,100	1,313,000	1,969,500	2,626,000	656,500	525,200	530,200	782,800
43,200	1,316,000	1,974,000	2,632,000	658,000	526,400	531,400	784,600
43,300	1,319,000	1,978,500	2,638,000	659,500	527,600	532,600	786,400
43,400	1,322,000	1,983,000	2,644,000	661,000	528,800	533,800	788,200
43,500	1,325,000	1,987,500	2,650,000	662,500	530,000	535,000	790,000
43,600	1,328,000	1,992,000	2,656,000	664,000	531,200	536,200	791,800
43,700	1,331,000	1,996,500	2,662,000	665,500	532,400	537,400	793,600
43,800	1,334,000	2,001,000	2,668,000	667,000	533,600	538,600	795,400
43,900	1,337,000	2,005,500	2,674,000	668,500	534,800	539,800	797,200
44,000	1,340,000	2,010,000	2,680,000	670,000	536,000	541,000	799,000
44,100	1,343,000	2,014,500	2,686,000	671,500	537,200	542,200	800,800
44,200	1,346,000	2,019,000	2,692,000	673,000	538,400	543,400	802,600
44,300	1,349,000	2,023,500	2,698,000	674,500	539,600	544,600	804,400
44,400	1,352,000	2,028,000	2,704,000	676,000	540,800	545,800	806,200
44,500	1,355,000	2,032,500	2,710,000	677,500	542,000	547,000	808,000
44,600	1,358,000	2,037,000	2,716,000	679,000	543,200	548,200	809,800
44,700	1,361,000	2,041,500	2,722,000	680,500	544,400	549,400	811,600
44,800	1,364,000	2,046,000	2,728,000	682,000	545,600	550,600	813,400
44,900	1,367,000	2,050,500	2,734,000	683,500	546,800	551,800	815,200
45,000	1,370,000	2,055,000	2,740,000	685,000	548,000	553,000	817,000
45,100	1,373,000	2,059,500	2,746,000	686,500	549,200	554,200	818,800
45,200	1,376,000	2,064,000	2,752,000	688,000	550,400	555,400	820,600
45,300	1,379,000	2,068,500	2,758,000	689,500	551,600	556,600	822,400
45,400	1,382,000	2,073,000	2,764,000	691,000	552,800	557,800	824,200
45,500	1,385,000	2,077,500	2,770,000	692,500	554,000	559,000	826,000
45,600	1,388,000	2,082,000	2,776,000	694,000	555,200	560,200	827,800
45,700	1,391,000	2,086,500	2,782,000	695,500	556,400	561,400	829,600
45,800	1,394,000	2,091,000	2,788,000	697,000	557,600	562,600	831,400
45,900	1,397,000	2,095,500	2,794,000	698,500	558,800	563,800	833,200
46,000	1,400,000	2,100,000	2,800,000	700,000	560,000	565,000	835,000
46,100	1,403,000	2,104,500	2,806,000	701,500	561,200	566,200	836,800
46,200	1,406,000	2,109,000	2,812,000	703,000	562,400	567,400	838,600
46,300	1,409,000	2,113,500	2,818,000	704,500	563,600	568,600	840,400
46,400	1,412,000	2,118,000	2,824,000	706,000	564,800	569,800	842,200
46,500	1,415,000	2,122,500	2,830,000	707,500	566,000	571,000	844,000
46,600	1,418,000	2,127,000	2,836,000	709,000	567,200	572,200	845,800
46,700	1,421,000	2,131,500	2,842,000	710,500	568,400	573,400	847,600
46,800	1,424,000	2,136,000	2,848,000	712,000	569,600	574,600	849,400
46,900	1,427,000	2,140,500	2,854,000	713,500	570,800	575,800	851,200
47,000	1,430,000	2,145,000	2,860,000	715,000	572,000	577,000	853,000

訴 額 （万円）	（一） 訴 状	（二） 控 訴 状	（三） 上 告 状	（四） 支払督促	（五） 借地非訟	（六） 調停申立	（七） 調停差額
47,100	1,433,000	2,149,500	2,866,000	716,500	573,200	578,200	854,800
47,200	1,436,000	2,154,000	2,872,000	718,000	574,400	579,400	856,600
47,300	1,439,000	2,158,500	2,878,000	719,500	575,600	580,600	858,400
47,400	1,442,000	2,163,000	2,884,000	721,000	576,800	581,800	860,200
47,500	1,445,000	2,167,500	2,890,000	722,500	578,000	583,000	862,000
47,600	1,448,000	2,172,000	2,896,000	724,000	579,200	584,200	863,800
47,700	1,451,000	2,176,500	2,902,000	725,500	580,400	585,400	865,600
47,800	1,454,000	2,181,000	2,908,000	727,000	581,600	586,600	867,400
47,900	1,457,000	2,185,500	2,914,000	728,500	582,800	587,800	869,200
48,000	1,460,000	2,190,000	2,920,000	730,000	584,000	589,000	871,000
48,100	1,463,000	2,194,500	2,926,000	731,500	585,200	590,200	872,800
48,200	1,466,000	2,199,000	2,932,000	733,000	586,400	591,400	874,600
48,300	1,469,000	2,203,500	2,938,000	734,500	587,600	592,600	876,400
48,400	1,472,000	2,208,000	2,944,000	736,000	588,800	593,800	878,200
48,500	1,475,000	2,212,500	2,950,000	737,500	590,000	595,000	880,000
48,600	1,478,000	2,217,000	2,956,000	739,000	591,200	596,200	881,800
48,700	1,481,000	2,221,500	2,962,000	740,500	592,400	597,400	883,600
48,800	1,484,000	2,226,000	2,968,000	742,000	593,600	598,600	885,400
48,900	1,487,000	2,230,500	2,974,000	743,500	594,800	599,800	887,200
49,000	1,490,000	2,235,000	2,980,000	745,000	596,000	601,000	889,000
49,100	1,493,000	2,239,500	2,986,000	746,500	597,200	602,200	890,800
49,200	1,496,000	2,244,000	2,992,000	748,000	598,400	603,400	892,600
49,300	1,499,000	2,248,500	2,998,000	749,500	599,600	604,600	894,400
49,400	1,502,000	2,253,000	3,004,000	751,000	600,800	605,800	896,200
49,500	1,505,000	2,257,500	3,010,000	752,500	602,000	607,000	898,000
49,600	1,508,000	2,262,000	3,016,000	754,000	603,200	608,200	899,800
49,700	1,511,000	2,266,500	3,022,000	755,500	604,400	609,400	901,600
49,800	1,514,000	2,271,000	3,028,000	757,000	605,600	610,600	903,400
49,900	1,517,000	2,275,500	3,034,000	758,500	606,800	611,800	905,200
50,000	1,520,000	2,280,000	3,040,000	760,000	608,000	613,000	907,000
50,100	1,523,000	2,284,500	3,046,000	761,500	609,200	614,200	908,800
50,200	1,526,000	2,289,000	3,052,000	763,000	610,400	615,400	910,600
50,300	1,529,000	2,293,500	3,058,000	764,500	611,600	616,600	912,400
50,400	1,532,000	2,298,000	3,064,000	766,000	612,800	617,800	914,200
50,500	1,535,000	2,302,500	3,070,000	767,500	614,000	619,000	916,000
50,600	1,538,000	2,307,000	3,076,000	769,000	615,200	620,200	917,800
50,700	1,541,000	2,311,500	3,082,000	770,500	616,400	621,400	919,600
50,800	1,544,000	2,316,000	3,088,000	772,000	617,600	622,600	921,400
50,900	1,547,000	2,320,500	3,094,000	773,500	618,800	623,800	923,200
51,000	1,550,000	2,325,000	3,100,000	775,000	620,000	625,000	925,000
51,100	1,553,000	2,329,500	3,106,000	776,500	621,200	626,200	926,800
51,200	1,556,000	2,334,000	3,112,000	778,000	622,400	627,400	928,600
51,300	1,559,000	2,338,500	3,118,000	779,500	623,600	628,600	930,400
51,400	1,562,000	2,343,000	3,124,000	781,000	624,800	629,800	932,200
51,500	1,565,000	2,347,500	3,130,000	782,500	626,000	631,000	934,000
51,600	1,568,000	2,352,000	3,136,000	784,000	627,200	632,200	935,800
51,700	1,571,000	2,356,500	3,142,000	785,500	628,400	633,400	937,600
51,800	1,574,000	2,361,000	3,148,000	787,000	629,600	634,600	939,400
51,900	1,577,000	2,365,500	3,154,000	788,500	630,800	635,800	941,200
52,000	1,580,000	2,370,000	3,160,000	790,000	632,000	637,000	943,000

訴　額 （万円）	(一) 訴　状	(二) 控 訴 状	(三) 上 告 状	(四) 支払督促	(五) 借地非訟	(六) 調停申立	(七) 調停差額
52,100	1,583,000	2,374,500	3,166,000	791,500	633,200	638,200	944,800
52,200	1,586,000	2,379,000	3,172,000	793,000	634,400	639,400	946,600
52,300	1,589,000	2,383,500	3,178,000	794,500	635,600	640,600	948,400
52,400	1,592,000	2,388,000	3,184,000	796,000	636,800	641,800	950,200
52,500	1,595,000	2,392,500	3,190,000	797,500	638,000	643,000	952,000
52,600	1,598,000	2,397,000	3,196,000	799,000	639,200	644,200	953,800
52,700	1,601,000	2,401,500	3,202,000	800,500	640,400	645,400	955,600
52,800	1,604,000	2,406,000	3,208,000	802,000	641,600	646,600	957,400
52,900	1,607,000	2,410,500	3,214,000	803,500	642,800	647,800	959,200
53,000	1,610,000	2,415,000	3,220,000	805,000	644,000	649,000	961,000
53,100	1,613,000	2,419,500	3,226,000	806,500	645,200	650,200	962,800
53,200	1,616,000	2,424,000	3,232,000	808,000	646,400	651,400	964,600
53,300	1,619,000	2,428,500	3,238,000	809,500	647,600	652,600	966,400
53,400	1,622,000	2,433,000	3,244,000	811,000	648,800	653,800	968,200
53,500	1,625,000	2,437,500	3,250,000	812,500	650,000	655,000	970,000
53,600	1,628,000	2,442,000	3,256,000	814,000	651,200	656,200	971,800
53,700	1,631,000	2,446,500	3,262,000	815,500	652,400	657,400	973,600
53,800	1,634,000	2,451,000	3,268,000	817,000	653,600	658,600	975,400
53,900	1,637,000	2,455,500	3,274,000	818,500	654,800	659,800	977,200
54,000	1,640,000	2,460,000	3,280,000	820,000	656,000	661,000	979,000
54,100	1,643,000	2,464,500	3,286,000	821,500	657,200	662,200	980,800
54,200	1,646,000	2,469,000	3,292,000	823,000	658,400	663,400	982,600
54,300	1,649,000	2,473,500	3,298,000	824,500	659,600	664,600	984,400
54,400	1,652,000	2,478,000	3,304,000	826,000	660,800	665,800	986,200
54,500	1,655,000	2,482,500	3,310,000	827,500	662,000	667,000	988,000
54,600	1,658,000	2,487,000	3,316,000	829,000	663,200	668,200	989,800
54,700	1,661,000	2,491,500	3,322,000	830,500	664,400	669,400	991,600
54,800	1,664,000	2,496,000	3,328,000	832,000	665,600	670,600	993,400
54,900	1,667,000	2,500,500	3,334,000	833,500	666,800	671,800	995,200
55,000	1,670,000	2,505,000	3,340,000	835,000	668,000	673,000	997,000
55,100	1,673,000	2,509,500	3,346,000	836,500	669,200	674,200	998,800
55,200	1,676,000	2,514,000	3,352,000	838,000	670,400	675,400	1,000,600
55,300	1,679,000	2,518,500	3,358,000	839,500	671,600	676,600	1,002,400
55,400	1,682,000	2,523,000	3,364,000	841,000	672,800	677,800	1,004,200
55,500	1,685,000	2,527,500	3,370,000	842,500	674,000	679,000	1,006,000
55,600	1,688,000	2,532,000	3,376,000	844,000	675,200	680,200	1,007,800
55,700	1,691,000	2,536,500	3,382,000	845,500	676,400	681,400	1,009,600
55,800	1,694,000	2,541,000	3,388,000	847,000	677,600	682,600	1,011,400
55,900	1,697,000	2,545,500	3,394,000	848,500	678,800	683,800	1,013,200
56,000	1,700,000	2,550,000	3,400,000	850,000	680,000	685,000	1,015,000
56,100	1,703,000	2,554,500	3,406,000	851,500	681,200	686,200	1,016,800
56,200	1,706,000	2,559,000	3,412,000	853,000	682,400	687,400	1,018,600
56,300	1,709,000	2,563,500	3,418,000	854,500	683,600	688,600	1,020,400
56,400	1,712,000	2,568,000	3,424,000	856,000	684,800	689,800	1,022,200
56,500	1,715,000	2,572,500	3,430,000	857,500	686,000	691,000	1,024,000
56,600	1,718,000	2,577,000	3,436,000	859,000	687,200	692,200	1,025,800
56,700	1,721,000	2,581,500	3,442,000	860,500	688,400	693,400	1,027,600
56,800	1,724,000	2,586,000	3,448,000	862,000	689,600	694,600	1,029,400
56,900	1,727,000	2,590,500	3,454,000	863,500	690,800	695,800	1,031,200
57,000	1,730,000	2,595,000	3,460,000	865,000	692,000	697,000	1,033,000

訴 額 （万円）	（一） 訴 状	（二） 控 訴 状	（三） 上 告 状	（四） 支払督促	（五） 借地非訟	（六） 調停申立	（七） 調停差額
57,100	1,733,000	2,599,500	3,466,000	866,500	693,200	698,200	1,034,800
57,200	1,736,000	2,604,000	3,472,000	868,000	694,400	699,400	1,036,600
57,300	1,739,000	2,608,500	3,478,000	869,500	695,600	700,600	1,038,400
57,400	1,742,000	2,613,000	3,484,000	871,000	696,800	701,800	1,040,200
57,500	1,745,000	2,617,500	3,490,000	872,500	698,000	703,000	1,042,000
57,600	1,748,000	2,622,000	3,496,000	874,000	699,200	704,200	1,043,800
57,700	1,751,000	2,626,500	3,502,000	875,500	700,400	705,400	1,045,600
57,800	1,754,000	2,631,000	3,508,000	877,000	701,600	706,600	1,047,400
57,900	1,757,000	2,635,500	3,514,000	878,500	702,800	707,800	1,049,200
58,000	1,760,000	2,640,000	3,520,000	880,000	704,000	709,000	1,051,000
58,100	1,763,000	2,644,500	3,526,000	881,500	705,200	710,200	1,052,800
58,200	1,766,000	2,649,000	3,532,000	883,000	706,400	711,400	1,054,600
58,300	1,769,000	2,653,500	3,538,000	884,500	707,600	712,600	1,056,400
58,400	1,772,000	2,658,000	3,544,000	886,000	708,800	713,800	1,058,200
58,500	1,775,000	2,662,500	3,550,000	887,500	710,000	715,000	1,060,000
58,600	1,778,000	2,667,000	3,556,000	889,000	711,200	716,200	1,061,800
58,700	1,781,000	2,671,500	3,562,000	890,500	712,400	717,400	1,063,600
58,800	1,784,000	2,676,000	3,568,000	892,000	713,600	718,600	1,065,400
58,900	1,787,000	2,680,500	3,574,000	893,500	714,800	719,800	1,067,200
59,000	1,790,000	2,685,000	3,580,000	895,000	716,000	721,000	1,069,000
59,100	1,793,000	2,689,500	3,586,000	896,500	717,200	722,200	1,070,800
59,200	1,796,000	2,694,000	3,592,000	898,000	718,400	723,400	1,072,600
59,300	1,799,000	2,698,500	3,598,000	899,500	719,600	724,600	1,074,400
59,400	1,802,000	2,703,000	3,604,000	901,000	720,800	725,800	1,076,200
59,500	1,805,000	2,707,500	3,610,000	902,500	722,000	727,000	1,078,000
59,600	1,808,000	2,712,000	3,616,000	904,000	723,200	728,200	1,079,800
59,700	1,811,000	2,716,500	3,622,000	905,500	724,400	729,400	1,081,600
59,800	1,814,000	2,721,000	3,628,000	907,000	725,600	730,600	1,083,400
59,900	1,817,000	2,725,500	3,634,000	908,500	726,800	731,800	1,085,200
60,000	1,820,000	2,730,000	3,640,000	910,000	728,000	733,000	1,087,000
60,100	1,823,000	2,734,500	3,646,000	911,500	729,200	734,200	1,088,800
60,200	1,826,000	2,739,000	3,652,000	913,000	730,400	735,400	1,090,600
60,300	1,829,000	2,743,500	3,658,000	914,500	731,600	736,600	1,092,400
60,400	1,832,000	2,748,000	3,664,000	916,000	732,800	737,800	1,094,200
60,500	1,835,000	2,752,500	3,670,000	917,500	734,000	739,000	1,096,000
60,600	1,838,000	2,757,000	3,676,000	919,000	735,200	740,200	1,097,800
60,700	1,841,000	2,761,500	3,682,000	920,500	736,400	741,400	1,099,600
60,800	1,844,000	2,766,000	3,688,000	922,000	737,600	742,600	1,101,400
60,900	1,847,000	2,770,500	3,694,000	923,500	738,800	743,800	1,103,200
61,000	1,850,000	2,775,000	3,700,000	925,000	740,000	745,000	1,105,000
61,100	1,853,000	2,779,500	3,706,000	926,500	741,200	746,200	1,106,800
61,200	1,856,000	2,784,000	3,712,000	928,000	742,400	747,400	1,108,600
61,300	1,859,000	2,788,500	3,718,000	929,500	743,600	748,600	1,110,400
61,400	1,862,000	2,793,000	3,724,000	931,000	744,800	749,800	1,112,200
61,500	1,865,000	2,797,500	3,730,000	932,500	746,000	751,000	1,114,000
61,600	1,868,000	2,802,000	3,736,000	934,000	747,200	752,200	1,115,800
61,700	1,871,000	2,806,500	3,742,000	935,500	748,400	753,400	1,117,600
61,800	1,874,000	2,811,000	3,748,000	937,000	749,600	754,600	1,119,400
61,900	1,877,000	2,815,500	3,754,000	938,500	750,800	755,800	1,121,200
62,000	1,880,000	2,820,000	3,760,000	940,000	752,000	757,000	1,123,000

訴　　額 (万円)	(一) 訴　状	(二) 控 訴 状	(三) 上 告 状	(四) 支払督促	(五) 借地非訟	(六) 調停申立	(七) 調停差額
62,100	1,883,000	2,824,500	3,766,000	941,500	753,200	758,200	1,124,800
62,200	1,886,000	2,829,000	3,772,000	943,000	754,400	759,400	1,126,600
62,300	1,889,000	2,833,500	3,778,000	944,500	755,600	760,600	1,128,400
62,400	1,892,000	2,838,000	3,784,000	946,000	756,800	761,800	1,130,200
62,500	1,895,000	2,842,500	3,790,000	947,500	758,000	763,000	1,132,000
62,600	1,898,000	2,847,000	3,796,000	949,000	759,200	764,200	1,133,800
62,700	1,901,000	2,851,500	3,802,000	950,500	760,400	765,400	1,135,600
62,800	1,904,000	2,856,000	3,808,000	952,000	761,600	766,600	1,137,400
62,900	1,907,000	2,860,500	3,814,000	953,500	762,800	767,800	1,139,200
63,000	1,910,000	2,865,000	3,820,000	955,000	764,000	769,000	1,141,000
63,100	1,913,000	2,869,500	3,826,000	956,500	765,200	770,200	1,142,800
63,200	1,916,000	2,874,000	3,832,000	958,000	766,400	771,400	1,144,600
63,300	1,919,000	2,878,500	3,838,000	959,500	767,600	772,600	1,146,400
63,400	1,922,000	2,883,000	3,844,000	961,000	768,800	773,800	1,148,200
63,500	1,925,000	2,887,500	3,850,000	962,500	770,000	775,000	1,150,000
63,600	1,928,000	2,892,000	3,856,000	964,000	771,200	776,200	1,151,800
63,700	1,931,000	2,896,500	3,862,000	965,500	772,400	777,400	1,153,600
63,800	1,934,000	2,901,000	3,868,000	967,000	773,600	778,600	1,155,400
63,900	1,937,000	2,905,500	3,874,000	968,500	774,800	779,800	1,157,200
64,000	1,940,000	2,910,000	3,880,000	970,000	776,000	781,000	1,159,000
64,100	1,943,000	2,914,500	3,886,000	971,500	777,200	782,200	1,160,800
64,200	1,946,000	2,919,000	3,892,000	973,000	778,400	783,400	1,162,600
64,300	1,949,000	2,923,500	3,898,000	974,500	779,600	784,600	1,164,400
64,400	1,952,000	2,928,000	3,904,000	976,000	780,800	785,800	1,166,200
64,500	1,955,000	2,932,500	3,910,000	977,500	782,000	787,000	1,168,000
64,600	1,958,000	2,937,000	3,916,000	979,000	783,200	788,200	1,169,800
64,700	1,961,000	2,941,500	3,922,000	980,500	784,400	789,400	1,171,600
64,800	1,964,000	2,946,000	3,928,000	982,000	785,600	790,600	1,173,400
64,900	1,967,000	2,950,500	3,934,000	983,500	786,800	791,800	1,175,200
65,000	1,970,000	2,955,000	3,940,000	985,000	788,000	793,000	1,177,000
65,100	1,973,000	2,959,500	3,946,000	986,500	789,200	794,200	1,178,800
65,200	1,976,000	2,964,000	3,952,000	988,000	790,400	795,400	1,180,600
65,300	1,979,000	2,968,500	3,958,000	989,500	791,600	796,600	1,182,400
65,400	1,982,000	2,973,000	3,964,000	991,000	792,800	797,800	1,184,200
65,500	1,985,000	2,977,500	3,970,000	992,500	794,000	799,000	1,186,000
65,600	1,988,000	2,982,000	3,976,000	994,000	795,200	800,200	1,187,800
65,700	1,991,000	2,986,500	3,982,000	995,500	796,400	801,400	1,189,600
65,800	1,994,000	2,991,000	3,988,000	997,000	797,600	802,600	1,191,400
65,900	1,997,000	2,995,500	3,994,000	998,500	798,800	803,800	1,193,200
66,000	2,000,000	3,000,000	4,000,000	1,000,000	800,000	805,000	1,195,000
66,100	2,003,000	3,004,500	4,006,000	1,001,500	801,200	806,200	1,196,800
66,200	2,006,000	3,009,000	4,012,000	1,003,000	802,400	807,400	1,198,600
66,300	2,009,000	3,013,500	4,018,000	1,004,500	803,600	808,600	1,200,400
66,400	2,012,000	3,018,000	4,024,000	1,006,000	804,800	809,800	1,202,200
66,500	2,015,000	3,022,500	4,030,000	1,007,500	806,000	811,000	1,204,000
66,600	2,018,000	3,027,000	4,036,000	1,009,000	807,200	812,200	1,205,800
66,700	2,021,000	3,031,500	4,042,000	1,010,500	808,400	813,400	1,207,600
66,800	2,024,000	3,036,000	4,048,000	1,012,000	809,600	814,600	1,209,400
66,900	2,027,000	3,040,500	4,054,000	1,013,500	810,800	815,800	1,211,200
67,000	2,030,000	3,045,000	4,060,000	1,015,000	812,000	817,000	1,213,000

訴　　額 （万円）	(一) 訴　　状	(二) 控 訴 状	(三) 上 告 状	(四) 支払督促	(五) 借地非訟	(六) 調停申立	(七) 調停差額
67,100	2,033,000	3,049,500	4,066,000	1,016,500	813,200	818,200	1,214,600
67,200	2,036,000	3,054,000	4,072,000	1,018,000	814,400	819,400	1,216,600
67,300	2,039,000	3,058,500	4,078,000	1,019,500	815,600	820,600	1,218,400
67,400	2,042,000	3,063,000	4,084,000	1,021,000	816,800	821,800	1,220,200
67,500	2,045,000	3,067,500	4,090,000	1,022,500	818,000	823,000	1,222,000
67,600	2,048,000	3,072,000	4,096,000	1,024,000	819,200	824,200	1,223,800
67,700	2,051,000	3,076,500	4,102,000	1,025,500	820,400	825,400	1,225,600
67,800	2,054,000	3,081,000	4,108,000	1,027,000	821,600	826,600	1,227,400
67,900	2,057,000	3,085,500	4,114,000	1,028,500	822,800	827,800	1,229,200
68,000	2,060,000	3,090,000	4,120,000	1,030,000	824,000	829,000	1,231,000
68,100	2,063,000	3,094,500	4,126,000	1,031,500	825,200	830,200	1,232,800
68,200	2,066,000	3,099,000	4,132,000	1,033,000	826,400	831,400	1,234,600
68,300	2,069,000	3,103,500	4,138,000	1,034,500	827,600	832,600	1,236,400
68,400	2,072,000	3,108,000	4,144,000	1,036,000	828,800	833,800	1,238,200
68,500	2,075,000	3,112,500	4,150,000	1,037,500	830,000	835,000	1,240,000
68,600	2,078,000	3,117,000	4,156,000	1,039,000	831,200	836,200	1,241,800
68,700	2,081,000	3,121,500	4,162,000	1,040,500	832,400	837,400	1,243,600
68,800	2,084,000	3,126,000	4,168,000	1,042,000	833,600	838,600	1,245,400
68,900	2,087,000	3,130,500	4,174,000	1,043,500	834,800	839,800	1,247,200
69,000	2,090,000	3,135,000	4,180,000	1,045,000	836,000	841,000	1,249,000
69,100	2,093,000	3,139,500	4,186,000	1,046,500	837,200	842,200	1,250,800
69,200	2,096,000	3,144,000	4,192,000	1,048,000	838,400	843,400	1,252,600
69,300	2,099,000	3,148,500	4,198,000	1,049,500	839,600	844,600	1,254,400
69,400	2,102,000	3,153,000	4,204,000	1,051,000	840,800	845,800	1,256,200
69,500	2,105,000	3,157,500	4,210,000	1,052,500	842,000	847,000	1,258,000
69,600	2,108,000	3,162,000	4,216,000	1,054,000	843,200	848,200	1,259,800
69,700	2,111,000	3,166,500	4,222,000	1,055,500	844,400	849,400	1,261,600
69,800	2,114,000	3,171,000	4,228,000	1,057,000	845,600	850,600	1,263,400
69,900	2,117,000	3,175,500	4,234,000	1,058,500	846,800	851,800	1,265,200
70,000	2,120,000	3,180,000	4,240,000	1,060,000	848,000	853,000	1,267,000
70,100	2,123,000	3,184,500	4,246,000	1,061,500	849,200	854,200	1,268,800
70,200	2,126,000	3,189,000	4,252,000	1,063,000	850,400	855,400	1,270,600
70,300	2,129,000	3,193,500	4,258,000	1,064,500	851,600	856,600	1,272,400
70,400	2,132,000	3,198,000	4,264,000	1,066,000	852,800	857,800	1,274,200
70,500	2,135,000	3,202,500	4,270,000	1,067,500	854,000	859,000	1,276,000
70,600	2,138,000	3,207,000	4,276,000	1,069,000	855,200	860,200	1,277,800
70,700	2,141,000	3,211,500	4,282,000	1,070,500	856,400	861,400	1,279,600
70,800	2,144,000	3,216,000	4,288,000	1,072,000	857,600	862,600	1,281,400
70,900	2,147,000	3,220,500	4,294,000	1,073,500	858,800	863,800	1,283,200
71,000	2,150,000	3,225,000	4,300,000	1,075,000	860,000	865,000	1,285,000
71,100	2,153,000	3,229,500	4,306,000	1,076,500	861,200	866,200	1,286,800
71,200	2,156,000	3,234,000	4,312,000	1,078,000	862,400	867,400	1,288,600
71,300	2,159,000	3,238,500	4,318,000	1,079,500	863,600	868,600	1,290,400
71,400	2,162,000	3,243,000	4,324,000	1,081,000	864,800	869,800	1,292,200
71,500	2,165,000	3,247,500	4,330,000	1,082,500	866,000	871,000	1,294,000
71,600	2,168,000	3,252,000	4,336,000	1,084,000	867,200	872,200	1,295,800
71,700	2,171,000	3,256,500	4,342,000	1,085,500	868,400	873,400	1,297,600
71,800	2,174,000	3,261,000	4,348,000	1,087,000	869,600	874,600	1,299,400
71,900	2,177,000	3,265,500	4,354,000	1,088,500	870,800	875,800	1,301,200
72,000	2,180,000	3,270,000	4,360,000	1,090,000	872,000	877,000	1,303,000

訴　額 （万円）	(一) 訴　状	(二) 控　訴　状	(三) 上　告　状	(四) 支払督促	(五) 借地非訟	(六) 調停申立	(七) 調停差額
72,100	2,183,000	3,274,500	4,366,000	1,091,500	873,200	878,200	1,304,800
72,200	2,186,000	3,279,000	4,372,000	1,093,000	874,400	879,400	1,306,600
72,300	2,189,000	3,283,500	4,378,000	1,094,500	875,600	880,600	1,308,400
72,400	2,192,000	3,288,000	4,384,000	1,096,000	876,800	881,800	1,310,200
72,500	2,195,000	3,292,500	4,390,000	1,097,500	878,000	883,000	1,312,000
72,600	2,198,000	3,297,000	4,396,000	1,099,000	879,200	884,200	1,313,800
72,700	2,201,000	3,301,500	4,402,000	1,100,500	880,400	885,400	1,315,600
72,800	2,204,000	3,306,000	4,408,000	1,102,000	881,600	886,600	1,317,400
72,900	2,207,000	3,310,500	4,414,000	1,103,500	882,800	887,800	1,319,200
73,000	2,210,000	3,315,000	4,420,000	1,105,000	884,000	889,000	1,321,000
73,100	2,213,000	3,319,500	4,426,000	1,106,500	885,200	890,200	1,322,800
73,200	2,216,000	3,324,000	4,432,000	1,108,000	886,400	891,400	1,324,600
73,300	2,219,000	3,328,500	4,438,000	1,109,500	887,600	892,600	1,326,400
73,400	2,222,000	3,333,000	4,444,000	1,111,000	888,800	893,800	1,328,200
73,500	2,225,000	3,337,500	4,450,000	1,112,500	890,000	895,000	1,330,000
73,600	2,228,000	3,342,000	4,456,000	1,114,000	891,200	896,200	1,331,800
73,700	2,231,000	3,346,500	4,462,000	1,115,500	892,400	897,400	1,333,600
73,800	2,234,000	3,351,000	4,468,000	1,117,000	893,600	898,600	1,335,400
73,900	2,237,000	3,355,500	4,474,000	1,118,500	894,800	899,800	1,337,200
74,000	2,240,000	3,360,000	4,480,000	1,120,000	896,000	901,000	1,339,000
74,100	2,243,000	3,364,500	4,486,000	1,121,500	897,200	902,200	1,340,800
74,200	2,246,000	3,369,000	4,492,000	1,123,000	898,400	903,400	1,342,600
74,300	2,249,000	3,373,500	4,498,000	1,124,500	899,600	904,600	1,344,400
74,400	2,252,000	3,378,000	4,504,000	1,126,000	900,800	905,800	1,346,200
74,500	2,255,000	3,382,500	4,510,000	1,127,500	902,000	907,000	1,348,000
74,600	2,258,000	3,387,000	4,516,000	1,129,000	903,200	908,200	1,349,800
74,700	2,261,000	3,391,500	4,522,000	1,130,500	904,400	909,400	1,351,600
74,800	2,264,000	3,396,000	4,528,000	1,132,000	905,600	910,600	1,353,400
74,900	2,267,000	3,400,500	4,534,000	1,133,500	906,800	911,800	1,355,200
75,000	2,270,000	3,405,000	4,540,000	1,135,000	908,000	913,000	1,357,000
75,100	2,273,000	3,409,500	4,546,000	1,136,500	909,200	914,200	1,358,800
75,200	2,276,000	3,414,000	4,552,000	1,138,000	910,400	915,400	1,360,600
75,300	2,279,000	3,418,500	4,558,000	1,139,500	911,600	916,600	1,362,400
75,400	2,282,000	3,423,000	4,564,000	1,141,000	912,800	917,800	1,364,200
75,500	2,285,000	3,427,500	4,570,000	1,142,500	914,000	919,000	1,366,000
75,600	2,288,000	3,432,000	4,576,000	1,144,000	915,200	920,200	1,367,800
75,700	2,291,000	3,436,500	4,582,000	1,145,500	916,400	921,400	1,369,600
75,800	2,294,000	3,441,000	4,588,000	1,147,000	917,600	922,600	1,371,400
75,900	2,297,000	3,445,500	4,594,000	1,148,500	918,800	923,800	1,373,200
76,000	2,300,000	3,450,000	4,600,000	1,150,000	920,000	925,000	1,375,000
76,100	2,303,000	3,454,500	4,606,000	1,151,500	921,200	926,200	1,376,800
76,200	2,306,000	3,459,000	4,612,000	1,153,000	922,400	927,400	1,378,600
76,300	2,309,000	3,463,500	4,618,000	1,154,500	923,600	928,600	1,380,400
76,400	2,312,000	3,468,000	4,624,000	1,156,000	924,800	929,800	1,382,200
76,500	2,315,000	3,472,500	4,630,000	1,157,500	926,000	931,000	1,384,000
76,600	2,318,000	3,477,000	4,636,000	1,159,000	927,200	932,200	1,385,800
76,700	2,321,000	3,481,500	4,642,000	1,160,500	928,400	933,400	1,387,600
76,800	2,324,000	3,486,000	4,648,000	1,162,000	929,600	934,600	1,389,400
76,900	2,327,000	3,490,500	4,654,000	1,163,500	930,800	935,800	1,391,200
77,000	2,330,000	3,495,000	4,660,000	1,165,000	932,000	937,000	1,393,000

訴　額 （万円）	(一) 訴　状	(二) 控 訴 状	(三) 上 告 状	(四) 支払督促	(五) 借地非訟	(六) 調停申立	(七) 調停差額
77,100	2,333,000	3,499,500	4,666,000	1,166,500	933,200	938,200	1,394,800
77,200	2,336,000	3,504,000	4,672,000	1,168,000	934,400	939,400	1,396,600
77,300	2,339,000	3,508,500	4,678,000	1,169,500	935,600	940,600	1,398,400
77,400	2,342,000	3,513,000	4,684,000	1,171,000	936,800	941,800	1,400,200
77,500	2,345,000	3,517,500	4,690,000	1,172,500	938,000	943,000	1,402,000
77,600	2,348,000	3,522,000	4,696,000	1,174,000	939,200	944,200	1,403,800
77,700	2,351,000	3,526,500	4,702,000	1,175,500	940,400	945,400	1,405,600
77,800	2,354,000	3,531,000	4,708,000	1,177,000	941,600	946,600	1,407,400
77,900	2,357,000	3,535,500	4,714,000	1,178,500	942,800	947,800	1,409,200
78,000	2,360,000	3,540,000	4,720,000	1,180,000	944,000	949,000	1,411,000
78,100	2,363,000	3,544,500	4,726,000	1,181,500	945,200	950,200	1,412,800
78,200	2,366,000	3,549,000	4,732,000	1,183,000	946,400	951,400	1,414,600
78,300	2,369,000	3,553,500	4,738,000	1,184,500	947,600	952,600	1,416,400
78,400	2,372,000	3,558,000	4,744,000	1,186,000	948,800	953,800	1,418,200
78,500	2,375,000	3,562,500	4,750,000	1,187,500	950,000	955,000	1,420,000
78,600	2,378,000	3,567,000	4,756,000	1,189,000	951,200	956,200	1,421,800
78,700	2,381,000	3,571,500	4,762,000	1,190,500	952,400	957,400	1,423,600
78,800	2,384,000	3,576,000	4,768,000	1,192,000	953,600	958,600	1,425,400
78,900	2,387,000	3,580,500	4,774,000	1,193,500	954,800	959,800	1,427,200
79,000	2,390,000	3,585,000	4,780,000	1,195,000	956,000	961,000	1,429,000
79,100	2,393,000	3,589,500	4,786,000	1,196,500	957,200	962,200	1,430,800
79,200	2,396,000	3,594,000	4,792,000	1,198,000	958,400	963,400	1,432,600
79,300	2,399,000	3,598,500	4,798,000	1,199,500	959,600	964,600	1,434,400
79,400	2,402,000	3,603,000	4,804,000	1,201,000	960,800	965,800	1,436,200
79,500	2,405,000	3,607,500	4,810,000	1,202,500	962,000	967,000	1,438,000
79,600	2,408,000	3,612,000	4,816,000	1,204,000	963,200	968,200	1,439,800
79,700	2,411,000	3,616,500	4,822,000	1,205,500	964,400	969,400	1,441,600
79,800	2,414,000	3,621,000	4,828,000	1,207,000	965,600	970,600	1,443,400
79,900	2,417,000	3,625,500	4,834,000	1,208,500	966,800	971,800	1,445,200
80,000	2,420,000	3,630,000	4,840,000	1,210,000	968,000	973,000	1,447,000
80,100	2,423,000	3,634,500	4,846,000	1,211,500	969,200	974,200	1,448,800
80,200	2,426,000	3,639,000	4,852,000	1,213,000	970,400	975,400	1,450,600
80,300	2,429,000	3,643,500	4,858,000	1,214,500	971,600	976,600	1,452,400
80,400	2,432,000	3,648,000	4,864,000	1,216,000	972,800	977,800	1,454,200
80,500	2,435,000	3,652,500	4,870,000	1,217,500	974,000	979,000	1,456,000
80,600	2,438,000	3,657,000	4,876,000	1,219,000	975,200	980,200	1,457,800
80,700	2,441,000	3,661,500	4,882,000	1,220,500	976,400	981,400	1,459,600
80,800	2,444,000	3,666,000	4,888,000	1,222,000	977,600	982,600	1,461,400
80,900	2,447,000	3,670,500	4,894,000	1,223,500	978,800	983,800	1,463,200
81,000	2,450,000	3,675,000	4,900,000	1,225,000	980,000	985,000	1,465,000
81,100	2,453,000	3,679,500	4,906,000	1,226,500	981,200	986,200	1,466,800
81,200	2,456,000	3,684,000	4,912,000	1,228,000	982,400	987,400	1,468,600
81,300	2,459,000	3,688,500	4,918,000	1,229,500	983,600	988,600	1,470,400
81,400	2,462,000	3,693,000	4,924,000	1,231,000	984,800	989,800	1,472,200
81,500	2,465,000	3,697,500	4,930,000	1,232,500	986,000	991,000	1,474,000
81,600	2,468,000	3,702,000	4,936,000	1,234,000	987,200	992,200	1,475,800
81,700	2,471,000	3,706,500	4,942,000	1,235,500	988,400	993,400	1,477,600
81,800	2,474,000	3,711,000	4,948,000	1,237,000	989,600	994,600	1,479,400
81,900	2,477,000	3,715,500	4,954,000	1,238,500	990,800	995,800	1,481,200
82,000	2,480,000	3,720,000	4,960,000	1,240,000	992,000	997,000	1,483,000

訴　　額 (万円)	(一) 訴　状	(二) 控 訴 状	(三) 上 告 状	(四) 支払督促	(五) 借地非訟	(六) 調停申立	(七) 調停差額
82,100	2,483,000	3,724,500	4,966,000	1,241,500	993,200	998,200	1,484,800
82,200	2,486,000	3,729,000	4,972,000	1,243,000	994,400	999,400	1,486,600
82,300	2,489,000	3,733,500	4,978,000	1,244,500	995,600	1,000,600	1,488,400
82,400	2,492,000	3,738,000	4,984,000	1,246,000	996,800	1,001,800	1,490,200
82,500	2,495,000	3,742,500	4,990,000	1,247,500	998,000	1,003,000	1,492,000
82,600	2,498,000	3,747,000	4,996,000	1,249,000	999,200	1,004,200	1,493,800
82,700	2,501,000	3,751,500	5,002,000	1,250,500	1,000,400	1,005,400	1,495,600
82,800	2,504,000	3,756,000	5,008,000	1,252,000	1,001,600	1,006,600	1,497,400
82,900	2,507,000	3,760,500	5,014,000	1,253,500	1,002,800	1,007,800	1,499,200
83,000	2,510,000	3,765,000	5,020,000	1,255,000	1,004,000	1,009,000	1,501,000
83,100	2,513,000	3,769,500	5,026,000	1,256,500	1,005,200	1,010,200	1,502,800
83,200	2,516,000	3,774,000	5,032,000	1,258,000	1,006,400	1,011,400	1,504,600
83,300	2,519,000	3,778,500	5,038,000	1,259,500	1,007,600	1,012,600	1,506,400
83,400	2,522,000	3,783,000	5,044,000	1,261,000	1,008,800	1,013,800	1,508,200
83,500	2,525,000	3,787,500	5,050,000	1,262,500	1,010,000	1,015,000	1,510,000
83,600	2,528,000	3,792,000	5,056,000	1,264,000	1,011,200	1,016,200	1,511,800
83,700	2,531,000	3,796,500	5,062,000	1,265,500	1,012,400	1,017,400	1,513,600
83,800	2,534,000	3,801,000	5,068,000	1,267,000	1,013,600	1,018,600	1,515,400
83,900	2,537,000	3,805,500	5,074,000	1,268,500	1,014,800	1,019,800	1,517,200
84,000	2,540,000	3,810,000	5,080,000	1,270,000	1,016,000	1,021,000	1,519,000
84,100	2,543,000	3,814,500	5,086,000	1,271,500	1,017,200	1,022,200	1,520,800
84,200	2,546,000	3,819,000	5,092,000	1,273,000	1,018,400	1,023,400	1,522,600
84,300	2,549,000	3,823,500	5,098,000	1,274,500	1,019,600	1,024,600	1,524,400
84,400	2,552,000	3,828,000	5,104,000	1,276,000	1,020,800	1,025,800	1,526,200
84,500	2,555,000	3,832,500	5,110,000	1,277,500	1,022,000	1,027,000	1,528,000
84,600	2,558,000	3,837,000	5,116,000	1,279,000	1,023,200	1,028,200	1,529,800
84,700	2,561,000	3,841,500	5,122,000	1,280,500	1,024,400	1,029,400	1,531,600
84,800	2,564,000	3,846,000	5,128,000	1,282,000	1,025,600	1,030,600	1,533,400
84,900	2,567,000	3,850,500	5,134,000	1,283,500	1,026,800	1,031,800	1,535,200
85,000	2,570,000	3,855,000	5,140,000	1,285,000	1,028,000	1,033,000	1,537,000
85,100	2,573,000	3,859,500	5,146,000	1,286,500	1,029,200	1,034,200	1,538,800
85,200	2,576,000	3,864,000	5,152,000	1,288,000	1,030,400	1,035,400	1,540,600
85,300	2,579,000	3,868,500	5,158,000	1,289,500	1,031,600	1,036,600	1,542,400
85,400	2,582,000	3,873,000	5,164,000	1,291,000	1,032,800	1,037,800	1,544,200
85,500	2,585,000	3,877,500	5,170,000	1,292,500	1,034,000	1,039,000	1,546,000
85,600	2,588,000	3,882,000	5,176,000	1,294,000	1,035,200	1,040,200	1,547,800
85,700	2,591,000	3,886,500	5,182,000	1,295,500	1,036,400	1,041,400	1,549,600
85,800	2,594,000	3,891,000	5,188,000	1,297,000	1,037,600	1,042,600	1,551,400
85,900	2,597,000	3,895,500	5,194,000	1,298,500	1,038,800	1,043,800	1,553,200
86,000	2,600,000	3,900,000	5,200,000	1,300,000	1,040,000	1,045,000	1,555,000
86,100	2,603,000	3,904,500	5,206,000	1,301,500	1,041,200	1,046,200	1,556,800
86,200	2,606,000	3,909,000	5,212,000	1,303,000	1,042,400	1,047,400	1,558,600
86,300	2,609,000	3,913,500	5,218,000	1,304,500	1,043,600	1,048,600	1,560,400
86,400	2,612,000	3,918,000	5,224,000	1,306,000	1,044,800	1,049,800	1,562,200
86,500	2,615,000	3,922,500	5,230,000	1,307,500	1,046,000	1,051,000	1,564,000
86,600	2,618,000	3,927,000	5,236,000	1,309,000	1,047,200	1,052,200	1,565,800
86,700	2,621,000	3,931,500	5,242,000	1,310,500	1,048,400	1,053,400	1,567,600
86,800	2,624,000	3,936,000	5,248,000	1,312,000	1,049,600	1,054,600	1,569,400
86,900	2,627,000	3,940,500	5,254,000	1,313,500	1,050,800	1,055,800	1,571,200
87,000	2,630,000	3,945,000	5,260,000	1,315,000	1,052,000	1,057,000	1,573,000

各種貼用印紙額、
手数料

訴　額 （万円）	(一) 訴　　状	(二) 控　訴　状	(三) 上　告　状	(四) 支払督促	(五) 借地非訟	(六) 調停申立	(七) 調停差額
87,100	2,633,000	3,949,500	5,266,000	1,316,500	1,053,200	1,058,200	1,574,800
87,200	2,636,000	3,954,000	5,272,000	1,318,000	1,054,400	1,059,400	1,576,600
87,300	2,639,000	3,958,500	5,278,000	1,319,500	1,055,600	1,060,600	1,578,400
87,400	2,642,000	3,963,000	5,284,000	1,321,000	1,056,800	1,061,800	1,580,200
87,500	2,645,000	3,967,500	5,290,000	1,322,500	1,058,000	1,063,000	1,582,000
87,600	2,648,000	3,972,000	5,296,000	1,324,000	1,059,200	1,064,200	1,583,800
87,700	2,651,000	3,976,500	5,302,000	1,325,500	1,060,400	1,065,400	1,585,600
87,800	2,654,000	3,981,000	5,308,000	1,327,000	1,061,600	1,066,600	1,587,400
87,900	2,657,000	3,985,500	5,314,000	1,328,500	1,062,800	1,067,800	1,589,200
88,000	2,660,000	3,990,000	5,320,000	1,330,000	1,064,000	1,069,000	1,591,000
88,100	2,663,000	3,994,500	5,326,000	1,331,500	1,065,200	1,070,200	1,592,800
88,200	2,666,000	3,999,000	5,332,000	1,333,000	1,066,400	1,071,400	1,594,600
88,300	2,669,000	4,003,500	5,338,000	1,334,500	1,067,600	1,072,600	1,596,400
88,400	2,672,000	4,008,000	5,344,000	1,336,000	1,068,800	1,073,800	1,598,200
88,500	2,675,000	4,012,500	5,350,000	1,337,500	1,070,000	1,075,000	1,600,000
88,600	2,678,000	4,017,000	5,356,000	1,339,000	1,071,200	1,076,200	1,601,800
88,700	2,681,000	4,021,500	5,362,000	1,340,500	1,072,400	1,077,400	1,603,600
88,800	2,684,000	4,026,000	5,368,000	1,342,000	1,073,600	1,078,600	1,605,400
88,900	2,687,000	4,030,500	5,374,000	1,343,500	1,074,800	1,079,800	1,607,200
89,000	2,690,000	4,035,000	5,380,000	1,345,000	1,076,000	1,081,000	1,609,000
89,100	2,693,000	4,039,500	5,386,000	1,346,500	1,077,200	1,082,200	1,610,800
89,200	2,696,000	4,044,000	5,392,000	1,348,000	1,078,400	1,083,400	1,612,600
89,300	2,699,000	4,048,500	5,398,000	1,349,500	1,079,600	1,084,600	1,614,400
89,400	2,702,000	4,053,000	5,404,000	1,351,000	1,080,800	1,085,800	1,616,200
89,500	2,705,000	4,057,500	5,410,000	1,352,500	1,082,000	1,087,000	1,618,000
89,600	2,708,000	4,062,000	5,416,000	1,354,000	1,083,200	1,088,200	1,619,800
89,700	2,711,000	4,066,500	5,422,000	1,355,500	1,084,400	1,089,400	1,621,600
89,800	2,714,000	4,071,000	5,428,000	1,357,000	1,085,600	1,090,600	1,623,400
89,900	2,717,000	4,075,500	5,434,000	1,358,500	1,086,800	1,091,800	1,625,200
90,000	2,720,000	4,080,000	5,440,000	1,360,000	1,088,000	1,093,000	1,627,000
90,100	2,723,000	4,084,500	5,446,000	1,361,500	1,089,200	1,094,200	1,628,800
90,200	2,726,000	4,089,000	5,452,000	1,363,000	1,090,400	1,095,400	1,630,600
90,300	2,729,000	4,093,500	5,458,000	1,364,500	1,091,600	1,096,600	1,632,400
90,400	2,732,000	4,098,000	5,464,000	1,366,000	1,092,800	1,097,800	1,634,200
90,500	2,735,000	4,102,500	5,470,000	1,367,500	1,094,000	1,099,000	1,636,000
90,600	2,738,000	4,107,000	5,476,000	1,369,000	1,095,200	1,100,200	1,637,800
90,700	2,741,000	4,111,500	5,482,000	1,370,500	1,096,400	1,101,400	1,639,600
90,800	2,744,000	4,116,000	5,488,000	1,372,000	1,097,600	1,102,600	1,641,400
90,900	2,747,000	4,120,500	5,494,000	1,373,500	1,098,800	1,103,800	1,643,200
91,000	2,750,000	4,125,000	5,500,000	1,375,000	1,100,000	1,105,000	1,645,000
91,100	2,753,000	4,129,500	5,506,000	1,376,500	1,101,200	1,106,200	1,646,800
91,200	2,756,000	4,134,000	5,512,000	1,378,000	1,102,400	1,107,400	1,648,600
91,300	2,759,000	4,138,500	5,518,000	1,379,500	1,103,600	1,108,600	1,650,400
91,400	2,762,000	4,143,000	5,524,000	1,381,000	1,104,800	1,109,800	1,652,200
91,500	2,765,000	4,147,500	5,530,000	1,382,500	1,106,000	1,111,000	1,654,000
91,600	2,768,000	4,152,000	5,536,000	1,384,000	1,107,200	1,112,200	1,655,800
91,700	2,771,000	4,156,500	5,542,000	1,385,500	1,108,400	1,113,400	1,657,600
91,800	2,774,000	4,161,000	5,548,000	1,387,000	1,109,600	1,114,600	1,659,400
91,900	2,777,000	4,165,500	5,554,000	1,388,500	1,110,800	1,115,800	1,661,200
92,000	2,780,000	4,170,000	5,560,000	1,390,000	1,112,000	1,117,000	1,663,000

訴　　額 (万円)	(一) 訴　　状	(二) 控 訴 状	(三) 上 告 状	(四) 支払督促	(五) 借地非訟	(六) 調停申立	(七) 調停差額
92,100	2,783,000	4,174,500	5,566,000	1,391,500	1,113,200	1,118,200	1,664,800
92,200	2,786,000	4,179,000	5,572,000	1,393,000	1,114,400	1,119,400	1,666,600
92,300	2,789,000	4,183,500	5,578,000	1,394,500	1,115,600	1,120,600	1,668,400
92,400	2,792,000	4,188,000	5,584,000	1,396,000	1,116,800	1,121,800	1,670,200
92,500	2,795,000	4,192,500	5,590,000	1,397,500	1,118,000	1,123,000	1,672,000
92,600	2,798,000	4,197,000	5,596,000	1,399,000	1,119,200	1,124,200	1,673,800
92,700	2,801,000	4,201,500	5,602,000	1,400,500	1,120,400	1,125,400	1,675,600
92,800	2,804,000	4,206,000	5,608,000	1,402,000	1,121,600	1,126,600	1,677,400
92,900	2,807,000	4,210,500	5,614,000	1,403,500	1,122,800	1,127,800	1,679,200
93,000	2,810,000	4,215,000	5,620,000	1,405,000	1,124,000	1,129,000	1,681,000
93,100	2,813,000	4,219,500	5,626,000	1,406,500	1,125,200	1,130,200	1,682,800
93,200	2,816,000	4,224,000	5,632,000	1,408,000	1,126,400	1,131,400	1,684,600
93,300	2,819,000	4,228,500	5,638,000	1,409,500	1,127,600	1,132,600	1,686,400
93,400	2,822,000	4,233,000	5,644,000	1,411,000	1,128,800	1,133,800	1,688,200
93,500	2,825,000	4,237,500	5,650,000	1,412,500	1,130,000	1,135,000	1,690,000
93,600	2,828,000	4,242,000	5,656,000	1,414,000	1,131,200	1,136,200	1,691,800
93,700	2,831,000	4,246,500	5,662,000	1,415,500	1,132,400	1,137,400	1,693,600
93,800	2,834,000	4,251,000	5,668,000	1,417,000	1,133,600	1,138,600	1,695,400
93,900	2,837,000	4,255,500	5,674,000	1,418,500	1,134,800	1,139,800	1,697,200
94,000	2,840,000	4,260,000	5,680,000	1,420,000	1,136,000	1,141,000	1,699,000
94,100	2,843,000	4,264,500	5,686,000	1,421,500	1,137,200	1,142,200	1,700,800
94,200	2,846,000	4,269,000	5,692,000	1,423,000	1,138,400	1,143,400	1,702,600
94,300	2,849,000	4,273,500	5,698,000	1,424,500	1,139,600	1,144,600	1,704,400
94,400	2,852,000	4,278,000	5,704,000	1,426,000	1,140,800	1,145,800	1,706,200
94,500	2,855,000	4,282,500	5,710,000	1,427,500	1,142,000	1,147,000	1,708,000
94,600	2,858,000	4,287,000	5,716,000	1,429,000	1,143,200	1,148,200	1,709,800
94,700	2,861,000	4,291,500	5,722,000	1,430,500	1,144,400	1,149,400	1,711,600
94,800	2,864,000	4,296,000	5,728,000	1,432,000	1,145,600	1,150,600	1,713,400
94,900	2,867,000	4,300,500	5,734,000	1,433,500	1,146,800	1,151,800	1,715,200
95,000	2,870,000	4,305,000	5,740,000	1,435,000	1,148,000	1,153,000	1,717,000
95,100	2,873,000	4,309,500	5,746,000	1,436,500	1,149,200	1,154,200	1,718,800
95,200	2,876,000	4,314,000	5,752,000	1,438,000	1,150,400	1,155,400	1,720,600
95,300	2,879,000	4,318,500	5,758,000	1,439,500	1,151,600	1,156,600	1,722,400
95,400	2,882,000	4,323,000	5,764,000	1,441,000	1,152,800	1,157,800	1,724,200
95,500	2,885,000	4,327,500	5,770,000	1,442,500	1,154,000	1,159,000	1,726,000
95,600	2,888,000	4,332,000	5,776,000	1,444,000	1,155,200	1,160,200	1,727,800
95,700	2,891,000	4,336,500	5,782,000	1,445,500	1,156,400	1,161,400	1,729,600
95,800	2,894,000	4,341,000	5,788,000	1,447,000	1,157,600	1,162,600	1,731,400
95,900	2,897,000	4,345,500	5,794,000	1,448,500	1,158,800	1,163,800	1,733,200
96,000	2,900,000	4,350,000	5,800,000	1,450,000	1,160,000	1,165,000	1,735,000
96,100	2,903,000	4,354,500	5,806,000	1,451,500	1,161,200	1,166,200	1,736,800
96,200	2,906,000	4,359,000	5,812,000	1,453,000	1,162,400	1,167,400	1,738,600
96,300	2,909,000	4,363,500	5,818,000	1,454,500	1,163,600	1,168,600	1,740,400
96,400	2,912,000	4,368,000	5,824,000	1,456,000	1,164,800	1,169,800	1,742,200
96,500	2,915,000	4,372,500	5,830,000	1,457,500	1,166,000	1,171,000	1,744,000
96,600	2,918,000	4,377,000	5,836,000	1,459,000	1,167,200	1,172,200	1,745,800
96,700	2,921,000	4,381,500	5,842,000	1,460,500	1,168,400	1,173,400	1,747,600
96,800	2,924,000	4,386,000	5,848,000	1,462,000	1,169,600	1,174,600	1,749,400
96,900	2,927,000	4,390,500	5,854,000	1,463,500	1,170,800	1,175,800	1,751,200
97,000	2,930,000	4,395,000	5,860,000	1,465,000	1,172,000	1,177,000	1,753,000

訴　額 （万円）	(一) 訴　状	(二) 控　訴　状	(三) 上　告　状	(四) 支払督促	(五) 借地非訟	(六) 調停申立	(七) 調停差額
97,100	2,933,000	4,399,500	5,866,000	1,466,500	1,173,200	1,178,200	1,754,800
97,200	2,936,000	4,404,000	5,872,000	1,468,000	1,174,400	1,179,400	1,756,600
97,300	2,939,000	4,408,500	5,878,000	1,469,500	1,175,600	1,180,600	1,758,400
97,400	2,942,000	4,413,000	5,884,000	1,471,000	1,176,800	1,181,800	1,760,200
97,500	2,945,000	4,417,500	5,890,000	1,472,500	1,178,000	1,183,000	1,762,000
97,600	2,948,000	4,422,000	5,896,000	1,474,000	1,179,200	1,184,200	1,763,800
97,700	2,951,000	4,426,500	5,902,000	1,475,500	1,180,400	1,185,400	1,765,600
97,800	2,954,000	4,431,000	5,908,000	1,477,000	1,181,600	1,186,600	1,767,400
97,900	2,957,000	4,435,500	5,914,000	1,478,500	1,182,800	1,187,800	1,769,200
98,000	2,960,000	4,440,000	5,920,000	1,480,000	1,184,000	1,189,000	1,771,000
98,100	2,963,000	4,444,500	5,926,000	1,481,500	1,185,200	1,190,200	1,772,800
98,200	2,966,000	4,449,000	5,932,000	1,483,000	1,186,400	1,191,400	1,774,600
98,300	2,969,000	4,453,500	5,938,000	1,484,500	1,187,600	1,192,600	1,776,400
98,400	2,972,000	4,458,000	5,944,000	1,486,000	1,188,800	1,193,800	1,778,200
98,500	2,975,000	4,462,500	5,950,000	1,487,500	1,190,000	1,195,000	1,780,000
98,600	2,978,000	4,467,000	5,956,000	1,489,000	1,191,200	1,196,200	1,781,800
98,700	2,981,000	4,471,500	5,962,000	1,490,500	1,192,400	1,197,400	1,783,600
98,800	2,984,000	4,476,000	5,968,000	1,492,000	1,193,600	1,198,600	1,785,400
98,900	2,987,000	4,480,500	5,974,000	1,493,500	1,194,800	1,199,800	1,787,200
99,000	2,990,000	4,485,000	5,980,000	1,495,000	1,196,000	1,201,000	1,789,000
99,100	2,993,000	4,489,500	5,986,000	1,496,500	1,197,200	1,202,200	1,790,800
99,200	2,996,000	4,494,000	5,992,000	1,498,000	1,198,400	1,203,400	1,792,600
99,300	2,999,000	4,498,500	5,998,000	1,499,500	1,199,600	1,204,600	1,794,400
99,400	3,002,000	4,503,000	6,004,000	1,501,000	1,200,800	1,205,800	1,796,200
99,500	3,005,000	4,507,500	6,010,000	1,502,500	1,202,000	1,207,000	1,798,000
99,600	3,008,000	4,512,000	6,016,000	1,504,000	1,203,200	1,208,200	1,799,800
99,700	3,011,000	4,516,500	6,022,000	1,505,500	1,204,400	1,209,400	1,801,600
99,800	3,014,000	4,521,000	6,028,000	1,507,000	1,205,600	1,210,600	1,803,400
99,900	3,017,000	4,525,500	6,034,000	1,508,500	1,206,800	1,211,800	1,805,200
100,000	3,020,000	4,530,000	6,040,000	1,510,000	1,208,000	1,213,000	1,807,000
100,500	3,030,000	4,545,000	6,060,000	1,515,000	1,212,000	1,217,000	1,813,000
101,000	3,040,000	4,560,000	6,080,000	1,520,000	1,216,000	1,221,000	1,819,000
101,500	3,050,000	4,575,000	6,100,000	1,525,000	1,220,000	1,225,000	1,825,000
102,000	3,060,000	4,590,000	6,120,000	1,530,000	1,224,000	1,229,000	1,831,000
102,500	3,070,000	4,605,000	6,140,000	1,535,000	1,228,000	1,233,000	1,837,000
103,000	3,080,000	4,620,000	6,160,000	1,540,000	1,232,000	1,237,000	1,843,000
103,500	3,090,000	4,635,000	6,180,000	1,545,000	1,236,000	1,241,000	1,849,000
104,000	3,100,000	4,650,000	6,200,000	1,550,000	1,240,000	1,245,000	1,855,000
104,500	3,110,000	4,665,000	6,220,000	1,555,000	1,244,000	1,249,000	1,861,000
105,000	3,120,000	4,680,000	6,240,000	1,560,000	1,248,000	1,253,000	1,867,000
105,500	3,130,000	4,695,000	6,260,000	1,565,000	1,252,000	1,257,000	1,873,000
106,000	3,140,000	4,710,000	6,280,000	1,570,000	1,256,000	1,261,000	1,879,000
106,500	3,150,000	4,725,000	6,300,000	1,575,000	1,260,000	1,265,000	1,885,000
107,000	3,160,000	4,740,000	6,320,000	1,580,000	1,264,000	1,269,000	1,891,000
107,500	3,170,000	4,755,000	6,340,000	1,585,000	1,268,000	1,273,000	1,897,000
108,000	3,180,000	4,770,000	6,360,000	1,590,000	1,272,000	1,277,000	1,903,000
108,500	3,190,000	4,785,000	6,380,000	1,595,000	1,276,000	1,281,000	1,909,000
109,000	3,200,000	4,800,000	6,400,000	1,600,000	1,280,000	1,285,000	1,915,000
109,500	3,210,000	4,815,000	6,420,000	1,605,000	1,284,000	1,289,000	1,921,000
110,000	3,220,000	4,830,000	6,440,000	1,610,000	1,288,000	1,293,000	1,927,000

訴 額 （万円）	（一） 訴 状	（二） 控 訴 状	（三） 上 告 状	（四） 支払督促	（五） 借地非訟	（六） 調停申立	（七） 調停差額
110,500	3,230,000	4,845,000	6,460,000	1,615,000	1,292,000	1,297,000	1,933,000
111,000	3,240,000	4,860,000	6,480,000	1,620,000	1,296,000	1,301,000	1,939,000
111,500	3,250,000	4,875,000	6,500,000	1,625,000	1,300,000	1,305,000	1,945,000
112,000	3,260,000	4,890,000	6,520,000	1,630,000	1,304,000	1,309,000	1,951,000
112,500	3,270,000	4,905,000	6,540,000	1,635,000	1,308,000	1,313,000	1,957,000
113,000	3,280,000	4,920,000	6,560,000	1,640,000	1,312,000	1,317,000	1,963,000
113,500	3,290,000	4,935,000	6,580,000	1,645,000	1,316,000	1,321,000	1,969,000
114,000	3,300,000	4,950,000	6,600,000	1,650,000	1,320,000	1,325,000	1,975,000
114,500	3,310,000	4,965,000	6,620,000	1,655,000	1,324,000	1,329,000	1,981,000
115,000	3,320,000	4,980,000	6,640,000	1,660,000	1,328,000	1,333,000	1,987,000
115,500	3,330,000	4,995,000	6,660,000	1,665,000	1,332,000	1,337,000	1,993,000
116,000	3,340,000	5,010,000	6,680,000	1,670,000	1,336,000	1,341,000	1,999,000
116,500	3,350,000	5,025,000	6,700,000	1,675,000	1,340,000	1,345,000	2,005,000
117,000	3,360,000	5,040,000	6,720,000	1,680,000	1,344,000	1,349,000	2,011,000
117,500	3,370,000	5,055,000	6,740,000	1,685,000	1,348,000	1,353,000	2,017,000
118,000	3,380,000	5,070,000	6,760,000	1,690,000	1,352,000	1,357,000	2,023,000
118,500	3,390,000	5,085,000	6,780,000	1,695,000	1,356,000	1,361,000	2,029,000
119,000	3,400,000	5,100,000	6,800,000	1,700,000	1,360,000	1,365,000	2,035,000
119,500	3,410,000	5,115,000	6,820,000	1,705,000	1,364,000	1,369,000	2,041,000
120,000	3,420,000	5,130,000	6,840,000	1,710,000·	1,368,000	1,373,000	2,047,000
120,500	3,430,000	5,145,000	6,860,000	1,715,000	1,372,000	1,377,000	2,053,000
121,000	3,440,000	5,160,000	6,880,000	1,720,000	1,376,000	1,381,000	2,059,000
121,500	3,450,000	5,175,000	6,900,000	1,725,000	1,380,000	1,385,000	2,065,000
122,000	3,460,000	5,190,000	6,920,000	1,730,000	1,384,000	1,389,000	2,071,000
122,500	3,470,000	5,205,000	6,940,000	1,735,000	1,388,000	1,393,000	2,077,000
123,000	3,480,000	5,220,000	6,960,000	1,740,000	1,392,000	1,397,000	2,083,000
123,500	3,490,000	5,235,000	6,980,000	1,745,000	1,396,000	1,401,000	2,089,000
124,000	3,500,000	5,250,000	7,000,000	1,750,000	1,400,000	1,405,000	2,095,000
124,500	3,510,000	5,265,000	7,020,000	1,755,000	1,404,000	1,409,000	2,101,000
125,000	3,520,000	5,280,000	7,040,000	1,760,000	1,408,000	1,413,000	2,107,000
125,500	3,530,000	5,295,000	7,060,000	1,765,000	1,412,000	1,417,000	2,113,000
126,000	3,540,000	5,310,000	7,080,000	1,770,000	1,416,000	1,421,000	2,119,000
126,500	3,550,000	5,325,000	7,100,000	1,775,000	1,420,000	1,425,000	2,125,000
127,000	3,560,000	5,340,000	7,120,000	1,780,000	1,424,000	1,429,000	2,131,000
127,500	3,570,000	5,355,000	7,140,000	1,785,000	1,428,000	1,433,000	2,137,000
128,000	3,580,000	5,370,000	7,160,000	1,790,000	1,432,000	1,437,000	2,143,000
128,500	3,590,000	5,385,000	7,180,000	1,795,000	1,436,000	1,441,000	2,149,000
129,000	3,600,000	5,400,000	7,200,000	1,800,000	1,440,000	1,445,000	2,155,000
129,500	3,610,000	5,415,000	7,220,000	1,805,000	1,444,000	1,449,000	2,161,000
130,000	3,620,000	5,430,000	7,240,000	1,810,000	1,448,000	1,453,000	2,167,000
130,500	3,630,000	5,445,000	7,260,000	1,815,000	1,452,000	1,457,000	2,173,000
131,000	3,640,000	5,460,000	7,280,000	1,820,000	1,456,000	1,461,000	2,179,000
131,500	3,650,000	5,475,000	7,300,000	1,825,000	1,460,000	1,465,000	2,185,000
132,000	3,660,000	5,490,000	7,320,000	1,830,000	1,464,000	1,469,000	2,191,000
132,500	3,670,000	5,505,000	7,340,000	1,835,000	1,468,000	1,473,000	2,197,000
133,000	3,680,000	5,520,000	7,360,000	1,840,000	1,472,000	1,477,000	2,203,000
133,500	3,690,000	5,535,000	7,380,000	1,845,000	1,476,000	1,481,000	2,209,000
134,000	3,700,000	5,550,000	7,400,000	1,850,000	1,480,000	1,485,000	2,215,000
134,500	3,710,000	5,565,000	7,420,000	1,855,000	1,484,000	1,489,000	2,221,000
135,000	3,720,000	5,580,000	7,440,000	1,860,000	1,488,000	1,493,000	2,227,000

訴　額 （万円）	(一) 訴　状	(二) 控 訴 状	(三) 上 告 状	(四) 支払督促	(五) 借地非訟	(六) 調停申立	(七) 調停差額
135,500	3,730,000	5,595,000	7,460,000	1,865,000	1,492,000	1,497,000	2,233,000
136,000	3,740,000	5,610,000	7,480,000	1,870,000	1,496,000	1,501,000	2,239,000
136,500	3,750,000	5,625,000	7,500,000	1,875,000	1,500,000	1,505,000	2,245,000
137,000	3,760,000	5,640,000	7,520,000	1,880,000	1,504,000	1,509,000	2,251,000
137,500	3,770,000	5,655,000	7,540,000	1,885,000	1,508,000	1,513,000	2,257,000
138,000	3,780,000	5,670,000	7,560,000	1,890,000	1,512,000	1,517,000	2,263,000
138,500	3,790,000	5,685,000	7,580,000	1,895,000	1,516,000	1,521,000	2,269,000
139,000	3,800,000	5,700,000	7,600,000	1,900,000	1,520,000	1,525,000	2,275,000
139,500	3,810,000	5,715,000	7,620,000	1,905,000	1,524,000	1,529,000	2,281,000
140,000	3,820,000	5,730,000	7,640,000	1,910,000	1,528,000	1,533,000	2,287,000
140,500	3,830,000	5,745,000	7,660,000	1,915,000	1,532,000	1,537,000	2,293,000
141,000	3,840,000	5,760,000	7,680,000	1,920,000	1,536,000	1,541,000	2,299,000
141,500	3,850,000	5,775,000	7,700,000	1,925,000	1,540,000	1,545,000	2,305,000
142,000	3,860,000	5,790,000	7,720,000	1,930,000	1,544,000	1,549,000	2,311,000
142,500	3,870,000	5,805,000	7,740,000	1,935,000	1,548,000	1,553,000	2,317,000
143,000	3,880,000	5,820,000	7,760,000	1,940,000	1,552,000	1,557,000	2,323,000
143,500	3,890,000	5,835,000	7,780,000	1,945,000	1,556,000	1,561,000	2,329,000
144,000	3,900,000	5,850,000	7,800,000	1,950,000	1,560,000	1,565,000	2,335,000
144,500	3,910,000	5,865,000	7,820,000	1,955,000	1,564,000	1,569,000	2,341,000
145,000	3,920,000	5,880,000	7,840,000	1,960,000	1,568,000	1,573,000	2,347,000
145,500	3,930,000	5,895,000	7,860,000	1,965,000	1,572,000	1,577,000	2,353,000
146,000	3,940,000	5,910,000	7,880,000	1,970,000	1,576,000	1,581,000	2,359,000
146,500	3,950,000	5,925,000	7,900,000	1,975,000	1,580,000	1,585,000	2,365,000
147,000	3,960,000	5,940,000	7,920,000	1,980,000	1,584,000	1,589,000	2,371,000
147,500	3,970,000	5,955,000	7,940,000	1,985,000	1,588,000	1,593,000	2,377,000
148,000	3,980,000	5,970,000	7,960,000	1,990,000	1,592,000	1,597,000	2,383,000
148,500	3,990,000	5,985,000	7,980,000	1,995,000	1,596,000	1,601,000	2,389,000
149,000	4,000,000	6,000,000	8,000,000	2,000,000	1,600,000	1,605,000	2,395,000
149,500	4,010,000	6,015,000	8,020,000	2,005,000	1,604,000	1,609,000	2,401,000
150,000	4,020,000	6,030,000	8,040,000	2,010,000	1,608,000	1,613,000	2,407,000
150,500	4,030,000	6,045,000	8,060,000	2,015,000	1,612,000	1,617,000	2,413,000
151,000	4,040,000	6,060,000	8,080,000	2,020,000	1,616,000	1,621,000	2,419,000
151,500	4,050,000	6,075,000	8,100,000	2,025,000	1,620,000	1,625,000	2,425,000
152,000	4,060,000	6,090,000	8,120,000	2,030,000	1,624,000	1,629,000	2,431,000
152,500	4,070,000	6,105,000	8,140,000	2,035,000	1,628,000	1,633,000	2,437,000
153,000	4,080,000	6,120,000	8,160,000	2,040,000	1,632,000	1,637,000	2,443,000
153,500	4,090,000	6,135,000	8,180,000	2,045,000	1,636,000	1,641,000	2,449,000
154,000	4,100,000	6,150,000	8,200,000	2,050,000	1,640,000	1,645,000	2,455,000
154,500	4,110,000	6,165,000	8,220,000	2,055,000	1,644,000	1,649,000	2,461,000
155,000	4,120,000	6,180,000	8,240,000	2,060,000	1,648,000	1,653,000	2,467,000
155,500	4,130,000	6,195,000	8,260,000	2,065,000	1,652,000	1,657,000	2,473,000
156,000	4,140,000	6,210,000	8,280,000	2,070,000	1,656,000	1,661,000	2,479,000
156,500	4,150,000	6,225,000	8,300,000	2,075,000	1,660,000	1,665,000	2,485,000
157,000	4,160,000	6,240,000	8,320,000	2,080,000	1,664,000	1,669,000	2,491,000
157,500	4,170,000	6,255,000	8,340,000	2,085,000	1,668,000	1,673,000	2,497,000
158,000	4,180,000	6,270,000	8,360,000	2,090,000	1,672,000	1,677,000	2,503,000
158,500	4,190,000	6,285,000	8,380,000	2,095,000	1,676,000	1,681,000	2,509,000
159,000	4,200,000	6,300,000	8,400,000	2,100,000	1,680,000	1,685,000	2,515,000
159,500	4,210,000	6,315,000	8,420,000	2,105,000	1,684,000	1,689,000	2,521,000
160,000	4,220,000	6,330,000	8,440,000	2,110,000	1,688,000	1,693,000	2,527,000

訴　額 (万円)	(一) 訴　状	(二) 控訴状	(三) 上告状	(四) 支払督促	(五) 借地非訟	(六) 調停申立	(七) 調停差額
160,500	4,230,000	6,345,000	8,460,000	2,115,000	1,692,000	1,697,000	2,533,000
161,000	4,240,000	6,360,000	8,480,000	2,120,000	1,696,000	1,701,000	2,539,000
161,500	4,250,000	6,375,000	8,500,000	2,125,000	1,700,000	1,705,000	2,545,000
162,000	4,260,000	6,390,000	8,520,000	2,130,000	1,704,000	1,709,000	2,551,000
162,500	4,270,000	6,405,000	8,540,000	2,135,000	1,708,000	1,713,000	2,557,000
163,000	4,280,000	6,420,000	8,560,000	2,140,000	1,712,000	1,717,000	2,563,000
163,500	4,290,000	6,435,000	8,580,000	2,145,000	1,716,000	1,721,000	2,569,000
164,000	4,300,000	6,450,000	8,600,000	2,150,000	1,720,000	1,725,000	2,575,000
164,500	4,310,000	6,465,000	8,620,000	2,155,000	1,724,000	1,729,000	2,581,000
165,000	4,320,000	6,480,000	8,640,000	2,160,000	1,728,000	1,733,000	2,587,000
165,500	4,330,000	6,495,000	8,660,000	2,165,000	1,732,000	1,737,000	2,593,000
166,000	4,340,000	6,510,000	8,680,000	2,170,000	1,736,000	1,741,000	2,599,000
166,500	4,350,000	6,525,000	8,700,000	2,175,000	1,740,000	1,745,000	2,605,000
167,000	4,360,000	6,540,000	8,720,000	2,180,000	1,744,000	1,749,000	2,611,000
167,500	4,370,000	6,555,000	8,740,000	2,185,000	1,748,000	1,753,000	2,617,000
168,000	4,380,000	6,570,000	8,760,000	2,190,000	1,752,000	1,757,000	2,623,000
168,500	4,390,000	6,585,000	8,780,000	2,195,000	1,756,000	1,761,000	2,629,000
169,000	4,400,000	6,600,000	8,800,000	2,200,000	1,760,000	1,765,000	2,635,000
169,500	4,410,000	6,615,000	8,820,000	2,205,000	1,764,000	1,769,000	2,641,000
170,000	4,420,000	6,630,000	8,840,000	2,210,000	1,768,000	1,773,000	2,647,000
170,500	4,430,000	6,645,000	8,860,000	2,215,000	1,772,000	1,777,000	2,653,000
171,000	4,440,000	6,660,000	8,880,000	2,220,000	1,776,000	1,781,000	2,659,000
171,500	4,450,000	6,675,000	8,900,000	2,225,000	1,780,000	1,785,000	2,665,000
172,000	4,460,000	6,690,000	8,920,000	2,230,000	1,784,000	1,789,000	2,671,000
172,500	4,470,000	6,705,000	8,940,000	2,235,000	1,788,000	1,793,000	2,677,000
173,000	4,480,000	6,720,000	8,960,000	2,240,000	1,792,000	1,797,000	2,683,000
173,500	4,490,000	6,735,000	8,980,000	2,245,000	1,796,000	1,801,000	2,689,000
174,000	4,500,000	6,750,000	9,000,000	2,250,000	1,800,000	1,805,000	2,695,000
174,500	4,510,000	6,765,000	9,020,000	2,255,000	1,804,000	1,809,000	2,701,000
175,000	4,520,000	6,780,000	9,040,000	2,260,000	1,808,000	1,813,000	2,707,000
175,500	4,530,000	6,795,000	9,060,000	2,265,000	1,812,000	1,817,000	2,713,000
176,000	4,540,000	6,810,000	9,080,000	2,270,000	1,816,000	1,821,000	2,719,000
176,500	4,550,000	6,825,000	9,100,000	2,275,000	1,820,000	1,825,000	2,725,000
177,000	4,560,000	6,840,000	9,120,000	2,280,000	1,824,000	1,829,000	2,731,000
177,500	4,570,000	6,855,000	9,140,000	2,285,000	1,828,000	1,833,000	2,737,000
178,000	4,580,000	6,870,000	9,160,000	2,290,000	1,832,000	1,837,000	2,743,000
178,500	4,590,000	6,885,000	9,180,000	2,295,000	1,836,000	1,841,000	2,749,000
179,000	4,600,000	6,900,000	9,200,000	2,300,000	1,840,000	1,845,000	2,755,000
179,500	4,610,000	6,915,000	9,220,000	2,305,000	1,844,000	1,849,000	2,761,000
180,000	4,620,000	6,930,000	9,240,000	2,310,000	1,848,000	1,853,000	2,767,000
180,500	4,630,000	6,945,000	9,260,000	2,315,000	1,852,000	1,857,000	2,773,000
181,000	4,640,000	6,960,000	9,280,000	2,320,000	1,856,000	1,861,000	2,779,000
181,500	4,650,000	6,975,000	9,300,000	2,325,000	1,860,000	1,865,000	2,785,000
182,000	4,660,000	6,990,000	9,320,000	2,330,000	1,864,000	1,869,000	2,791,000
182,500	4,670,000	7,005,000	9,340,000	2,335,000	1,868,000	1,873,000	2,797,000
183,000	4,680,000	7,020,000	9,360,000	2,340,000	1,872,000	1,877,000	2,803,000
183,500	4,690,000	7,035,000	9,380,000	2,345,000	1,876,000	1,881,000	2,809,000
184,000	4,700,000	7,050,000	9,400,000	2,350,000	1,880,000	1,885,000	2,815,000
184,500	4,710,000	7,065,000	9,420,000	2,355,000	1,884,000	1,889,000	2,821,000
185,000	4,720,000	7,080,000	9,440,000	2,360,000	1,888,000	1,893,000	2,827,000

訴　額 （万円）	（一） 訴　状	（二） 控訴状	（三） 上告状	（四） 支払督促	（五） 借地非訟	（六） 調停申立	（七） 調停差額
185,500	4,730,000	7,095,000	9,460,000	2,365,000	1,892,000	1,897,000	2,833,000
186,000	4,740,000	7,110,000	9,480,000	2,370,000	1,896,000	1,901,000	2,839,000
186,500	4,750,000	7,125,000	9,500,000	2,375,000	1,900,000	1,905,000	2,845,000
187,000	4,760,000	7,140,000	9,520,000	2,380,000	1,904,000	1,909,000	2,851,000
187,500	4,770,000	7,155,000	9,540,000	2,385,000	1,908,000	1,913,000	2,857,000
188,000	4,780,000	7,170,000	9,560,000	2,390,000	1,912,000	1,917,000	2,863,000
188,500	4,790,000	7,185,000	9,580,000	2,395,000	1,916,000	1,921,000	2,869,000
189,000	4,800,000	7,200,000	9,600,000	2,400,000	1,920,000	1,925,000	2,875,000
189,500	4,810,000	7,215,000	9,620,000	2,405,000	1,924,000	1,929,000	2,881,000
190,000	4,820,000	7,230,000	9,640,000	2,410,000	1,928,000	1,933,000	2,887,000
190,500	4,830,000	7,245,000	9,660,000	2,415,000	1,932,000	1,937,000	2,893,000
191,000	4,840,000	7,260,000	9,680,000	2,420,000	1,936,000	1,941,000	2,899,000
191,500	4,850,000	7,275,000	9,700,000	2,425,000	1,940,000	1,945,000	2,905,000
192,000	4,860,000	7,290,000	9,720,000	2,430,000	1,944,000	1,949,000	2,911,000
192,500	4,870,000	7,305,000	9,740,000	2,435,000	1,948,000	1,953,000	2,917,000
193,000	4,880,000	7,320,000	9,760,000	2,440,000	1,952,000	1,957,000	2,923,000
193,500	4,890,000	7,335,000	9,780,000	2,445,000	1,956,000	1,961,000	2,929,000
194,000	4,900,000	7,350,000	9,800,000	2,450,000	1,960,000	1,965,000	2,935,000
194,500	4,910,000	7,365,000	9,820,000	2,455,000	1,964,000	1,969,000	2,941,000
195,000	4,920,000	7,380,000	9,840,000	2,460,000	1,968,000	1,973,000	2,947,000
195,500	4,930,000	7,395,000	9,860,000	2,465,000	1,972,000	1,977,000	2,953,000
196,000	4,940,000	7,410,000	9,880,000	2,470,000	1,976,000	1,981,000	2,959,000
196,500	4,950,000	7,425,000	9,900,000	2,475,000	1,980,000	1,985,000	2,965,000
197,000	4,960,000	7,440,000	9,920,000	2,480,000	1,984,000	1,989,000	2,971,000
197,500	4,970,000	7,455,000	9,940,000	2,485,000	1,988,000	1,993,000	2,977,000
198,000	4,980,000	7,470,000	9,960,000	2,490,000	1,992,000	1,997,000	2,983,000
198,500	4,990,000	7,485,000	9,980,000	2,495,000	1,996,000	2,001,000	2,989,000
199,000	5,000,000	7,500,000	10,000,000	2,500,000	2,000,000	2,005,000	2,995,000
199,500	5,010,000	7,515,000	10,020,000	2,505,000	2,004,000	2,009,000	3,001,000
200,000	5,020,000	7,530,000	10,040,000	2,510,000	2,008,000	2,013,000	3,007,000
200,500	5,030,000	7,545,000	10,060,000	2,515,000	2,012,000	2,017,000	3,013,000
201,000	5,040,000	7,560,000	10,080,000	2,520,000	2,016,000	2,021,000	3,019,000
201,500	5,050,000	7,575,000	10,100,000	2,525,000	2,020,000	2,025,000	3,025,000
202,000	5,060,000	7,590,000	10,120,000	2,530,000	2,024,000	2,029,000	3,031,000
202,500	5,070,000	7,605,000	10,140,000	2,535,000	2,028,000	2,033,000	3,037,000
203,000	5,080,000	7,620,000	10,160,000	2,540,000	2,032,000	2,037,000	3,043,000
203,500	5,090,000	7,635,000	10,180,000	2,545,000	2,036,000	2,041,000	3,049,000
204,000	5,100,000	7,650,000	10,200,000	2,550,000	2,040,000	2,045,000	3,055,000
204,500	5,110,000	7,665,000	10,220,000	2,555,000	2,044,000	2,049,000	3,061,000
205,000	5,120,000	7,680,000	10,240,000	2,560,000	2,048,000	2,053,000	3,067,000
205,500	5,130,000	7,695,000	10,260,000	2,565,000	2,052,000	2,057,000	3,073,000
206,000	5,140,000	7,710,000	10,280,000	2,570,000	2,056,000	2,061,000	3,079,000
206,500	5,150,000	7,725,000	10,300,000	2,575,000	2,060,000	2,065,000	3,085,000
207,000	5,160,000	7,740,000	10,320,000	2,580,000	2,064,000	2,069,000	3,091,000
207,500	5,170,000	7,755,000	10,340,000	2,585,000	2,068,000	2,073,000	3,097,000
208,000	5,180,000	7,770,000	10,360,000	2,590,000	2,072,000	2,077,000	3,103,000
208,500	5,190,000	7,785,000	10,380,000	2,595,000	2,076,000	2,081,000	3,109,000
209,000	5,200,000	7,800,000	10,400,000	2,600,000	2,080,000	2,085,000	3,115,000
209,500	5,210,000	7,815,000	10,420,000	2,605,000	2,084,000	2,089,000	3,121,000
210,000	5,220,000	7,830,000	10,440,000	2,610,000	2,088,000	2,093,000	3,127,000

訴　額 (万円)	(一) 訴　状	(二) 控 訴 状	(三) 上 告 状	(四) 支払督促	(五) 借地非訟	(六) 調停申立	(七) 調停差額
210,500	5,230,000	7,845,000	10,460,000	2,615,000	2,092,000	2,097,000	3,133,000
211,000	5,240,000	7,860,000	10,480,000	2,620,000	2,096,000	2,101,000	3,139,000
211,500	5,250,000	7,875,000	10,500,000	2,625,000	2,100,000	2,105,000	3,145,000
212,000	5,260,000	7,890,000	10,520,000	2,630,000	2,104,000	2,109,000	3,151,000
212,500	5,270,000	7,905,000	10,540,000	2,635,000	2,108,000	2,113,000	3,157,000
213,000	5,280,000	7,920,000	10,560,000	2,640,000	2,112,000	2,117,000	3,163,000
213,500	5,290,000	7,935,000	10,580,000	2,645,000	2,116,000	2,121,000	3,169,000
214,000	5,300,000	7,950,000	10,600,000	2,650,000	2,120,000	2,125,000	3,175,000
214,500	5,310,000	7,965,000	10,620,000	2,655,000	2,124,000	2,129,000	3,181,000
215,000	5,320,000	7,980,000	10,640,000	2,660,000	2,128,000	2,133,000	3,187,000
215,500	5,330,000	7,995,000	10,660,000	2,665,000	2,132,000	2,137,000	3,193,000
216,000	5,340,000	8,010,000	10,680,000	2,670,000	2,136,000	2,141,000	3,199,000
216,500	5,350,000	8,025,000	10,700,000	2,675,000	2,140,000	2,145,000	3,205,000
217,000	5,360,000	8,040,000	10,720,000	2,680,000	2,144,000	2,149,000	3,211,000
217,500	5,370,000	8,055,000	10,740,000	2,685,000	2,148,000	2,153,000	3,217,000
218,000	5,380,000	8,070,000	10,760,000	2,690,000	2,152,000	2,157,000	3,223,000
218,500	5,390,000	8,085,000	10,780,000	2,695,000	2,156,000	2,161,000	3,229,000
219,000	5,400,000	8,100,000	10,800,000	2,700,000	2,160,000	2,165,000	3,235,000
219,500	5,410,000	8,115,000	10,820,000	2,705,000	2,164,000	2,169,000	3,241,000
220,000	5,420,000	8,130,000	10,840,000	2,710,000	2,168,000	2,173,000	3,247,000
220,500	5,430,000	8,145,000	10,860,000	2,715,000	2,172,000	2,177,000	3,253,000
221,000	5,440,000	8,160,000	10,880,000	2,720,000	2,176,000	2,181,000	3,259,000
221,500	5,450,000	8,175,000	10,900,000	2,725,000	2,180,000	2,185,000	3,265,000
222,000	5,460,000	8,190,000	10,920,000	2,730,000	2,184,000	2,189,000	3,271,000
222,500	5,470,000	8,205,000	10,940,000	2,735,000	2,188,000	2,193,000	3,277,000
223,000	5,480,000	8,220,000	10,960,000	2,740,000	2,192,000	2,197,000	3,283,000
223,500	5,490,000	8,235,000	10,980,000	2,745,000	2,196,000	2,201,000	3,289,000
224,000	5,500,000	8,250,000	11,000,000	2,750,000	2,200,000	2,205,000	3,295,000
224,500	5,510,000	8,265,000	11,020,000	2,755,000	2,204,000	2,209,000	3,301,000
225,000	5,520,000	8,280,000	11,040,000	2,760,000	2,208,000	2,213,000	3,307,000
225,500	5,530,000	8,295,000	11,060,000	2,765,000	2,212,000	2,217,000	3,313,000
226,000	5,540,000	8,310,000	11,080,000	2,770,000	2,216,000	2,221,000	3,319,000
226,500	5,550,000	8,325,000	11,100,000	2,775,000	2,220,000	2,225,000	3,325,000
227,000	5,560,000	8,340,000	11,120,000	2,780,000	2,224,000	2,229,000	3,331,000
227,500	5,570,000	8,355,000	11,140,000	2,785,000	2,228,000	2,233,000	3,337,000
228,000	5,580,000	8,370,000	11,160,000	2,790,000	2,232,000	2,237,000	3,343,000
228,500	5,590,000	8,385,000	11,180,000	2,795,000	2,236,000	2,241,000	3,349,000
229,000	5,600,000	8,400,000	11,200,000	2,800,000	2,240,000	2,245,000	3,355,000
229,500	5,610,000	8,415,000	11,220,000	2,805,000	2,244,000	2,249,000	3,361,000
230,000	5,620,000	8,430,000	11,240,000	2,810,000	2,248,000	2,253,000	3,367,000
230,500	5,630,000	8,445,000	11,260,000	2,815,000	2,252,000	2,257,000	3,373,000
231,000	5,640,000	8,460,000	11,280,000	2,820,000	2,256,000	2,261,000	3,379,000
231,500	5,650,000	8,475,000	11,300,000	2,825,000	2,260,000	2,265,000	3,385,000
232,000	5,660,000	8,490,000	11,320,000	2,830,000	2,264,000	2,269,000	3,391,000
232,500	5,670,000	8,505,000	11,340,000	2,835,000	2,268,000	2,273,000	3,397,000
233,000	5,680,000	8,520,000	11,360,000	2,840,000	2,272,000	2,277,000	3,403,000
233,500	5,690,000	8,535,000	11,380,000	2,845,000	2,276,000	2,281,000	3,409,000
234,000	5,700,000	8,550,000	11,400,000	2,850,000	2,280,000	2,285,000	3,415,000
234,500	5,710,000	8,565,000	11,420,000	2,855,000	2,284,000	2,289,000	3,421,000
235,000	5,720,000	8,580,000	11,440,000	2,860,000	2,288,000	2,293,000	3,427,000

訴　額 （万円）	(一) 訴　状	(二) 控 訴 状	(三) 上 告 状	(四) 支払督促	(五) 借地非訟	(六) 調停申立	(七) 調停差額
235,500	5,730,000	8,595,000	11,460,000	2,865,000	2,292,000	2,297,000	3,433,000
236,000	5,740,000	8,610,000	11,480,000	2,870,000	2,296,000	2,301,000	3,439,000
236,500	5,750,000	8,625,000	11,500,000	2,875,000	2,300,000	2,305,000	3,445,000
237,000	5,760,000	8,640,000	11,520,000	2,880,000	2,304,000	2,309,000	3,451,000
237,500	5,770,000	8,655,000	11,540,000	2,885,000	2,308,000	2,313,000	3,457,000
238,000	5,780,000	8,670,000	11,560,000	2,890,000	2,312,000	2,317,000	3,463,000
238,500	5,790,000	8,685,000	11,580,000	2,895,000	2,316,000	2,321,000	3,469,000
239,000	5,800,000	8,700,000	11,600,000	2,900,000	2,320,000	2,325,000	3,475,000
239,500	5,810,000	8,715,000	11,620,000	2,905,000	2,324,000	2,329,000	3,481,000
240,000	5,820,000	8,730,000	11,640,000	2,910,000	2,328,000	2,333,000	3,487,000
240,500	5,830,000	8,745,000	11,660,000	2,915,000	2,332,000	2,337,000	3,493,000
241,000	5,840,000	8,760,000	11,680,000	2,920,000	2,336,000	2,341,000	3,499,000
241,500	5,850,000	8,775,000	11,700,000	2,925,000	2,340,000	2,345,000	3,505,000
242,000	5,860,000	8,790,000	11,720,000	2,930,000	2,344,000	2,349,000	3,511,000
242,500	5,870,000	8,805,000	11,740,000	2,935,000	2,348,000	2,353,000	3,517,000
243,000	5,880,000	8,820,000	11,760,000	2,940,000	2,352,000	2,357,000	3,523,000
243,500	5,890,000	8,835,000	11,780,000	2,945,000	2,356,000	2,361,000	3,529,000
244,000	5,900,000	8,850,000	11,800,000	2,950,000	2,360,000	2,365,000	3,535,000
244,500	5,910,000	8,865,000	11,820,000	2,955,000	2,364,000	2,369,000	3,541,000
245,000	5,920,000	8,880,000	11,840,000	2,960,000	2,368,000	2,373,000	3,547,000
245,500	5,930,000	8,895,000	11,860,000	2,965,000	2,372,000	2,377,000	3,553,000
246,000	5,940,000	8,910,000	11,880,000	2,970,000	2,376,000	2,381,000	3,559,000
246,500	5,950,000	8,925,000	11,900,000	2,975,000	2,380,000	2,385,000	3,565,000
247,000	5,960,000	8,940,000	11,920,000	2,980,000	2,384,000	2,389,000	3,571,000
247,500	5,970,000	8,955,000	11,940,000	2,985,000	2,388,000	2,393,000	3,577,000
248,000	5,980,000	8,970,000	11,960,000	2,990,000	2,392,000	2,397,000	3,583,000
248,500	5,990,000	8,985,000	11,980,000	2,995,000	2,396,000	2,401,000	3,589,000
249,000	6,000,000	9,000,000	12,000,000	3,000,000	2,400,000	2,405,000	3,595,000
249,500	6,010,000	9,015,000	12,020,000	3,005,000	2,404,000	2,409,000	3,601,000
250,000	6,020,000	9,030,000	12,040,000	3,010,000	2,408,000	2,413,000	3,607,000
250,500	6,030,000	9,045,000	12,060,000	3,015,000	2,412,000	2,417,000	3,613,000
251,000	6,040,000	9,060,000	12,080,000	3,020,000	2,416,000	2,421,000	3,619,000
251,500	6,050,000	9,075,000	12,100,000	3,025,000	2,420,000	2,425,000	3,625,000
252,000	6,060,000	9,090,000	12,120,000	3,030,000	2,424,000	2,429,000	3,631,000
252,500	6,070,000	9,105,000	12,140,000	3,035,000	2,428,000	2,433,000	3,637,000
253,000	6,080,000	9,120,000	12,160,000	3,040,000	2,432,000	2,437,000	3,643,000
253,500	6,090,000	9,135,000	12,180,000	3,045,000	2,436,000	2,441,000	3,649,000
254,000	6,100,000	9,150,000	12,200,000	3,050,000	2,440,000	2,445,000	3,655,000
254,500	6,110,000	9,165,000	12,220,000	3,055,000	2,444,000	2,449,000	3,661,000
255,000	6,120,000	9,180,000	12,240,000	3,060,000	2,448,000	2,453,000	3,667,000
255,500	6,130,000	9,195,000	12,260,000	3,065,000	2,452,000	2,457,000	3,673,000
256,000	6,140,000	9,210,000	12,280,000	3,070,000	2,456,000	2,461,000	3,679,000
256,500	6,150,000	9,225,000	12,300,000	3,075,000	2,460,000	2,465,000	3,685,000
257,000	6,160,000	9,240,000	12,320,000	3,080,000	2,464,000	2,469,000	3,691,000
257,500	6,170,000	9,255,000	12,340,000	3,085,000	2,468,000	2,473,000	3,697,000
258,000	6,180,000	9,270,000	12,360,000	3,090,000	2,472,000	2,477,000	3,703,000
258,500	6,190,000	9,285,000	12,380,000	3,095,000	2,476,000	2,481,000	3,709,000
259,000	6,200,000	9,300,000	12,400,000	3,100,000	2,480,000	2,485,000	3,715,000
259,500	6,210,000	9,315,000	12,420,000	3,105,000	2,484,000	2,489,000	3,721,000
260,000	6,220,000	9,330,000	12,440,000	3,110,000	2,488,000	2,493,000	3,727,000

訴　額 （万円）	(一) 訴　状	(二) 控 訴 状	(三) 上 告 状	(四) 支払督促	(五) 借地非訟	(六) 調停申立	(七) 調停差額
260,500	6,230,000	9,345,000	12,460,000	3,115,000	2,492,000	2,497,000	3,733,000
261,000	6,240,000	9,360,000	12,480,000	3,120,000	2,496,000	2,501,000	3,739,000
261,500	6,250,000	9,375,000	12,500,000	3,125,000	2,500,000	2,505,000	3,745,000
262,000	6,260,000	9,390,000	12,520,000	3,130,000	2,504,000	2,509,000	3,751,000
262,500	6,270,000	9,405,000	12,540,000	3,135,000	2,508,000	2,513,000	3,757,000
263,000	6,280,000	9,420,000	12,560,000	3,140,000	2,512,000	2,517,000	3,763,000
263,500	6,290,000	9,435,000	12,580,000	3,145,000	2,516,000	2,521,000	3,769,000
264,000	6,300,000	9,450,000	12,600,000	3,150,000	2,520,000	2,525,000	3,775,000
264,500	6,310,000	9,465,000	12,620,000	3,155,000	2,524,000	2,529,000	3,781,000
265,000	6,320,000	9,480,000	12,640,000	3,160,000	2,528,000	2,533,000	3,787,000
265,500	6,330,000	9,495,000	12,660,000	3,165,000	2,532,000	2,537,000	3,793,000
266,000	6,340,000	9,510,000	12,680,000	3,170,000	2,536,000	2,541,000	3,799,000
266,500	6,350,000	9,525,000	12,700,000	3,175,000	2,540,000	2,545,000	3,805,000
267,000	6,360,000	9,540,000	12,720,000	3,180,000	2,544,000	2,549,000	3,811,000
267,500	6,370,000	9,555,000	12,740,000	3,185,000	2,548,000	2,553,000	3,817,000
268,000	6,380,000	9,570,000	12,760,000	3,190,000	2,552,000	2,557,000	3,823,000
268,500	6,390,000	9,585,000	12,780,000	3,195,000	2,556,000	2,561,000	3,829,000
269,000	6,400,000	9,600,000	12,800,000	3,200,000	2,560,000	2,565,000	3,835,000
269,500	6,410,000	9,615,000	12,820,000	3,205,000	2,564,000	2,569,000	3,841,000
270,000	6,420,000	9,630,000	12,840,000	3,210,000	2,568,000	2,573,000	3,847,000
270,500	6,430,000	9,645,000	12,860,000	3,215,000	2,572,000	2,577,000	3,853,000
271,000	6,440,000	9,660,000	12,880,000	3,220,000	2,576,000	2,581,000	3,859,000
271,500	6,450,000	9,675,000	12,900,000	3,225,000	2,580,000	2,585,000	3,865,000
272,000	6,460,000	9,690,000	12,920,000	3,230,000	2,584,000	2,589,000	3,871,000
272,500	6,470,000	9,705,000	12,940,000	3,235,000	2,588,000	2,593,000	3,877,000
273,000	6,480,000	9,720,000	12,960,000	3,240,000	2,592,000	2,597,000	3,883,000
273,500	6,490,000	9,735,000	12,980,000	3,245,000	2,596,000	2,601,000	3,889,000
274,000	6,500,000	9,750,000	13,000,000	3,250,000	2,600,000	2,605,000	3,895,000
274,500	6,510,000	9,765,000	13,020,000	3,255,000	2,604,000	2,609,000	3,901,000
275,000	6,520,000	9,780,000	13,040,000	3,260,000	2,608,000	2,613,000	3,907,000
275,500	6,530,000	9,795,000	13,060,000	3,265,000	2,612,000	2,617,000	3,913,000
276,000	6,540,000	9,810,000	13,080,000	3,270,000	2,616,000	2,621,000	3,919,000
276,500	6,550,000	9,825,000	13,100,000	3,275,000	2,620,000	2,625,000	3,925,000
277,000	6,560,000	9,840,000	13,120,000	3,280,000	2,624,000	2,629,000	3,931,000
277,500	6,570,000	9,855,000	13,140,000	3,285,000	2,628,000	2,633,000	3,937,000
278,000	6,580,000	9,870,000	13,160,000	3,290,000	2,632,000	2,637,000	3,943,000
278,500	6,590,000	9,885,000	13,180,000	3,295,000	2,636,000	2,641,000	3,949,000
279,000	6,600,000	9,900,000	13,200,000	3,300,000	2,640,000	2,645,000	3,955,000
279,500	6,610,000	9,915,000	13,220,000	3,305,000	2,644,000	2,649,000	3,961,000
280,000	6,620,000	9,930,000	13,240,000	3,310,000	2,648,000	2,653,000	3,967,000
280,500	6,630,000	9,945,000	13,260,000	3,315,000	2,652,000	2,657,000	3,973,000
281,000	6,640,000	9,960,000	13,280,000	3,320,000	2,656,000	2,661,000	3,979,000
281,500	6,650,000	9,975,000	13,300,000	3,325,000	2,660,000	2,665,000	3,985,000
282,000	6,660,000	9,990,000	13,320,000	3,330,000	2,664,000	2,669,000	3,991,000
282,500	6,670,000	10,005,000	13,340,000	3,335,000	2,668,000	2,673,000	3,997,000
283,000	6,680,000	10,020,000	13,360,000	3,340,000	2,672,000	2,677,000	4,003,000
283,500	6,690,000	10,035,000	13,380,000	3,345,000	2,676,000	2,681,000	4,009,000
284,000	6,700,000	10,050,000	13,400,000	3,350,000	2,680,000	2,685,000	4,015,000
284,500	6,710,000	10,065,000	13,420,000	3,355,000	2,684,000	2,689,000	4,021,000
285,000	6,720,000	10,080,000	13,440,000	3,360,000	2,688,000	2,693,000	4,027,000

訴　　額 （万円）	（一） 訴　　状	（二） 控 訴 状	（三） 上 告 状	（四） 支払督促	（五） 借地非訟	（六） 調停申立	（七） 調停差額
285,500	6,730,000	10,095,000	13,460,000	3,365,000	2,692,000	2,697,000	4,033,000
286,000	6,740,000	10,110,000	13,480,000	3,370,000	2,696,000	2,701,000	4,039,000
286,500	6,750,000	10,125,000	13,500,000	3,375,000	2,700,000	2,705,000	4,045,000
287,000	6,760,000	10,140,000	13,520,000	3,380,000	2,704,000	2,709,000	4,051,000
287,500	6,770,000	10,155,000	13,540,000	3,385,000	2,708,000	2,713,000	4,057,000
288,000	6,780,000	10,170,000	13,560,000	3,390,000	2,712,000	2,717,000	4,063,000
288,500	6,790,000	10,185,000	13,580,000	3,395,000	2,716,000	2,721,000	4,069,000
289,000	6,800,000	10,200,000	13,600,000	3,400,000	2,720,000	2,725,000	4,075,000
289,500	6,810,000	10,215,000	13,620,000	3,405,000	2,724,000	2,729,000	4,081,000
290,000	6,820,000	10,230,000	13,640,000	3,410,000	2,728,000	2,733,000	4,087,000
290,500	6,830,000	10,245,000	13,660,000	3,415,000	2,732,000	2,737,000	4,093,000
291,000	6,840,000	10,260,000	13,680,000	3,420,000	2,736,000	2,741,000	4,099,000
291,500	6,850,000	10,275,000	13,700,000	3,425,000	2,740,000	2,745,000	4,105,000
292,000	6,860,000	10,290,000	13,720,000	3,430,000	2,744,000	2,749,000	4,111,000
292,500	6,870,000	10,305,000	13,740,000	3,435,000	2,748,000	2,753,000	4,117,000
293,000	6,880,000	10,320,000	13,760,000	3,440,000	2,752,000	2,757,000	4,123,000
293,500	6,890,000	10,335,000	13,780,000	3,445,000	2,756,000	2,761,000	4,129,000
294,000	6,900,000	10,350,000	13,800,000	3,450,000	2,760,000	2,765,000	4,135,000
294,500	6,910,000	10,365,000	13,820,000	3,455,000	2,764,000	2,769,000	4,141,000
295,000	6,920,000	10,380,000	13,840,000	3,460,000	2,768,000	2,773,000	4,147,000
295,500	6,930,000	10,395,000	13,860,000	3,465,000	2,772,000	2,777,000	4,153,000
296,000	6,940,000	10,410,000	13,880,000	3,470,000	2,776,000	2,781,000	4,159,000
296,500	6,950,000	10,425,000	13,900,000	3,475,000	2,780,000	2,785,000	4,165,000
297,000	6,960,000	10,440,000	13,920,000	3,480,000	2,784,000	2,789,000	4,171,000
297,500	6,970,000	10,455,000	13,940,000	3,485,000	2,788,000	2,793,000	4,177,000
298,000	6,980,000	10,470,000	13,960,000	3,490,000	2,792,000	2,797,000	4,183,000
298,500	6,990,000	10,485,000	13,980,000	3,495,000	2,796,000	2,801,000	4,189,000
299,000	7,000,000	10,500,000	14,000,000	3,500,000	2,800,000	2,805,000	4,195,000
299,500	7,010,000	10,515,000	14,020,000	3,505,000	2,804,000	2,809,000	4,201,000
300,000	7,020,000	10,530,000	14,040,000	3,510,000	2,808,000	2,813,000	4,207,000
300,500	7,030,000	10,545,000	14,060,000	3,515,000	2,812,000	2,817,000	4,213,000
301,000	7,040,000	10,560,000	14,080,000	3,520,000	2,816,000	2,821,000	4,219,000
301,500	7,050,000	10,575,000	14,100,000	3,525,000	2,820,000	2,825,000	4,225,000
302,000	7,060,000	10,590,000	14,120,000	3,530,000	2,824,000	2,829,000	4,231,000
302,500	7,070,000	10,605,000	14,140,000	3,535,000	2,828,000	2,833,000	4,237,000
303,000	7,080,000	10,620,000	14,160,000	3,540,000	2,832,000	2,837,000	4,243,000
303,500	7,090,000	10,635,000	14,180,000	3,545,000	2,836,000	2,841,000	4,249,000
304,000	7,100,000	10,650,000	14,200,000	3,550,000	2,840,000	2,845,000	4,255,000
304,500	7,110,000	10,665,000	14,220,000	3,555,000	2,844,000	2,849,000	4,261,000
305,000	7,120,000	10,680,000	14,240,000	3,560,000	2,848,000	2,853,000	4,267,000
305,500	7,130,000	10,695,000	14,260,000	3,565,000	2,852,000	2,857,000	4,273,000
306,000	7,140,000	10,710,000	14,280,000	3,570,000	2,856,000	2,861,000	4,279,000
306,500	7,150,000	10,725,000	14,300,000	3,575,000	2,860,000	2,865,000	4,285,000
307,000	7,160,000	10,740,000	14,320,000	3,580,000	2,864,000	2,869,000	4,291,000
307,500	7,170,000	10,755,000	14,340,000	3,585,000	2,868,000	2,873,000	4,297,000
308,000	7,180,000	10,770,000	14,360,000	3,590,000	2,872,000	2,877,000	4,303,000
308,500	7,190,000	10,785,000	14,380,000	3,595,000	2,876,000	2,881,000	4,309,000
309,000	7,200,000	10,800,000	14,400,000	3,600,000	2,880,000	2,885,000	4,315,000
309,500	7,210,000	10,815,000	14,420,000	3,605,000	2,884,000	2,889,000	4,321,000
310,000	7,220,000	10,830,000	14,440,000	3,610,000	2,888,000	2,893,000	4,327,000

訴　　額 (万円)	(一) 訴　　状	(二) 控 訴 状	(三) 上 告 状	(四) 支払督促	(五) 借地非訟	(六) 調停申立	(七) 調停差額
310,500	7,230,000	10,845,000	14,460,000	3,615,000	2,892,000	2,897,000	4,333,000
311,000	7,240,000	10,860,000	14,480,000	3,620,000	2,896,000	2,901,000	4,339,000
311,500	7,250,000	10,875,000	14,500,000	3,625,000	2,900,000	2,905,000	4,345,000
312,000	7,260,000	10,890,000	14,520,000	3,630,000	2,904,000	2,909,000	4,351,000
312,500	7,270,000	10,905,000	14,540,000	3,635,000	2,908,000	2,913,000	4,357,000
313,000	7,280,000	10,920,000	14,560,000	3,640,000	2,912,000	2,917,000	4,363,000
313,500	7,290,000	10,935,000	14,580,000	3,645,000	2,916,000	2,921,000	4,369,000
314,000	7,300,000	10,950,000	14,600,000	3,650,000	2,920,000	2,925,000	4,375,000
314,500	7,310,000	10,965,000	14,620,000	3,655,000	2,924,000	2,929,000	4,381,000
315,000	7,320,000	10,980,000	14,640,000	3,660,000	2,928,000	2,933,000	4,387,000
315,500	7,330,000	10,995,000	14,660,000	3,665,000	2,932,000	2,937,000	4,393,000
316,000	7,340,000	11,010,000	14,680,000	3,670,000	2,936,000	2,941,000	4,399,000
316,500	7,350,000	11,025,000	14,700,000	3,675,000	2,940,000	2,945,000	4,405,000
317,000	7,360,000	11,040,000	14,720,000	3,680,000	2,944,000	2,949,000	4,411,000
317,500	7,370,000	11,055,000	14,740,000	3,685,000	2,948,000	2,953,000	4,417,000
318,000	7,380,000	11,070,000	14,760,000	3,690,000	2,952,000	2,957,000	4,423,000
318,500	7,390,000	11,085,000	14,780,000	3,695,000	2,956,000	2,961,000	4,429,000
319,000	7,400,000	11,100,000	14,800,000	3,700,000	2,960,000	2,965,000	4,435,000
319,500	7,410,000	11,115,000	14,820,000	3,705,000	2,964,000	2,969,000	4,441,000
320,000	7,420,000	11,130,000	14,840,000	3,710,000	2,968,000	2,973,000	4,447,000
320,500	7,430,000	11,145,000	14,860,000	3,715,000	2,972,000	2,977,000	4,453,000
321,000	7,440,000	11,160,000	14,880,000	3,720,000	2,976,000	2,981,000	4,459,000
321,500	7,450,000	11,175,000	14,900,000	3,725,000	2,980,000	2,985,000	4,465,000
322,000	7,460,000	11,190,000	14,920,000	3,730,000	2,984,000	2,989,000	4,471,000
322,500	7,470,000	11,205,000	14,940,000	3,735,000	2,988,000	2,993,000	4,477,000
323,000	7,480,000	11,220,000	14,960,000	3,740,000	2,992,000	2,997,000	4,483,000
323,500	7,490,000	11,235,000	14,980,000	3,745,000	2,996,000	3,001,000	4,489,000
324,000	7,500,000	11,250,000	15,000,000	3,750,000	3,000,000	3,005,000	4,495,000
324,500	7,510,000	11,265,000	15,020,000	3,755,000	3,004,000	3,009,000	4,501,000
325,000	7,520,000	11,280,000	15,040,000	3,760,000	3,008,000	3,013,000	4,507,000
325,500	7,530,000	11,295,000	15,060,000	3,765,000	3,012,000	3,017,000	4,513,000
326,000	7,540,000	11,310,000	15,080,000	3,770,000	3,016,000	3,021,000	4,519,000
326,500	7,550,000	11,325,000	15,100,000	3,775,000	3,020,000	3,025,000	4,525,000
327,000	7,560,000	11,340,000	15,120,000	3,780,000	3,024,000	3,029,000	4,531,000
327,500	7,570,000	11,355,000	15,140,000	3,785,000	3,028,000	3,033,000	4,537,000
328,000	7,580,000	11,370,000	15,160,000	3,790,000	3,032,000	3,037,000	4,543,000
328,500	7,590,000	11,385,000	15,180,000	3,795,000	3,036,000	3,041,000	4,549,000
329,000	7,600,000	11,400,000	15,200,000	3,800,000	3,040,000	3,045,000	4,555,000
329,500	7,610,000	11,415,000	15,220,000	3,805,000	3,044,000	3,049,000	4,561,000
330,000	7,620,000	11,430,000	15,240,000	3,810,000	3,048,000	3,053,000	4,567,000
330,500	7,630,000	11,445,000	15,260,000	3,815,000	3,052,000	3,057,000	4,573,000
331,000	7,640,000	11,460,000	15,280,000	3,820,000	3,056,000	3,061,000	4,579,000
331,500	7,650,000	11,475,000	15,300,000	3,825,000	3,060,000	3,065,000	4,585,000
332,000	7,660,000	11,490,000	15,320,000	3,830,000	3,064,000	3,069,000	4,591,000
332,500	7,670,000	11,505,000	15,340,000	3,835,000	3,068,000	3,073,000	4,597,000
333,000	7,680,000	11,520,000	15,360,000	3,840,000	3,072,000	3,077,000	4,603,000
333,500	7,690,000	11,535,000	15,380,000	3,845,000	3,076,000	3,081,000	4,609,000
334,000	7,700,000	11,550,000	15,400,000	3,850,000	3,080,000	3,085,000	4,615,000
334,500	7,710,000	11,565,000	15,420,000	3,855,000	3,084,000	3,089,000	4,621,000
335,000	7,720,000	11,580,000	15,440,000	3,860,000	3,088,000	3,093,000	4,627,000

訴　額 （万円）	（一） 訴　　状	（二） 控　訴　状	（三） 上　告　状	（四） 支払督促	（五） 借地非訟	（六） 調停申立	（七） 調停差額
335,500	7,730,000	11,595,000	15,460,000	3,865,000	3,092,000	3,097,000	4,633,000
336,000	7,740,000	11,610,000	15,480,000	3,870,000	3,096,000	3,101,000	4,639,000
336,500	7,750,000	11,625,000	15,500,000	3,875,000	3,100,000	3,105,000	4,645,000
337,000	7,760,000	11,640,000	15,520,000	3,880,000	3,104,000	3,109,000	4,651,000
337,500	7,770,000	11,655,000	15,540,000	3,885,000	3,108,000	3,113,000	4,657,000
338,000	7,780,000	11,670,000	15,560,000	3,890,000	3,112,000	3,117,000	4,663,000
338,500	7,790,000	11,685,000	15,580,000	3,895,000	3,116,000	3,121,000	4,669,000
339,000	7,800,000	11,700,000	15,600,000	3,900,000	3,120,000	3,125,000	4,675,000
339,500	7,810,000	11,715,000	15,620,000	3,905,000	3,124,000	3,129,000	4,681,000
340,000	7,820,000	11,730,000	15,640,000	3,910,000	3,128,000	3,133,000	4,687,000
340,500	7,830,000	11,745,000	15,660,000	3,915,000	3,132,000	3,137,000	4,693,000
341,000	7,840,000	11,760,000	15,680,000	3,920,000	3,136,000	3,141,000	4,699,000
341,500	7,850,000	11,775,000	15,700,000	3,925,000	3,140,000	3,145,000	4,705,000
342,000	7,860,000	11,790,000	15,720,000	3,930,000	3,144,000	3,149,000	4,711,000
342,500	7,870,000	11,805,000	15,740,000	3,935,000	3,148,000	3,153,000	4,717,000
343,000	7,880,000	11,820,000	15,760,000	3,940,000	3,152,000	3,157,000	4,723,000
343,500	7,890,000	11,835,000	15,780,000	3,945,000	3,156,000	3,161,000	4,729,000
344,000	7,900,000	11,850,000	15,800,000	3,950,000	3,160,000	3,165,000	4,735,000
344,500	7,910,000	11,865,000	15,820,000	3,955,000	3,164,000	3,169,000	4,741,000
345,000	7,920,000	11,880,000	15,840,000	3,960,000	3,168,000	3,173,000	4,747,000
345,500	7,930,000	11,895,000	15,860,000	3,965,000	3,172,000	3,177,000	4,753,000
346,000	7,940,000	11,910,000	15,880,000	3,970,000	3,176,000	3,181,000	4,759,000
346,500	7,950,000	11,925,000	15,900,000	3,975,000	3,180,000	3,185,000	4,765,000
347,000	7,960,000	11,940,000	15,920,000	3,980,000	3,184,000	3,189,000	4,771,000
347,500	7,970,000	11,955,000	15,940,000	3,985,000	3,188,000	3,193,000	4,777,000
348,000	7,980,000	11,970,000	15,960,000	3,990,000	3,192,000	3,197,000	4,783,000
348,500	7,990,000	11,985,000	15,980,000	3,995,000	3,196,000	3,201,000	4,789,000
349,000	8,000,000	12,000,000	16,000,000	4,000,000	3,200,000	3,205,000	4,795,000
349,500	8,010,000	12,015,000	16,020,000	4,005,000	3,204,000	3,209,000	4,801,000
350,000	8,020,000	12,030,000	16,040,000	4,010,000	3,208,000	3,213,000	4,807,000
350,500	8,030,000	12,045,000	16,060,000	4,015,000	3,212,000	3,217,000	4,813,000
351,000	8,040,000	12,060,000	16,080,000	4,020,000	3,216,000	3,221,000	4,819,000
351,500	8,050,000	12,075,000	16,100,000	4,025,000	3,220,000	3,225,000	4,825,000
352,000	8,060,000	12,090,000	16,120,000	4,030,000	3,224,000	3,229,000	4,831,000
352,500	8,070,000	12,105,000	16,140,000	4,035,000	3,228,000	3,233,000	4,837,000
353,000	8,080,000	12,120,000	16,160,000	4,040,000	3,232,000	3,237,000	4,843,000
353,500	8,090,000	12,135,000	16,180,000	4,045,000	3,236,000	3,241,000	4,849,000
354,000	8,100,000	12,150,000	16,200,000	4,050,000	3,240,000	3,245,000	4,855,000
354,500	8,110,000	12,165,000	16,220,000	4,055,000	3,244,000	3,249,000	4,861,000
355,000	8,120,000	12,180,000	16,240,000	4,060,000	3,248,000	3,253,000	4,867,000
355,500	8,130,000	12,195,000	16,260,000	4,065,000	3,252,000	3,257,000	4,873,000
356,000	8,140,000	12,210,000	16,280,000	4,070,000	3,256,000	3,261,000	4,879,000
356,500	8,150,000	12,225,000	16,300,000	4,075,000	3,260,000	3,265,000	4,885,000
357,000	8,160,000	12,240,000	16,320,000	4,080,000	3,264,000	3,269,000	4,891,000
357,500	8,170,000	12,255,000	16,340,000	4,085,000	3,268,000	3,273,000	4,897,000
358,000	8,180,000	12,270,000	16,360,000	4,090,000	3,272,000	3,277,000	4,903,000
358,500	8,190,000	12,285,000	16,380,000	4,095,000	3,276,000	3,281,000	4,909,000
359,000	8,200,000	12,300,000	16,400,000	4,100,000	3,280,000	3,285,000	4,915,000
359,500	8,210,000	12,315,000	16,420,000	4,105,000	3,284,000	3,289,000	4,921,000
360,000	8,220,000	12,330,000	16,440,000	4,110,000	3,288,000	3,293,000	4,927,000

各種貼用印紙額、手数料

訴　　　額 （万円）	(一) 訴　　状	(二) 控　訴　状	(三) 上　告　状	(四) 支払督促	(五) 借地非訟	(六) 調停申立	(七) 調停差額
360,500	8,230,000	12,345,000	16,460,000	4,115,000	3,292,000	3,297,000	4,933,000
361,000	8,240,000	12,360,000	16,480,000	4,120,000	3,296,000	3,301,000	4,939,000
361,500	8,250,000	12,375,000	16,500,000	4,125,000	3,300,000	3,305,000	4,945,000
362,000	8,260,000	12,390,000	16,520,000	4,130,000	3,304,000	3,309,000	4,951,000
362,500	8,270,000	12,405,000	16,540,000	4,135,000	3,308,000	3,313,000	4,957,000
363,000	8,280,000	12,420,000	16,560,000	4,140,000	3,312,000	3,317,000	4,963,000
363,500	8,290,000	12,435,000	16,580,000	4,145,000	3,316,000	3,321,000	4,969,000
364,000	8,300,000	12,450,000	16,600,000	4,150,000	3,320,000	3,325,000	4,975,000
364,500	8,310,000	12,465,000	16,620,000	4,155,000	3,324,000	3,329,000	4,981,000
365,000	8,320,000	12,480,000	16,640,000	4,160,000	3,328,000	3,333,000	4,987,000
365,500	8,330,000	12,495,000	16,660,000	4,165,000	3,332,000	3,337,000	4,993,000
366,000	8,340,000	12,510,000	16,680,000	4,170,000	3,336,000	3,341,000	4,999,000
366,500	8,350,000	12,525,000	16,700,000	4,175,000	3,340,000	3,345,000	5,005,000
367,000	8,360,000	12,540,000	16,720,000	4,180,000	3,344,000	3,349,000	5,011,000
367,500	8,370,000	12,555,000	16,740,000	4,185,000	3,348,000	3,353,000	5,017,000
368,000	8,380,000	12,570,000	16,760,000	4,190,000	3,352,000	3,357,000	5,023,000
368,500	8,390,000	12,585,000	16,780,000	4,195,000	3,356,000	3,361,000	5,029,000
369,000	8,400,000	12,600,000	16,800,000	4,200,000	3,360,000	3,365,000	5,035,000
369,500	8,410,000	12,615,000	16,820,000	4,205,000	3,364,000	3,369,000	5,041,000
370,000	8,420,000	12,630,000	16,840,000	4,210,000	3,368,000	3,373,000	5,047,000
370,500	8,430,000	12,645,000	16,860,000	4,215,000	3,372,000	3,377,000	5,053,000
371,000	8,440,000	12,660,000	16,880,000	4,220,000	3,376,000	3,381,000	5,059,000
371,500	8,450,000	12,675,000	16,900,000	4,225,000	3,380,000	3,385,000	5,065,000
372,000	8,460,000	12,690,000	16,920,000	4,230,000	3,384,000	3,389,000	5,071,000
372,500	8,470,000	12,705,000	16,940,000	4,235,000	3,388,000	3,393,000	5,077,000
373,000	8,480,000	12,720,000	16,960,000	4,240,000	3,392,000	3,397,000	5,083,000
373,500	8,490,000	12,735,000	16,980,000	4,245,000	3,396,000	3,401,000	5,089,000
374,000	8,500,000	12,750,000	17,000,000	4,250,000	3,400,000	3,405,000	5,095,000
374,500	8,510,000	12,765,000	17,020,000	4,255,000	3,404,000	3,409,000	5,101,000
375,000	8,520,000	12,780,000	17,040,000	4,260,000	3,408,000	3,413,000	5,107,000
375,500	8,530,000	12,795,000	17,060,000	4,265,000	3,412,000	3,417,000	5,113,000
376,000	8,540,000	12,810,000	17,080,000	4,270,000	3,416,000	3,421,000	5,119,000
376,500	8,550,000	12,825,000	17,100,000	4,275,000	3,420,000	3,425,000	5,125,000
377,000	8,560,000	12,840,000	17,120,000	4,280,000	3,424,000	3,429,000	5,131,000
377,500	8,570,000	12,855,000	17,140,000	4,285,000	3,428,000	3,433,000	5,137,000
378,000	8,580,000	12,870,000	17,160,000	4,290,000	3,432,000	3,437,000	5,143,000
378,500	8,590,000	12,885,000	17,180,000	4,295,000	3,436,000	3,441,000	5,149,000
379,000	8,600,000	12,900,000	17,200,000	4,300,000	3,440,000	3,445,000	5,155,000
379,500	8,610,000	12,915,000	17,220,000	4,305,000	3,444,000	3,449,000	5,161,000
380,000	8,620,000	12,930,000	17,240,000	4,310,000	3,448,000	3,453,000	5,167,000
380,500	8,630,000	12,945,000	17,260,000	4,315,000	3,452,000	3,457,000	5,173,000
381,000	8,640,000	12,960,000	17,280,000	4,320,000	3,456,000	3,461,000	5,179,000
381,500	8,650,000	12,975,000	17,300,000	4,325,000	3,460,000	3,465,000	5,185,000
382,000	8,660,000	12,990,000	17,320,000	4,330,000	3,464,000	3,469,000	5,191,000
382,500	8,670,000	13,005,000	17,340,000	4,335,000	3,468,000	3,473,000	5,197,000
383,000	8,680,000	13,020,000	17,360,000	4,340,000	3,472,000	3,477,000	5,203,000
383,500	8,690,000	13,035,000	17,380,000	4,345,000	3,476,000	3,481,000	5,209,000
384,000	8,700,000	13,050,000	17,400,000	4,350,000	3,480,000	3,485,000	5,215,000
384,500	8,710,000	13,065,000	17,420,000	4,355,000	3,484,000	3,489,000	5,221,000
385,000	8,720,000	13,080,000	17,440,000	4,360,000	3,488,000	3,493,000	5,227,000

訴　　額 （万円）	（一） 訴　状	（二） 控 訴 状	（三） 上 告 状	（四） 支払督促	（五） 借地非訟	（六） 調停申立	（七） 調停差額
385,500	8,730,000	13,095,000	17,460,000	4,365,000	3,492,000	3,497,000	5,233,000
386,000	8,740,000	13,110,000	17,480,000	4,370,000	3,496,000	3,501,000	5,239,000
386,500	8,750,000	13,125,000	17,500,000	4,375,000	3,500,000	3,505,000	5,245,000
387,000	8,760,000	13,140,000	17,520,000	4,380,000	3,504,000	3,509,000	5,251,000
387,500	8,770,000	13,155,000	17,540,000	4,385,000	3,508,000	3,513,000	5,257,000
388,000	8,780,000	13,170,000	17,560,000	4,390,000	3,512,000	3,517,000	5,263,000
388,500	8,790,000	13,185,000	17,580,000	4,395,000	3,516,000	3,521,000	5,269,000
389,000	8,800,000	13,200,000	17,600,000	4,400,000	3,520,000	3,525,000	5,275,000
389,500	8,810,000	13,215,000	17,620,000	4,405,000	3,524,000	3,529,000	5,281,000
390,000	8,820,000	13,230,000	17,640,000	4,410,000	3,528,000	3,533,000	5,287,000
390,500	8,830,000	13,245,000	17,660,000	4,415,000	3,532,000	3,537,000	5,293,000
391,000	8,840,000	13,260,000	17,680,000	4,420,000	3,536,000	3,541,000	5,299,000
391,500	8,850,000	13,275,000	17,700,000	4,425,000	3,540,000	3,545,000	5,305,000
392,000	8,860,000	13,290,000	17,720,000	4,430,000	3,544,000	3,549,000	5,311,000
392,500	8,870,000	13,305,000	17,740,000	4,435,000	3,548,000	3,553,000	5,317,000
393,000	8,880,000	13,320,000	17,760,000	4,440,000	3,552,000	3,557,000	5,323,000
393,500	8,890,000	13,335,000	17,780,000	4,445,000	3,556,000	3,561,000	5,329,000
394,000	8,900,000	13,350,000	17,800,000	4,450,000	3,560,000	3,565,000	5,335,000
394,500	8,910,000	13,365,000	17,820,000	4,455,000	3,564,000	3,569,000	5,341,000
395,000	8,920,000	13,380,000	17,840,000	4,460,000	3,568,000	3,573,000	5,347,000
395,500	8,930,000	13,395,000	17,860,000	4,465,000	3,572,000	3,577,000	5,353,000
396,000	8,940,000	13,410,000	17,880,000	4,470,000	3,576,000	3,581,000	5,359,000
396,500	8,950,000	13,425,000	17,900,000	4,475,000	3,580,000	3,585,000	5,365,000
397,000	8,960,000	13,440,000	17,920,000	4,480,000	3,584,000	3,589,000	5,371,000
397,500	8,970,000	13,455,000	17,940,000	4,485,000	3,588,000	3,593,000	5,377,000
398,000	8,980,000	13,470,000	17,960,000	4,490,000	3,592,000	3,597,000	5,383,000
398,500	8,990,000	13,485,000	17,980,000	4,495,000	3,596,000	3,601,000	5,389,000
399,000	9,000,000	13,500,000	18,000,000	4,500,000	3,600,000	3,605,000	5,395,000
399,500	9,010,000	13,515,000	18,020,000	4,505,000	3,604,000	3,609,000	5,401,000
400,000	9,020,000	13,530,000	18,040,000	4,510,000	3,608,000	3,613,000	5,407,000
400,500	9,030,000	13,545,000	18,060,000	4,515,000	3,612,000	3,617,000	5,413,000
401,000	9,040,000	13,560,000	18,080,000	4,520,000	3,616,000	3,621,000	5,419,000
401,500	9,050,000	13,575,000	18,100,000	4,525,000	3,620,000	3,625,000	5,425,000
402,000	9,060,000	13,590,000	18,120,000	4,530,000	3,624,000	3,629,000	5,431,000
402,500	9,070,000	13,605,000	18,140,000	4,535,000	3,628,000	3,633,000	5,437,000
403,000	9,080,000	13,620,000	18,160,000	4,540,000	3,632,000	3,637,000	5,443,000
403,500	9,090,000	13,635,000	18,180,000	4,545,000	3,636,000	3,641,000	5,449,000
404,000	9,100,000	13,650,000	18,200,000	4,550,000	3,640,000	3,645,000	5,455,000
404,500	9,110,000	13,665,000	18,220,000	4,555,000	3,644,000	3,649,000	5,461,000
405,000	9,120,000	13,680,000	18,240,000	4,560,000	3,648,000	3,653,000	5,467,000
405,500	9,130,000	13,695,000	18,260,000	4,565,000	3,652,000	3,657,000	5,473,000
406,000	9,140,000	13,710,000	18,280,000	4,570,000	3,656,000	3,661,000	5,479,000
406,500	9,150,000	13,725,000	18,300,000	4,575,000	3,660,000	3,665,000	5,485,000
407,000	9,160,000	13,740,000	18,320,000	4,580,000	3,664,000	3,669,000	5,491,000
407,500	9,170,000	13,755,000	18,340,000	4,585,000	3,668,000	3,673,000	5,497,000
408,000	9,180,000	13,770,000	18,360,000	4,590,000	3,672,000	3,677,000	5,503,000
408,500	9,190,000	13,785,000	18,380,000	4,595,000	3,676,000	3,681,000	5,509,000
409,000	9,200,000	13,800,000	18,400,000	4,600,000	3,680,000	3,685,000	5,515,000
409,500	9,210,000	13,815,000	18,420,000	4,605,000	3,684,000	3,689,000	5,521,000
410,000	9,220,000	13,830,000	18,440,000	4,610,000	3,688,000	3,693,000	5,527,000

訴　額 （万円）	(一) 訴　状	(二) 控 訴 状	(三) 上 告 状	(四) 支払督促	(五) 借地非訟	(六) 調停申立	(七) 調停差額
410,500	9,230,000	13,845,000	18,460,000	4,615,000	3,692,000	3,697,000	5,533,000
411,000	9,240,000	13,860,000	18,480,000	4,620,000	3,696,000	3,701,000	5,539,000
411,500	9,250,000	13,875,000	18,500,000	4,625,000	3,700,000	3,705,000	5,545,000
412,000	9,260,000	13,890,000	18,520,000	4,630,000	3,704,000	3,709,000	5,551,000
412,500	9,270,000	13,905,000	18,540,000	4,635,000	3,708,000	3,713,000	5,557,000
413,000	9,280,000	13,920,000	18,560,000	4,640,000	3,712,000	3,717,000	5,563,000
413,500	9,290,000	13,935,000	18,580,000	4,645,000	3,716,000	3,721,000	5,569,000
414,000	9,300,000	13,950,000	18,600,000	4,650,000	3,720,000	3,725,000	5,575,000
414,500	9,310,000	13,965,000	18,620,000	4,655,000	3,724,000	3,729,000	5,581,000
415,000	9,320,000	13,980,000	18,640,000	4,660,000	3,728,000	3,733,000	5,587,000
415,500	9,330,000	13,995,000	18,660,000	4,665,000	3,732,000	3,737,000	5,593,000
416,000	9,340,000	14,010,000	18,680,000	4,670,000	3,736,000	3,741,000	5,599,000
416,500	9,350,000	14,025,000	18,700,000	4,675,000	3,740,000	3,745,000	5,605,000
417,000	9,360,000	14,040,000	18,720,000	4,680,000	3,744,000	3,749,000	5,611,000
417,500	9,370,000	14,055,000	18,740,000	4,685,000	3,748,000	3,753,000	5,617,000
418,000	9,380,000	14,070,000	18,760,000	4,690,000	3,752,000	3,757,000	5,623,000
418,500	9,390,000	14,085,000	18,780,000	4,695,000	3,756,000	3,761,000	5,629,000
419,000	9,400,000	14,100,000	18,800,000	4,700,000	3,760,000	3,765,000	5,635,000
419,500	9,410,000	14,115,000	18,820,000	4,705,000	3,764,000	3,769,000	5,641,000
420,000	9,420,000	14,130,000	18,840,000	4,710,000	3,768,000	3,773,000	5,647,000
420,500	9,430,000	14,145,000	18,860,000	4,715,000	3,772,000	3,777,000	5,653,000
421,000	9,440,000	14,160,000	18,880,000	4,720,000	3,776,000	3,781,000	5,659,000
421,500	9,450,000	14,175,000	18,900,000	4,725,000	3,780,000	3,785,000	5,665,000
422,000	9,460,000	14,190,000	18,920,000	4,730,000	3,784,000	3,789,000	5,671,000
422,500	9,470,000	14,205,000	18,940,000	4,735,000	3,788,000	3,793,000	5,677,000
423,000	9,480,000	14,220,000	18,960,000	4,740,000	3,792,000	3,797,000	5,683,000
423,500	9,490,000	14,235,000	18,980,000	4,745,000	3,796,000	3,801,000	5,689,000
424,000	9,500,000	14,250,000	19,000,000	4,750,000	3,800,000	3,805,000	5,695,000
424,500	9,510,000	14,265,000	19,020,000	4,755,000	3,804,000	3,809,000	5,701,000
425,000	9,520,000	14,280,000	19,040,000	4,760,000	3,808,000	3,813,000	5,707,000
425,500	9,530,000	14,295,000	19,060,000	4,765,000	3,812,000	3,817,000	5,713,000
426,000	9,540,000	14,310,000	19,080,000	4,770,000	3,816,000	3,821,000	5,719,000
426,500	9,550,000	14,325,000	19,100,000	4,775,000	3,820,000	3,825,000	5,725,000
427,000	9,560,000	14,340,000	19,120,000	4,780,000	3,824,000	3,829,000	5,731,000
427,500	9,570,000	14,355,000	19,140,000	4,785,000	3,828,000	3,833,000	5,737,000
428,000	9,580,000	14,370,000	19,160,000	4,790,000	3,832,000	3,837,000	5,743,000
428,500	9,590,000	14,385,000	19,180,000	4,795,000	3,836,000	3,841,000	5,749,000
429,000	9,600,000	14,400,000	19,200,000	4,800,000	3,840,000	3,845,000	5,755,000
429,500	9,610,000	14,415,000	19,220,000	4,805,000	3,844,000	3,849,000	5,761,000
430,000	9,620,000	14,430,000	19,240,000	4,810,000	3,848,000	3,853,000	5,767,000
430,500	9,630,000	14,445,000	19,260,000	4,815,000	3,852,000	3,857,000	5,773,000
431,000	9,640,000	14,460,000	19,280,000	4,820,000	3,856,000	3,861,000	5,779,000
431,500	9,650,000	14,475,000	19,300,000	4,825,000	3,860,000	3,865,000	5,785,000
432,000	9,660,000	14,490,000	19,320,000	4,830,000	3,864,000	3,869,000	5,791,000
432,500	9,670,000	14,505,000	19,340,000	4,835,000	3,868,000	3,873,000	5,797,000
433,000	9,680,000	14,520,000	19,360,000	4,840,000	3,872,000	3,877,000	5,803,000
433,500	9,690,000	14,535,000	19,380,000	4,845,000	3,876,000	3,881,000	5,809,000
434,000	9,700,000	14,550,000	19,400,000	4,850,000	3,880,000	3,885,000	5,815,000
434,500	9,710,000	14,565,000	19,420,000	4,855,000	3,884,000	3,889,000	5,821,000
435,000	9,720,000	14,580,000	19,440,000	4,860,000	3,888,000	3,893,000	5,827,000

訴 額 （万円）	(一) 訴 状	(二) 控 訴 状	(三) 上 告 状	(四) 支払督促	(五) 借地非訟	(六) 調停申立	(七) 調停差額
435,500	9,730,000	14,595,000	19,460,000	4,865,000	3,892,000	3,897,000	5,833,000
436,000	9,740,000	14,610,000	19,480,000	4,870,000	3,896,000	3,901,000	5,839,000
436,500	9,750,000	14,625,000	19,500,000	4,875,000	3,900,000	3,905,000	5,845,000
437,000	9,760,000	14,640,000	19,520,000	4,880,000	3,904,000	3,909,000	5,851,000
437,500	9,770,000	14,655,000	19,540,000	4,885,000	3,908,000	3,913,000	5,857,000
438,000	9,780,000	14,670,000	19,560,000	4,890,000	3,912,000	3,917,000	5,863,000
438,500	9,790,000	14,685,000	19,580,000	4,895,000	3,916,000	3,921,000	5,869,000
439,000	9,800,000	14,700,000	19,600,000	4,900,000	3,920,000	3,925,000	5,875,000
439,500	9,810,000	14,715,000	19,620,000	4,905,000	3,924,000	3,929,000	5,881,000
440,000	9,820,000	14,730,000	19,640,000	4,910,000	3,928,000	3,933,000	5,887,000
440,500	9,830,000	14,745,000	19,660,000	4,915,000	3,932,000	3,937,000	5,893,000
441,000	9,840,000	14,760,000	19,680,000	4,920,000	3,936,000	3,941,000	5,899,000
441,500	9,850,000	14,775,000	19,700,000	4,925,000	3,940,000	3,945,000	5,905,000
442,000	9,860,000	14,790,000	19,720,000	4,930,000	3,944,000	3,949,000	5,911,000
442,500	9,870,000	14,805,000	19,740,000	4,935,000	3,948,000	3,953,000	5,917,000
443,000	9,880,000	14,820,000	19,760,000	4,940,000	3,952,000	3,957,000	5,923,000
443,500	9,890,000	14,835,000	19,780,000	4,945,000	3,956,000	3,961,000	5,929,000
444,000	9,900,000	14,850,000	19,800,000	4,950,000	3,960,000	3,965,000	5,935,000
444,500	9,910,000	14,865,000	19,820,000	4,955,000	3,964,000	3,969,000	5,941,000
445,000	9,920,000	14,880,000	19,840,000	4,960,000	3,968,000	3,973,000	5,947,000
445,500	9,930,000	14,895,000	19,860,000	4,965,000	3,972,000	3,977,000	5,953,000
446,000	9,940,000	14,910,000	19,880,000	4,970,000	3,976,000	3,981,000	5,959,000
446,500	9,950,000	14,925,000	19,900,000	4,975,000	3,980,000	3,985,000	5,965,000
447,000	9,960,000	14,940,000	19,920,000	4,980,000	3,984,000	3,989,000	5,971,000
447,500	9,970,000	14,955,000	19,940,000	4,985,000	3,988,000	3,993,000	5,977,000
448,000	9,980,000	14,970,000	19,960,000	4,990,000	3,992,000	3,997,000	5,983,000
448,500	9,990,000	14,985,000	19,980,000	4,995,000	3,996,000	4,001,000	5,989,000
449,000	10,000,000	15,000,000	20,000,000	5,000,000	4,000,000	4,005,000	5,995,000
449,500	10,010,000	15,015,000	20,020,000	5,005,000	4,004,000	4,009,000	6,001,000
450,000	10,020,000	15,030,000	20,040,000	5,010,000	4,008,000	4,013,000	6,007,000
450,500	10,030,000	15,045,000	20,060,000	5,015,000	4,012,000	4,017,000	6,013,000
451,000	10,040,000	15,060,000	20,080,000	5,020,000	4,016,000	4,021,000	6,019,000
451,500	10,050,000	15,075,000	20,100,000	5,025,000	4,020,000	4,025,000	6,025,000
452,000	10,060,000	15,090,000	20,120,000	5,030,000	4,024,000	4,029,000	6,031,000
452,500	10,070,000	15,105,000	20,140,000	5,035,000	4,028,000	4,033,000	6,037,000
453,000	10,080,000	15,120,000	20,160,000	5,040,000	4,032,000	4,037,000	6,043,000
453,500	10,090,000	15,135,000	20,180,000	5,045,000	4,036,000	4,041,000	6,049,000
454,000	10,100,000	15,150,000	20,200,000	5,050,000	4,040,000	4,045,000	6,055,000
454,500	10,110,000	15,165,000	20,220,000	5,055,000	4,044,000	4,049,000	6,061,000
455,000	10,120,000	15,180,000	20,240,000	5,060,000	4,048,000	4,053,000	6,067,000
455,500	10,130,000	15,195,000	20,260,000	5,065,000	4,052,000	4,057,000	6,073,000
456,000	10,140,000	15,210,000	20,280,000	5,070,000	4,056,000	4,061,000	6,079,000
456,500	10,150,000	15,225,000	20,300,000	5,075,000	4,060,000	4,065,000	6,085,000
457,000	10,160,000	15,240,000	20,320,000	5,080,000	4,064,000	4,069,000	6,091,000
457,500	10,170,000	15,255,000	20,340,000	5,085,000	4,068,000	4,073,000	6,097,000
458,000	10,180,000	15,270,000	20,360,000	5,090,000	4,072,000	4,077,000	6,103,000
458,500	10,190,000	15,285,000	20,380,000	5,095,000	4,076,000	4,081,000	6,109,000
459,000	10,200,000	15,300,000	20,400,000	5,100,000	4,080,000	4,085,000	6,115,000
459,500	10,210,000	15,315,000	20,420,000	5,105,000	4,084,000	4,089,000	6,121,000
460,000	10,220,000	15,330,000	20,440,000	5,110,000	4,088,000	4,093,000	6,127,000

訴　　額 （万円）	（一） 訴　　状	（二） 控 訴 状	（三） 上 告 状	（四） 支払督促	（五） 借地非訟	（六） 調停申立	（七） 調停差額
460,500	10,230,000	15,345,000	20,460,000	5,115,000	4,092,000	4,097,000	6,133,000
461,000	10,240,000	15,360,000	20,480,000	5,120,000	4,096,000	4,101,000	6,139,000
461,500	10,250,000	15,375,000	20,500,000	5,125,000	4,100,000	4,105,000	6,145,000
462,000	10,260,000	15,390,000	20,520,000	5,130,000	4,104,000	4,109,000	6,151,000
462,500	10,270,000	15,405,000	20,540,000	5,135,000	4,108,000	4,113,000	6,157,000
463,000	10,280,000	15,420,000	20,560,000	5,140,000	4,112,000	4,117,000	6,163,000
463,500	10,290,000	15,435,000	20,580,000	5,145,000	4,116,000	4,121,000	6,169,000
464,000	10,300,000	15,450,000	20,600,000	5,150,000	4,120,000	4,125,000	6,175,000
464,500	10,310,000	15,465,000	20,620,000	5,155,000	4,124,000	4,129,000	6,181,000
465,000	10,320,000	15,480,000	20,640,000	5,160,000	4,128,000	4,133,000	6,187,000
465,500	10,330,000	15,495,000	20,660,000	5,165,000	4,132,000	4,137,000	6,193,000
466,000	10,340,000	15,510,000	20,680,000	5,170,000	4,136,000	4,141,000	6,199,000
466,500	10,350,000	15,525,000	20,700,000	5,175,000	4,140,000	4,145,000	6,205,000
467,000	10,360,000	15,540,000	20,720,000	5,180,000	4,144,000	4,149,000	6,211,000
467,500	10,370,000	15,555,000	20,740,000	5,185,000	4,148,000	4,153,000	6,217,000
468,000	10,380,000	15,570,000	20,760,000	5,190,000	4,152,000	4,157,000	6,223,000
468,500	10,390,000	15,585,000	20,780,000	5,195,000	4,156,000	4,161,000	6,229,000
469,000	10,400,000	15,600,000	20,800,000	5,200,000	4,160,000	4,165,000	6,235,000
469,500	10,410,000	15,615,000	20,820,000	5,205,000	4,164,000	4,169,000	6,241,000
470,000	10,420,000	15,630,000	20,840,000	5,210,000	4,168,000	4,173,000	6,247,000
470,500	10,430,000	15,645,000	20,860,000	5,215,000	4,172,000	4,177,000	6,253,000
471,000	10,440,000	15,660,000	20,880,000	5,220,000	4,176,000	4,181,000	6,259,000
471,500	10,450,000	15,675,000	20,900,000	5,225,000	4,180,000	4,185,000	6,265,000
472,000	10,460,000	15,690,000	20,920,000	5,230,000	4,184,000	4,189,000	6,271,000
472,500	10,470,000	15,705,000	20,940,000	5,235,000	4,188,000	4,193,000	6,277,000
473,000	10,480,000	15,720,000	20,960,000	5,240,000	4,192,000	4,197,000	6,283,000
473,500	10,490,000	15,735,000	20,980,000	5,245,000	4,196,000	4,201,000	6,289,000
474,000	10,500,000	15,750,000	21,000,000	5,250,000	4,200,000	4,205,000	6,295,000
474,500	10,510,000	15,765,000	21,020,000	5,255,000	4,204,000	4,209,000	6,301,000
475,000	10,520,000	15,780,000	21,040,000	5,260,000	4,208,000	4,213,000	6,307,000
475,500	10,530,000	15,795,000	21,060,000	5,265,000	4,212,000	4,217,000	6,313,000
476,000	10,540,000	15,810,000	21,080,000	5,270,000	4,216,000	4,221,000	6,319,000
476,500	10,550,000	15,825,000	21,100,000	5,275,000	4,220,000	4,225,000	6,325,000
477,000	10,560,000	15,840,000	21,120,000	5,280,000	4,224,000	4,229,000	6,331,000
477,500	10,570,000	15,855,000	21,140,000	5,285,000	4,228,000	4,233,000	6,337,000
478,000	10,580,000	15,870,000	21,160,000	5,290,000	4,232,000	4,237,000	6,343,000
478,500	10,590,000	15,885,000	21,180,000	5,295,000	4,236,000	4,241,000	6,349,000
479,000	10,600,000	15,900,000	21,200,000	5,300,000	4,240,000	4,245,000	6,355,000
479,500	10,610,000	15,915,000	21,220,000	5,305,000	4,244,000	4,249,000	6,361,000
480,000	10,620,000	15,930,000	21,240,000	5,310,000	4,248,000	4,253,000	6,367,000
480,500	10,630,000	15,945,000	21,260,000	5,315,000	4,252,000	4,257,000	6,373,000
481,000	10,640,000	15,960,000	21,280,000	5,320,000	4,256,000	4,261,000	6,379,000
481,500	10,650,000	15,975,000	21,300,000	5,325,000	4,260,000	4,265,000	6,385,000
482,000	10,660,000	15,990,000	21,320,000	5,330,000	4,264,000	4,269,000	6,391,000
482,500	10,670,000	16,005,000	21,340,000	5,335,000	4,268,000	4,273,000	6,397,000
483,000	10,680,000	16,020,000	21,360,000	5,340,000	4,272,000	4,277,000	6,403,000
483,500	10,690,000	16,035,000	21,380,000	5,345,000	4,276,000	4,281,000	6,409,000
484,000	10,700,000	16,050,000	21,400,000	5,350,000	4,280,000	4,285,000	6,415,000
484,500	10,710,000	16,065,000	21,420,000	5,355,000	4,284,000	4,289,000	6,421,000
485,000	10,720,000	16,080,000	21,440,000	5,360,000	4,288,000	4,293,000	6,427,000

訴　額 （万円）	(一) 訴　状	(二) 控 訴 状	(三) 上 告 状	(四) 支払督促	(五) 借地非訟	(六) 調停申立	(七) 調停差額
485,500	10,730,000	16,095,000	21,460,000	5,365,000	4,292,000	4,297,000	6,433,000
486,000	10,740,000	16,110,000	21,480,000	5,370,000	4,296,000	4,301,000	6,439,000
486,500	10,750,000	16,125,000	21,500,000	5,375,000	4,300,000	4,305,000	6,445,000
487,000	10,760,000	16,140,000	21,520,000	5,380,000	4,304,000	4,309,000	6,451,000
487,500	10,770,000	16,155,000	21,540,000	5,385,000	4,308,000	4,313,000	6,457,000
488,000	10,780,000	16,170,000	21,560,000	5,390,000	4,312,000	4,317,000	6,463,000
488,500	10,790,000	16,185,000	21,580,000	5,395,000	4,316,000	4,321,000	6,469,000
489,000	10,800,000	16,200,000	21,600,000	5,400,000	4,320,000	4,325,000	6,475,000
489,500	10,810,000	16,215,000	21,620,000	5,405,000	4,324,000	4,329,000	6,481,000
490,000	10,820,000	16,230,000	21,640,000	5,410,000	4,328,000	4,333,000	6,487,000
490,500	10,830,000	16,245,000	21,660,000	5,415,000	4,332,000	4,337,000	6,493,000
491,000	10,840,000	16,260,000	21,680,000	5,420,000	4,336,000	4,341,000	6,499,000
491,500	10,850,000	16,275,000	21,700,000	5,425,000	4,340,000	4,345,000	6,505,000
492,000	10,860,000	16,290,000	21,720,000	5,430,000	4,344,000	4,349,000	6,511,000
492,500	10,870,000	16,305,000	21,740,000	5,435,000	4,348,000	4,353,000	6,517,000
493,000	10,880,000	16,320,000	21,760,000	5,440,000	4,352,000	4,357,000	6,523,000
493,500	10,890,000	16,335,000	21,780,000	5,445,000	4,356,000	4,361,000	6,529,000
494,000	10,900,000	16,350,000	21,800,000	5,450,000	4,360,000	4,365,000	6,535,000
494,500	10,910,000	16,365,000	21,820,000	5,455,000	4,364,000	4,369,000	6,541,000
495,000	10,920,000	16,380,000	21,840,000	5,460,000	4,368,000	4,373,000	6,547,000
495,500	10,930,000	16,395,000	21,860,000	5,465,000	4,372,000	4,377,000	6,553,000
496,000	10,940,000	16,410,000	21,880,000	5,470,000	4,376,000	4,381,000	6,559,000
496,500	10,950,000	16,425,000	21,900,000	5,475,000	4,380,000	4,385,000	6,565,000
497,000	10,960,000	16,440,000	21,920,000	5,480,000	4,384,000	4,389,000	6,571,000
497,500	10,970,000	16,455,000	21,940,000	5,485,000	4,388,000	4,393,000	6,577,000
498,000	10,980,000	16,470,000	21,960,000	5,490,000	4,392,000	4,397,000	6,583,000
498,500	10,990,000	16,485,000	21,980,000	5,495,000	4,396,000	4,401,000	6,589,000
499,000	11,000,000	16,500,000	22,000,000	5,500,000	4,400,000	4,405,000	6,595,000
499,500	11,010,000	16,515,000	22,020,000	5,505,000	4,404,000	4,409,000	6,601,000
500,000	11,020,000	16,530,000	22,040,000	5,510,000	4,408,000	4,413,000	6,607,000
501,000	11,030,000	16,545,000	22,060,000	5,515,000	4,412,000	4,417,000	6,613,000
502,000	11,040,000	16,560,000	22,080,000	5,520,000	4,416,000	4,421,000	6,619,000
503,000	11,050,000	16,575,000	22,100,000	5,525,000	4,420,000	4,425,000	6,625,000
504,000	11,060,000	16,590,000	22,120,000	5,530,000	4,424,000	4,429,000	6,631,000
505,000	11,070,000	16,605,000	22,140,000	5,535,000	4,428,000	4,433,000	6,637,000
506,000	11,080,000	16,620,000	22,160,000	5,540,000	4,432,000	4,437,000	6,643,000
507,000	11,090,000	16,635,000	22,180,000	5,545,000	4,436,000	4,441,000	6,649,000
508,000	11,100,000	16,650,000	22,200,000	5,550,000	4,440,000	4,445,000	6,655,000
509,000	11,110,000	16,665,000	22,220,000	5,555,000	4,444,000	4,449,000	6,661,000
510,000	11,120,000	16,680,000	22,240,000	5,560,000	4,448,000	4,453,000	6,667,000
	以下、 1,000万円 までごとに、 手数料額 1万円を 加算	以下、 1,000万円 までごとに、 手数料額 1万5,000円 を加算	以下、 1,000万円 までごとに、 手数料額 2万円を 加算	以下、 1,000万円 までごとに、 手数料額 5,000円を 加算	以下、 1,000万円 までごとに、 手数料額 4,000円を 加算	以下、 1,000万円 までごとに、 手数料額 4,000円を 加算	以下、 1,000万円 までごとに、 手数料額 6,000円を 加算

訴え等申立手数料簡易計算表 (16・1・1施行)

東京地方裁判所民事事件係

訴額等 申立種類	100万円までの分 （ ～100万円）	100万円を超え500万円までの分 （100万円超～500万円）	500万円を超え1,000万円までの分 （500万円超～1,000万円）	1,000万円を超え10億円までの分 （1,000万円超～10億円）	10億円を超え50億円までの分 （10億円超～50億円）	50億円を超える分 （50億円超～ ）
訴え	10万円までごとに 1,000円 100X	20万円までごとに 1,000円 50X＋5,000	50万円までごとに 2,000円 40X＋10,000	100万円までごとに 3,000円 30X＋20,000	500万円までごとに 10,000円 20X＋1,020,000	1,000万円までごとに 10,000円 10X＋6,020,000
調停 労働審判	10万円までごとに 500円 50X	20万円までごとに 500円 25X＋2,500	50万円までごとに 1,000円 20X＋5,000	100万円までごとに 1,200円 12X＋13,000	500万円までごとに 4,000円 8X＋413,000	1,000万円までごとに 4,000円 4X＋2,413,000
借地非訟	10万円までごとに 400円 40X	20万円までごとに 400円 20X＋2,000	50万円までごとに 800円 16X＋4,000	100万円までごとに 1,200円 12X＋8,000	500万円までごとに 4,000円 8X＋408,000	1,000万円までごとに 4,000円 4X＋2,408,000

備考　上記のXは訴額（万円単位）を示す
（例）訴額が150万円であればXは160となる。
訴額が1051万円であればXは1100となる。

5 送達用予納郵券額

1 東京地裁（民事）

事件の種別 / 予納額	通常訴訟		控訴（原審簡裁）		抗告（原審簡裁、相手なし）		破産（自己破産申立）		破産（債権者申立）		通常再生		個人再生		不動産（自動車）		債権		動産	
							破産				再生				仮差押・仮処分					
総額	6,000円		4,800円		2,600円		4,400円		6,000円		2,000円				2,658円		3,362円		1,204円	
内訳	500円	8枚	500円	8枚	500円	4枚	210円	8枚	500円	4枚	100円	5枚	120円	6枚	500円	4枚	500円	5枚	500円	2枚
	100円	10枚	100円	4枚	100円	3枚	140円	1枚	100円	15枚	84円	16枚	84円	5枚	260円	1枚	260円	1枚	120円	1枚
	84円	5枚	84円	2枚	84円	2枚	84円	29枚	84円	25枚	10円	14枚	20円	20枚	100円	3枚	100円	4枚	84円	1枚
	50円	5枚	50円	2枚	20円	3枚	10円	12枚	50円	4枚	2円	3枚	10円	10枚	50円	1枚	84円	1枚		
	20円	10枚	20円	3枚	10円	6枚	2円	10枚	10円	15枚	1円	10枚	1円	10枚	20円	2枚	50円	2枚		
	10円	10枚	10円	5枚	2円	4枚	1円	4枚	5円	5枚			上記とは別に94円3枚 120円×再生債権者数×2枚		2円	4枚	10円	1枚		
	2円	10枚	2円	6枚	1円	4枚			2円	10枚							2円	4枚		
	1円	10枚	1円	10枚					1円	5枚										
備考	当事者1名増すごとに1,194円2組（合計2,388円）追加（内訳 500円4枚＋100円2枚＋84円2枚＋10円2枚）（ただし、原告が複数であっても、共通の代理人がいる場合は、加える必要はありません。）		当事者1名増すごとに1,194円2組（合計2,388円）追加（内訳 500円4枚＋100円2枚＋84円2枚＋10円2枚）（ただし、控訴人が複数であっても、共通の代理人がいる場合は、加える必要はありません。）		当事者1名増すごとに上記の組み合わせ2,600円分を1組追加（ただし、抗告人が複数であっても、共通の代理人がいる場合は、加える必要はありません。）						上記とは別に94円3枚 120円×再生債権者数×2枚				ただし、債務者が1名増すごとに1,204円1組追加 嘱託登記所が1箇所増すごとに1,454円追加（500円2枚＋260円1枚＋100円1枚＋50円1枚＋20円2枚＋2円2枚）		ただし、債務者が1名増すごとに1,204円1組追加 第三債務者が1名増すごとに2,158円追加（500円3枚＋260円1枚＋100円2枚＋84円1枚＋50円1枚＋10円1枚＋2円2枚）		ただし、債務者が1名増すごとに1,204円1組追加	

事件の種別 / 予納額	労働審判	民事執行		執行取消（取下）		
		不動産	債権	債権		
				執行取消	取下	
総額	相手方に送付すべき書類（申立書、証拠説明書、書証）の重量に、裁判所作成書面分として50㌘を加えた重量に対応する普通郵便料金（例 相手方に送付すべき申立書等が190㌘であれば、250㌘までの普通郵便料金250円となる）	94円	4,000円	442円		168円
内訳		84円 1枚 / 10円 1枚	500円 5枚 / 100円 7枚 / 84円 5枚 / 50円 4枚 / 20円 5枚 / 10円 5枚 / 5円 3枚 / 2円 5枚 / 1円 5枚	254円 1組 / 94円 2枚	84円 2枚	
備考			ただし、債務者が1名増すごとに1,353円1組追加（500円2枚＋100円2枚＋84円1枚＋50円1枚＋10円1枚＋5円1枚＋2円2枚）第三債務者が1名増（送達先を1名先と計算）すごとに2,142円追加（500円3枚＋100円2枚＋84円2枚＋50円2枚＋20円2枚＋10円2枚＋5円2枚＋2円2枚）	ただし、1名増えるごとに94円増。第三債務者は254円増、滞納処分庁が一庁につき94円増（注）	ただし、第三債務者が1名増えるごとに84円増	

東京地方裁判所では、①民事通常訴訟事件又は行政訴訟事件の訴え提起時、②東京高等裁判所（知的財産高等裁判所を含む。）への控訴・抗告提起時に必要な郵便料を現金で予納できるようになりました。

（注）破産手続開始決定があったこと又は免責許可決定が確定したことによる取消上申の場合は、1,204円1組、254円1組、94円1枚。ただし、第三債務者1名が増えるごとに254円増。滞納処分庁がある場合は、一庁につき94円増

— 43 —

2 東京家裁

審判（家事法別表第一関係）

事件種別	合計額	内訳 種類 × 枚数	
失踪宣告 失踪宣告取消	3,642円	500円 ×	2
		100円 ×	2
		84円 ×	28
		10円 ×	8
		2円 ×	5
特別養子適格の確認	5,518円	500円 ×	8
		100円 ×	4
		84円 ×	12
		10円 ×	10
		2円 ×	5
特別養子縁組	3,550円	500円 ×	4
		100円 ×	2
		84円 ×	15
		10円 ×	8
		2円 ×	5
死後離縁 遺言の確認 就籍 戸籍訂正 性別の取扱いの変更	1,674円	500円 ×	2
		100円 ×	1
		84円 ×	6
		10円 ×	6
		2円 ×	5
氏の変更 （子の氏の変更を除く、戸籍法107条）	1,674円	500円 ×	2
		100円 ×	1
		84円 ×	6
		10円 ×	6
		2円 ×	5
	※夫婦共同申立ての場合は500円×2枚、100円×1枚、84円×1枚、10円×2枚を追加		
遺言執行者選任 養子縁組	940円	84円 ×	10
		10円 ×	10
子の氏の変更 （子1人につき）	282円	84円 ×	3
		10円 ×	3
	※親権者が住所を同じくする複数の未成年者につき1通の申立書で申立てをする場合は1人分で可		
名の変更 相続放棄・期間伸長 相続の限定承認（相続人1人につき） 遺留分放棄 扶養義務の設定（保護者選任）	376円	84円 ×	4
		10円 ×	4
特別代理人選任 （子の利益相反）	920円	84円 ×	10
		10円 ×	8
	※1通の申立書で複数の子について特別代理人の選任を求める場合には、84円×（子の数×10枚）、10円×8枚で可。		
遺言書の検認		84円 ×	（申立人＋相続人の数×2）
		10円 ×	（申立人＋相続人の数）
	※申立人兼相続人は申立人としてカウントする。 ※相続人の数には、受遺者も含む。		
推定相続人廃除 遺言執行者解任	3,500円	500円 ×	4
		100円 ×	5
		84円 ×	10
		10円 ×	15
		2円 ×	5
親権喪失、親権停止 児童福祉法28条事件 児童福祉法33条事件	3,500円	500円 ×	4
		100円 ×	5
		84円 ×	10
		10円 ×	15
		2円 ×	5
その他の別表第一の事件 （※1）	836円	84円 ×	9
		10円 ×	8

（※1）相続財産管理人選任（元後見人等が申し立てる場合を除く。）を含む。

審判（家事法別表第二関係）

事件種別	合計額	内訳 種類 × 枚数	
年金分割 子の監護者の指定 子の引渡し	3,500円	500円 ×	4
		100円 ×	5
		84円 ×	10
		10円 ×	15
		2円 ×	5
	※1通の申立書で「子の監護者の指定」と「子の引渡し」を求める場合には、上記3,500円で可。		
親権者変更 （親権者行方不明・死亡の場合）	2,000円	500円 ×	2
		100円 ×	1
		84円 ×	10
		10円 ×	5
		2円 ×	5
その他の別表第二の事件	3,500円	500円 ×	4
		100円 ×	5
		84円 ×	10
		10円 ×	15
		2円 ×	5

審判（後見関係）

事件種別	合計額	内訳 種類 × 枚数	
保佐・補助の開始	4,920円	500円 ×	5
		100円 ×	9
		84円 ×	15
		20円 ×	10
		10円 ×	5
		2円 ×	5
後見開始 任意後見監督人選任 未成年後見人選任	3,720円	500円 ×	3
		100円 ×	7
		84円 ×	15
		20円 ×	10
		10円 ×	5
		2円 ×	5
相続財産管理人選任 （元後見人等が申し立てる場合）	450円	84円 ×	5
		10円 ×	3

審判（財産管理関係）

事件種別	合計額	内訳 種類 × 枚数	
不在者財産管理人選任	2,000円	100円 ×	5
		84円 ×	15
		10円 ×	20
		2円 ×	10
		1円 ×	20
相続財産清算人選任	992円	100円 ×	2
		84円 ×	8
		10円 ×	10
		2円 ×	10
権限外行為許可	84円	84円 ×	1（※2）
報酬付与	84円	84円 ×	1
相続人捜索の公告	252円	84円 ×	3
特別縁故者に対する 相続財産分与	2,992円	500円 ×	4
		100円 ×	2
		84円 ×	8
		10円 ×	10
		1円 ×	20
管理人選任処分の取消し	84円	84円 ×	1（※3）

（※2）審判書に添付する契約書や図面の分量に応じて、94円、140円が必要になる場合がある。
（※3）不在者の所在判明を理由とするときは、84円×2枚

調停（遺産分割）

合計額	内訳 種類 × 枚数		
① 相手方5名まで 2,760円	100円 ×	10
	84円 ×	10
	50円 ×	10
	20円 ×	10
	10円 ×	20
	2円 ×	10
② 相手方10名まで 3,850円	100円 ×	10
	84円 ×	20
	50円 ×	15
	20円 ×	10
	10円 ×	20
	2円 ×	10

※相手方が11名以上の場合、10名増すごとに①のセットを追加する。

調停（遺産分割以外）

合計額	内訳 種類 × 枚数	
1,022円	100円 ×	2
	84円 ×	8
	10円 ×	14
	2円 ×	5

※当事者が1名増すごとに下記の312円を追加する。（ただし、申立人手続代理人が共通の場合を除く。）

	内訳	
312円	100円 ×	1
	84円 ×	2
	10円 ×	4
	2円 ×	2

人事訴訟、通常訴訟（請求異議等）

合計額	内訳 種類 × 枚数	
6,000円	500円 ×	8
	100円 ×	10
	84円 ×	5
	50円 ×	4
	20円 ×	10
	10円 ×	10
	5円 ×	10
	2円 ×	10
	1円 ×	10

※当事者が1名増すごとに下記の2,178円を追加する。

2,178円	500円 ×	4
	84円 ×	2
	5円 ×	2

控訴

合計額	内訳 種類 × 枚数	
6,000円	500円 ×	8
	100円 ×	10
	84円 ×	5
	50円 ×	5
	20円 ×	10
	10円 ×	10
	2円 ×	10
	1円 ×	10

※当事者が1名増すごとに下記の2,388円を追加する。

2,388円	500円 ×	4
	100円 ×	2
	84円 ×	2
	10円 ×	2

審判前の保全処分

合計額	内訳 種類 × 枚数	
3,500円	500円 ×	4
	100円 ×	5
	84円 ×	10
	10円 ×	15
	2円 ×	5

間接強制

合計額	内訳 種類 × 枚数	
3,500円	500円 ×	4
	100円 ×	5
	84円 ×	10
	10円 ×	15
	2円 ×	5

執行官に子の引渡しを実施させる決定

合計額	内訳 種類 × 枚数	
3,500円	500円 ×	4
	100円 ×	5
	84円 ×	10
	10円 ×	15
	2円 ×	5

当事者間秘匿決定（家事）

合計額	内訳 種類 × 枚数	
（審判・調停申立てと同時） 1,000円	500円 ×	2
（本案予納額に追加）		
（上記以外） 1,362円	500円 ×	2
	100円 ×	1
	84円 ×	3
	10円 ×	1

※人事訴訟については、担当書記官に御確認ください。

家事抗告

合計額	内訳 種類 × 枚数	
3,700円	500円 ×	4
	100円 ×	8
	84円 ×	6
	20円 ×	12
	10円 ×	12
	2円 ×	12
	1円 ×	12

※抗告人、相手方が1名増すごとに下記の2,600円を追加する。

2,600円	500円 ×	4
	100円 ×	3
	84円 ×	2
	20円 ×	3
	10円 ×	6
	2円 ×	4
	1円 ×	4

ハーグ（子の返還）

合計額	内訳 種類 × 枚数	
5,280円	500円 ×	6
	100円 ×	8
	84円 ×	10
	20円 ×	20
	10円 ×	20
	2円 ×	20

ハーグ（出国禁止）

合計額	内訳 種類 × 枚数	
3,060円	500円 ×	4
	84円 ×	5
	20円 ×	20
	10円 ×	20
	2円 ×	20

※上記以外に郵券を必要とする場合には、事件担当者から個別に必要な郵券の追納を指示する。

訴状・控訴状・上告状・支払督促・借地非訟・調停申立・調停差額

3 東京簡裁（民事）

裁判等を申し立てる際に、当事者の呼出しなどに使用するための郵便切手を納めていただく必要があります。納めていただく郵便切手の額及び内訳は、次のとおりです。これは、東京簡易裁判所の取扱いであり、納めていただく郵便切手の額及び内訳は、裁判所によって異なりますので、申立てをされる裁判所へお問合せください。

手続進行後、郵便切手が不足する場合は追加納付を求めることがあります。また、手続終了後、未使用の郵便切手がある場合は返還します。

	通常訴訟 少額訴訟		控訴（一審簡裁）		抗告（原審簡裁）		調停 一般		特定調停		訴え提起前の和解		公示催告		支払督促		意思表示の公示送達	
切手合計	5,830円		4,800円		2,600円		2,800円		432円		690円		2,362円		1,350円		1,148円	
内 訳	500円	8枚	500円	8枚	500円	4枚	500円	2枚			500円	1枚	500円	2枚	500円	2枚	500円	2枚
	100円	8枚	100円	4枚	100円	3枚	100円	12枚					350円	2枚	100円	3枚		
	84円	5枚	84円	2枚	84円	2枚	84円	5枚	84円	4枚			120円	3枚				
	50円	5枚	50円	2枚			50円	1枚			50円	2枚	94円	1枚			50円	2枚
	20円	10枚	20円	3枚	20円	3枚					20円	3枚	84円	2枚				
	10円	10枚	10円	5枚	10円	6枚	10円	12枚	10円	9枚	10円	3枚	10円	4枚	10円	5枚	10円	4枚
	5円	8枚																
	2円	10枚	2円	6枚	2円	4枚	2円	5枚	2円	3枚							2円	4枚
			1円	10枚	1円	4枚												
備 考	ただし、当事者1名増すごとに2,378円分追加 内訳 500円 4枚 100円 2枚 84円 2枚 5円 2枚		ただし、当事者1名増すごとに2,388円分追加 内訳 500円 4枚 100円 2枚 84円 2枚 10円 2枚 ただし、控訴人が複数であっても、共通の代理人がいる場合は、加える必要はありません。		ただし、当事者1名増すごとに2,600円分追加 内訳は上と同じ ただし、抗告人が複数であっても、共通する代理人がいる場合は、加える必要はありません。		ただし、当事者1名増すごとに1,288円分追加 内訳 500円 1枚 100円 6枚 84円 2枚 10円 2枚		ただし、当事者1名増すごとに432円分追加 内訳は上と同じ		和解調書正本の双方への特別送達が必要な場合は2,408円追加 内訳 500円 4枚 100円 2枚 94円 2枚 10円 2枚				ただし、当事者1名増すごとに1,230円分追加 内訳 500円 2枚 100円 2枚 10円 3枚 ※なお、官製はがきを債務者数分用意し、宛名に債権者の住所、氏名を記入してください。			

事件の種別 予納額	不動産 仮差押	債権 仮差押	動産 仮差押	自動車 仮処分	担保取消	取下（執行取消を含む）
内 訳	決定正本送達用 債務者1人につき1,204円 登記嘱託用 法務局1か所につき（574円／620円） ※滞納処分による差押登記がある場合には84円追加 ※速達希望の場合は260円増	決定正本送達用 債務者1人につき1,204円 第三債務者1人につき1,250円 ※陳述催告が有る場合 ※陳述書返送用 裁判所用 564円 債権者用 84円（返信用封筒をつけること） ※速達希望の場合は260円増	債務者1人につき1,204円 ※速達希望の場合は260円増	債務者1人につき1,204円	◎同意（和解調書の場合）84円×債務者数 ◎勝訴 1,194円×債務者数 ◎催告 1,194円×2×債務者数	◎不動産 東京地裁民事第9部と同じ（51頁記載の不動産の予納郵券のとおり） ◎債権 東京地裁民事第9部と同じ（52頁記載の債権等の予納郵券のとおり）
備 考	休日指定送達が必要な場合210円1組増	休日指定送達が必要な場合210円1組増				

その他事件の内容によって変更することもあります。

4 東京高等裁判所（民事）

令和5年10月1日実施

予 納 郵 便 切 手 額 一 覧 表							
東 京 高 等 裁 判 所 民 事 訟 廷 事 件 係							
事件の種別 予納額	控　訴	抗　告			上 告 提 起 上告受理申立て 特別上告提起	特別抗告提起 抗告許可申立て （相手方なし）	高裁第一審 再　審
		一　般 （相手方なし） 借地非訟	民 事 執 行 借 地 非 訟	家　事			
総　額	6,000円	2,600円	4,900円	3,700円	5,800円	2,500円	控訴に同じ
内　訳	500円　8枚	500円　4枚	500円　8枚	500円　4枚	500円　4枚	500円　2枚	
	100円　10枚	100円　3枚	100円　4枚	100円　8枚	210円　10枚	210円　2枚	
	84円　5枚	84円　2枚	84円　4枚	84円　6枚	100円　8枚	100円　4枚	
	50円　5枚	20円　3枚	20円　5枚	20円　12枚	84円　6枚	84円　5枚	
	20円　10枚	10円　6枚	10円　5枚	10円　12枚	20円　10枚	20円　5枚	
	10円　10枚	2円　4枚	2円　3枚	2円　12枚	10円　16枚	10円　15枚	
	2円　10枚	1円　4枚	1円　8枚	1円　12枚	2円　8枚	1円　10枚	
	1円　10枚				1円　20枚		
備　考	当事者1名増すごとに1,194円2組追加 ◎附帯控訴について 2,500円 〔内訳〕 　500円　4枚 　100円　2枚 　84円　2枚 　20円　4枚 　10円　4枚 　1円　12枚 当事者1名増すごとに1,250円追加	当事者1名増すごとに上記の「一般」の組合せ（2,600円分）を1組追加 ◎再抗告について 　上記の「一般」の組合せ（2,600円分）のほかに当事者1名につき1,194円追加 ◎DV事件については家事抗告の例による			当事者1名増すごとに計2,520円追加 〔内訳〕 　500円　2枚 　210円　2枚 　100円　7枚 　84円　4枚 　10円　5枚 　1円　14枚	当事者1名増すごとに上記の額の組合せを1組追加 特別抗告提起、抗告許可申立ての両方を申し立てる場合、特別抗告提起、抗告許可申立てのそれぞれに必要	

訴状・控訴状・上告状・支払督促・借地非訟・調停申立・調停差額

5 知的財産高等裁判所

予 納 郵 便 切 手 額 一 覧 表

知 的 財 産 高 等 裁 判 所 訟 廷 事 件 係

事件の種別	審決取消訴訟控訴再審		附帯控訴（相手方1名）		抗告（相手方なし）		上告提起上告受理申立て		特別抗告提起抗告許可申立て（相手方なし）	
総 額	6,000円		2,500円		2,600円		5,800円		2,500円	
内 訳	500円	8枚	500円	4枚	500円	4枚	500円	4枚	500円	2枚
	100円	10枚	100円	2枚	100円	3枚	210円	10枚	210円	2枚
	84円	5枚	84円	2枚	84円	2枚	100円	8枚	100円	4枚
	50円	5枚	20円	4枚	20円	3枚	84円	6枚	84円	5枚
	20円	10枚	10円	4枚	10円	6枚	20円	10枚	20円	5枚
	10円	10枚	1円	12枚	2円	4枚	10円	16枚	10円	15枚
	2円	10枚			1円	4枚	2円	8枚	1円	10枚
	1円	10枚					1円	20枚		
備 考	当事者1名増すごとに1,194円2組追加（組合せの指定はありません。）		当事者1名増すごとに1,250円（上記の額の組合せの半分の枚数）を追加		当事者1名増すごとに上記の額の組合せを1組追加		当事者1名増すごとに計2,520円追加〔内訳〕500円 2枚 210円 2枚 100円 7枚 84円 4枚 10円 5枚 1円 14枚		当事者1名増すごとに上記の額の組合せを1組追加　特別抗告提起、抗告許可申立ての両方を申し立てる場合、特別抗告提起、抗告許可申立てのそれぞれに必要	

6 各種申立の添付目録等

1 支払督促申立（東京簡裁の場合）

当事者目録	2通
請求の趣旨・原因	2通

2 仮差押・仮処分・執行停止（東京地裁民事第9部の場合）

事件の種類		決定用				登記（登録）嘱託用	
	目録の種類	当事者目録	請求債権目録	仮差押債権目録	物件目録	物件目録	登記権利者・義務者目録
仮差押え	動産	3	3				
	不動産	3	3		3	2	2
	債権	4	4	4			
	自動車	4	4		4(自動車目録)	2(自動車目録)	2(登録権利者・義務者目録)
仮処分	動産	3			3		
	不動産 占有移転禁止	3			3		
	不動産 処分禁止	3			3	2	2
	債権（処分禁止）	4			4（債権目録）		
	自動車 占有移転禁止	3			3		
	自動車 処分禁止	4			4(自動車目録)	2(自動車目録)	2(登録権利者・義務者目録)
	競売手続停止等	3			3		
	抵当権、仮登記上の権利等の処分禁止	3			3(同数の登記目録も必要)	2(同数の登記目録も必要)	2
	作為・単純不作為	3			3		
強制執行停止	債務名義の停止	3					
	（特定）物件の停止	3			3		

（注）
1　上例は、債務者、第三債務者、登記所などが各1名あるいは1か所の場合である。
2　決定用目録は、債務者、第三債務者が各1名増すごとに各1通ずつ加算する。
3　登記所が数か所にわたるときの登記嘱託用目録は、各登記所ごとに上記通数が必要。
4　担保提供が支払保証委託契約（ボンド）の方法による場合は、このほかに決定用の担保目録が必要（枚数は当事者目録と同数）。
5　詐害行為取消型の処分禁止仮処分の場合は、還付請求権者目録が必要（枚数は当事者目録と同数）。
6　滞納処分による差押がある場合には、滞納処分庁への通知用の当事者目録、物件目録（又は仮差押債権目録）が各2枚必要。

訴状・控訴状・上告状・支払督促・
借地非訟・調停申立・調停差額

3 仮差押・仮処分事件の予納郵券（東京地裁民事第9部の場合）

事件の種類	郵　　券　　額
不動産仮差押・仮処分	債務者1人　　　　　　　　　　　　　1,204円 登記嘱託1か所　　　　　　　　　　　574円 登記返送料　　　　　　　　　　　　620円 速達料　　　　　　　　　　　　　　260円 　合　計　　　　　　　　　　　　2,658円 滞納処分による差押えがある場合　84円増
債　権　仮　差　押	債務者1人　　　　　　　　　　　　1,204円 第三債務者1人　　　　　　　　　　1,250円 陳述書返送料（裁判所用）　　　　　564円 陳述書返送料（債権者用）　　　　　84円 速達料　　　　　　　　　　　　　　260円 　合　計　　　　　　　　　　　　3,362円

4 不動産仮差押・仮処分事件の登録免許税

事件の種類	計　算　方　法	備　　考
不動産仮差押 地上権〃 既登記賃借権〃	請求債権額 $\times \dfrac{4}{1000}$ ＝税額 （千円未満切捨）　　（百円未満切捨）	同一の裁判に基づき数個の登記所に対して登記嘱託をする場合には1つの登記所に左記税額を納付し、他の登記所には物件1個につき1,500円を納付する
土地建物の処分禁止仮処分	固定資産評価額＝課税価格 課税価格 $\times \dfrac{4}{1000}$ ＝税額 （千円未満切捨）　　（百円未満切捨）	登記所毎に算出 一登記所管内に数個の不動産があるときは合算後に千円未満切捨
抵当権の処分禁止仮処分	被担保債権額 $\times \dfrac{4}{1000}$ ＝税額 （千円未満切捨）　　（百円未満切捨）	根抵当権は 極度額 $\times \dfrac{4}{1000}$ ＝税額
地上権・賃借権の処分禁止仮処分	固定資産評価額 $\times \dfrac{1}{2}$ ＝課税価格 課税価格 $\times \dfrac{4}{1000}$ ＝税額 （千円未満切捨）　　（百円未満切捨）	

（注）納付税額が3万円を超える場合は、収入印紙ではなく、現金納付の領収証書による必要があるので、注意する。

5 保全異議・取消し（東京地裁民事第9部の場合）

申立書	1	予納郵券	500×5	100×5
副　本	債権者又は被申立人の数		50×3	20×6
疎明資料写し	債権者又は被申立人プラス1の数		10×5	5×3
			2×6	
		貼用印紙	500	

6 仮登記を命ずる処分（旧名称：仮登記仮処分申請）（東京地裁民事第9部の場合）

当事者目録	3	予納郵券	1,204×1
物件目録	3	貼用印紙	1登録事項につき2,000
登記事項目録	3		
登録免許税は嘱託登記ではないので、債権者が直接登記所に納付する。			

7 債権者申立による保全処分命令申立取下に伴う執行取消手続（東京地裁民事第9部の場合）

執行機関	執行取消の対象	提　出　書　類　等	執行取消の方法
裁判所	不　動　産	○申立取下書…………正本1通（当事者目録・物件目録と合綴し契印したもの）副本（正本と同様のもの）を債務者の数 ○登記権利者義務者目録…法務局1か所につき2通 ○物件目録……………法務局1か所につき2通　ただし、滞納処分あるときはほかに2通 ○当事者目録…………滞納処分あるときのみ2通 ○予納郵券……………法務局1か所につき574円×2　債務者の数×84円（94円）　※取下書の枚数が3枚以内　84円、4～9枚　94円、10枚以上　要相談　ただし、滞納処分あるときはほかに84円×1 ○登録免許税…………物件1筆又は1個につき1,000円　ただし、物件が20個以上の場合については20,000円 ○不動産登記事項証明書…保全処分発令後3年を経過した事件については各物件の最新の登記事項証明書　なお、発令後表示の変更があるときも同様	抹消登記嘱託

執行機関	執行取消の対象	提　出　書　類　等	執行取消の方法
裁判所	自　動　車 船　　　舶 無体財産権	○申立取下書……………正本1通（当事者目録・物件目録と合綴し契印したもの） 副本（正本と同様のもの）を債務者の数（特許権、商標権の場合は特許庁用＋1） ○物件目録 　自動車・船舶・特許権 　・実用新案権等…………3通 ○登録権利者義務者目録…3通 ○予納郵券………………574円×2 　債務者の数×84円（94円） 　※取下書の枚数が3枚以内　84円、4〜9枚　94円、10枚以上　要相談 ○登録免許税……………船舶、特許権・実用新案権等については1件につき1,000円	抹消登録嘱託
	債権等 　　ゴルフ会員 　　権・電話加 　　入権を含む	○申立取下書……………正本1通（当事者目録・仮差押債権目録と合綴し契印したもの） （請求債権目録を引用している場合には同目録も合綴） 副本（正本と同様のもの）を債務者及び第三債務者の数 ○当事者目録……………滞納処分あるときのみ滞納処分庁の数×2通 ○仮差押債権目録………上記当事者目録に同じ ○予納郵券………………債務者・第三債務者の数×84円（94円） 　※取下書の枚数が3枚以内　84円、4〜9枚　94円、10枚以上　要相談 ただし、滞納処分あるときはほかに84円を滞納処分庁の数	債務者及び第三債務者に取下書副本を添付し通知
	作為・不作為	○申立取下書……………正本1通（当事者目録・物件目録と合綴し契印したもの） 副本（正本と同様のもの）を債務者の数 ○予納郵券………………債務者の数×84円（94円） 　※取下書の枚数が3枚以内　84円、4〜9枚　94円、10枚以上　要相談	債務者に取下書副本を送付
執行官	不　　動　　産 （占　有　移　転 禁　　止　　等） 動　　　　　　産	執行官に対し ○申立取下書……………手数料は予納金から支払い	執行官による執行の取消
		裁判所に対し ○申立取下書……………正本1通（当事者目録・物件目録と合綴し契印したもの） 副本（正本と同様のもの）を債務者の数 ○予納郵券………………債務者の数×84円（94円） 　※取下書の枚数が3枚以内　84円、4〜9枚　94円、10枚以上　要相談	債務者に取下書副本を送付

（注）　執行機関が執行官の場合、民訴法79条3項の担保取消手続をするには、執行官の「執行取消証明書」が必要。

（令和5年10月1日現在）

8 債務者申立による執行取消申立等（東京地裁民事第9部の場合）

（当事者目録の表示は、「申立人（債務者）」、「被申立人（債権者）」と表示）

	当事者目録	物件目録	仮差押債権目録	登記権利者義務者目録	予納郵券	登録免許税	その他
解放金供託による不動産の執行取消	4	6		2	法務局1か所につき574円×2 1,194円を被申立人、申立人の数	物件1個につき1,000円 物件が20個以上のときは20,000円	供託書正本とその写し 委任状（本人であれば印鑑証明書）
同上債権の執行取消	4		4		1,194円を被申立人、申立人、第三債務者の数		同 上
上記以外の執行取消	申立取下書にかえて上申書とする以外は債権者申立による保全処分命令申立取下に伴う執行取消手続一覧表の例に準ずる。						

起訴命令は、申立書、当事者目録×3、予納郵券1,194円×申立人の数、1,204円×被申立人の数、委任状（本人であれば印鑑証明書）担保物変換は、申立書（支払保証委託契約に変換する場合は、立担保許可申請も2通必要）、有価証券に変換する場合は、その写しと時価を証する書面、当事者目録×3、担保目録（第1担保目録、第2担保目録）×3、予納郵券94円を債務者の数

9 担保取消（東京地裁民事第9部の場合）

被申立人同意の場合用意すべき書類	同意書（要日付）、即時抗告権放棄の上申書（日付空欄）、担保取消決定正本の受書（日付空欄）、以上被申立人本人の場合は実印を押捺、印鑑証明書添付。被申立人が弁護士委任の場合は委任状（ただし、被申立人が法人の場合は、委任状に押捺する印は登録されている代表者印が相当）なお、第三者供託の場合は、担保取消の申立人は第三者となるから、同意、抗告権の放棄の当事者の表示に注意
予 納 郵 券	1,194円×被申立人数　全部勝訴判決のとき（判決正本とその写しと確定証明提出） 84円×被申立人数　同意と抗告権放棄があり被申立人の担保取消決定正本の受書がないとき 1,194円×2×被申立人数　権利行使催告を要するとき（権利行使催告の場合、本訴未提起のときは申立書にその旨記載）

10 不動産競売申立（東京地裁民事第21部の場合「不動産競売の申立てについて」100頁参照）

請求債権目録 （担保権・被担保債権 　目録）	1部
物件案内図	2部
公図	法務局の登記官による認証のあるもの1通（発行後1か月以内）及び 写し1部
民事執行予納金	強制競売、担保権実行としての競売共通 　　　　　　　　　請求債権額2,000万円未満　　　　　　　　80万円 　　　　同　　2,000万円以上5,000万円未満　　100万円 　　　　同　　5,000万円以上1億円未満　　　150万円 　　　　同　　1億円以上　　　　　　　　　　　200万円 　二重開始事件　物件が先行事件たる強制競売又は担保権実行としての 　　　　　　　　競売と全く同一の時は原則として30万円。先行事件に 　　　　　　　　含まれない物件があるときは上記の例による。
事務連絡用郵券	94円　1組（日本郵便承認済みの料金受取人払郵便の封筒提出も可） （内訳　84円×1枚＋10円×1枚）
不動産登記事項証明 書 不動産登記事項証明 書の写	1通（発行後1か月以内） 2通
貼用印紙	担保権又は請求債権1個につき　4,000円
公課証明書	最新の評価及び公課の記載されたもの原本1通及び写し2部
建物図面	法務局の登記官による認証のあるもの1通（発行後1か月以内）及び 写し1部
商業登記事項証明書	原本1通及び写し2部（ただし、申立債権者のものは写し不要）
住民票	原本1通及び写し2部

（「インフォメーション21」（https://www.courts.go.jp/tokyo/saiban/minzi_section21/）参照）

11 財産開示手続申立・第三者からの情報取得手続申立（東京地裁民事第21部の場合）

　それぞれの手続に必要な添付目録等については裁判所ウェブサイトで公開しています。
下記のURLの「インフォメーション21」の「執行手続のご案内・書式例」の「5．財産
開示手続」、「6．第三者からの情報取得手続」を参照ください。
（https://www.courts.go.jp/tokyo/saiban/minzi_section21/）

12 債権差押命令申立（東京地裁民事第21部の場合）
予納郵便切手一覧表

（令和5.10.1現在）

予 納 郵 便 切 手 一 覧 表（債権執行）

東京地方裁判所民事第21部債権執行係

申立ての種類		予納郵便切手									合計	うち申立書に執行費用として計上できる額	備考
		500円	100円	84円	50円	20円	10円	5円	2円	1円			
①	債権・その他財産権差押命令	5枚	7枚	5枚	4枚	5枚	5枚	3枚	5枚	5枚	4,000円	陳述催告あるとき 3,196円 陳述催告ないとき 2,586円	
	債務者1名増えるごとの加算基準	2枚	2枚	1枚	1枚		1枚	1枚	2枚		1,353円	1,204円	
	第三債務者1名増えるごとの加算基準（陳述催告あり）	3枚	3枚	2枚	2枚	2枚	2枚	2枚	2枚		2,142円	1,814円	第三債務者は、送達先ごとに1名として計算する。
	第三債務者1名増えるごとの加算基準（陳述催告なし）	2枚	2枚	1枚	1枚		1枚	1枚	2枚		1,353円	1,204円	同 上
②	転付命令（差押命令発令後に申し立てる場合）	4枚	4枚	1枚			1枚		4枚		2,502円		当事者1名増すごとに上記債務者1名増えるごとの加算基準を適用する。
③	売却命令 譲渡命令	8枚	10枚	5枚	5枚	10枚	5枚	5枚	10枚	5枚	5,970円		
④	執行異議	8枚	4枚	4枚		5枚	5枚		3枚	8枚	4,900円	※収入印紙 500円	当事者1名増すごとに 500円×4枚、100円×3枚、84円×2枚、20円×3枚、10円×6枚、2円×4枚、1円×4枚（合計2,600円分）を1組追加
⑤	執行抗告											※収入印紙 1,000円	

（注）重量超過や速達等利用の場合には、切手の追納が必要となることがあります。

13 代替執行関係（民事第21部代替執行係の場合）
　　　　※1,204円の組合せは500円×2　100円×1　84円×1　10円×2。以下同じ。
(1) 収去命令（代替執行）の申立て
　① 手数料等　印紙 2,000円×債務名義数
　　　　　　　　郵券 1,204円×債務者数×2
　　　　　　　　　　　1,204円×債権者数（決定正本の受書の提出がある場合は94円×債権者数）
　② 必要な書類
　　　　申立書及び同副本（副本は債務者数分）
　　　　当事者目録・物件目録×（当事者数＋1）

訴状・控訴状・上告状・支払督促・借地非訟・調停申立・調停差額

③　添付書類

　　執行力ある債務名義正本、その写し、送達証明書、その写し、建物登記事項証明書、商業登記事項証明書、評価証明書（債務名義が簡裁で成立したものの場合）、委任状

④　管轄

　　民事執行法 171 条 1 項・2 項、33 条 2 項、19 条

(2)　代替執行費用支払申立て

①　手数料等　印紙・郵券不要（異時申立ての場合は、郵券 1,204 円）

②　必要な書類

　　申立書及び同副本（副本は債務者数分）

　　当事者目録・物件目録×（当事者数＋1）

　　添付書類として、費用支払の必要性を証する資料（見積書、「建築コスト情報」の写し等）

③　注意事項

　　イ）授権決定の発令前に申し立てなければならない。

　　ロ）代替執行費用として債務者から取り立てられるのは、最新の「建築コスト情報」（財団法人建設物価調査会発行）などの客観的資料による金額の範囲に限られる。業者の見積書のみを基準としたものは不可。

14　強制執行申立てに必要な書類（東京地裁執行官室の場合）

　　　　　　　　　　　　　　　　　（令和 6 年 4 月 1 日東京地方裁判所執行官室）

【申立てに必要な書類等】

(1)　執行文の付された　　　…債務名義の正本だけで足りる場合（民執法 25 条但書等）
　　　債務名義の正本　　　　　があります。

(2)　同送達証明　　　　　　…必要のない場合（仮差押・仮処分事件、動産競売事件等）
　　　　　　　　　　　　　　　があります。

(3)　申立書　　　　　　　　…事件により、請求金額計算書または物件目録を申立書頭
　　　　　　　　　　　　　　　書きに綴ってステープラで留め、各葉に契印するか又は
　　　　　　　　　　　　　　　ページ番号（添付図面を含む。）を付してください。

(4)　印鑑　　　　　　　　　…申立てから事件終了後まで、すべての書類に同じものを
　　　　　　　　　　　　　　　使用してください。

(5)　資格証明書　　　　　　…当事者が法人の場合、1 か月以内に発行された登記事項
　　　　　　　　　　　　　　　証明書（債権者の場合、代表者事項証明書でも可。）が必
　　　　　　　　　　　　　　　要です。ただし、仮差押・仮処分事件、競売開始決定に
　　　　　　　　　　　　　　　基づく自動車等引渡執行事件は添付しなくても差し支え
　　　　　　　　　　　　　　　ありません。

(6)　委任状　　　　　　　　…代理人が付く場合、委任状が必要です。「取下げ」「復代
　　　　　　　　　　　　　　　理人の選任」は特別授権事項なので注意してください。

(7)　建物収去事件の場合　　…授権決定正本、同送達証明書、同確定証明書及び目的不
　　　　　　　　　　　　　　　動産の登記事項証明書が必要です。

(8) 申立書とは別に添付　…下欄のとおり。印鑑（訂正印・捨印等）は、決して押さ
　　する目録類　　　　　ないでください。

	請求金額計算書	物件目録	当事者目録	債務者が2名以上の場合
動産等（執イ）	3枚	—	3枚	債務者1名ごとに目録類添付
明渡等（執ロ）	—	6枚	6枚	）1つの申立書に、債務者を連記する。
仮差押（執ハ）	3枚	—	3枚	）債務者が1名増えるごとに目録類を
仮処分（執ハ）	—	4枚	3枚	）1枚ずつ増やす。

【その他必要なもの】

(1) 債務者に関する調査票　…調査票の項目に従ってできるだけ詳しくご記入下さい。
　　　　　　　　　　　　　　こちらに記載の担当者に、執行官から期日等の打合せの
　　　　　　　　　　　　　　ための電話を致しますので、早期提出にご協力ください。

(2) 執行場所の案内図　　…最寄駅から執行場所までの経路が分かるものが必要で
　　　　　　　　　　　　　す。

(3) 郵送による申立ての場合…84円切手を貼付した返信用封筒。予納通知等を送付する
　　　　　　　　　　　　　ために必要です。

15　申立手数料、予納郵便切手等一覧表（少額訴訟債権執行）

東京簡易裁判所

申立て内容	申立手数料（収入印紙）	予納郵便切手							うち、執行費用として認められる額
		¥500	¥100	¥84	¥50	¥10	¥2	合計	
債権差押処分（債権者、債務者、第三債務者各1名）	¥4,000	7枚	5枚	10枚	5枚	20枚	20枚	¥5,330	陳述催告あるとき　¥3,196 陳述催告ないとき　¥2,586
債権者1名増えるごとの加算	¥4,000								
債務者1名増えるごとの加算	¥4,000	2枚	2枚				2枚	¥1,204	¥1,204
債務名義1通増えるごとの加算	¥4,000								
第三債務者1名増えるごとの加算（陳述催告あり）	なし	3枚	2枚	1枚	2枚	1枚	2枚	¥1,898	¥1,814
第三債務者1名増えるごとの加算（陳述催告なし）	なし	3枚	2枚	1枚	2枚	1枚	2枚	¥1,898	¥1,204

訴状・控訴状・上告状・支払督促・借地非訟・調停申立・調停差額・

16 家事事件（東京家庭裁判所）（(1) 別表第一審判事件 　(2) 未成年後見及び成年後見事件
　(3) 別表第二事件 　(4) 家事調停事件 　(5) 子の返還申立事件）

(1)　別表第一審判事件添付書類一覧表

＊（ ）内は別表における項番号を指す。

番号	事　件　名	添　付　書　類
1	不在者の財産管理人の選任 （民法25条1項）　　　　　　　　(55)	不在者の戸籍謄本、戸籍附票写し 管理人候補者の住民票写し（本籍記載のあるもの）又は戸籍附票写し 財産目録、登記簿謄本、預金通帳その他財産を証する資料 不在者の不在の事実を証する資料 利害関係を証する資料
2	不在者の財産管理人の取消し （民法25条2項）　　　　　　　　(55)	不在者の戸籍謄本、戸籍附票写し 選任管理人、委任管理人の戸籍謄本 管理人を置いたことを証する資料 利害関係を証する資料
3	不在者の財産管理人の改任 （民法26条）	不在者の戸籍附票写し 管理人候補者の住民票写し（本籍記載のあるもの）
4	不在者の財産目録の調製命令 （民法27条2項） 財産の状況報告・管理の計算等 （民法27条3項）　　　　　　　　(55)	不在者の戸籍謄本、戸籍附票写し 委任管理人の戸籍謄本 管理人を置いたことを証する資料 不在者の生死不分明を証する資料 利害関係を証する資料
5	不在者の財産管理人の権限外行為についての許可 （民法28条）　　　　　　　　　(55)	権限外行為となる事項に関する資料
6	不在者の財産管理人に対する担保提供命令 （民法29条1項）　　　　　　　　(55)	不在者の戸籍謄本、戸籍附票写し 委任管理人の戸籍謄本 管理人を置いたことを証する資料 不在者の生死不分明を証する資料 利害関係を証する資料 担保提供の必要性に関する資料
7	不在者の財産管理人に対する報酬付与 （民法29条2項）　　　　　　　　(55)	管理報告書 財産目録
8	失踪の宣告及びその取消し （民法30条、32条1項）　　(56、57)	不在者の戸籍謄本、戸籍附票写し 失踪者の写真（取消しの場合）、不在の事実を証する資料、利害関係を証する資料（親族関係であれば戸籍謄本）
9	嫡出否認の訴えのための特別代理人の選任 （民法775条）　　　　　　　　(59)	申立人の戸籍謄本 候補者の住民票写し又は戸籍附票写し 子の戸籍謄本、出生届未了のときは出生証明書

番号	事　件　名	添　付　書　類
10	子の氏の変更許可 （民法791条）　　　　　　　　　　（60）	子、父、母の戸籍謄本
11	未成年者を養子とするについての許可 （民法798条）　　　　　　　　　　（61）	申立人、代諾者の戸籍謄本（未成年者が15歳未満の場合）、未成年者の戸籍謄本
12	後見人が未成年被後見人及び成年被後見人を養子とするについての許可 （民法794条）　　　　　　　　　　（61）	（変更があった場合のみ） 申立人の戸籍謄本、住民票 被後見人の戸籍謄本、住民票
13	離縁後に未成年後見人となるべき者の選任 （民法811条5項）　　　　　　　　（70）	申立人、養親、養子の戸籍謄本 代諾権者（父又は母）の戸籍謄本 候補者の戸籍謄本
14	死後離縁をするについての許可 （民法811条6項）　　　　　　　　（62）	養親、養子の戸籍謄本
15	特別養子適格の確認・特別養子縁組成立 （民法817条の2）　　　　　　　　（63）	申立人、養子となるべき者の戸籍謄本、父母の戸籍謄本
16	特別養子離縁 （民法817条の10）　　　　　　　（64）	父母、養親、養子の戸籍謄本
17	利益相反行為についての特別代理人の選任 （民法826条、860条）　　　（65、79）	申立人、未成年者の戸籍謄本、（後見登記事項に変更があった場合のみ）申立人、被後見人の戸籍謄本、住民票 候補者の住民票写し又は戸籍附票写し 利益相反となる事項に関する資料 （遺産分割協議書案・契約書案等）
18	第三者が子に与えた財産の管理者の選任 （民法830条2項乃至4項、869条） 　　　　　　　　　　　　　　（66、82）	未成年者、親権者、後見人 第三者の戸籍謄本、候補者の住民票写し又は戸籍附票写し、贈与契約書写し又は遺言書写し、不動産登記簿謄本
19	第三者が子に与えた財産の管理者の改任 （民法830条3項・4項、869条） 　　　　　　　　　　　　　　（66、82）	申立人、未成年者、親権者、後見人 第三者、管理者の戸籍謄本 管理者を置いたことを証する資料 候補者の戸籍謄本、住民票写し
20	財産目録の調製命令 （民法830条4項、27条2項） 財産の状況報告・管理の計算 （家事手続173）　　　　　　（66、82）	申立人、未成年者、親権者、後見人 第三者、管理者の戸籍謄本 管理者を置いたことを証する資料

番号	事　件　名	添　付　書　類
21	管理者の権限外行為についての許可 （民法830条4項、28条）　　　　（66、82）	申立人、未成年者の戸籍謄本 管理者を置いたことを証する資料 権限外行為となる事項に関する資料
22	管理者に対する担保提供命令 （民法830条4項、29条1項）　　（66、82）	申立人、未成年者、管理者の戸籍謄本 管理者を置いたことを証する資料 登記簿謄本、担保提供の必要性に関する資料
23	管理者に対する報酬付与 （民法830条4項、29条2項）　　（66、82）	管理報告書 財産目録
24	親権喪失、親権停止又は管理権喪失の審判 及びその取消し （民法834条、834条の2、835条、836条） 　　　　　　　　　　　　　　　（67、68）	事件本人（親権者）、未成年者の戸籍謄本
25	親権又は管理権を辞し、又は回復するについての許可 （民法837条）　　　　　　　　　　（69）	申立人、未成年者の戸籍謄本
26	臨時保佐人、臨時補助人の選任 （民法876条の2第3項、876条の7第3項） 　　　　　　　　　　　　　　　（25、44）	（後見登記事項に変更があった場合のみ） 申立人、被保佐人、被補助人の戸籍謄本、住民票 候補者の住民票写し 利益相反となる事項に関する資料（遺産分割協議書案、契約書案等）
27	遺産管理人の選任 〈推定相続人の廃除又はその取消しの確定前に相続が開始した場合〉 （民法895条1項）　　　　　　　　（88）	被相続人の死亡の記載のある戸籍謄本 遺言書写し 候補者の住民票写し又は戸籍附票写し 遺産目録
28	遺産管理人の権限外行為についての許可 （民法895条2項、28条）　　　　　（88）	権限外行為となる事項に関する資料
29	遺産管理人に対する報酬付与 （民法895条2項、29条2項）　　　（88）	管理報告書 遺産目録
30	相続財産の保存に関する処分 （民法897条の2第1項、第2項）　　（89）	被相続人の除籍謄本又は後見登記閉鎖事項証明書 相続人の戸籍謄本（取得可能な場合） 相続関係図 相続財産目録及びその疎明資料
31	相続の承認又は放棄の期間の伸長 （民法915条1項但書）　　　　　　（90）	申立人の戸籍謄本 相続人の戸籍謄本（ただし、申立人の身分関係によって異なる場合がある。） 被相続人の住民票除票写し又は戸籍附票写し

番号	事　件　名	添　付　書　類
32	相続財産管理人の権限外行為についての許可 （民法897条の2第2項、28条）　　　　（89）	権限外行為となる事項に関する資料
33	相続財産管理人に対する報酬付与 （民法897条の2第2項、29条2項）　　（89）	管理報告書 遺産目録
34	相続の限定承認又は放棄の取消しの申述の受理 （民法919条4項）　　　　　　　　　　（91）	申述人の戸籍謄本 被相続人の死亡の記載のある戸籍謄本
35	相続の限定承認の申述の受理 （民法924条）　　　　　　　　　　　　（92） 共同限定承認による財産清算人の選任 （民法936条1項）　　　　　　　　　　（94）	相続人の戸籍謄本 被相続人の出生から死亡時までの継続した戸籍謄本（ただし、相続人の身分関係によって異なる場合がある。）、住民票除票写し又は戸籍附票写し 相続財産目録
36	鑑定人選任 （民法930条2項、947条3項、950条2項、 　957条2項、932条但書、1043条2項） 　　　　　　　　（93、98、100、109）	物件目録（不動産の場合は登記簿謄本）又は債権目録
37	相続の放棄の申述の受理 （民法938条）　　　　　　　　　　　　（95）	申述人の戸籍謄本 被相続人の死亡の記載のある戸籍謄本、被相続人の住民票除票写し又は戸籍附票写し（ただし、申述人の身分関係によっては、被相続人の出生から死亡までの間及びその他の戸籍謄本等が必要となる場合がある。）
38	相続財産の分離に関する処分 （民法941条1項、950条1項）　　　　（96）	申立人、相続人の戸籍謄本、被相続人の死亡の記載のある戸籍謄本、 債権証書の写し 相続財産目録
39	相続財産管理人の権限外行為についての許可 （民法943条2項、28条）　　　　　　（97）	権限外行為となる事項に関する資料
40	相続財産管理人に対する報酬付与 （民法943条2項、950条2項、29条2項） 　　　　　　　　　　　　　　　　　（97）	管理報告書 財産目録

番号	事　件　名	添　付　書　類
41	相続人不分明に伴う相続財産清算人の選任 （民法952条）　　　　　　　　　　　（99）	被相続人の父母の出生当時から被相続人の死亡時までの連続する全ての戸籍謄本、住民票除票写し又は戸籍附票写し 相続人全員の出生から現在までの全ての戸籍謄本 相続人全員の相続放棄申述受理証明書 財産目録、登記簿謄本、預金通帳その他財産を証する資料 利害関係を証する資料
42	相続財産清算人の権限外行為についての許可 （民法953条、28条）　　　　　　　　（99）	権限外行為となる事項に関する資料
43	相続財産清算人に対する報酬付与 （民法953条、29条2項）　　　　　　（99）	清算報告書 財産目録
44	特別縁故者への相続財産の分与 （民法958条の2第1項）　　　　　　（101）	申立人の住民票写し又は戸籍附票写し 特別縁故者であることを証する資料
45	遺言の確認 （民法976条4項、979条3項）　　　（102）	申立人、遺言者の戸籍謄本、証人の住民票写し又は戸籍附票写し 遺言書写し 診断書（遺言者が生存している場合）
46	遺言書の検認 （民法1004条1項）　　　　　　　　（103）	相続人全員の戸籍謄本、遺言者の出生から死亡に至るまでの連続した戸籍謄本（ただし、相続人の身分関係によって異なる場合がある。）
47	遺言執行者の選任 （民法1010条）　　　　　　　　　（104）	申立人の戸籍謄本（申立人が親族の場合。親族でない場合は、利害関係を証する資料）、遺言者の死亡の記載のある戸籍謄本 候補者の住民票写し又は戸籍附票写し 遺言書写し
48	遺言執行者に対する報酬付与 （民法1018条1項）　　　　　　　　（105）	申立人の住民票又は戸籍附票、遺言者の死亡の記載のある戸籍謄本、財産目録 遺言書写し、遺言執行報告書
49	遺言執行者の解任及び遺言執行者の辞任についての許可 （民法1019条）　　　　　（106、107）	申立人の戸籍謄本（申立人が親族の場合。親族でない場合は、利害関係を証する資料）、遺言者の死亡の記載のある戸籍謄本、遺言執行者の住民票写し又は戸籍附票写し 遺言書写し、選任審判書の謄本、診断書など辞任・解任申立理由を証する資料

番号	事　件　名	添　付　書　類
50	負担付遺贈遺言の取消し （民法1027条）　　　　　　（108）	申立人の戸籍謄本、遺言者の死亡の記載のある戸籍謄本、受遺者、受益者の住民票写し又は戸籍附票写し 遺言書写し、遺贈承認書の写し、催告書の写し
51	遺留分放棄の許可 （民法1049条1項）　　　　　（110）	申立人、被相続人の戸籍謄本、財産目録
52	戸籍法による氏の変更についての許可 （戸籍法107条1項）　　　　（122）	申立人の戸籍謄本など
53	戸籍法による名の変更についての許可 （戸籍法107条の2）　　　　（122）	申立人の戸籍謄本 改名の理由を証する資料
54	就籍についての許可 （戸籍法110条1項）　　　　（123）	申立人の住民票写し（住民登録がされている場合）、写真、申立人が日本人であることを証する資料
55	戸籍の訂正についての許可 （戸籍法113条、114条）　　（124）	申立人の戸籍謄本、訂正する全ての戸籍謄本 申立理由を証する資料
56	戸籍事件についての市町村長の処分に対する不服 （戸籍法121条）　　　　　（125）	事件の関係人の戸籍謄本 届出・申請の不受理証明書
57	戸籍届出の委託確認 （戸籍法附則13条2項・3項）	本人の戸籍謄本
58	児童福祉法28条の事件 （127、128）	児童、親権を行う者、後見人、保護者の戸籍謄本及び住民票写し又は戸籍附票写し、申立人の資格証明書
59	児童福祉法33条の事件 （128の2）	児童、親権を行う者、後見人、保護者の戸籍謄本及び住民票写し又は戸籍附票写し、申立人の資格証明書
60	生活保護法30条3項の事件 （129）	被保護者、親権者、後見人の戸籍謄本

訴状・控訴状・上告状・支払督促・借地非訟・調停申立・調停差額

番号	事件名	添付書類
61	心神喪失等の状態で重大な他害行為を行った者の医療及び観察等に関する法律23条の2第2項4号の保護者の選任　　　　　　（130）	申立人、本人の戸籍謄本 候補者の戸籍謄本、診断書
62	心神喪失等の状態で重大な他害行為を行った者の医療及び観察等に関する法律23条の2第2項ただし書の保護者の順位の変更　　　　　　（130）	申立人、本人、親権者の戸籍謄本、候補者の戸籍謄本、診断書
63	破産法61条後段の事件　　　　　　（132）	申立人、親権を行う者、子の戸籍謄本 破産決定謄本
64	夫婦の財産の管理者の変更及び共有財産の分割に関する処分　　　　　　（58）	夫婦の戸籍謄本、申立人・相手方の住民票又は戸籍附票、夫婦財産契約登記簿謄本、財産目録 不動産登記簿謄本（未登記の物件については固定資産評価証明書）
65	推定相続人の廃除及びその取消し　　　　　　（86、87）	申立人、推定相続人の戸籍謄本 被相続人の死亡の記載のある戸籍謄本 遺言書写し（遺言書により被相続人の意思が表示されているとき）、取消しについては廃除を定めた調書審判書の謄本
66	夫婦財産契約による財産管理者の変更・共有財産の分割 （破産法61条1項、民法758条2項・3項）　　　　　　（131）	夫婦の戸籍謄本、住民票写し又は戸籍附票写し 夫婦財産契約登記簿謄本 不動産登記簿謄本 破産決定正本

（注）　1　必要に応じ、改製原戸籍謄本、除籍謄本を添付させる。
　　　　2　外国人の場合には、戸籍謄本に代えて住民票を添付させる。
　　　　3　「身分証明書」とは、市区町村長の作成した文書をいう。
　　　　4　「後見登記事項証明書」とは、全国の法務局、地方法務局で発行された文書をいう。
　　　　5　戸籍謄本には戸籍の全部事項証明書を、除籍謄本には除かれた戸籍の全部事項証明書を、それぞれ含む。
　　　　6　不動産の登記簿謄本には、登記の全部事項証明書を含む。
　　　　7　事件名において、特に「未成年後見人」、「成年後見人」等区別していないかぎりは、両方含まれるということを意味する。

(2) 未成年後見及び成年後見事件添付書類一覧表

番号	事 件 名	添 付 書 類
1	成年後見開始及びその取消し （民法7条、10条） （1、2）	（開始） 本人の戸籍謄本 本人の住民票写し又は戸籍附票写し、後見登記事項証明書又は後見登記されていないことの証明書 本人の診断書、診断書付票、本人情報シート 後見人等候補者の住民票写し又は戸籍附票写し、申立事情説明書、後見人等候補者事情説明書、親族関係図、親族の意見書 財産目録、収支予定表及びそれらの添付資料 （取消し） （変更があった場合）本人の戸籍謄本、本人の住民票写し（又は戸籍附票写し） 申立理由を証する資料 親族関係図
2	保佐開始及びその取消し （民法11条、14条） （17、20）	
3	補助開始及びその取消し （民法15条、18条） （36、39）	
4	未成年後見人、未成年後見監督人の選任 （民法840条、848条） （71、74）	未成年者の戸籍謄本、住民票写し又は戸籍附票写し 候補者の戸籍謄本、住民票写し又は戸籍附票写し、後見等開始を証する資料、親族関係図、申立事情説明書、未成年後見人候補者事情説明書 財産目録、収支予定表及びそれらの資料、相続財産目録及びその資料（未成年者が相続人となっている遺産分割未了の相続財産がある場合）
5	成年後見人、保佐人、補助人、成年後見監督人、保佐監督人又は補助監督人の選任（民法843条1項～3項、849条、876条の2第1項・2項、876条の3第1項、876条の7第1項・2項、876条の8第1項） （3、6、22、26、41、45）	変更があった場合（本人の戸籍謄本、本人の住民票写し又は戸籍附票写し） 候補者の住民票写し又は戸籍附票写し、候補者事情説明書
6	後見人、後見監督人、保佐人、保佐監督人、補助人、補助監督人の辞任についての許可 （民法844条、852条、876条の2第2項、876条の3第2項、876条の7第2項、876条の8第2項） （4、7、23、27、42、46）	変更があった場合（本人の戸籍謄本、本人の住民票写し又は戸籍附票写し） 辞任の理由についての資料
7	後見人、後見監督人、保佐人、保佐監督人、補助人、補助監督人の解任 （民法846条、852条、876条の2第2項、876条の3第2項、876条の7第2項、876条の8第2項） （5、8、24、28、43、47）	（変更があった場合）本人の戸籍謄本、本人の住民票写し又は戸籍附票写し 解任の理由についての資料

訴状・控訴状・上告状・支払督促・借地非訟・調停申立・調停差額・

番号	事　件　名	添　付　書　類
8	未成年後見人、親権代行者の財産目録の調整期間の伸長 （民法867条2項、853条1項但書）　　　　（77）	
9	成年後見人の財産目録の調整の期間の伸長 （民法853条1項但書） 　　　　（9）	
10	親権代行者に対する報酬付与 （民法867条2項、862条） 　　　　（80）	報酬付与事情説明書 後見等事務報告書 財産目録及びその添付資料
11	成年後見人、成年後見監督人、保佐人、保佐監督人、補助人、補助監督人に対する報酬付与 （民法862条、852条、876条の5第2項、876条の3第2項、876条の10第1項、876条の8第2項） 　　　　（13、31、50）	報酬付与事情説明書 後見等事務報告書 財産目録及びその添付資料（監督人に対する報酬付与については、添付資料は不要）
12	親権代行者の後見監督処分 （民法867条2項、863条） 　　　　（81）	申立人の戸籍謄本
13	後見監督処分 （民法863条、876条の5第2項、876条の10第1項） 　　　　（14、34、53）	親族関係図 申立理由を証する資料
14	任務終了に伴う管理計算の期間の伸長 （民法870条但書、876条の5第3項、876条の10第2項） 　　　　（16、35、54）	
15	任意後見監督人選任 （任意後見契約に関する法律4条1項本文） 　　　　（111）	本人の戸籍謄本、住民票写し又は戸籍附票謄本写し、後見登記事項証明書（任意後見）、後見登記されていないことの証明書（後見・保佐・補助を受けていないこと）、本人の診断書、診断書付票、本人情報シート 任意後見契約の公正証書写し、申立事情説明書、親族関係図、任意後見受任者事情説明書 財産目録、収支予定表及びそれらの資料 任意後見受任者の住民票写し又は戸籍附票写し（任意後見の登記事項証明書と住所が異なる場合）
16	任意後見監督人の辞任についての許可 （任意後見契約に関する法律7条4項、民法844条） 　　　　（116）	

番号	事　件　名	添　付　書　類
17	任意後見監督人の解任 （任意後見契約に関する法律７条４項、民法846条）　　　　　　　　　　　　　　（117）	親族関係図 申立理由を証する資料

（注）　1　関連事件において、既に添付されている書類は、省略させることができる。
　　　　2　必要に応じ、改製原戸籍謄本、除籍謄本を添付させる。
　　　　3　外国人の場合には、戸籍謄本に代えて住民票写しを添付させる。
　　　　4　「後見登記事項証明書」とは、東京法務局で発行された文書をいう。
　　　　5　戸籍謄本には戸籍の全部事項証明書を、除籍謄本には除かれた戸籍の全部事項証明書を、それぞれ含む。
　　　　6　不動産の登記簿謄本には、登記の全部事項証明書を含む。
　　　　7　事件名において、特に「未成年後見人」、「成年後見人」等区別していないかぎりは、両方含まれるということを意味する。

(3)　別表第二事件添付書類一覧表

番号	事　件　名	添　付　書　類
1	夫婦の同居その他の夫婦間の協力扶助に関する処分　　　　　　　　　　　　　　（1）	夫婦の戸籍謄本
2	婚姻から生ずる費用の分担に関する処分　　　　　　　　　　　　　　　　　（2）	夫婦の戸籍謄本
3	子の監護者の指定その他子の監護に関する処分　　　　　　　　　　　　　　（3）	未成年者の戸籍謄本
4	財産の分与に関する処分　　　　　　（4）	離婚時の戸籍謄本 財産目録 不動産登記簿謄本（未登記の物件については固定資産評価証明書）
5	祭祀財産の承継者の指定　（5、6、11）	申立人、相手方の戸籍謄本、相続人全員の戸籍謄本 被相続人の出生から死亡時までの継続した戸籍謄本、祭祀財産の目録、墓地の登記簿謄本
6	離縁後に親権者となるべき者の指定　（7） 親権者の指定又は変更　　　　　　（8）	申立人、相手方、未成年者の戸籍謄本
7	扶養に関する処分　　　　　（9、10）	申立人、相手方、扶養権利者の戸籍謄本
8	寄与分を定める処分　　　　　　　（14）	

訴状・控訴状・上告状・
借地非訟・調停申立・支払督促・
調停差額・

番号	事　件　名	添　付　書　類
9	遺産の分割に関する処分　　　　　　　(12、13)	申立人、相手方全員の戸籍謄本及び住民票写し又は戸籍附票写し（いずれも3か月以内のもの） 被相続人の出生から死亡までの連続した全ての戸籍謄本（除籍謄本・改製原戸籍謄本）、住民票除票写し又は戸籍附票写し 遺産目録 不動産登記全部事項証明書（3か月以内のもの）、固定資産評価証明書（最新年度のもの、未登記の物件については固定資産評価証明書のみ） （以下は、事案により添付が必要） 土地の公図、建物の平面図 借地権、借家権を証明する文書 預貯金残高証明書又は通帳等写し 株式、社債、投資信託等の内容を示す文書 遺言書写し 遺産分割協議書写し
10	扶養義務者の費用負担額確定 （生活保護法77条2項）　　　　　　(16)	相手方、被保護者の戸籍謄本、住民票写し又は戸籍附票写し 保護実施機関の保護決定書謄本 保護費計算書、その他の調査資料
11	請求すべき按分割合に関する処分 　　　　　　　　　　　　　　　　(15)	年金分割のための情報通知書 （離婚後又は内縁関係解消後に請求されたもの）

(注)　1　外国人の場合には、戸籍謄本に代えて住民票を添付させる。
　　　2　遺産目録は、申立書と一体として提出する。

(4) 家事調停事件添付書類一覧表
○　一般調停事件

番号	事　件　名	添　付　書　類
1	離婚（夫婦関係調整）	夫婦の戸籍謄本
2	内縁解消	
3	婚姻予約履行	
4	離婚その他男女関係解消に基づく慰謝料	

番号	事　件　名	添　付　書　類
5	親族間の紛争調整	
6	特有財産の返還又は引渡し	財産目録
7	離縁	養親、養子、離縁後の法定代理人となるべき者の戸籍謄本（養子が15歳未満の場合）
8	遺留分減殺	申立人、相手方の戸籍謄本、相続人全員の戸籍謄本 被相続人の出生から死亡までの連続した全ての戸籍謄本、受贈物件目録 相続財産目録、登記簿謄本、減殺の内容証明郵便写し（送っていれば）、遺言書の写し
9	遺産に関する紛争調整	申立人、相手方の戸籍謄本 被相続人の戸籍謄本（死亡記載のある）

○　家事事件手続法 277 条事件

番号	事　件　名	添　付　書　類
1	婚姻無効	申立人、夫婦の戸籍謄本 婚姻届の記載事項証明書 申立人（夫・妻以外）は必要に応じて
2	婚姻取消し	申立人、夫婦の戸籍謄本 申立人（夫・妻以外）は必要に応じて
3	協議離婚無効	申立人、相手方の戸籍謄本 離婚届の記載事項証明書
4	協議離婚取消し	申立人、相手方の戸籍謄本
5	養子縁組無効	申立人、養親、養子の戸籍謄本 養子縁組届の記載事項証明書
6	養子縁組取消し	申立人、養親、養子の戸籍謄本 申立人（養子・養親以外）の戸籍謄本は必要に応じて

番号	事　件　名	添　付　書　類
7	協議離縁無効	申立人、養親、養子の戸籍謄本 離縁届の記載事項証明書
8	協議離縁取消し	申立人、相手方の戸籍謄本
9	父の確定	子の戸籍謄本 母及び母の配偶者の戸籍謄本 母の前の配偶者の戸籍謄本
10	嫡出否認	申立人、相手方（子を申立人、相手方とするときはその法定代理人）の戸籍謄本、子の出生証明書写し及び母の戸籍謄本（出生届未了の子に関する申立ての場合）、前夫（再婚前の夫）の戸籍謄本その他前夫の住所を明らかにする書面（例：住民票等）（再婚後の夫の子と推定される子について嫡出否認の申立てをする場合）
11	認知	申立人、相手方の戸籍謄本 離婚後300日以内に出生した出生届未了の子に関する申立ての場合、子の出生証明書写し及び母の戸籍謄本
12	認知無効	申立人、相手方の戸籍謄本 認知届の記載事項証明書
13	認知取消し	申立人、相手方の戸籍謄本
14	親子関係存否確認	申立人、相手方の戸籍謄本 （子が出生届未了のときは子の出生証明書写し及び母の戸籍謄本）

（注）　1　必要に応じ、住民票、血液型の証明書、母子手帳の写し、改製原戸籍謄本、除籍謄本、又は法定代理人の戸籍謄本等を添付させる。
　　　　2　外国人の場合には、戸籍謄本に代えて住民票写しを添付させる。

(5) 子の返還申立事件添付書類一覧表

番号	事　件　名	添　付　書　類
1	子の返還申立事件 （国際的な子の奪取の民事上の側面に関する条約の実施に関する法律（以下「ハーグ法」という。）26条）	・申立書写し ・当事者及び子の身分関係を証する公的文書（申立人、相手方及び子の戸籍謄本（全部事項証明書）、住民票写し、子の出生証明書、婚姻証明書など） （※申立人、相手方が過去に婚姻関係があったが離婚したという場合には、婚姻を証する書面に加えて、離婚を証する書面も添付してください。） ・申立書の主張を裏付ける証拠資料及び資料説明書 ※申立人が不法な連れ去り又は不法な留置があったことを証する文書を常居所地国において得ることができるときは、当該文書の提出を求められることがあります（ハーグ法87条）。 ※外国語の資料は訳文を付してください。
2	出国禁止命令（ハーグ法122条1項）	・申立書写し ・当事者及び子の身分関係を証する公的文書（申立人・相手方及び子の戸籍謄本（全部事項証明書）、住民票写し、子の出生証明書、婚姻証明書など） （※申立人、相手方が過去に婚姻関係があったが離婚したという場合には、婚姻を証する書面に加えて、離婚を証する書面も添付してください。） ・出国禁止命令を求める事由（相手方が子を日本国外に出国させるおそれ）及び相手方が子が名義人になっている旅券を所持していることを裏付ける資料及び資料説明書 ※外国語の資料は訳文を付してください。

訴状・控訴状・上告状・調停申立・支払督促・借地非訟・調停申立・調停差額・

7 執行官の手数料、費用額及び予納金

事務	基本（実施）(円)	不能	中止(31) 臨場前	中止(31) 臨場後	1時間 超過加算	休日夜間加算 実施	休日夜間加算 不能	検点(12)	執行取消し(14)
1 文書の送達 (3)	1,800	1,800	・	・	・	2,400	・	・	・
2 訴えの提起前における証拠収集の処分 (3の2)（執行官の責めに帰することができない事由により調査ができなかった場合）	26,500	9,000	・	・	$\frac{3}{10}$	$\frac{5}{10}$	$\frac{5}{10}$	・	3,000 ただし通知 600
3 審証の援助 (3の3)	11,000	4,000	・	・	$\frac{3}{10}$	$\frac{5}{10}$	$\frac{5}{10}$	3,000 臨場前中止 900 臨場後中止 1,700	臨場前中止 900 臨場後中止 1,700
4 差押え、仮差押え及び併合手続で追加差押えをしたとき (5個)(4) 執行債権額 20万円以下	4,000	3,000	900	1,700	$\frac{3}{10}$	$\frac{5}{10}$	$\frac{5}{10}$	・	・
執行債権額 50万円以下	6,500								
執行債権額 100万円以下	8,000								
執行債権額 300万円以下	10,500								
執行債権額 1,000万円以下	13,000								
執行債権額 1,000万円超過	15,500								
執行債権額 債権額不確定	15,500								
5 併合手続、仮差押えの強制執行への移行 (5)	20万円以下3,000 その他 差押え手数料の1/2	・	・	・	・	・	・	・	・
6 換価のための引渡し (7)	4,000	2,000	・	・	・	・	・	・	・
7 配当要求 (7)	1,000	・							
8 売却実施 (8) 委託売却を含む (8Ⅲ)（1億円以下の場合 10万円未満の端数切上げ） 売却金額 1万円以下	1,700	適法な買受人なし (8Ⅱ) 1,700	900	1,700	・	・	・	・	・
売却金額 5万円以下	3,000								
売却金額 10万円以下	4,000								
売却金額 500万円以下	10万円ごとに 4,000に1,800加算								
売却金額 1,000万円以下	10万円ごとに 92,200に1,300加算								
売却金額 3,000万円以下	10万円ごとに 157,200に900加算								
売却金額 5,000万円以下	10万円ごとに 337,200に600加算								
売却金額 1億円以下	10万円ごとに 457,200に400加算								
売却金額 1億円超過	〈省略〉								

事務	基本（実施）(円)	不能	中止(31) 臨場前	中止(31) 臨場後	1時間超過加算	休日夜間加算 実施	休日夜間加算 不能	点検(12)	執行取消し(14)
9 手形の支払いのための提示等 (9Ⅰ、Ⅱ)	3,000 支払金に23Ⅰの加算あり	・	900	1,700				・	・
10 動産引渡し (10)	8,000							・	・
11 不動産等引渡し、明渡し (11)	17,000	3,000			$\frac{3}{10}$	$\frac{5}{10}$	$\frac{5}{10}$	・	・
12 差押物引渡命令による動産の取上げ (13)	8,000	・						・	・
13 執行官以外の者の求めによる援助 (15)	11,000	・						・	・
14 財産調査の援助、立会い、封印 (16)	8,000	・						・	・
15 封印除去 (16Ⅱ)	4,000	・						・	・
16 拒絶証書の作成、債務者が抵当証券の所持人に対して支払いをしない旨の証明 (17)	7,000	・				・		・	・
17 現況調査 (18)	43,000	不動産の個数加算21,500円、占有加算15,000円、労力加算86,000円以内							
18 差押不動産の保全処分 (19)	11,000							3,000 中止あり	3,000、600 通知中止あり
19 内覧の実施 (19の2)	22,000							・	・
20 船舶国籍証書等の取上げ (20)	17,000	3,000	900	1,700	$\frac{3}{10}$	$\frac{5}{10}$	$\frac{5}{10}$	・	・
21 航空機登録証明書等の取上げ (21)	17,000							・	・
22 自動車、建設機械の引渡し (22Ⅰ)	8,000							3,000 中止あり	3,000、600 通知中止あり
23 同上の回送 (22Ⅱ)	8,000	・						・	・
24 小型船舶の引渡し (22Ⅰ②)	11,000	3,000						3,000 中止あり	3,000、600 通知中止あり
25 同上の回送 (22Ⅱ②)	11,000	・						・	・

訴状・控訴状・上告状・支払督促・借地非訟・調停申立・調停差額

事務	基本（実施）(円)	不能	中止(31)臨場前	中止(31)臨場後	1時間超過加算	休日夜間加算 実施	休日夜間加算 不能	点検(12)	執行取消し(14)
26 任意弁済金の受取り (23 I) 弁済金額 10万円以下	500								
50万円以下	1,000								
100万円以下	1,500								
300万円以下	2,500								
300万円超過	4,000								
27 任意履行物の受取り (23 II)	2,000								
28 手形等の引受けのための提示 (24)	3,000	・	・	・		・	・	・	・
29 見分の立会い (25)	4,000	・	・	・		・	・	・	・
30 配当の実施 (26)	3,000	・	900	1,700	$\frac{3}{10}$	$\frac{5}{10}$	$\frac{5}{10}$	・	・
31 不動産等の明渡しの催告 (26の2)	11,000	3,000							
32 子の監護を解くために必要な行為（解放実施）	28,000	8,000又は3,000							
33 告知書、催告書の送付 (27)	1,800	1,800	・	・		・	・	・	・
34 執行官法1条1号の事務 (28)	類似事務と同額						2,400	3,000 中止あり	・
35 代替執行(保全処分によるものを含む) (29)	17,000	3,000	900	1,700	$\frac{3}{10}$	$\frac{5}{10}$	$\frac{5}{10}$	3,000 中止あり	3,000、通知600 通知中止あり
36 保全処分(他の事務に該当するものを除く) (30)	11,000	基本の額の10分の4						3,000 中止あり	3,000、通知600 通知中止あり
37 記録閲覧1回 (34)、書記料1枚 (35)、届書1枚 (41)	150								

（注） 1 カッコ内数字は規則該当条項を、点検欄及び執行取消し欄中「中止あり」の記載は、臨場前中止 900 円及び臨場後中止 1,700 円を示す。
　　　2 土曜日の執務には休日加算の適用はない。
○その他の執務への加算
　警察上の援助を受けたとき 基本の額の10分の4
　立会人を立ち会わせたとき 基本の額の10分の2
　閉鎖した戸等を開くための技術者を使用したとき 基本の額の10分の3
　不動産等の占有者が住居の確保に係る支援等の必要な支援を受けることができるようにするため官庁又は公署の援助を受けたとき 基本の額の10分の4
　未成年者の心理に関する専門的な知見を有する者などを関与させたとき 基本の額の10分の4

予 納 金 額 標 準 表（予納は現金納付が原則です。）

	区　分	基本額	加　算　額
動産（執イ）	差　押　事　件	35,000円	債権者1名(分割債権)、執行場所1ヵ所増すごとに基本額を加算
	動 産 競 売 事 件	30,000円	
明（引）渡し等（執ロ）	不動産明渡等事件（建物収去・退去を含む。）	65,000円	債務者1名、物件1個増すごとに 40,000円加算
	代替執行事件（建物収去を除く。）	30,000円	債務者1名、物件1個増すごとに 15,000円加算
	動 産 引 渡 事 件	25,000円	債務者1名増すごとに 15,000円加算
	動 産 引 渡 事 件（自動車）	25,000円	物件1個増すごとに 15,000円加算
	動 産 受 領 事 件	30,000円	執行場所1ヵ所増すごとに 15,000円加算
	売却及び買受人のための保全処分	65,000円	債務者1名、物件1個増すごとに 25,000円加算
	売却及び買受人のための保全処分（公示のみ）	30,000円	債務者の人数にかかわらず30,000円 物件1個増すごとに 10,000円加算
保全（執ハ）	仮　差　押　事　件	35,000円	債権者1名(分割債権)、執行場所1ヵ所増すごとに基本額を加算
	仮　処　分　事　件	30,000円	債務者1名、物件1個増すごとに 15,000円加算
	不特定債務者のみの仮処分事件	60,000円	物件1個増すごとに 15,000円加算
	特定債務者1名及び不特定債務者の仮処分事件	60,000円	特定債務者1名、物件1個増すごとに 15,000円加算
その他	子 の 引 渡 実 施	70,000円	援助執行官1名　50,000円加算 事案により、さらに追納の可能性あり。
	破 産 保 全 事 件	30,000円	

（注意）上記は、執行官手数料規則に基づく費用についての予納金であり、明渡し等事件の作業員日当、遺留品運搬費用、倉庫保管費用等は含まれていません。また、執行官援助など各事件ごとの処理の都合で、予納金が不足する場合がありますので、当執行官室から連絡があった場合には、すみやかに追納をお願いします。

8 裁判所に提出する各種書面の貼用印紙額及び提出窓口

（注1） 「×」は、印紙の貼用が不要であることを示す。

（注2） 基本法条のうち数字の前に何のことわり書もないものは、民事訴訟法の条文を示す。

（注3） 提出窓口について

① 「簡」は、簡易裁判所を示し、「東地」は、東京地方裁判所を示し、「高」は、高等裁判所を示す。

② 「東地」欄に記載された数字は、東京地方裁判所の民事部を示す。
なお、「セ」は、民事執行センターの民事21部を示す。

③ 「簡」欄に記載された数字は、東京簡易裁判所の民事室を示す。なお、「墨6室」は民事6室調停受付係（墨田庁舎）を、「墨7室」は民事7室受付係（墨田庁舎）を、「墨訟」は墨田訟廷管理係を示す。

④ 「事」は、事件受付係を示し（知財高裁、地裁商事部（民事8部）、倒産部（民事20部）、知的財産権部（民事29、40、46、47部）が取り扱う事件については、中目黒庁舎（以下「ビジネス・コート」という。）の知財高裁事件係、又は地裁事件係を示す。）、「担」は、事件の担当部を示す。

⑤ 最高裁判所へ提出する書面は、すべて（準備書面等も含む。）事件係受付へ提出することになっているから記載を省略した。

（注4） 手数料が100万円を超える場合には、日本銀行（本店、支店、代理店等）に現金をもって納付することが可能である。

（注5） 知的財産関係申立書の提出先（閲覧、謄写の申請を含む。）は、知的財産高等裁判所訟廷事務室である。その他は、原則として、東京高等裁判所民事部と同じ取扱いである。

1 通常訴訟手続

(1) 訴及びその変更

(参) ＝ 参照

書面の種類	印紙額	基本法条	簡	東地	高
通常訴訟事件	(参) 訴状貼用印紙額				
訴えの提起		134	事	事	事
反訴の提起		146	〃	〃	〃
独立当事者参加の申出		47	〃	〃	〃
共同訴訟参加の申出		52	〃	〃	〃
請求の趣旨拡張申立	(参) 同上	143	担	担	担
請求の趣旨減縮申立	×	143、261	〃	〃	〃
請求原因の変更申立	×	143	〃	〃	〃
単なる訴状訂正の申立	×	134	〃	〃	〃

書　面　の　種　類	印　紙　額	基　本　法　条	提　出　窓　口		
			簡	東地	高
補　　　　　正　　　　　書	×	137、138	担	担	担
訴えの変更不許可申立	×	143	〃	〃	〃
訴　え　の　取　下　書	×	261	〃	〃	〃
訴　え　提　起　前　の　和　解	2,000	275	事		
訴え提起前の証拠収集の処分	500	132の4		事	
訴　訟　手　続　中　止　の　申　立					
当事者の故障による申立	×	131	担	担	担
調　停　中　の　中　止　申　立	×	民調20の3	〃	〃	〃

(2) 管轄及び除斥等

管　轄　指　定　の　申　立	×	10		事	事
管　轄　の　合　意　書	×	11	担事	担	担事
移　　　送　　　の　　　申　　　立	×	16、17、18、19、274 会社835	担	事	事
裁判官、書記官に対する除斥の申立	×	23、27	事	事※	〃
裁判官、書記官に対する忌避の申立	500	24、27	〃	〃	〃
専　門　委　員　に　対　する　除　斥　の　申　立	×	92の6、23	〃	〃	〃
専　門　委　員　に　対　する　忌　避　の　申　立	500	92の6、24	〃	〃	〃
知的財産に関する事件における裁判所調査官に対する除斥の申立	×	92の9、23		〃	〃
知的財産に関する事件における裁判所調査官に対する忌避の申立	500	92の9、24		〃	〃

※　執行センター及びビジネス・コートに所属する裁判官等に係るものはビジネス・コートの事件係

(3) 当事者・その交替及び訴訟代理人等

選　定　当　事　者　の　届　出　書	×	30、34、規則15	担	担	担
権　　限　　補　　正　　届	×	34	〃	〃	〃
訴　訟　進　行　申　請	×	34	〃	〃	〃
訴　訟　行　為　追　認　書	×	34	〃	〃	〃
特　別　代　理　人　選　任　申　立	500	35	〃	事	事
特　別　代　理　人　改　任　申　請	×	35	〃	担	担
特　別　代　理　人　の　辞　任　届	×	35	〃	〃	〃
補　助　参　加　の　申　出	500	42、43	〃	〃	〃

訴状・控訴状・上告状・支払督促・借地非訟・調停申立・調停差額

書　面　の　種　類	印　紙　額	基　本　法　条	提　出　窓　口		
			簡	東地	高
参　加　異　議　の　申　立	×	44	担	担	担
独　立　参　加　等　の　申　出	(参) 訴状貼用印紙額	47、52	事	事	事
訴　訟　脱　退　届	×	48	担	担	担
訴　訟　引　受　の　申　立	500	50、51	〃	〃	〃
訴　訟　告　知　の　申　立	×	53	〃	〃	〃
死　亡　届	×	124、58、40	〃	〃	〃
法　人　合　併　届	×	124、58	〃	〃	〃
訴訟能力・法定代理権消滅届	×	124、58、36	〃	〃	〃
任　務　終　了　届	×	124、58	〃	〃	〃
資　格　喪　失　届	×	124、30、58	〃	〃	〃
破　産　手　続　開　始　届	×	破44	〃	〃	〃
破　産　手　続　終　了　届	×	破44	〃	〃	〃
訴　訟　手　続　受　継　の　申　立	×	124、126、破44	〃	〃	〃
判決書等の送達後の受継の申立	×	128	〃	〃	〃
訴　訟　代　理　許　可　申　請	500	54	〃		
弁　護　士　附　添　申　請	×	155	〃	担	担
補　佐　人　許　可　申　請	×	60	〃	〃	〃

(4)　口頭弁論、その期日及び送達等

弁論の制限・分離・併合及びその取消申請	×	152	担	担	担
弁　論　再　開　の　申　立	×	153	〃	〃	〃
期日の指定・変更及び延期の申立	×	93	〃	〃	〃
期　日　請　書	×	94	〃	〃	〃
期　間　伸　長　短　縮　の　申　立	×	96	〃	〃	〃
付　加　期　間　の　申　立	×	96	〃	〃	〃
訴　訟　行　為　追　完　の　申　立	×	97	〃	〃	〃
送　達　場　所　送　達　受　取　人　の　届　出	×	104、103	〃	〃	〃
再　送　達　上　申	×	98	〃	〃	〃
公　示　送　達　の　申　立	×	110	〃	〃	〃

書　面　の　種　類	印　紙　額	基　本　法　条	提　出　窓　口		
			簡	東地	高
和解・放棄・認諾調書正本の送達申請	×	267、民執29	担	担	担
調停調書正本の送達申請	×	民執29、民調16 家事法268	〃	〃	〃
送　達　証　明　申　請	1証明事項につき　　　150	91、民執29	〃	〃	〃
意　思　表　示　の　公　示　送　達	1,000	民98	事		

(5)　主張、証拠及び異議

書　面　の　種　類	印　紙　額	基　本　法　条	簡	東地	高
答　　　弁　　　書	×	158、161	担	担	担
準　　備　　書　　面	×	161、規則2	〃	〃	〃
攻撃・防禦方法の却下申立	×	157、156	〃	〃	〃
陳　述　の　速　記　申　請	×	規則70	〃	〃	〃
証　　拠　　の　　申　　出	×	180	〃	〃	〃
証　　人　　申　　請	×	規則106、107	〃	〃	〃
書　証　の　申　出	×	219、規則137、139、143	〃	〃	〃
鑑　定　の　申　出	×	規則129	〃	〃	〃
検　証　の　申　出	×	232、規則150	〃	〃	〃
当　事　者　尋　問　申　請	×	207	〃	〃	〃
証　拠　説　明　書	×	219、規則137	〃	〃	〃
不出頭証人に対する 費用負担命令の申立	×	192	〃	〃	〃
証　言　拒　絶　書	×	196	〃	〃	〃
証人尋問の質問等の制限に 対　す　る　異　議	×	規則117	〃	〃	〃
鑑　定　人　忌　避　の　申　立	500	214	〃	〃	〃
文　書　提　出　命　令　の　申　立	×	219、221、222、規則140	〃	事	事
文　書　送　付　嘱　託　の　申　立	×	226、規則143	〃	担	担
記　録　提　示　の　申　立	×	〃	〃	〃	〃
調　査　嘱　託　の　申　立	×	186	〃	〃	〃
文　書　の　毀　損　届	×	224	〃	〃	〃
公　文　書　真　否　問　合　せ　の　申　立	×	228	〃	〃	〃
受命・受託裁判官の裁判に 対　す　る　異　議　申　立	500	329		〃	〃

訴状・控訴状・上告状・支払督促・借地非訟・調停申立・調停差額・

書面の種類	印紙額	基本法条	提出窓口		
			簡	東地	高
書記官の処分に対する異議の申立	500	121	担	事	事
費用額の確定処分の更正処分の申立	×	74	〃	担	

(6) 裁 判

書面の種類	印紙額	基本法条	簡	東地	高
更 正 決 定 の 申 立	×	257、122	担	担	担
裁判脱漏に対する期日指定の申立	×	258、93	〃	〃	〃
仮 執 行 宣 言 の 申 立	×	259	〃	〃	〃
仮 執 行 宣 言 の 補 充 申 立	×	259	〃	〃	〃
仮 執 行 免 脱 宣 言 の 申 立	×	259	〃	〃	〃

(7) 訴訟費用及びその担保等

書面の種類	印紙額	基本法条	簡	東地	高
法定代理人等の費用額償還決定の申立	×	69	担	事	事
訴 訟 費 用 額 確 定 処 分 の 申 立	×	71、72、73、85	〃	〃	〃
訴 訟 費 用 陳 述 計 算 書	×	71、規則25	〃	担	担
訴訟費用の負担につき裁判を脱漏した時の申立	×	258	〃	〃	〃
費 用 予 納 書	×	民訴費12、13	〃	〃	〃
担 保 提 供 命 令 の 申 立	×	75、会社836、847	〃	〃	〃
担 保 提 供 書	×	76	〃	〃	〃
供 託 所 納 付 書	×	76	〃	〃	〃
支払保証委託契約締結許可の申立	×	民保4、民保規2 民執15、民執規10 76、規則29	〃	9部 セ 担	〃
担 保 取 消 決 定 の 申 立	×	79	〃	9部 セ 事※1	事
担 保 取 消 同 意 書	×	79	〃	〃	担
即 時 抗 告 を し な い 旨 の 上 申 書	×	79	〃	〃	〃
担 保 取 消 決 定 正 本 受 書	×		〃	〃	〃
供 託 原 因 消 滅 証 明 申 請 書	1証明事項につき 150	供託規25	〃	〃	〃
担 保 取 消 決 定 の 確 定 証 明 申 請	〃	79、供託規25	〃	9部 ※2	
担 保 取 戻 許 可 申 立	×	保全規17、供託規25	〃	9部	〃
担 保 物 変 換 の 申 立	×	80	〃	事 9部 セ	事

書　面　の　種　類	印　紙　額	基　本　法　条	提　出　窓　口		
			簡	東地	高
訴　訟　上　の　救　助　申　立	×	82	担事	事9部セ	事
訴訟上の救助取消及び費用支払決定の申立	×	84	担	〃	〃

※1　商事・知的財産権に関する申立はビジネス・コートの事件係
※2　9部の場合は、登録国債の場合を除いては不要

(8)　閲覧及び証明並びに秘密保持命令

書面の種類	印紙額	基本法条	簡	東地	高
記　録　の　閲　覧　及　び　謄　写　申　請（　利　害　関　係　人　）	1件につき150	91	記録閲覧室		
記　録　の　閲　覧　及　び　謄　写　申　請（　事　件　係　属　中　の　当　事　者　）	×	91	〃		
記　録　の　正　・　謄　・　抄　本　交　付　申　請	用紙1枚につき150	91	担	担	担
訴　訟　に　関　す　る　証　明　申　請	1証明事項につき　150	91	〃	〃	〃
送　達　証　明　申　請	〃 150	91	〃	〃	〃
確　定　証　明　申　請	〃 150	91、規則48	〃	〃	〃
秘密保護のための閲覧等の制限の申立、同取消の申立	500	92	〃	事	事
秘密保持命令の申立、同取消の申立	500	特許105の4、105の5不正競争10、11著作権114の6、114の7	〃	〃	〃

(9)　上訴及び抗告等

書面の種類	印紙額	基本法条	簡	東地	高
控　訴　提　起	(参) 控訴状貼用印紙額	281	事	事	
補　正　書	×	288、137	担	担	担
控　訴　を　し　な　い　旨　の　合　意　書	×	281	〃	〃	〃
抗　告　の　な　き　証　明　申　請	1証明事項につき　150	91			
控　訴　権　の　放　棄　書	×	284	担	担	担
控　訴　取　下　書	×	292	〃	〃	〃
第一審判決についての仮執行宣言の申立	×	294、323		事	事
抗　告　事　件					
抗　告		328	事	事	
即　時　抗　告		328、332	〃	〃	
準　抗　告		329	〃	〃	
再　抗　告		330		〃	

訴状・控訴状・上告状・支払督促・借地非訟・調停申立・調停差額

書　面　の　種　類	印　紙　額	基　本　法　条	提　出　窓　口		
			簡	東地	高
特　別　抗　告		336	事	事	事
許　可　抗　告		337			〃
上　告　事　件	(参)上告状貼用印紙額				
上　告　提　起		311		事	事
上　告　受　理　の　申　立		318			事
飛　躍　上　告		311	事	事	
特　別　上　告		327	〃	〃	事
上　告　理　由　書	×	315	担	担	担
再　審　事　件	簡裁　2,000 簡裁以外 4,000	338	事	事	事
再　審　事　件 （決定又は命令に対する準再審）	1,500	349	〃	〃	〃

2　民訴法上の特別手続
(1)　手形及び小切手訴訟

（注）手形・小切手訴訟の訴提起	(参)訴状貼用印紙額	350、366、367	事	事	
通　常　手　続　移　行　の　申　立	×	353	担	〃	
手形・小切手判決に対する異議申立	500	357、367	事	〃	
手形・小切手金に関する雑事件	申立により異なる		〃	〃	

(2)　少額訴訟

少　額　訴　訟　の　訴　提　起	(参)訴状貼用印紙額	368	9室		
通　常　移　行　の　申　述	×	373	〃		
少額訴訟判決に対する異議申立	500	378	〃		

(3)　督促手続

支　払　督　促　申　立	(参)貼用印紙額	382	墨 7室		
支　払　督　促　に　対　す　る　異　議　申　立	×	386	〃		
支払督促に対する仮執行宣言の申立	×	391	〃		
仮執行宣言付支払督促の送達証明申請	150	91	〃		

(4) 公示催告手続

書面の種類	印紙額	基本法条	提出窓口 簡	東地	高
公示催告の申立	1,000	非訟99 不登70	8室		
権利の届出及び 権利を争う旨の申述	×	非訟105、117	〃		
除権決定の取消しの申立	1,000	非訟108	〃		

(5) 仲裁手続

書面の種類	印紙額	基本法条	簡	東地	高
仲裁手続における書面による通知の送達	1,000	仲裁12		事※	
仲裁人選任	1,000	仲裁17		〃	
仲裁権限の有無についての判断を求める申立	1,000	仲裁23		〃	
裁判所により実施する証拠調べ	1,000	仲裁35		〃	
執行決定	4,000	仲裁46		〃	

※ ビジネス・コートの事件係

3 保全手続

書面の種類	印紙額	基本法条	簡	東地	高
保全（仮差押・仮処分）命令申立	2,000	民保13	8室	9部	
商事に関する保全処分				事	
独禁法上の保全処分				〃	
労働法上の保全処分				19部 受付 係	
知的財産権による保全処分				事	
高裁に対する仮差押・仮処分申立	2,000	民保12			事
仮登記を命ずる処分申立	2,000	不登108		9部	
保全異議申立	500	民保26	8室	9部 ※	事
起訴命令の申立	×	民保37	〃	9部 ※	
保全命令（仮差押仮処分決定）の取消申立	500	民保37、38、39	〃	9部 ※	事
仮差押・仮処分執行の取消申立	×	民保44、51、57	〃	9部 ※	〃
(注)証拠保全の申立（訴提起前の申立）	500	234	事	事	〃

(注) 訴提起後は印紙不要　　　　　　　※ 但し商事・労働・知的財産権に関するものは事件係

4 強制執行及び競売手続

(1) 強制執行総則

書面の種類	印紙額	基本法条	提出窓口 簡	東地	高
判 決 確 定 証 明 申 請	1証明事項につき 150	91 民訴規48	担	担	担
和 解 調 書 等 の 送 達 申 請	×	267 民執29	〃	〃	〃
送 達 証 明 申 請	1証明事項につき 150	91 民執29	〃	〃	〃
強制執行の停止・続行・取消の申立	500	403 民執36、38	事	事	事
民事調停に伴う執行停止の申立	500	民調規5	墨6室	〃	担
担 保 供 与 ・ 取 消 等		民執30、40			
執 行 文 付 与 の 申 立	300	民執26	担	※1 担	担
条件成就による執行文付与申立	300	民執27	〃	〃	〃
承 継 執 行 文 付 与 申 立	300	民執27	〃	〃	〃
執行文再度・数通付与の申立	1通につき 300	民執28	〃	〃	〃
執行文付与に対する異議申立	500	民執32	〃	※2 事	事
送 達 場 所、送 達 受 取 人 届	×	民執16	セ		
休 日 ・ 夜 間 執 行 の 許 可 申 立	×	民執8	〃		
公正証書正本等公示送達許可申立	×	民執規20	〃		
公正証書正本等公示送達申立	×	民執規20	執行官室執行部		
執 行 異 議 の 申 立	500	民執11	セ		
特 別 代 理 人 選 任 の 申 立	500	民執41	〃		
執行官の処分に対する異議申立	500	民執11	〃		

(注) ※1 引渡命令に対する執行文付与の申立は、民事執行センター
　　　※2 公正証書に関するものは、民事第21部代替執行係

(2) 動産（特に有体動産）に対する強制執行

書面の種類	印紙額	基本法条	提出窓口 東京地裁
有 体 動 産 の 差 押 申 請	×	民執規99	執行官室執行部
差押禁止物の範囲変更の申立・範囲変更決定取消申立	×	民執132	セ
配 当 要 求	×	民執133	執行官室執行部
債 権 計 算 書	×	民執規132、60	セ

(3) 債権及び他の財産権に対する強制執行

※少額訴訟債権執行

書　面　の　種　類	印　紙　額	基　本　法　条	提出窓口 東京簡裁
少額訴訟債権執行の申立（金銭債権の差押処分）	4,000	民執167の2、167の5	民事第9室
執　行　異　議	500	民執167の4 Ⅱ	〃
取　立　届	×	民執167の14、155 民執規150、137	〃
第三債務者に対する陳述催告の申立	×	民執167の14、147	〃
配　当　要　求	500	民執167の9、167の14、165	〃
債　権　計　算　書	×	民執規149の6、60	〃
事　情　届	×	民執167の14、156 民執規150、138	〃
転付命令等のための移行申立	×	民執167の10 民執規149の5	〃

書　面　の　種　類	印　紙　額	基　本　法　条	提出窓口 東京地裁
差　押　命　令　の　申　立		民執143	
金　銭　債　権　の　差　押	4,000	民執145	セ
有価証券等の引渡請求権の差押	〃	民執143、163	〃
その他の財産権の差押	〃	民執167	〃
船舶の共有持分の差押	〃	民執167	〃
質権の実行等による差押	〃	民執193	〃
電話加入権に対する質権の実行	〃	電話質10、民執193	〃
抵当附債権差押の登記記入申立	×	民執150	〃
転　付　命　令　の　申　立	×	民執159	〃
動産競売開始許可の申立	500	民執190条2項	〃
取　立　届	×	民執155、民執規137	〃
第三債務者に対する陳述催告の申立	×	民執147	〃
取立にかわる換価方法の申立	×	民執161	〃
配　当　要　求	500	民執154	〃
債　権　計　算　書	×	民執規145、60	〃
配　当　異　議　申　立　書	×	民執166、89	〃

書面の種類	印紙額	基本法条	提出窓口 東京地裁
配当異議の訴提起の証明申請	150	民執166、90	事件係（訴提起と同時のとき）
事情届	×	民執156、民執規138	セ
その他の財産権の譲渡・売却・管理命令の申立	×	民執167、161	〃
財産開示の申立	2,000	民執197	〃
第三者からの情報取得の申立	1,000	民執205、206、207	〃

(4) 不動産に対する強制執行（担保権実行としての競売への準用を含む）

書面の種類	印紙額	基本法条	提出窓口 東京地裁
強制競売の申立	4,000	民執43、45、民執規21	セ
配当要求の申立	500	民執51	〃
債権の届出	×	民執50	〃
売却のための保全処分等の申立	500	民執55	〃
地代等の代払の許可申立	500	民執56	〃
買受並に保証提供の申立	×	民執63	〃
売却条件変更合意届出書	×	民執59	〃
売却不許可の申出	×	民執75	〃
許可決定取消申立	×	民執75	〃
入札保証金等返還の申出	×	民執規45	〃
買受の申出をした差押債権者のための保全処分等の申立	500	民執68の2	〃
最高価買受申出人等のための保全処分の申立	500	民執77	〃
引渡命令の申立	500	民執83	〃
代金の差引納付申出書	×	民執78	〃
債権計算書	×	民執85、民執規60	〃
売却代金納付書	×	民執78	〃
配当金請求書・領収書	×	民執84	〃
取下書	×	民執76	〃
強制管理の申立	4,000	民執43、93	〃

（注）　不動産競売の申立、担保不動産収益執行申立必要書類等については、100頁以下をご参照ください。

(5) 自動車（登録済）に対する強制執行及び担保権実行としての競売

書面の種類	印紙額	基本法条	提出窓口 東京地裁
強制競売の申立	4,000	道路運送車両法97 民執規86	セ
第三者に対する引渡命令の申立	×	民執規97、民執127	〃
移送の申立	×	民執規94	〃
担保権実行としての競売の申立	4,000	道路運送車両法97 民執規176	〃

(6) 航空機に対する強制執行及び担保権実行としての競売

書面の種類	印紙額	基本法条	提出窓口 東京地裁
強制競売の申立	4,000	航空法8の4 民執規84、民執112	セ
航空機の航空許可の申立	500	民執規84、民執118	〃
担保権実行としての競売	4,000	航空法8の4 民執規175	〃

(7) 船舶に対する強制執行（担保権実行としての競売への準用を含む）

書面の種類	印紙額	基本法条	提出窓口 東京地裁
船舶の競売申立	4,000	民執112 民執規21	セ
差押船舶航行許可の申立	500	民執118	〃
保管人選任の申立	×	民執116	〃
船舶執行の申立前の船舶国籍証書等の引渡命令の申立	500	民執115	〃

(8) 金銭の支払を目的としない請求権についての執行

書面の種類	印紙額	基本法条	提出窓口 東京地裁
不動産等の引渡・明渡、動産の引渡	×	民執168、169	執行官室執行部
代替執行の申立	2,000	民執171	セ
同執行の費用支払申立	×	民執171	〃
間接強制の申立	2,000	民執172	〃

訴状・控訴状・上告状・支払督促・借地非訟・調停申立・調停差額・

⑼ 担保権の実行としての競売等

書　面　の　種　類	印　紙　額	基　本　法　条	提　出　窓　口 簡	東地	高
担保不動産競売の開始決定前の保　全　処　分　の　申　立	500	民執187		セ	
担　保　不　動　産　収　益　執　行	4,000	民執188、93〜111		〃	
競　　　売　　　申　　　立					
動　産　の　競　売	×	民執190、192、122		執行官室執行部	
不　動　産　の　競　売	4,000	民執188、44		セ	
船　舶　の　競　売	4,000	民執189、113		〃	
自動車・建設機械の競売	4,000	道路運送車両法97 民執規176 建設機械抵当法26 民執規177		〃	
航　空　機　の　競　売	4,000	航空法8の4、民執規175		〃	
代　理　人　許　可　申　請	500	民執13、民執規9		〃	
執　　行　　異　　議	500	民執11、182、191 民執規8		〃	
執行官の処分に対する異議の申立	500	民執11、民執規8		〃	
競　売　期　日　延　期　申　請	×			〃	
差引納付の申出・債権計算書	×	民執78 民執85、民執規60		〃	
配　当　金　請　求　書　・　領　収　書	×	民執84		〃	
取　　　　下　　　　書	×	民執76		〃	
執　　行　　抗　　告	1,000	民執10、民執規5	事	セ	
民事調停に伴う執行停止の申立	500	民調規5	墨6室	事	事

5　行政訴訟事件

書面の種類		印紙額	基本法条	提出窓口		
				簡	東地	高
訴訟事件（受理区分別）						
	訴えの提起	(参) 訴状貼用印紙額	行訴法2、18、19、7		事	事
	反訴の提起	〃	146		〃	〃
	参加の申出	〃	47、49、51、52		〃	〃
選定者に係る請求の追加			144		〃	〃
再審事件		4,000	338、349 行訴法34		〃	〃
再審事件 （決定又は命令に対する準再審）		1,500	349		〃	〃
飛躍上告提起事件及び上告提起事件		2倍	311、314 公選法25		〃	
上告提起事件		2倍	311、314			事
特別上告提起事件		2倍	327、314			〃
共助事件		×	89、185	事	事	
控訴提起事件		(参) 控訴状貼用印紙額	281、286、293		〃	
抗告提起事件		1,000 又は3,000	328、331、286、330、314、336、327 行訴法 15、21、22、25、26		〃	
雑事件						
	移送の申立	×	行訴法12、13、16、17、19		事	事
	被告変更の申立	×	行訴法15		〃	〃
国又は公共団体に対する請求への訴えの変更		※	行訴法21		〃	〃
第三者の訴訟参加の申立		500	行訴法22		〃	〃
行政庁の訴訟参加の申立		500	行訴法23		〃	〃
執行停止の申立		2,000	行訴法25		〃	〃
執行停止の取消しの申立		500	行訴法26		〃	〃
仮の義務付け又は仮の差止めの申立		2,000	行訴法37の5		〃	〃
仮の義務付け又は仮の差止めの取消しの申立		500	行訴法37の5、26		〃	〃

※　訴額が増額になる場合は、訴状貼用印紙額参照

訴状・控訴状・上告状・支払督促・借地非訟・調停申立・調停差額

書　面　の　種　類	印　紙　額	基　本　法　条	提 出 窓 口		
			簡	東地	高
労働組合法第27条の20に基く 緊急命令およびその取消変更の申立	500	労組法27の20		事	事

6　民事調停事件

調　　停　　の　　申　　立	(参) 調停申立 貼用印紙額	民調2			
民　　事　　一　　般	〃	民調2	墨6室	22部※1	
宅　　地　　建　　物	〃	民調2、24	〃	22部	
農　　事　　調　　停	〃	民調2、25	〃	〃	
商　　事　　調　　停	〃	民調2、31	〃	22部※1	
鉱　　害　　調　　停	〃	民調2、32		〃	
交　　通　　調　　停	〃	民調33の2	墨6室	〃	
公　害　等　調　停	〃	民調33の3	〃	〃	
企業の私的整理に関する 特　定　調　停　事　件	相手方1名 につき6,500	特定債務等の調整 の促進のための特 定調停に関する法 律3	〃	20部	
調　停　前　の　措　置　申　立	×	民調12、15	〃	〃	担
強　制　執　行　手　続　等　の　停　止　申　立	500	民調規5	〃	〃	〃
記　録　の　正・謄・抄　本　交　付　申　請	用紙1枚に つき150	民調12の6	担	〃	〃
事　件　に　関　す　る　証　明　申　請	1証明事項 につき150	民調12の6	〃	〃	〃
記　録　の　閲　覧・謄　写	1件につき 150	民調12の6	墨訟 ※2	記録閲覧室	
当　事　者　の　申　請	×(事件係属中 に限る)		〃	〃	
利　害　関　係　人　の　申　請	1件につき 150		〃	〃	

※1　知財調停はビジネス・コートの事件係
※2　外部保管分もあるため、平成10年以前の事件については、同係に要確認

7　家事事件
(1)　家事審判及び家事調停申立事件

書　面　の　種　類	手 数 料 (印 紙)	基　本　法　条	家　　　　裁
審　　判　　の　　申　　立			
別　表　第　一　の　申　立	800	家事法39	事件受付 (ただし、後見等に関する 申立ては後見センター)
別　表　第　二　の　申　立	1,200	家事法39、197	事件受付 (ただし、遺産分割、寄与分を定め る処分の申立て及び遺産分割禁止 の取消変更の申立ては家事第5部)

書　面　の　種　類	手　数　料 （印　紙）	基　本　法　条	家　　裁
家　事　調　停　の　申　立	1,200	家事法244	事件受付 （ただし、遺産分割、寄与分を定める処分の申立て及び遺産分割禁止の取消変更の申立ては家事第5部）
裁判官・参与員・調停委員等に対する 忌　　避　　の　　申　　立	500	家事法11、13、14、15	事件受付
弁護士でない者の代理人許可申請	500	家事法22	担当部
特　別　代　理　人　の　選　任　申　請	800	家事法19	事件受付 （ただし、後見等に関する申立ては後見センター）
審　判　前　の　保　全　処　分　申　立			
別　表　第　一　事　件　に　つ　き　(1)	×	家事法126、134	事件受付 （ただし、後見等に関する申立ては後見センター）
〃　　　　　　　　　　　(2)	×	同127、135、144、174	〃
別　表　第　二　事　件　に　つ　き	1,000	同157、158、187	事件受付 （ただし、遺産分割事件に関する申立ては家事第5部）
不在者の財産等管理の処分等の取消	500	同147	事件受付
親権者・後見人等の職務執行停止 または代行者選任の申立	×	同127、175等	事件受付 （ただし、後見等に関する申立ては後見センター）
利　害　関　係　人　の　参　加　許　可　申　請	500	同42	担当部
審　判　または　調　停　調　書　更　正　の　申　立	×	家事法77、269	〃
書　記　官　の　処　分　に　対　す　る　異　議	500	家事法37	事件受付
手　続　中　の　受　継　申　立	×	家事法44、258Ⅰ	担当部
審　判　の　取　消　変　更　の　申　立	×	家事法78	〃
即　　　時　　　抗　　　告	別表第一事件　1,200 別表第二事件　1,800	家事法85	事件受付
義務履行状況の調査・履行勧告の申立	×	同289	事件受付 （ただし、債務名義が人事訴訟の判決正本又は和解調書正本の場合には家事第6部。また、遺産分割事件に関するものは家事第5部）
給　付　義　務　履　行　命　令　の　申　立	500	同290	事件受付
調　停　調　書　送　達　申　請	×	民執29	担当部
執　行　文　付　与　に　関　す　る　申　立	（参）強制執行 総則の欄	民執26、27、28、32	〃
代　替　執　行　の　申　立	2,000	同171	事件受付
間　接　強　制　の　申　立	2,000	同172	〃
請　求　異　議・執　行　文　付　与　及　び そ　れ　に　対　す　る　異　議　の　訴	（参）訴状貼用 印紙額	同35、33、34	〃
上　記　手　続　に　関　す　る　雑　事　件	（参）通常訴訟 手続の欄		〃

（注）　審判前の保全処分申立てについては、別表第二事件においても手数料が0となる事件がある。

(2) 成年後見等に関する事件

書面の種類	申立手数料	予納収入印紙(登記嘱託用)	基本法条	提出窓口 家裁
後見開始申立	800	2,600	民法7	後見センター
居住用不動産処分許可申立	〃		同859の3	〃
保佐開始申立※1	〃	2,600	同11	〃
臨時保佐人選任申立	〃		同876の2	〃
補助開始申立※1	〃	2,600	同15	〃
任意後見監督人選任申立※2	〃	1,400	任意後見4	〃

※1 代理権の付与、同意権の付与を合わせて申し立てるには各800円の収入印紙が必要
※2 後見登記事項証明書(任意後見)が複数あるときは、それぞれ申立て費用が必要

(3) 人事訴訟事件

書面の種類	印紙額	基本法条	提出窓口 家裁
人事訴訟の訴提起	13,000	民訴費4Ⅱ	事件受付
保全命令申立	2,000	民訴費用法別表第一第11の2ロ	家事第6部
附帯処分の申立	1,200	民訴費用法別表第一第15の2	〃

(4) 子の返還に関する事件

書面の種類	印紙額	基本法条	提出窓口 家裁
子の返還申立	1,200※	ハーグ法26	家事第1部3係
出国禁止命令申立	1,000※	ハーグ法122Ⅰ	〃

※ ただし、子の数を基準とする。

8 非訟事件
(1) 非訟事件手続

書面の種類	印紙額	基本法条	提出窓口 東地	高裁
管轄裁判所指定の申立	×	非訟7	事	事
移送の申立	×	同6	〃	〃
裁判官、書記官に対する除斥の申立	×	同11、14	〃	〃
専門委員忌避の申立	500	同15、12	〃	〃

書 面 の 種 類	印 紙 額	基 本 法 条	提 出 窓 口	
			東地	高裁
鑑 定 人 忌 避 の 申 立	500	同53、民訴214	担	担
特 別 代 理 人 選 任 申 立	500	同17	〃	事
手 続 上 の 救 助 申 立	×	同29 I	〃	〃
文 書 提 出 命 令 の 申 立	×	同53、民訴221	〃	〃
当 事 者 参 加 の 申 出	1,000	同20 I	〃	担
利害関係参加の申出及び申立	500	同20 I、II、21	〃	〃
即 時 抗 告	1,500	同66	事	
再 抗 告	1,500	同74	〃	
特 別 抗 告	1,500	同75	〃	事
許 可 抗 告	1,500	同77		〃
抗告提起に伴う執行停止申立	500	同72 I	事	〃
担 保 取 消 決 定 申 立	×	同72 III	9 部	〃
再 審	1,500	同83	事	〃

(2) 民事非訟

書面の種類	印紙額	基本法条	東地	高裁
非訟事件手続法第三編第三章の申立	1,000	非訟93〜96	21部	
そ の 他 の 民 事 非 訟 の 申 立	1,000	同第3編第1章及び第2章	22部	

(3) 商事非訟

書面の種類	印紙額	基本法条	東地	高裁
特 別 清 算 の 申 立	20,000	会社511	20部	
特 別 清 算 の 保 全 処 分	×	会社540、542	〃	
閲 覧 等 の 制 限 の 申 立	×	会社887	〃	
そ の 他 の 商 事 非 訟 の 申 立	1,000	会社全編、非訟20	8部	

訴状・控訴状・上告状・支払督促・借地非訟・調停申立・調停差額

(4) 過料事件

書 面 の 種 類	印 紙 額	基 本 法 条	提出窓口 東地	提出窓口 高裁
過 料 事 件 の 通 知	×	非訟第5編	8部	
転 入 の 届 出 義 務		住基台22、52、53	簡裁	
建物の減失登記の申請義務		不登57、164	8部	
会社の役員の変更登記等の申請義務		会社915、976	8部	
労働組合法第32条から第32条の4までに規定する過料事件			19部	

(5) 借地非訟事件

書 面 の 種 類	手 数 料 (印 紙)	基 本 法 条	提出窓口 東地	提出窓口 高裁
借 地 非 訟 事 件 の 申 立 申 立 人 と し て の 参 加 申 出	(参) 貼 用 印 紙 額	借地借家17〜20 非訟法20 I	22部	
即 時 抗 告 通 常 抗 告 再 抗 告 特 別 抗 告 許 可 抗 告 }※	上記の1.5倍	非訟第2編第4章 民訴328、330、332、336、337	事	高裁は特別抗告・許可抗告のみあり 事
当初の申立を不適法として却下したものに対する抗告	1,000	借地借家60、49	〃	
相 手 方 と し て の 参 加 申 出	500	非訟法20 I	22部	
利 害 関 係 参 加	500	非訟法21 I	〃	
強 制 参 加 申 出	500	借地借家43 I	〃	担
記録の閲覧謄写の申請(利害関係人)	1件につき150	借地借家46	記録閲覧室	
〃 (事件係属中の当事者)	×	〃		
記録の正・謄・抄本交付申請	用紙1枚につき150	〃	22部	担
証 明 申 請	1証明事項につき150	〃	〃	〃

※ 民訴費用法3条3項参照

9 会社更生事件

書面の種類	印紙額	基本法条		提出窓口
		現行法	旧法	東京地裁
更生手続開始の申立	20,000	会更17	会更30	20部
閲覧等の制限等の申立	×	同12	（新設）	〃
破産手続等の中止の申立	×	同24	同37	〃
強制執行等の包括的禁止命令の申立	×	同25	（新設）	〃
更生手続開始前の保全処分の申立	×	同28	同39	〃
監督命令の申立	×	同35	（新設）	〃
更生手続開始前の調査命令の申立	×	同39	（新設）	〃
否認権のための保全処分の申立	×	同39の2	（新設）	〃
抗告	1,000	同9	同11	事
役員等の財産に対する保全処分の申立	×	同40、99	同72	20部
郵便物管理方法の変更申立	×	同75	同176	〃
否認の請求	×	同95	同82	〃
損害賠償請求権等の査定の申立	×	同100	同72	〃
担保権消滅許可の申立	×	同104	（新設）	〃
価額決定の請求	×	同105	（新設）	〃
担保権消滅に伴う納付金の管財人への交付の許可の申立	×	同111	（新設）	〃
関係人集会の招集の申立	×	同114	（新設）	〃
代理委員選任許可申請	×	同122	同160	〃
報償金支払等の許可の申立	×	同124	同287	〃
更生手続開始後の調査命令の申立	×	同125	（新設）	〃
強制執行中止等の申立	×	同132	同210の2	〃
更生債権等の届出	×	同138～141	同125～128	〃
更生債権等査定の申立	×	同151	（新設）	〃
価額決定の申立	×	同153	（新設）	〃
株主の更生手続参加の許可等の申立	×	同165	同131の2	〃
更生計画案の修正許可申請	×	同186	同196	〃
関係人集会の続行期日指定の申立	×	同198	同206	〃
更生計画の変更申立	×	同233	同271	〃
更生手続の廃止申立	×	同237	同274	〃

10 破産事件

書　面　の　種　類	印　紙　額	基　本　法　条	提　出　窓　口 東京地裁
破　産　手　続　開　始　の　申　立			20部
債　権　者　の　申　立	20,000	破産18、224	〃
債　権　者　以　外　の　者　の　申　立	自然人1,500 法　人1,000	同18、19、224	〃
期　日　の　指　定　の　申　立	×	同13	〃
証　　拠　　の　　申　　立	×	同13	〃
破産手続開始決定前の保全処分の申立	×	同28	〃
取　　　　下　　　　書	×	同29	〃
抗　　　　　　　告	自己破産に対するもの1,500 その他1,000	同9、33	事 (ビジネス・コート)
破　産　管　財　人　代　理　許　可　申　請	×	同77	20部
事　業　継　続　許　可　申　請	×	同36	〃
居　住　地　を　離　れ　る　許　可　申　請	×	同37	〃
債　　　権　　　届	×	同111	〃
債　権　届　出　取　下　書	×		〃
債　権　表　更　正　の　申　立	×	同115Ⅲ	〃
訴　訟　受　継　の　申　立	×	同44、127	担当部
破　産　管　財　人　の　解　任　申　立	×	同75	20部
強　制　執　行　続　行　申　立	×	同42	担当部
別　除　権　者　の　処　分　期　間　の　指　定　申　立	×	同185	20部
配　当　表　に　対　す　る　異　議　の　申　立	×	同200	〃
破　産　廃　止　の　申　立			〃
財　団　不　足　に　よ　る　申　立	×	同217	〃
同　意　に　よ　る　申　立	×	同218 （法人につき同219）	〃
免　　責　　の　　申　　立	500	同248	20部※

書 面 の 種 類	印 紙 額	基 本 法 条	提 出 窓 口 東京地裁
免 責 取 消 の 申 立	×	破産254	20部
復 権 の 申 立	500	同256	〃
記 録 の 閲 覧 ・ 謄 写 申 請	×（事件係属中に限る） 1件につき150	同11	記録閲覧室（ビジネス・コート）

※ 破産申立時みなし申立て

11 民事再生事件

書 面 の 種 類	印 紙 額	基 本 法 条	提 出 窓 口 東京地裁
民 事 再 生 手 続 開 始 申 立	10,000	民事再生21	20部
保 全 処 分 の 申 立	×	同30	〃
他 の 手 続 の 中 止 命 令	×	同26	〃
包 括 的 禁 止 命 令 の 申 立	×	同27	〃
包 括 的 禁 止 命 令 解 除 の 申 立	×	同29	〃
担 保 権 の 実 行 手 続 中 止 命 令 の 申 立	×	同31	〃
保 全 処 分 後 の 取 下 許 可 申 請	×	同32	〃
共 益 債 権 化 の 承 認 （許可） 申 請	×	同120	監督委員（又は20部）
開 始 決 定 に 対 す る 即 時 抗 告 の 申 立	1,000	同36	事
記 録 の 閲 覧 ・ 謄 写 申 請	×（事件係属中に限る） 1件につき150	同16	記録閲覧室（ビジネス・コート）
記 録 の 閲 覧 等 制 限 の 申 立	×	同17	20部
記 録 の 閲 覧 等 制 限 取 消 の 申 立	×	同17	〃
強 制 執 行 手 続 中 止 の 上 申 書	×	同39	〃
強 制 執 行 手 続 取 消 申 立	×	同39	〃
否 認 権 行 使 権 限 付 与 申 立	×	同56	〃
否 認 請 求 の 申 立	×	同135、136	〃
営 業 等 の 譲 渡 許 可 申 請	×	民事再生42	〃
株 主 総 会 決 議 の 代 替 許 可 申 立	×	同43	〃

訴状・控訴状・上告状・支払督促・借地非訟・調停申立・調停差額・

書 面 の 種 類	印 紙 額	基 本 法 条	提 出 窓 口
			東京地裁
代替許可に対する即時抗告の申立	1,000	同43	事
担 保 権 消 滅 の 許 可 申 立	500	同148	20部
消滅許可に対する即時抗告の申立	1,000	同148	事
価 額 決 定 の 請 求	×	同149	20部
価額決定に対する即時抗告の申立	1,000	同150	事
配 当 異 議 の 申 出	×	同153、民執89	20部
法人の役員の財産に対する保全処分申立	×	同142	〃
損 害 賠 償 請 求 権 の 査 定 申 立	×	同143	〃
債 権 者 申 立			
管 財 人 申 立			
再生債務者による裁判所への許可申請	×	同41	〃
再生債務者による監督委員への同意申請	×	同54	〃
管 理 命 令 の 申 立	×	同64	〃
債 権 者 申 立			
債 務 者 申 立			
管理命令に対する即時抗告の申立	1,000	同64	事
管 財 人 代 理 選 任 許 可 申 請	×	同71	20部
債 権 者 委 員 会 承 認 申 請	×	同117	〃
中 小 企 業 債 権 の 弁 済 許 可 申 請	×	同85	〃
少 額 債 権 の 弁 済 許 可 申 請	×	同85	〃
共 益 債 権 による強制執行の中止申立	×	同121	〃
再 生 債 権 の 届 出	×	同94	〃
届 出 債 権 の 名 義 変 更 届 出	×	同96	〃
再 生 債 権 査 定 の 申 立	×	同105	〃
再 生 計 画 変 更 申 立	×	同187	〃
再 生 計 画 廃 止 申 立	×	同191〜194	〃
簡 易 再 生 の 申 立	×	同211	〃
同 意 再 生 の 申 立	×	同217	〃
小 規 模 個 人 再 生 手 続 開 始 申 立	10,000	同21、221	〃
免 責 申 立	1,000	同235	〃
給 与 所 得 者 等 再 生 手 続 開 始 申 立	10,000	同21、239	〃

12　人身保護事件

書　面　の　種　類	印 紙 額	基 本 法 条	提 出 窓 口 地	高	最
人　身　保　護　の　請　求	2,000	人身保4、人身保規9	事	事	
答　　　　弁　　　　書	×	人身保規27	9部	担	
上　　　　　　　　　告	4,000	人身保21 人身保規41	事	事	
人　身　保　護　雑　事　件		人身保8	〃	〃	

13　配偶者暴力等に関する保護命令事件

書　面　の　種　類	印 紙 額	基 本 法 条	提 出 窓 口 東地	高裁
保　護　命　令　の　申　立	1,000	配暴法10	9部	
保　護　命　令　の　申　立（再　度）	1,000	同18	〃	
即　　時　　抗　　告	1,500	同16	事	
保　護　命　令　の　効　力　停　止　の　申　立	500	同16	〃	事
保　護　命　令　取　消　の　申　立	500	同17	9部	〃

14　労働審判事件

書　面　の　種　類	印 紙 額	基 本 法 条	提 出 窓 口 東京地裁
労　働　審　判　手　続　申　立	民事調停事件と同じ	労審法5	19部 受付係
労　働　審　判　に　対　す　る　異　議　申　立	×	労審法21Ⅰ	担
申　立　の　趣　旨　の　変　更　申　立	民事調停事件と同じ	労審規26	〃
利　害　関　係　人　の　参　加　申　立	500	労審法29、民調法11	〃
移　　送　　の　　申　　立	×	労審法3	事
費　用　負　担　の　裁　判　の　申　立	×	労審法25	〃
調停又は労働審判前の措置申立	×	労審法29、民調法12	担

15　簡易確定手続

書　面　の　種　類	印 紙 額	基 本 法 条	提 出 窓 口 東京地裁
簡　易　確　定　手　続　申　立	申立書1通ごとに1,000	消費者の財産的被害の集団的な回復のための民事の裁判手続の特例に関する法律（消費者裁判手続特例法）12	20部

訴状・控訴状・上告状・支払督促・借地非訟・調停申立・調停差額・

16 発信者情報開示命令事件

書　面　の　種　類	印　紙　額	基　本　法　条	提 出 窓 口 東京地裁
発 信 者 情 報 開 示 命 令 申 立	1,000	特定電気通信役務提供者の損害賠償責任の制限及び発信者情報の開示に関する法律（プロバイダ責任制限法）8	9部※
提　供　命　令　申　立	1,000	同15	〃
消　去　禁　止　命　令　申　立	1,000	同16	〃

※　知的財産権に関する申立はビジネス・コートの事件係

不動産競売の申立てについて（R 6.4.1 現在）

東京地方裁判所民事第 21 部（民事執行センター）

URL　https://www.courts.go.jp/tokyo/saiban/minzi_section21/

1　予納金の額

請求債権額が 2000 万円未満 ････････････････････････････････ 80 万円
2000 万円以上 5000 万円未満 ････････････････････････････ 100 万円
5000 万円以上 1 億円未満 ･･･････････････････････････････ 150 万円
1 億円以上 ･･ 200 万円

（請求債権のない申立ては、申立ての対象物件の評価額による。二重開始事件は原則として 30 万円、ただし、先行事件に含まれない物件があるときは上記の例による。）

2　申立手数料（下記の額の収入印紙を申立書に貼付、割印は不可）

(1)　担保権実行による競売（ケ事件）の場合　　　　担保権 1 個につき　4,000 円
(2)　強制競売（ヌ事件）の場合　　　　　　　　　　請求債権 1 個につき　4,000 円

3　郵便切手等（「保管金提出書」用紙等の送付用）

(1)　84 円切手＋10 円切手 1 組（ただし、保管金提出書を入れた封筒に、裁判所の受付日付印を押した不動産競売申立書の写し等の同封を希望する場合や、相続代位登記のために戸籍関係書類を返送する必要がある場合等は、重量に応じた郵便切手が必要）
　　※　以上の他、郵便切手の予納は不要
(2)　債権者あての住所等が記載された封筒 1 枚（原則として長形 3 号（約 23 cm×約 12 cm）、ただし、送付書類に応じてこれより大きい封筒でも可）

4　差押登記のための登録免許税

国庫金納付書により納付（3 万円以下なら収入印紙でも可）（領収証書を提出）
納付額は確定請求債権額の 1000 分の 4

（確定請求債権額の 1,000 円未満を切り捨て、これに 1000 分の 4 を掛けて 100 円未満を切り捨てる。算出額が 1,000 円未満のときは 1,000 円とみなす。確定請求債権額が根抵当権極度額を上回っているときは極度額を確定請求債権額として算出する。請求債権のない申立ては、物件の評価額から算出する。）

5 不動産競売の申立てに必要な提出書類、添付目録等

(1) 競売開始決定発令等に必要な書類

① **競売申立書**

② **発行後 1 か月以内の不動産登記事項証明書**（全部事項証明書又は現在事項証明書）

    a 物件が土地・建物の一方のみの場合 → 他方の登記事項証明書も必要

    b 物件が敷地権付区分所有建物である場合 → 敷地たる土地の登記事項証明書も必要

    c 物件が更地である場合 → その旨の上申書が必要

③ **公課証明書**（最新の公課及び評価の額が記載されているもの。非課税の不動産についてはその旨の証明書が必要）。請求債権のない申立ては、評価証明書も必要。

④ **商業登記事項証明書**（当事者の中に、法人がある場合には、1 か月以内に発行されたものを提出。ただし、申立債権者については、代表者事項証明書でも可。不動産登記記録上の住所・商号と異なる場合には、繋がりのつく商業登記事項証明書が必要。）

⑤ **住民票**（債務者又は所有者が個人の場合には、1 か月以内に発行されたものを提出。その者が住民登録された外国人である場合も同じ。申立人分は原則不要。不動産登記記録上の住所と異なる場合には、繋がりのつく住民票が必要。）

⑥ **特別売却に関する意見書**

⑦ **強制競売の場合**は、上記①〜⑥の書類のほか、債務名義（執行文付判決正本、執行文付公正証書正本、仮執行宣言付支払督促正本等）及び送達証明書が必要。

    なお、仮差押の本執行移行を目的とした強制競売の場合は、その旨記載した上申書及び仮差押決定正本の写し（仮差押執行後に名義移転ある場合は原本が必要）を提出

⑧ **続行決定申請書**（対象物件について、すでに滞納処分庁による差押登記がなされている場合）

⑨ **「担保権・被担保債権・請求債権目録」**（強制競売申立の場合は「請求債権目録」）写し 1 部

⑩ **委任状**（申立ての取下げについての委任事項がないときは申立ての取下げ時に改めて委任状を提出していただきますので、ご注意ください）

⑵ 現況調査等に必要な書類

下記①〜⑦のコピーを下記の順で各1部ずつセットにしたものを2組と、⑧を3部提出してください。

---

① ⑴の②に記載した不動産登記事項証明書（物件が更地である場合は、その旨の上申書）

② ⑴の③の公課証明書

③ 公図写し（法務局の登記官による認証あるもので、1か月以内に発行されたもの。コピー縮小不可。申立ての対象が建物のみの場合にも提出）

④ 法務局備付けの建物図面（法務局の登記官による認証あるもので、1か月以内に発行されたもの。コピー縮小不可。申立ての対象が土地のみの場合にも提出。備付けがない場合にはその旨の上申書）

⑤ 物件案内図（住宅地図等）

⑥ 債務者又は所有者が法人のときは⑴④の商業登記事項証明書

⑦ 債務者又は所有者が自然人のときは⑴⑤の住民票

⑧ 「不動産競売の進行に関する照会書」（対象物件が建物のみの場合には「対象物件が建物のみの場合の競売事件に関する照会書」も必要）、その他、事件の進行に有益な資料

★ 提出書類の取得方法 ★

■オンライン化された日本国内の法務局

　・不動産登記事項証明書【⑵①】　　・商業登記事項証明書【⑵⑥】

■物件を管轄する法務局

　・公図写し【⑵③】　　・法務局備付けの建物図面【⑵④】

■東京23区内の都税事務所

　・公課証明書【⑵②】

特別売却に関する意見書【5⑴⑥】

令和　　　年（　　）第　　　　号

東京地方裁判所民事第 21 部　御中

意　見　書

　本件不動産につき、入札又は競り売りの方法により売却しても適法な買受けの申出がなかったときは、他の方法により売却することについて異議ありません。

令和　　　年　　　月　　　日

申立債権者　　　　　　　　　　　　　　印

担保不動産収益執行申立必要書類

東京地方裁判所民事第 21 部

1　申立書

　　　申立書、当事者目録、担保権・被担保債権・請求債権目録、物件目録、給付義務者及び給付請求権の内容目録各 1 通を綴じたもの。

2　申立手数料

　　　担保権 1 個につき、収入印紙 4,000 円

3　不動産登記事項証明書

　　　申立て日から遡って 1 か月以内のもの。

4　資格証明書及び住所証明書

　　①　申立人分について

　　　法人……商業登記事項証明書または代表者事項証明書または法人登記事項証明書

　　　個人……原則として不要。

　　②　債務者または所有者分について

　　　法人……商業登記事項証明書または法人登記事項証明書

　　　個人……住民票または戸籍附票。その者が外国人である場合も同じ。

　　③　給付義務者分について

　　　法人の場合は、商業登記事項証明書または代表者事項証明書

　　※　各当事者の不動産登記事項証明書に記載された住所・氏名・商号と現在の住所・氏名・商号とが異なる場合は、これらの連続を証明する住民票・戸籍附票・商業登記事項証明書等が必要。

　　※　各当事者が破産している場合は、上記各証明書と併せて破産裁判所発行の破産管財人資格証明書が必要（商業登記事項証明書に破産管財人の登記があるときは不要）。

　　※　上記証明書等はいずれも申立て日から遡って 1 か月以内のもの。

5　委任状

　　　社員をその法人の代理人とする場合は、代表者作成の代理人許可申立書と社員証明書が必要（委任状または社員証明書に代理人となる者の届出印の押印が必要）

6　公課証明書

　　　固定資産税・都市計画税の額が表示されているもので、申立て時における最新のもの。非課税の不動産についてはその旨の証明書が必要。

7　現場案内図等

　　　住宅地図、公図、建物所在図、建物図面、各階平面図

8　申立書及び添付書類のコピー各 1 部

9　担保権・被担保債権・請求債権目録の写し 1 部

10　84 円切手貼付の返信用封筒

　　　申立人への保管金提出書送付用。A4 判を三つ折りにしたものが封入できるサイズ。

【登録免許税】

　　　確定請求債権額（1,000 円未満は切り捨て）の 1000 分の 4（100 円未満は切り捨て）。

　　根抵当権の場合で、請求債権額が極度額を上回っている場合は、極度額を確定請
　求債権額とする。

【民事執行予納金】

　　管理費見込額等を勘案して決定する（最低80万円）。

【郵便切手】

　　前記10の外不要（民事執行予納金から支出）

訴状・控訴状・上告状・支払督促・
借地非訟・調停申立・調停差額

令和　　年（ケ／ヌ）第　　　　号（債権者名　　　　　　　　　　）

不動産競売事件の進行に関する照会書

東京地方裁判所民事第21部

　本件の円滑かつ迅速な進行を図るため、下記の照会事項にご回答の上、早急に不動産開始係に3部提出されるよう、ご協力をお願いします。

　所定の欄が不足する場合、余白や裏面を利用してください。

1　債務者、所有者について

・住民票住所地での居住実体（法人の場合、本店所在地での営業実体）　　・債務者につき、□あり　□なし　□不明
・所有者につき、□あり　□なし　□不明
（いずれも「なし」の場合、次頁1参照）

・電　話　番　号　　　　　　・債務者　　　　－　　　　　－
・所有者　　　　－　　　　　－

2　物件及び占有者について

(1)　現地調査の有無　　　　　□あり（　　年　　月　　日実施）　□なし
(2)　物件の利用状況　　　　　□個人住居（□戸建□ワンルーム）□共同住宅（戸数　　　）
□事務所　□店舗　□ビル一棟（　　　階建）
　　□建物敷地　□空地　□駐車場　□その他（　　　　）
(3)　占有者の有無　　　　　　・抵当権設定時に、　　　□あり　□なし　□不明
・申立ての際に、　　　　□あり　□なし　□不明
(4)　抵当権設定時の占有者は誰ですか　　　　　　　□所有者　□所有者の家族（間柄　　　　　）
□第三者：名称＊（　　　　　　　　　　　　　）
(5)　申立ての際の占有者は誰ですか　　　　　　　　□所有者　□所有者の家族（間柄　　　　　）
　　　□第三者：名称＊（　　　　　　　　　　　）
＊占有者が法人の場合、代表者氏名及び本店所在地が分かれば、お書きください。
（　　　　　　　　　　　　　　　　　　　　　　　　　　　　　　　　）
(6)　その他占有者に関する参考事項（いわゆる占有屋等）があれば、お書きください。
（　　　　　　　　　　　　　　　　　　　　　　　　　　　　　　　　）
(7)　件外建物の有無　　　　　□あり　　□なし　　（ありの場合、次頁3参照）
(8)　地代滞納の有無　　　　　□あり　　□なし　　（ありの場合、次頁4参照）
(9)　土壌汚染の有無　　　　　□あり　　□なし　　□不明　（次頁6参照）

3　その他

(1)　買受希望者の有無　　　　□あり　　□なし
(2)　自己競落の予定　　　　　□あり　　□なし　　□検討中

　令和　　年　　月　　日
債権者の担当者氏名（　　　　　　　　　　）、TEL（　　　　　　　　　）

＊この欄は、記入しないでください。
　　□A　□B　□C　□K

（担当　　　　　　　）

お　願　い

1　現地調査報告書について

　担保権設定時又は申立てに近い時点に、物件の現地調査を行っている場合には、可能な限り、その調査報告書を提出してください。

　<u>債務者・所有者の現実の居住地についても調査している場合には、可能な限り、その調査報告書を提出してください。</u>

2　地積測量図について

　対象物件である土地を特定することが不能な場合、競売手続が取り消されることがあります。そのような事態を避けるため、地積測量図（写し可）があれば提出してください。

3　対象物件が土地のみの場合

　対象物件である土地のみであっても、その土地上に建物（競売対象外）がある場合には、可能な限り、建物の構造、所有者、土地利用権原が分かる資料（建物の写真等）を提出してください。

4　対象物件が建物のみの場合（「対象物件が建物のみの場合の競売事件に関する照会書」の提出も必要となります。）

　建物の土地利用権原の内容等が分かる資料（土地利用契約書等）がある場合には、可能な限り、提出してください。

　また、建物が借地権付建物で、地代の滞納がある場合には、地代代払許可の申立てをするかどうかご検討ください。

5　所有者、債務者以外の法人が物件を占有している場合

　占有している法人の登記事項証明書がお手元にありましたら提出してください。

6　土壌汚染について

　土壌汚染の有無に関するデータ等がありましたら提出してください。

7　続行決定申請について

　所有者に税金等の滞納があり、滞納処分庁による差押えが先行している場合には、事件続行のための続行決定申請が必要です。続行決定申請には、別途、関連手続、書類等が必要です。

　続行決定申請の書式のご案内は、インフォメーション21内にあります。

8　その他事件の円滑な進行に有益な資料があれば、提出してください

> ＊上記1～6の資料は、いずれも2部（写し可）提出してください

令和　　年（ヌ／ケ）第　　　　号（債権者名　　　　　　　　　　　　　　）

対象物件が建物のみの場合の競売事件に関する照会書

東京地方裁判所民事第 21 部

　迅速な進行を図るため、下記の事項にご回答の上、不動産開始係に本書面を**3部**提出されるようお願いします。書ききれない場合は、余白や裏面を利用してください。

1　建物の土地利用権原について
　　□賃借権
　　□地上権　┐── 次の2以下の質問にご回答ください。
　　□使用借権　┐
　　□無権原　　├── 次の3以下の質問にご回答ください。
　　□不明　　┘

2（1）　**借地契約書等のコピーがありますか。**
　　　□あり　(ある場合はそのコピーを**2部**提出してください。)
　　　□なし
　（2）　**地代の滞納はありますか。**
　　　□あり
　　　□滞納があるので、債権者が代わりに支払っている。┐ 次の(3)の質問にご回答く
　　　□なし　　　　　　　　　　　　　　　　　　　　　　ださい。
　　　□不明
　（3）　**地代滞納がある場合に地代代払許可の申立てをする予定はありますか。**
　　　□あり　(ある場合は早急に申立てをお願いします。)
　　　□なし
　　　□未定

3　**敷地に関する争い等がありますか。**
　　□ない
　　□借地契約が解除された。(解除通知書等のコピーを**2部**提出してください。)
　　□訴訟等が係属中である。(係属裁判所、事件番号をお知らせください。訴状、調停
　　　　　　　　　申立書等のコピーを**2部**提出してください。)
　　　　　　地方・簡易裁判所　　　　令和　　年（　）第　　　　号
　　□不明
　　□その他（　　　　　　　　　　　　　　　　　　　　　　　　　　　）

4　**土地所有者の連絡先（住所・電話番号）が分かれば記載してください。**

5　**その他参考事項がある場合は記載してください。**

　　　債権者の担当者名（　　　　　　　　　　）、TEL（　　　　　　　　　）

強制競売等における続行決定申請について

　既に租税官庁等の滞納処分による差押え登記がある不動産について、強制競売又は担保権の実行としての競売（以下、併せて「競売」という。）による差押えがされた場合、競売手続を進行させるためには、競売続行決定の手続が必要となりますので、下記の書式を参考に、続行決定申請を行ってください。

　なお、申請は、競売申立てと同時に行うようにしてください。

書類作成上の注意
　※1　担保権の実行としての競売の場合は、「担保不動産競売」と記載してください。
　　　なお、担保不動産競売の場合の事件符号は（ケ）になります。
　※2　事件番号は、不動産開始係の窓口でお伝えしますので、その場で記入してください。
　　　なお、競売申立書に同封して郵送等する場合は、事件番号の記載は不要です。
　※3　滞納処分による差押えを行った官署名を記載してください。

強制競売（※1）続行決定申請書

東京地方裁判所民事第 21 部　御中

　　　　　　　　令和○○年○○月○○日
　　　　　　　　債　権　者　　○　○　○　○
　　　　　　　　債権者代理人　　○　○　○　○　　印

　　　当事者の表示　　開始決定記載のとおり

　債権者は、上記当事者間における強制競売（※1）を御庁に申立て、令和○○年（ヌ）第○○○○号（※2）強制競売（※1）事件として受理されましたが、下記理由により、強制競売（※1）続行決定をしていただきたく申請します。
　　　　　　　　　　　　記
　本件強制競売（※1）開始決定記載の不動産中に、令和○○年○○月○○日受付をもって、○○税務署（※3）が滞納処分による差押えをしている物件がありますが、未だ公売その他滞納処分による売却がされていません。
　よって、強制競売（※1）開始決定がされたときは、これを続行する旨の決定を求めます。

9 戸籍謄本・住民票の写し等職務上請求用紙について

　改正戸籍法（平成19年法律第35号）及び改正住民基本台帳法（平成19年法律第75号）が平成20年5月1日から施行されたことに伴い、弁護士の職務上請求用紙の書式が大幅に変更され、下記の4種類になりました。各弁護士会において販売していますが、一度に購入することができる請求用紙の冊数は、不正使用を防止する観点から一定の制限があります。また、各用紙の冊子ごとに異なる番号が付されており、万一不正請求があった場合、どの弁護士に販売された職務上請求用紙が用いられたかがわかるようになっています。

・裁判手続又は裁判外における紛争処理手続の代理の場合 ・刑事弁護人等として請求する場合など （職務上請求）	⇨ 戸籍・除籍・原戸籍の謄本・抄本	⇨ **A用紙（若草色）**	戸籍謄本等 職務上請求書
	⇨ 住民票の写し 戸籍の附票の写し	⇨ **B用紙（藤色）**	住民票の写し等 職務上請求書
破産管財人・成年後見人・遺言執行者等として請求する場合など （本人請求・第三者請求）	⇨ 戸籍・除籍・原戸籍の謄本・抄本	⇨ **C用紙（さくら色）**	戸籍謄本等請求書 【弁護士業務用】
	⇨ 住民票の写し 戸籍の附票の写し	⇨ **D用紙（レモン色）**	住民票の写し等請求書 【弁護士業務用】

A 用紙 （若草色）

　A 用紙は、弁護士（弁護士法人を含みます。以下同）が、その職務を遂行するため、戸籍法第10条の2第3項から第5項までの規定に基づいて、戸籍、除籍、原戸籍等の謄抄本を請求する場合に使用するものです。

　戸籍法では、弁護士による職務上請求について、以下の3類型を認めており、各類型によって請求できる要件や記載事項が異なります。

1　弁護士が裁判手続（甲類審判を含みます。）又は裁判外における民事上若しくは行政上の紛争処理手続の代理業務遂行に必要な場合（戸籍法第10条の2第4項第1号）
⇨「利用目的の種別」1の欄に記載

「利用目的の種別」1の欄・記載例

利用目的の種別	請求に際し明らかにしなければならない事項
① 裁判手続又は裁判外における民事上若しくは行政上の紛争処理手続の代理業務に必要な場合（法10条の2第4項）	事件の種類、代理手続の種類及び戸籍の記載事項の利用目的 離婚事件の調停手続代理の準備のため
① 裁判手続又は裁判外における民事上若しくは行政上の紛争処理手続の代理業務に必要な場合（法10条の2第4項）	事件の種類、代理手続の種類及び戸籍の記載事項の利用目的 遺産分割調停申立て代理の準備のため
① 裁判手続又は裁判外における民事上若しくは行政上の紛争処理手続の代理業務に必要な場合（法10条の2第4項）	事件の種類、代理手続の種類及び戸籍の記載事項の利用目的 株主権確認請求訴訟提起代理の準備のため
① 裁判手続又は裁判外における民事上若しくは行政上の紛争処理手続の代理業務に必要な場合（法10条の2第4項）	事件の種類、代理手続の種類及び戸籍の記載事項の利用目的 ○○弁護士会あっせんセンターに慰謝料請求申立代理の準備のため
① 裁判手続又は裁判外における民事上若しくは行政上の紛争処理手続の代理業務に必要な場合（法10条の2第4項）	事件の種類、代理手続の種類及び戸籍の記載事項の利用目的 売掛金の支払請求を行うに際して、債務者の住所の特定のため

2　弁護士が刑事弁護人、少年保護事件の付添人、医療観察法 3 条の付添人、人身保護法上の代理人、民事訴訟法 35 条 1 項の特別代理人等としての業務遂行上必要な場合（戸籍法第 10 条の 2 第 5 項）

⇨「利用目的の種別」 2 の欄に記載

「利用目的の種別」 2 の欄・記載例

②　刑事弁護人等として請求する場合(法 10 条の 2 第 5 項)	業務の別及び戸籍の記載事項の利用目的 　刑事事件弁護人として刑事訴訟手続の準備のため

3　1、2 以外の場合で、依頼者の依頼に基づき受任した事件又は事務に関する業務の遂行に必要な場合（戸籍法第 10 条の 2 第 3 項）。その業務の種類、依頼者の氏名又は名称のほか、その依頼者について以下の場合に該当する事項を記載します(戸籍法第 10 条の 2 第 1 項)

①　自己の権利を行使し、又は自己の義務を履行するために戸籍の記載事項を確認する必要がある場合には、その権利又は義務の発生原因及びその内容並びにその権利を行使し、又は義務を履行するために戸籍の記載事項の確認を必要とする理由

②　国又は地方公共団体の機関に提出する必要がある場合には、提出する機関及び提出を必要とする理由

③　①、②以外の場合で戸籍の記載事項を利用する正当な理由がある場合には、利用の目的及び方法並びに利用を必要とする事由

⇨「利用目的の種別」 3 の欄に記載

「利用目的の種別」 3 の欄・記載例

③　上記 1 及び 2 以外の場合で受任事件又は事務に関する業務を遂行するために必要な場合(法 10 条の 2 第 3 項)	業務の種類：　相続登記代理業務 依頼者の氏名又は名称：　甲野義太郎 依頼者について該当する事由　法 10 条の 2 第 1 項：☑1 号☑2 号□3 号 上記に該当する具体的事由： 　依頼者の父である○○○○が令和△年△月△日死亡したので、その有した土地の相続登記手続のため○○○○の戸籍謄本を○○法務局に添付書類として提出する必要があるため

B用紙（藤色）

B用紙は、弁護士が、その職務を遂行するため、住民基本台帳法第12条の3第2項及び20条第4項等の規定に基づいて、住民票の写し、住民票記載事項証明書、戸籍の附票の写し等を請求する場合に使用するものです。

1　弁護士が住民票の写し等を職務上請求するには、依頼者が①〜③のいずれかに該当する者であることが必要です。
　　①　自己の権利を行使し、又は自己の義務を履行するために住民票等の記載事項を確認する必要がある者
　　②　国又は地方公共団体の機関に提出する必要がある者
　　③　①、②以外の場合で、住民票等の記載事項を利用する正当な理由がある者
2　請求に当たってはB用紙の「利用目的」の欄に該当するものにチェックを付したうえ、「利用目的の内容」の欄にその具体的な内容を記載する必要があります。

「利用目的の内容」欄・記載例

利用目的の内容	賃料請求訴訟提起の準備のため（当事者の特定及び所在確認）

利用目的の内容	依頼者の父である○○が令和△年△月△日に死亡したので、その相続登記のため、○○の相続人である次女××の住民票が必要である

3(1)　依頼者名等は、業務の内容が裁判手続又は裁判外手続における民事上若しくは行政上の紛争処理手続の代理業務である場合には記載する必要はありません（住民基本台帳法第12条の3第4項第5号括弧書）。
　(2)　「業務の種類」欄・記載例

業務の種類	訴訟手続の代理業務

業務の種類	相続登記代理業務

業務の種類	現在の著作権者を明確にするため、著作権登録者の相続人を特定する業務

4　弁護士が、刑事弁護人、少年事件の付添人、医療観察法第3条の付添人、逃亡犯罪人引渡審査請求事件の補佐人、人身保護法第14条第2項の代理人、人事訴訟法第13条第2項及び第3項の訴訟代理人、民事訴訟法第35条第1項の特別代理人としての業務を遂行するために必要な場合には、「利用目的」の欄の「その他、住民票の記載事項を利用する正当な理由がある者」にチェックを付し、「利用目的の内容」の欄に具体的な利用目的

を記載します。

「利用目的の内容」欄・記載例

利用目的の内容	刑事弁護人として刑事訴訟手続の準備をするため

C用紙（さくら色）

　C用紙は、弁護士が、その業務を遂行するため、戸籍法第10条第1項（本人による請求）又は同第10条の2第1項（第三者としての請求）に基づいて、戸籍、除籍、原戸籍等の謄抄本を請求する場合に使用するものです。この用紙を用いて請求する場合としては、破産管財人、成年後見人、相続財産管理人、不在者財産管理人、遺言執行者等として戸籍謄本等の交付請求をする場合などが挙げられます。なお、これらの職への就任を証する書面が別途必要です。

1　本人請求の場合

　本人請求（代理請求を含みます。）の場合には、本来は利用目的を明らかにする必要はありません。しかし、例えば成年後見人（法定代理人）たる弁護士が成年被後見人の直系尊属の戸籍謄本を請求するような場合には、成年後見人という請求者の資格、成年被後見人の氏名、成年被後見人と請求に係る者との関係（本人、配偶者、直系尊属又は直系卑属）を明らかにする必要があるため、便宜上、「利用目的の種別」の3の欄にその旨の記載をします。

2　第三者請求の場合

　第三者として他人の戸籍謄本等を請求する場合には、利用目的が次のいずれかに該当する場合であって、かつ、請求に際してはそのおのおのの場合に明らかにすべき事項が定められています（戸籍法第10条の2第1項）。

①　自己の権利を行使し、又は自己の義務を履行するために戸籍の記載事項を確認する必要がある場合には、権利又は義務の発生原因及び内容並びにその権利を行使し、又はその義務を履行するために戸籍の記載事項の確認を必要とする理由

②　国又は地方公共団体の機関に提出する必要がある場合には、戸籍謄本等を提出すべき国又は地方公共団体の機関及びその機関への提出を必要とする理由

③　①及び②の場合のほか、戸籍の記載事項を利用する正当な理由がある場合には、戸籍の記載事項の利用の目的及び方法並びにその利用を必要とする事由

D用紙（レモン色）

　D用紙は、弁護士が、その業務を遂行するため、住民基本台帳法第12条第1項、同第12条の3第1項、同第20条第1項、同条第3項等に基づいて、住民票の写し、住民票記載事項証明書、戸籍の附票の写し等を請求する場合に使用するものです。

　この用紙を用いて請求する場合としては、破産管財人、成年後見人、相続財産管理人、不在者財産管理人、遺言執行者等として住民票の写し等の交付請求をする場合などが挙げ

られます。なお、これらの職への就任を証する書面が別途必要です。

　第三者として他人の住民票の写し等を請求する場合は、請求者が次のいずれかに該当する場合であり、かつ、請求に際しては、その具体的内容を明らかにする必要があります（住民基本台帳法第12条の3第1項、同条3項等）。

① 自己の権利を行使し、又は自己の義務を履行するために住民票等の記載事項を確認する必要がある者
② 国又は地方公共団体の機関に提出する必要がある者
③ ①、②以外の場合で、住民票等の記載事項を利用する正当な理由がある者

　請求に当たっては、「利用の目的」の欄の該当する者にチェックを付したうえ、「利用目的の内容」の欄にその具体的内容を記載する必要があります。

外国人の住民票の請求について

　2012年7月9日から、外国人登録法の廃止と同時に住民基本台帳法が改正され、日本に在留する外国人も日本人同様に住民票が交付されることになりました。日本人と同様に「住民票の写し等職務上請求書」（B用紙）を使用することになります（成年後見人・破産管財人等として請求する場合は、D用紙を使用することになります。）。

回収された外国人登録原票記載事項を照会する方法について

　外国人登録法の廃止により、従前の外国人登録原票は、法務省出入国在留管理庁で一括管理することとなり、市町村に情報は残らないことになります。今後、旧外国人登録原票の情報が必要となったときは、市町村ではなく、東京出入国在留管理局に弁護士法第23条の2に基づく照会をすることになります。詳しくは、照会請求の窓口にお問合せください。

本人通知制度について

　戸籍謄本や住民票を本人以外の者が取り寄せたとき、これを本人に通知する制度が一部市町村で導入されています。

　この制度は、東京都をはじめ、栃木県、群馬県、埼玉県、岐阜県、愛知県、滋賀県、京都府、大阪府、兵庫県など全国のさまざまな市区町村で導入されています。制度採用の有無は、市区町村のHP等でご確認ください。

戸籍の附票の写しについて

　住民基本台帳法の改正により、2022年1月11日から戸籍の附票に「生年月日」と「性別」が基本事項（必ず表示される項目）に追加されました。

　また、「戸籍の表示（本籍・筆頭者氏名）」と「在外選挙人名簿登録情報（登録がある場合）」は原則表示されなくなりました。本籍及び筆頭者氏名が表示された戸籍の附票の写しを必要とする場合には、利用目的によりその使途を明らかにしないと「省略」表示されますので、詳しくは市区町村のHP等でご確認ください。

10 東京弁護士会　各種届出・証明書、照会請求に関するご案内

各種申請書雛形・記入要領、照会先別テンプレートは、<u>会員サイト（弁護士会窓口書式・弁護士会照会）</u>
<u>に掲載しています。</u>

照会請求申請：平日9時30分～15時　諸証明発行申請：平日9時30分～16時30分
証明書自動発行機：平日9時～17時

2023年10月2日時点
東京弁護士会　会員課（03-3581-2203）

届出・証明書の名称	手続き内容・注意事項等	申請に必要なもの	費用
照会請求 （弁護士法23条の2に基づく） 【郵送手続き可】	・照会請求申出指定用紙は窓口にあります（1件につき3部作成）。 ・会員サイトに申出書記載要領・照会先別テンプレート掲載中。 ・郵送による受付もしています（会員サイト掲載案内参照）。 ・9時30分～16時30分に、受付ボックスを設置しています。	※会員サイト掲載案内参照	8,568円
5階会議室・備品使用許可申請書 2階講堂（クレオ）については財務課（03-3581-2208）へお問合せください。	・仮予約 　電話による事前仮予約が可能です。 　但し、翌営業日までに申請書の提出が必要です。 ・使用申請 　使用日の1か月前（会派は使用日の2か月前）～2営業日前迄 ・キャンセル 　1週間前までにご連絡いただいた場合は返金します。 ・無料分は、電話による事前仮予約の後、FAX申請が可能です。 ・一時保育のための4階和室は、会員課へお問合せください。	①申請書 ②職印 ③会議室・備品使用料	会議室使用料 （会議室、利用時間数により異なる） 備品使用料 　マイク：1,100円 　（マイク3本） 　プロジェクター： 　　　　1,100円 　ホワイトボード： 　　　　　　無料
登録事項変更届書 【郵送手続き可】 ※氏名、本籍、事務所変更・自宅変更をした場合	〈添付書類が必要となるケース〉 ・住所の表示変更（行政区画変更、ビル側の都合による名称変更等）：自治体やビル側発行の変更通知等の疎明資料 ・本籍の変更：新本籍が記載されている戸籍謄本又は戸籍抄本、戸籍記載事項証明書、住民票（ただしマイナンバーの記載のないもの）のいずれか弁護士会受付日の3か月以内に交付されたもの ・氏名の変更：戸籍謄本又は戸籍抄本、弁護士会受付日の3か月以内に交付されたもの ＊職務上の氏名の届出を併せて行う場合：2,000円 ＊職務上の氏名の届出のみの場合：2,000円 ＊電話番号・FAX番号・郵便番号のみの変更：無料 ＊行政区画変更等、ビル側の都合によるビル名称変更：無料 ＊企業内弁護士の場合、会社都合による社名や部署の変更：無料（疎明資料必要）　ただし、場所の変更がある場合は有料	①届出書 （窓口/日弁連会員サイト） ②職印 ③手数料 ④添付書類 　＊原則不要 　＊必要とされるケースは左記参照	2,000円
印鑑証明書 ※印鑑証明書の発行は、【郵送手続き可】	職印の登録 ・登録申請は、原則、弁護士本人にてお手続き願います。 　代理人が登録手続きをする場合は、委任状が必要。 ・登録と同時に印鑑証明書の発行をご希望の場合 　→　登録に約15分お時間をいただきますが、即時発行は可能。	①申請書：なし ②登録する職印 ③窓口に来る方の本人確認書類 ④委任状 　（代理人が手続きをする場合）	無料
	印鑑証明書の発行 ・即時発行 ・郵送受付可。個人会員について、証明書自動発行機での発行可。 　詳細は会員サイト（会館窓口案内→弁護士会窓口書式）をご確認ください。	①申請書 （窓口/東弁会員サイト） ②登録している職印 ③窓口に来る方の本人確認書類	550円

届出・証明書の名称	手続き内容・注意事項等	申請に必要なもの	費用
会員証明書 （和文・英文） 【郵送手続き可】	・氏名、登録番号、事務所情報、自宅情報（任意）、生年月日（任意）が記載されます。 ・即時発行。 ・郵送受付可。個人会員について、証明書自動発行機での発行可。 　詳細は会員サイト（会館窓口案内→弁護士会窓口書式）をご確認ください。 英文証明書 ・事前手続きが必要です。会員課へご連絡ください。 ・発行には約1週間かかります。	①申請書 （窓口/東弁会員サイト） ②職印	550円
日弁連登録等証明書 （和文・英文） 【郵送手続き可】	・日弁連が発行する会員証明書です。 ・登録年月日、懲戒処分を受けていない旨の記載を希望される場合、こちらをご利用ください。 ・発行には約1週間かかります。	①申請書 （窓口/日弁連会員サイト） ②職印	1,050円
事務所・自宅住所変更証明書 【郵送手続き可】	・事務所・自宅住所変更証明書は即時発行。郵送受付可（詳細は会員サイト（会館窓口案内→弁護士会窓口書式）をご確認ください。） ・成年後見人の住所変更登記における登記の事由を証する書面（事務所住所変更証明書）が必要な場合は、事前に会員課へご連絡ください。メールでの事前手続きが必要です。	①申請書 （窓口/東弁会員サイト） ②職印	550円
その他の特別証明	・あらかじめ、時間に余裕をもって会員課へご相談ください。		550円+実費
日弁連身分証明書 （プラスチックカード） ※申請に限り【郵送手続き可】。受領は窓口のみ。	・日弁連が発行する弁護士の身分証明書 ・有効期間：5年 ・残存有効期限が3か月未満であれば更新申請可。 ・カードのお渡し：申請月の翌々月の上旬頃	①申請書 （窓口/日弁連会員サイト） ②職印 ③写真2枚 （タテ4cm×ヨコ3cm） （3か月以内撮影） （写真裏に登録番号・氏名・撮影年月日を必ず記入のこと）	3,150円
東弁身分証明書 （紙製パウチタイプ）	・東弁が発行する弁護士の身分証明書 ・有効期間：3年 ・**申請は弁護士本人のみ**、代理人申請不可。 ・即時発行。	①申請書：なし ②写真1枚 （タテ3cm×ヨコ2.4cm） （3か月以内撮影） ③本人確認書類	550円
法律事務所職員身分証明書	・東弁から会員へ貸与するカードです。 ・**申請は対象となる法律事務所職員ご本人が行ってください。** ・有効期間：5年 ・カードのお渡し：申請した翌月の10日前後 ・通称使用の場合は、「通称使用願」と通称の記載のある戸籍抄本若しくは住民票（個人番号の記載のないもの）を提出するか、又は通称の記載のある個人番号カードを提示するとともにその写し（個人番号の記載をマスキング処理したもの）をご提出ください。 ・法律事務所職員身分証の**返還のみ**、郵送可。返還届とカード本体を会員課までご送付ください。	①申請書（窓口のみ） ②職印 ③写真2枚 （タテ4cm×ヨコ3cm） （3か月以内撮影） （写真裏に氏名を記入） ④住民票1通 （3か月以内に交付） ⑤申請を行う法律事務所職員の本人確認書類	3,300円
職務上請求用紙 （戸籍謄本等・住民票の写し等） 【郵送手続き可】	・職務上請求用紙（日弁連統一用紙　A・B・C・Dの4種） ・各用紙、3か月以内に2冊まで購入可能。 ・用紙の管理、取扱いには十分ご注意ください。 ・三会多摩支部でもご購入いただけます。	①職印	360円

弁護士会、裁判所からのお知らせ、要望事項等

届出・証明書の名称	手続き内容・注意事項等	申請に必要なもの	費用
営利業務従事の届出 （新規・変更・廃止） 【郵送手続き可】	・自ら営利を目的とする業務を営もうとするとき、営利を目的とする業務を営む者の取締役・執行役等への就任又は使用人となるときは届出が必要です。 （弁護士法第30条第1項・会則第28条の4・営利業務の届出等に関する規程第2条　参照） ■添付書類（登記事項証明書）について ①登記事項証明書の種類 　a. 取締役等（登記に名前が載る場合） 　　＝履歴事項全部証明書 　b. 使用人等（登記に名前が載らない場合） 　　＝現在事項全部証明書 ②新規・変更の場合＝原本1部とコピー2部 　廃止の場合＝原本1部とコピー1部 ③弁護士会受付日の3か月以内に交付されたもの ※弁護士会による登記情報サービスでの登記情報の確認をご希望の場合は、添付不要です。ただし、右記の利用手数料が必要となります。	①届出書 （窓口/日弁連会員サイト） ②職印 ③添付書類 ⇒ 登記事項証明書 ＊詳細は左記を参照	新規：5,500円 変更：3,300円 廃止：無料 利用手数料：550円
公職就任の届出 （新規・変更・退任） 【郵送手続き可】	・常時勤務を要する報酬ある公職に就任したときは届出が必要です。	①届出書 （窓口/日弁連会員サイト） ②職印	無料
税理士業務開始通知書 【郵送手続き可】	・弁護士会を通じて希望する地域を所管する国税局に通知することにより税理士業務ができます。通知は国税局ごとに提出が必要です。 ・税理士業務を開始する5営業日前までの提出が必要です。 ・税理士登録されている場合は不要です。	①通知書 （窓口/東弁会員サイト） ②職印 ③434円分の郵券 （手数料とは別に必要）	550円
入国・在留手続申請代理届出願い （入管取次ぎ弁護士） 【郵送手続き可】	・入管から届出済証明書が届くのに1か月～1か月半程度かかります。 （更新申請の場合は、新しい届出済証明書を受領する際に古い届出済証明書の返還が必要です。）	①届出書 （窓口/東弁会員サイト） ②職印 ③写真2枚 （タテ3cm×ヨコ2.4cm） （3か月以内撮影） （写真裏に氏名を記入）	550円
弁護士記章（バッチ） 紛失（再交付）・修理	・再交付の場合は、紛失届等が必要です。 ・いずれも1か月から1か月半程度かかります。 ・ネジ式・タイタック式バッチの留め具を紛失された場合は、会員課窓口へお申出ください。	①申請書（窓口のみ） ②職印	①紛失による再交付 ・銀製：10,490円 ・金製：95,260円 　（官報広告料 　1,060円含む） ②毀損による再交付 ・銀製：9,430円 ・金製：94,200円 ③修理 目安は3,400円 ＊修理内容により変動します。
協同組合 会員情報証明書	・発行には約1週間かかります。	①申請書（窓口のみ） ②本人確認書類	550円
固定資産評価証明書交付申請書	・日弁連会員サイト又は窓口で入手できます。 ・使用目的は、訴えの提起、保全処分（仮差押、仮処分）、調停申立、借地非訟の申立に限られています。破産申立や家事調停・審判の申立、遺産分割協議書作成のための申請などの目的では使用できませんので御注意ください。 ・書式や記入方法に関する問合せは「東京都主税局資産税部固定資産税課（03-5388-3007）」まで。		無料
弁護士法人の社員となる資格証明申請書 ※申請に限り【郵送手続き可】	・発行には約1週間かかります。	①申請書 （窓口/日弁連会員サイト） ②職印	1,050円
郵送物送付先及びFAX送信先変更 【郵送手続き可】	・当会からの郵送物の送付先及びFAXの送信先を登録上の自宅住所・FAXに変更できます。FAX申請が可能です。	①届出書 （窓口/東弁会員サイト） ②職印	無料

11| 第一東京弁護士会　各種届出等に関するご案内

費用・添付資料等詳細は担当事務局までお問い合わせください
＊＊紙幅の都合上掲載を省略している箇所もございます＊＊

2024年5月時点
第一東京弁護士会　会員課（03-3595-8580）

	手続き内容・注意事項等	費用等
弁護士会照会 **（弁護士法23条の2）**	会員からの申出を受け、当会から公務所又は公私の団体等に対する照会を行います。 ・申出書式は当会ホームページ会員用サイトから取得が可能です。 ・申出にあたっては同サイト掲載「照会にあたっての留意点」等をご確認いただき、ご不明な点については『照会の手引き（七訂版）』等をご参照ください。	8,948円 （速達にしない場合） ＊例外有・当会HP等参照
会議室の利用	12階会議室の貸出を行っています。 ・利用申請については経理課（03-3595-8581）までお問い合わせください。	3,300円〜 ＊人数、利用時間等により変動
登録事項変更届書	氏名、本籍、事務所・自宅住所を変更した場合は届出が必要です。 ・書式は日弁連会員専用ページから取得が可能です。	2,000円 ＊例外有・日弁連HP参照 ＊戸籍謄本等が必要な場合有
日弁連登録等証明書 **（和文・英文）**	日弁連では、弁護士等名簿に登録されていること等につき証明書を発行しています。 ・書式は日弁連会員専用ページから取得が可能です。 ・証明書の発行には1週間程度要します。	1,050円
会員証明書 **（和文・英文）**	当会の会員であることの証明書を発行しています。 ・証明書自動交付機によりましては、登録番号、氏名、事務所及び自宅住所（任意）が記載されます（和文のみご利用可・ご利用には会員本人に交付するパスワードが必要です）。	550円（自動交付機） ＊窓口発行の場合は880円
印鑑証明書	印鑑登録 ・登録申請は、会員本人にてお手続願います。	無料
	印鑑証明書の発行 ・証明書自動交付機のご利用には、会員本人に交付するパスワードが必要です。	550円（自動交付機） ＊窓口発行の場合は880円
日弁連身分証明書	日弁連では、名刺大の写真付身分証明書を発行しています。 ・申請は対象となる会員ご本人が行ってください。 ・書式は日弁連会員専用ページから取得が可能です。	3,150円 写真2葉（縦4×横3）
法律事務所職員 **身分証明書**	一弁から会員へ貸与するものです。 ・申請書式は当会ホームページ会員用サイトから取得が可能です。 ・発行申請手続には、証明を受ける事務所職員の方ご本人が来会してください。 ・身分証明書カードの交付を受けるときには、申請会員ご本人が来会してください。	3,300円 写真2葉（縦4×横3） 住民票の写し 運転免許証等身分証明書

弁護士会、裁判所からのお知らせ、
要望事項等

	手続き内容・注意事項等	費用等
職務上請求用紙 （戸籍謄本等・ 住民票の写し等）	職務上請求用紙（日弁連統一用紙A・B・C・Dの4種）を経理課窓口にて販売しています。 ・各用紙、3か月以内に2冊まで購入可能です。 ・購入については経理課(03-3595-8581)、使用方法等については日弁連(03-3580-9841㈹)までお問い合わせください。	1冊：360円
営利業務従事届出 （新規・変更・廃止）	自ら営利を目的とする業務を営もうとするとき、営利を目的とする業務を営む者の取締役・執行役等への就任又は使用人となるときは届出が必要です。 ・届出書式は当会ホームページ会員用サイト及び日弁連会員専用ページから取得が可能です。	新規：6,000円 変更：3,800円 廃止：無　料
公職就任届出 （新規・変更・退任）	常時勤務を要する報酬ある公職に就任したときは届出が必要です。 ・届出書式は当会ホームページ会員用サイト及び日弁連会員専用ページから取得が可能です。	無料
税理士業務 開始通知書	税理士法51条1項の規定により、弁護士会を経て国税局長に通知するものです。 ・申請書式は当会ホームページ会員用サイトから取得が可能です。 ・税理士業務開始の1週間前までに申請してください。	郵券434円分
入国・在留手続申請 代理届出願い	出入国管理及び難民認定法施行規則第6条の2第4項第2号及び第19条第3項第2号等の規定により、弁護士会を経て地方入国管理局長に届け出るものです。 ・申請書式は当会ホームページ会員用サイトから取得が可能です。 ・『届出済証明書』の交付には届出から3週間程度要します。	郵券444円分 写真2葉（縦3×横2.4)
弁護士記章 紛失再交付申請 修理申請	・書式は日弁連会員専用ページから取得が可能です。 ・いずれも申請から交付まで1か月半程度かかります。 ・ネジ式・タイタック式バッチの留め具を紛失された場合は、会員課窓口へお申出ください。	紛失・再交付：10,490円（銀製） 修理：3,400円 ＊内容により変動
弁護士法人の社員と なる資格証明申請書	日弁連は、弁護士法人の社員になろうとする者の申請に基づき、法第30条の4の弁護士法人の社員となる資格を有すると認めるときは、社員となる資格証明書を発行しています。 ・発行には申請から1週間程度要します。	1,050円
変更届出書 （弁護士法人）	弁護士法人名簿に記載されている事項に変更が生じたときは届出が必要です。 ・届出書式は当会ホームページ会員用サイトから取得が可能です。 ＊主事務所が当会所属の場合は併せて「弁護士法人の変更届出書」を御提出ください。 ・届出書式は日弁連会員専用ページから取得が可能です。	1,000円 ＊主事務所が当会所属の場合 は3,000円

12 第二東京弁護士会　総務課窓口のご案内

住所：千代田区霞が関 1-1-3　弁護士会館 9 階　総務課直通 TEL：03-3581-2258
総務課窓口業務時間　平日 9 時 30 分〜16 時 30 分（変更になる場合があります）

2023年6月1日時点

項目	手続・注意事項等	手数料	窓口提出時必要書類 ※ 郵送等の場合、追加書類が必要な場合があります。
登録事項変更届 （個人用・外弁用）	○個人用と外弁用とは書式が異なります。 ○事務所（事務所名のみの場合も含む）・氏名・本籍・自宅住所を変更した場合は必ずお届けください。 ○事務所・自宅の電話番号で、携帯番号は登録不可です。 ○事務所の新設・名称変更・新規の場所への移転等の場合、「事務所名称・執務環境に関するチェックシート」も追加して提出が必要です。 ○氏名変更の『自由と正義』掲載を希望しない場合は、届出書の上部余白にその旨をご記入ください。 ※外国法事務弁護士の登録事項変更の手続きを行う場合は、事前にお電話にてお問い合わせいただきますようお願いいたします。 《手続き方法》 窓口：○ 郵送：△（外弁のみ要事前電話連絡） FAX・ネット：×	□ 2,000 円 ただし、以下の場合は、手数料無料です。 ○電話番号・FAX 番号・郵便番号のみの変更 ○行政区画等の変更、オーナー都合等によるビル名変更、場所の変更を伴わない企業名変更（疎明資料の添付が必要です。） ○新規登録会員で、新規登録後 3 か月以内での登録事項変更	○変更届書（窓口・会員サイト・日弁連会員 HP） ○職印または認印（シャチハタ不可） ○戸籍抄本（氏名・本籍変更時） ○事務所名称・執務環境に関するチェックシート　2 部 （事務所の新設・名称変更・新規の場所へ移転等の場合）2 部 -------- （会員本人） ○記章又は身分証明書（日弁連又は公的機関発行のもの） -------- （代理人） ○弁護士の身分証明書の写し（日弁連又は公的機関発行のもの）
職務上の氏名の届出・許可申請・廃止	○個人用と外弁用とは書式が異なります。 《手続き方法》 窓口・郵送：○ FAX・ネット：×	□ 2,000 円 ※登録事項変更と同時提出の場合、手数料無料。	○届出書（窓口・会員サイト・日弁連会員 HP） ○職印または認印（シャチハタ不可） -------- （会員本人） ○証明書（戸籍謄抄本・戸籍記載事項証明書（3 か月以内の発行のもの。住民票は不可。）等）※許可申請の場合は、根拠資料 -------- （代理人） ○証明書（戸籍謄抄本・戸籍記載事項証明書（住民票は不可。）等）※許可申請の場合は、根拠資料 ○弁護士の身分証明書の写し（日弁連又は公的機関発行のもの）
営利業務の届出 （新規・変更・廃止）	○営利を目的とする業務を自ら営もうとするとき、又は営む者の取締役・執行役等就任・使用人となるときは必ず届出をしてください。 ○届出の内容に変更が生じた場合（社名変更・所在地変更等）は変更届を提出してください。また、届出に係る業務を廃止したとき、取締役等退任や使用人ではなくなったときは、廃止届を提出してください。 ○ 2021/6/1〜登記事項証明書の添付を、二弁に登記情報の取得を依頼することで省略できるようになりました（1 社につき手数料 500 円）。 ※弁護士名簿上の事務所等の変更をされる場合は、登録事項変更届の提出が必要です。 ※企業所属（インハウス）の会員は営利業務に関する各種届出が必要となります。ご注意ください。 《手続き方法》 窓口・郵送：○ FAX・ネット：×	□届出手数料：新規：5,500 円 変更：3,300 円 廃止：無料 □登記情報手数料：500 円/1 社（ご自身で登記事項証明書を用意する場合は、不要） ※登記事項証明書は、新規・廃止等問わず必要となります。当会で登記情報を取得依頼する場合は、当該手数料が必要となります。	○届出書（窓口・会員サイト・日弁連会員 HP） ○職印または認印（シャチハタ不可） ○添付書類：①または②のいずれか ①登記情報利用申出書 ②新規・廃止…履歴又は現在事項全部（又は一部）証明書 ⇒原本・コピー各 1 部 ②変更…履歴事項全部（又は一部）証明書 ⇒原本・コピー各 1 部

項目	手続・注意事項等	手数料	窓口提出時必要書類 ※ 郵送等の場合、追加書類が必要な場合があります。
公職就任の届出 （新規・変更・退任）	○常時勤務を要する報酬のある公職に就いたときは必ず届けてください。 ○届出の内容に変更が生じた場合は変更届を提出してください。また、公職を退任したときは、退任届を提出してください。 ※弁護士名簿上の事務所等の変更をされる場合は、登録事項変更届の提出が必要です。 《手続き方法》 窓口・郵送：○ FAX・ネット：×	□就任・変更・退任：無料	○届出書（窓口・会員サイト・日弁連会員HP） ○職印または認印（シャチハタ不可）
登録事項変更届 （法人・外弁法人用）	○変更届書別紙1～9は、変更箇所ページのみをご提出ください。 ○法人用と外弁法人用は書式が異なりますので、ご注意ください。（※個人用の登録事項変更届とも書式が異なります。） ○事務所の新設・名称変更・新規の場所へ移転等の場合、「事務所名称・執務環境に関するチェックシート」も追加で必要です。 《手続き方法》 窓口・郵送：○ FAX・ネット：×	□3,100円 （当会に主事務所がない場合は1,100円） ただし、以下の場合は、手数料無料です。 ○電話番号・FAX番号・郵便番号のみの変更 ○行政区画等の変更、オーナー都合等によるビル名変更、場所の変更を伴わない企業名変更（疎明資料の添付が必要です）	○変更届書（窓口・会員サイト・日弁連会員HP） ○法人印または代表社員の職印 ○履歴事項全部証明書（登記事項変更時） 原本・コピー各1部 ○定款（定款変更時）コピー2部 ○事務所名称・執務環境に関するチェックシート　2部 （事務所の新設・名称変更・新規の場所へ移転等の場合）
弁護士法人の社員となる資格証明	○弁護士法人の社員として登記する際に必要です。 ○申請書記載の氏名・自宅住所と、会員名簿に登録されている氏名・自宅住所が異なると証明書の発行が出来ませんので、ご注意ください。 ○申請を受理してから発行までに1週間程度必要となります。 ○法人新設してその法人の社員となる場合、「事務所名称・執務環境に関するチェックシート」が追加で必要です。 《手続き方法》 窓口：○ 郵送・FAX・ネット：×	□1,050円	○申請書（窓口・日弁連会員HP） ○職印または認印（シャチハタ不可） ○事務所名称・執務環境に関するチェックシート　2部 （法人新設の場合）
証明書発行機用のパスワード登録	○印鑑証明書・登録等証明書の発行は、証明書発行機をご利用ください。ご利用にあたっては、事前にパスワードの登録が必要です。窓口で即日登録します。（窓口で配布している専用ハガキによる郵送での登録も可能です。） ○代理人申請の場合、当日のみ有効なパスワードの登録が可能です。（すでに登録していたパスワードがあった場合は、消去されますので、悪しからずご容赦ください。） 《手続き方法》 窓口：○ 郵送：△（専用ハガキ利用のみ） FAX・ネット：×		（会員本人） 〈窓口設定〉 ※レギュラーパスワードの発行 ○パスワード登録申請書（窓口） ○職印 ○記章又は身分証明書（日弁連又は公的機関発行のもの） 〈郵送設定〉 ○専用ハガキ（窓口） ○職印 ○弁護士の身分証明書の写し（日弁連又は公的機関発行のもの） -------------------- （代理人） 〈窓口設定〉 ※ワンデイパスワードの発行 ○パスワード登録申請書（窓口） ○職印 ○代理人の身分証明書（弁護士会又は公的機関発行のもの）
印鑑登録	○登録できる印鑑は1つのみになります。 ※登録申請は、原則弁護士ご本人にてお手続願います。 ※証明書発行機で印鑑証明書を発行する場合、申請を受理してから1週間程度必要となります。 《手続き方法》 窓口：○ 郵送：△（窓口よりかなりお時間がかかります。） FAX・ネット：×		○登録用紙（窓口） ○登録する印鑑（シャチハタ不可） -------------------- （会員本人） ○記章又は身分証明書（日弁連又は公的機関発行のもの） -------------------- （代理人） ○委任状 ○弁護士の身分証明書の写し（日弁連又は公的機関発行のもの） ○代理人の身分証明書（弁護士会又は公的機関発行のもの）

項目	手続・注意事項等	手数料	窓口提出時必要書類 ※ 郵送等の場合、追加書類が必要な場合があります。
印鑑証明書の発行	○証明書提出機関への弁護士会からの直送はお受けできません。 〈証明書発行機をご利用の場合〉 ○登録番号と事前に登録したパスワード（数字6桁）を入力の上、操作画面に従って発行してください。ご利用可能時間は平日10時〜16時30分です。 〈郵送・ネット申請をご利用の場合〉 ○会員サイトをご確認ください。 ○申請を受理してから1週間程度で法律事務所宛にレターパックライトで発送します。 ※証明したい事項（自宅住所等）が現在の登録情報と異なる場合は証明ができません。登録事項変更届を行ってください。 《手続き方法》 窓口：◎（証明書発行機のご利用が便利です。） 郵送：△ FAX：× ネット：○（クレジットカード決済が可能）	〈証明書発行機〉 □手数料：550円/1通 〈郵送・ネット申請〉 □手数料：550円/1通 □送料　：370円（99通ごと）	〈証明書発行機〉 ○登録番号と証明書発行機用パスワード 〈ネット申請〉※クレジットカード支払可 ○会員サービスサイト内の専用ページからご申請ください。 〈郵送申請〉 ○郵送申請書（会員サイト） ○振込明細の写し
登録証明書 （当会発行・和文）	○厳封をご希望の場合は、申請書余白に「厳封希望」と記載してください。 ○証明書提出機関への弁護士会からの直送はお受けできません。 ○2か所以上の事務所住所を記載する証明書及び成年後見人の住所変更登記申請における証明書は窓口または郵送申請で発行します。（発行までに1週間程度お時間がかかります。ご希望に応じて、事務所宛に送付が可能です。） ※証明したい事項（自宅住所等）が現在の登録情報と異なる場合は証明ができません。登録事項変更届を行ってください。 〈証明書発行機をご利用の場合〉 ○登録番号と事前に登録したパスワード（数字6桁）を入力の上、操作画面に従って発行してください。ご利用可能時間は平日10時〜16時30分です。 〈郵送・ネット申請をご利用の場合〉 ○会員サイトをご確認ください。 ○申請を受理してから1週間程度で事務所宛にレターパックライトで発送します。 《手続き方法》 窓口：◎（証明書発行機のご利用が便利です。） 郵送：△ FAX：× ネット：○（クレジットカード決済が可能）	〈窓口・証明書発行機〉 □手数料：550円/1通 □送料　：370円（99通ごと） ※窓口申請で事務所宛送付希望の場合) 〈郵送・ネット申請〉 □手数料：550円/1通 □送料　：370円（99通ごと）	〈証明書発行機〉 ○登録番号と証明書発行機用パスワード 〈ネット申請〉※クレジットカード支払可 ○会員サービスサイト内の専用ページからご申請ください。 〈郵送申請〉 ○申請書（会員サイト） ○振込明細の写し
登録証明書 （当会発行・英文）	○厳封をご希望の場合は、申請書余白に「厳封希望」と記載してください。 ○証明書提出機関への弁護士会からの直送はお受けできません。 ○原則、ネット申請をご利用ください。（ネット申請時、職務上氏名使用されていない場合、職務上氏名入力欄は空欄のままにしてください。） 〈郵送・ネット申請をご利用の場合〉 ○会員サイトをご確認ください。 ○申請を受理してから1週間程度で事務所宛にレターパックライトで発送します。 〈窓口をご利用の場合〉 ○発行までに1週間程度お時間がかかります。ご希望に応じて、事務所宛に送付が可能です。 《手続き方法》 窓口・郵送：△ FAX：× ネット：◎（クレジットカード決済が可能）	〈郵送・ネット申請〉 □手数料：550円/1通 □送料　：370円（99通ごと） 〈窓口〉 □手数料：550円/1通 □送料　：370円（99通ごと） ※窓口申請で事務所宛送付希望の場合	〈ネット申請〉※クレジットカード支払可 ○会員サービスサイト内の専用ページからご申請ください。 〈窓口〉 ○申請書（会員サイト） 〈郵送申請〉 ○申請書（会員サイト） ○振込明細の写し

弁護士会、裁判所からのお知らせ、要望事項等

項目	手続・注意事項等	手数料	窓口提出時必要書類 ※ 郵送等の場合、追加書類が必要な 場合があります。
登録情報証明書 （日弁連発行・英文あり）	○証明書は受付から**1週間前後**で日弁連からご登録の住所に直送されます。 ○厳封をご希望の場合は、申請書余白に「厳封希望」と記載してください。 ○証明書提出機関への弁護士会からの直送はお受けできません。 《手続き方法》 　窓口・郵送：○ 　FAX・ネット：×	□ 1,050 円 /1 件	《窓口申請》 ○登録等証明交付願（窓口・会員サービスサイト・日弁連会員 HP） ○職印または認印（シャチハタ不可） 《郵送申請》 ○登録等証明交付願（窓口・会員サービスサイト・日弁連会員 HP） ○職印または認印（シャチハタ不可） ○振込明細の写し
身分証明書 （弁護士用） （日弁連発行）	○日弁連発行の免許証タイプ（プラスチック製）の証明書（有効期限 5 年間）です。 ○**月末締めで翌月末に完成します。更新申請時も同様です。** ○期限切れや旧事務所等の身分証明書は、再交付時に回収します。紛失時には、別途紛失届の提出が必要となります。 《手続き方法》 　窓口：○ 　郵送：○申請　×受取 　FAX・ネット：×	□ 3,150 円（申請時にお支払い）	《申請時》 ○申請書（窓口・日弁連会員 HP） ○職印または認印（シャチハタ不可） ○写真 2 枚（縦 4cm× 横 3cm・3 か月以内撮影・裏面に登録番号と氏名記入） 《交付時》 ○交付通知ハガキ ○旧身分証明書（更新の場合） - - - - - - - - - - - - - - - - - - - （会員本人） 《申請時・交付時とも》 ○記章又は身分証明書（日弁連又は公的機関発行のもの） - - - - - - - - - - - - - - - - - - - （代理人） 《申請時・交付時とも》 ○委任状 ○弁護士の身分証明書の写し（日弁連又は公的機関発行のもの） ○代理人の身分証明書（弁護士会又は公的機関発行のもの）
身分証明書 （事務職員用） （二弁から会員へ貸与）	○当会発行の免許証タイプ（プラスチック製）の証明書（有効期限 5 年間）です。 ○**申請は（ご本人確認が必要なため）事務職員ご本人**がお越しください。 ○**毎月 15 日締めで翌月初めに完成します。** ○法人会員の雇用として発行する場合は、「申請会員名」は法人会員名を記入し、その下の欄には、対象となる事務職員の所属する事務所常駐社員の弁護士名を記入してください。 ○期限切れや旧事務所等の身分証明書は、再交付時に回収します。紛失時には、別途紛失届の提出が必要となります。 ○記載の職員が退職の場合、返還届とともに窓口持参か郵送で返還してください。 《手続き方法》 　窓口：○ 　郵送・FAX・ネット：×	□ 3,300 円（申請時にお支払い）	（会員本人） 《交付時》 ○交付通知ハガキ ○記章又は身分証明書（日弁連又は公的機関発行のもの） - - - - - - - - - - - - - - - - - - - （代理人） 《申請時》 ○申請用紙（窓口・会員サイト） ○雇用弁護士の職印または認印（シャチハタ不可）（法人会員の雇用での発行の場合、法人印または常駐社員会員の職印） ○写真 2 枚（縦 4cm× 横 3cm・3 か月以内撮影） ○住民票の写し（コピー不可。マイナンバーの記載がない、発行日から 1 か月以内のもの。） ○身分証明書（公的機関発行のもの） 《交付時》 ○交付通知ハガキ ○記章又は身分証明書（日弁連又は公的機関発行のもの） ○委任状 ○申請書記載の雇用弁護士の身分証明書の写し（日弁連又は公的機関発行のもの） ○代理人の身分証明書（公的機関発行のもの）

項目	手続・注意事項等	手数料	窓口提出時必要書類 ※ 郵送等の場合、追加書類が必要な場合があります。
職務上請求書（用途別にA・B・C・Dの4種類）	○3か月以内各2冊まで購入できます。多摩支部での購入も可能です。 ※用紙の管理・取扱には十分ご注意ください。 ※3か月以内に2冊を超える購入が必要な場合には、当会宛に指定書式の上申書をご提出いただく必要があります（会員サイトをご確認ください）。 《手続き方法》 　窓口・郵送：○ 　FAX・ネット：×	□360円/1冊	○購入申込書（窓口・会員サイト） ○職印（法人の場合は法人印） - - - - - - - - - - （会員本人） ○記章又は身分証明書（日弁連又は公的機関発行のもの） - - - - - - - - - - （代理人） ○委任状 ○弁護士の身分証明書の写し（日弁連又は公的機関発行のもの） ○代理人の身分証明書（弁護士会又は公的機関発行のもの）
税理士業務開始通知書・業務廃止届	○弁護士会を通じて、所管の国税局に通知することで、税理士業務が可能です。 ○開始通知は、国税局ごとに必要です。 ○業務開始日は申請日から5営業日以後の日を設定してください。（郵送の場合は当会到着予定日から5営業日以後の日を設定してください。） ○弁護士名簿上の事務所・自宅が変更となる場合は、開始通知書に「自宅住所（事務所住所）変更による届出」等とご記入いただき、開始時と同様に手続をお願いいたします。（その場合は開始日は記入しないでください。） ○税理士業務を廃止する場合は、廃止届を提出してください。 ○国税局から通知書を、2週間前後でご自宅または事務所宛に直送されますが、業務自体は、通知書の記載の開始日から可能です。 《手続き方法》 　窓口・郵送：○ 　FAX・ネット：×	□開始・変更・廃止：330円/1国税局	○届出用紙（窓口・会員サイト） ○職印または認印（シャチハタ不可）
入国・在留手続申請代理届出願	○出入国在留管理局長発行の届出済証明（有効期限3年間）を発行いたします。 ○受取時は届出済証が届き次第（1か月程度かかります）、受領書をご登録のFAX番号宛にご送付しますので、必要事項を記載・押印いただきご来会ください。なお、更新時、期限切れや古い届出済証明書を交付時に回収します。 ※期限切れの場合は、新規でのお取扱いとなります。 《手続き方法》 　窓口：○ 　郵送：○申請　×受取 　FAX・ネット：×	□新規・更新・変更・廃止：330円	〈申請時〉 ○届出願書（窓口・会員サイト） ○写真（2枚－タテ3cm×ヨコ2.4cm・6か月以内撮影・裏面に登録番号と氏名記入） ○職印または認印（シャチハタ不可） 〈交付時〉 ○受領書（FAX等でお送りしたもの） ○旧届出済証明書（更新の場合） - - - - - - - - - - （会員本人） 〈交付時〉 ○記章又は身分証明書（公的機関発行のもの） - - - - - - - - - - （代理人） 〈交付時〉 ○弁護士の身分証明書の写し（日弁連又は公的機関発行のもの） ○代理人の身分証明書（弁護士会又は公的機関発行のもの）

弁護士会、裁判所からのお知らせ、要望事項等

項目	手続・注意事項等	手数料	窓口提出時必要書類 ※ 郵送等の場合、追加書類が必要な場合があります。
弁護士記章（バッチ）の紛失（再交付）・修理	○修理・改造は申請時から約1か月程度かかります。 ○紛失再交付は申請月の翌月末が目安です。 《手続き方法》 　窓口：○ 　郵送・FAX・ネット：×	□紛失再交付：金製95,260円、銀製10,490円（いずれも官報公告料1,060円含む） □毀損再交付（修理不可）：金製94,200円、銀製9,430円 □留め具変更（ネジ式・バックピン式・タイタック式）：3,300円 □修理費：3,300円 ※破損の程度により追加料金あり □銀製から金製への交換：94,200円 ※ネジ式・タイタック式バッチの留め金のみは無料。窓口へお申出ください。	○申請書（窓口・日弁連会員HP） ○職印または認印（シャチハタ不可） ―――――――――――― （会員本人） ○記章又は身分証明書（日弁連又は公的機関発行のもの） （代理人） ○委任状 ○弁護士の身分証明書の写し（日弁連又は公的機関発行のもの） ○代理人の身分証明書（弁護士会又は公的機関発行のもの）
協同組合・会員情報証明	○申請書を窓口にお持ちください。出来上がり次第ご連絡しますので、窓口で手数料をお支払ください。 ○申請を受理してから発行までに2～3日程度必要となります。 《手続き方法》 　窓口：○ 　郵送・FAX・ネット：×	□ 550円	○協同組合指定の申請用紙 ○職印 ―――――――――――― （会員本人） ○記章又は身分証明書（日弁連又は公的機関発行のもの） ―――――――――――― （代理人） ○弁護士の身分証明書の写し（日弁連又は公的機関発行のもの） ○代理人の身分証明書（弁護士会又は公的機関発行のもの）
固定資産評価証明書交付申請書の配布	○使用目的は、訴えの提起、保全処分（仮差押・仮処分）、調停申立、借地非訟の申立に限られています。破産申立や家事調停・審判の申立、遺産分割協議書作成のための申請などの目的では使用できませんので、ご注意ください。 ○詳細は日弁連会員サイトをご参照ください。 《手続き方法》 　窓口：○ 　郵送・FAX：× 　ネット：◎（日弁連会員サイトからダウンロード可能）		○申請書（窓口・日弁連会員サイト）
郵送物送付先・FAX送信先の変更	○当会からの郵送物およびFAXの送付先を、登録の自宅住所・FAXに変更します。 ○自由と正義、日弁連新聞の送付先を変更します。 《手続き方法》 　窓口・郵送・FAX：○ 　ネット：×		○各申請書（窓口・会員サイト）
会館使用許可申請書	○10階会議室の使用申込は、使用日の**3か月前から**受け付けます。空き状況を電話でご確認ください。（**仮予約**） ○**1週間前まで**に、窓口に申請書をご提出の上、使用料をお支払いください。（**本予約**） 《手続き方法》 　窓口：○ 　郵送・FAX・ネット：×	□会議室使用料：4,400円～ □備品使用料： 　マイク・ホワイトボード無料 　プロジェクター 5,500円 （貸出用のスクリーンは無し。） キャンセルポリシー： 　1週間前まで　無料 （要：申請書控え・領収書） 　1週間以降　　返不可	○申請書（窓口・会員サイト） ○職印または認印（シャチハタ不可） ※貸出用のスクリーンはありません。

項目	手続・注意事項等	手数料	窓口提出時必要書類 ※ 郵送等の場合、追加書類が必要な 場合があります。
会館内無線LANのパスワード交付（当会用）	○利用できるエリアは、8階（合同図書館部分を除く）～10階です。 ○会員サイト・当会アプリにパスワードが掲載されております。 《手続き方法》 　窓口：○ 　郵送・FAX：× 　ネット：◎（会員サイト・アプリの閲覧）		○申請書（窓口）
会員サイトIDの紛失再発行	○会員サイトのログイン画面【ログインID、パスワードお忘れの方へ】からご申請ください。 ○メールで申請を受理してから、**1週間以内に登録先へ郵送します。** 《手続き方法》 　窓口・郵送・FAX：× 　ネット：○		
FAX送信サービス（全会員・修習期別）	○全会員宛、また修習期を限定（60期以降会員など）してFAXも可能です。 ○申請を受理してから**送信まで1週間程度必要となります。** ○後日、請求書を送付します。 《手続き方法》 　窓口・郵送：○ 　FAX・ネット：×	□手数料：3,300円 ＋（1枚8円×送信先数＋税）	○申請書（窓口・会員サイト） ○職印または認印（シャチハタ不可） ○送信原稿見本1部
FAX送受信サービス（個人用）	○FAX受信の場合は、受取人が分かるように送付状をお付けいただき、総務課03-3581-3337まで送信ください。 《手続き方法》 　窓口：○ 　郵送・FAX・ネット：×	□30円/1枚	○原稿（送信及び受信）
会館内の文書図画掲示サービス	○当会の掲示許可基準に基づき、当会が掲載を相当と判断した掲示物のみ掲示します。掲載期間は会内決裁後～1か月です。 《手続き方法》 　窓口：○ 　郵送・FAX・ネット：×	□無料	○申請書（窓口） ○職印または認印（シャチハタ不可） ○掲示物23部（9階掲示板2部、8階ラック21部）
法律事務職員サイト	○弁護士会への届出書式（登録事項変更届出書、証明書、営利業務従事等届出書、職務上請求書、身分証明書、会館使用許可申請等）、会費関係、預り金口座等の書式のダウンロードができます。 ○ログインには、ユーザー名（固定）・パスワード（年1回変更）が必要です。 ○ユーザー名・パスワードは、①会員サービスサイト内お知らせページで確認②窓口申請③郵送申請④メール申請　の4つの方法で取得できます。 ○法律事務職員サイトURL 　→ https://niben.jp/officeworker/ 《手続き方法》 　窓口・郵送・ネット：○ 　FAX：×		〈窓口申請を〉※即日お渡し ○申請書（窓口・会員サイト） ○職印または認印（シャチハタ不可） 〈郵送申請〉※事務所宛てに後日郵送 ○申請書（窓口・会員サイト） -------- （会員本人） 〈窓口申請〉 ○記章又は身分証明書（日弁連又は公的機関発行のもの） -------- （代理人） 〈窓口申請〉 ○代理人の身分証明書（弁護士会又は公的機関発行のもの）

弁護士会、裁判所からのお知らせ、要望事項等

13 供託根拠法令についてのお知らせ

　供託は、民法、商法、民事訴訟法、民事執行法等の規定によって、供託が義務付けられている場合または供託をすることが許容されている場合に限って、認められています。
　供託根拠法令についてご確認される場合は、
　　法務省 HP　http://www.moj.go.jp/MINJI/minji06_00059.html　をご覧ください。

14 東京三弁護士会多摩支部

東京三弁護士会

1　所在地・連絡先

住所　〒 190-0014　立川市緑町 7 丁目 1 番立飛ビル 8 号館 2 階
電話番号　042-548-3800
FAX 番号　042-548-3808
交通アクセス
電車を利用する場合
- JR 中央線・青梅線・南武線「立川駅」北口から
　多摩都市モノレール「立川北駅」に乗り換え、「高松駅」下車、徒歩 3 分
バスを利用する場合
- JR 立川駅北口 2 番乗り場より「緑町」または「自治大学校・国立国語研究所」下車

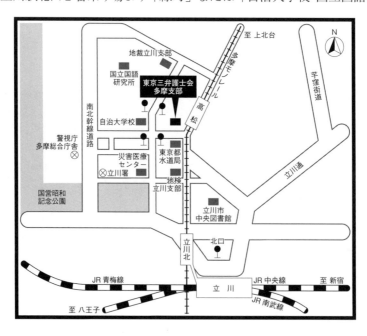

2　多摩支部ホームページ　　https://www.tama-b.com/

15 裁判所から弁護士に対する要望事項

① 東京地方裁判所関係

東京地方裁判所要望事項（東京簡易裁判所を含む）

個人番号（マイナンバー）の取扱いについて、別紙1の点にご留意いただきたい（別紙2を参考にされたい。）。

（別紙1）

訴訟手続その他の裁判所の手続における個人番号（マイナンバー）の取扱いに関する留意点について

　平成28年1月1日から行政手続における特定の個人を識別するための番号の利用等に関する法律（以下「番号法」という。）に基づき、個人番号（以下「マイナンバー」という。）の利用、提供などの主要な規定が施行され、訴訟手続その他の裁判所の手続においてもマイナンバーを提供することが認められています（番号法第19条第15号）。

　もっとも、番号法においてマイナンバーを利用、提供する場合が厳格に限定されていること（番号法第9条、第12条等）を踏まえると、例外的に訴訟手続等においてマイナンバーを提供することが想定される場面としては、マイナンバー自体を立証する必要がある場合など、ごく限られた場合であると考えられます。

　ついては、番号法の趣旨を踏まえ、訴訟手続等において必要な範囲を超えてマイナンバーを提供することがないよう、裁判所に書類を提出する際には、下記の点に留意していただくようお願いします。

記

1　不必要にマイナンバーが記載された書類を裁判所に提出することがないよう、マイナンバーの提供の必要性を慎重に検討してください。

　　※　住民票の写しや源泉徴収票等には、原則としてマイナンバーは記載されませんが、本人の求めに応じてマイナンバーが記載されたものが発行される場合があります。これらの書類を裁判所に提出する際には、マイナンバーの記載がないものを提出するようにしてください。

2　マイナンバー自体を提供する必要がない場合でマイナンバーが記載された書類を提出する際には、マイナンバー部分（QRコードを含む。）をマスキングするなどの配慮の要否について十分に検討した上で提出してください。

　　※　社会保障や税に関する各種申告書等、マイナンバーの記載欄が設けられた書類（控え）を提出する際には、特に注意してください。

（別紙２）　**訴訟手続等において提出が予想される主なマイナンバー記載書類**

（注）マイナンバーが記載される全ての書類を掲載しているものではありません。

分野	種類	書類名称	備考
共通	住民票	住民票の写し	希望者のみ記載
	通知カード	通知カード	
	個人番号カード	個人番号カード	希望者のみ交付
社会保障	雇用保険手続関係	雇用保険被保険者資格取得届	※1
		雇用保険被保険者資格喪失届・氏名変更届	※1
		雇用保険被保険者離職票－1・資格喪失確認通知書	※1
		未支給失業等給付請求書	※1
	雇用継続給付手続関係	高年齢雇用継続給付受給資格確認票・（初回）高年齢雇用継続給付支給申請書	※1
		育児休業給付受給資格確認票・（初回）育児休業給付金支給申請書	※1
	健康保険・厚生年金手続関係（適用関係）	健康保険・厚生年金保険被保険者資格取得届	※1
		健康保険・厚生年金保険被保険者資格喪失届	※1
		健康保険被扶養者（異動）届・国民年金第3号被保険者関係届	※1
		国民年金保険料免除申請書	※1
	健康保険関係（給付関係）	各種給付金（療養費、傷病手当金等）申請書	※1（健康保険、共済組合及び船員保険制度）
			※1（国民健康保険及び後期高齢者医療制度）
	生活保護関係	生活保護法による保護申請書	※1
		生活保護台帳	行政庁が作成、保管するもの
	介護保険関係	介護保険（要介護認定、要支援認定等）申請書	※1
		介護保険資格取得・異動・喪失届	※1
		介護保険被保険者証交付申請書	※1
税	申告所得税関係	所得税の確定申告書B	※1
		所得税の青色申告承認申請書	※1
		青色事業専従者給与に関する届出・変更届出書	※1
	源泉所得税関係	給与所得者の扶養控除等（異動）申告書	※1
		給与所得者の保険料控除申告書兼給与所得者の配偶者特別控除申告書	※1
		給与所得者の（特定増改築等）住宅借入金等特別控除申告書	※1
		退職所得の受給に関する申告書	※1
		公的年金等の受給者の被扶養親族等申告書	※1
	相続税・贈与税関係	贈与税の申告書第一表	※1
		相続税の申告書第1表	※1
	消費税関係	消費税及び地方消費税の確定申告書（一般用）	※1
		消費税課税事業者届出書（基準期間用）	※1
	間接諸税関係	印紙税納税申告書（書式表示用）	※1

分野	種類	書類名称	備考
税	酒税関係	酒税納税申告書	※1
		酒類の販売数量等報告書	※1
		異動申告書	※1
	法定調書関係	給与所得の源泉徴収票	※1、※2
		退職所得の源泉徴収票	※1、※2
		公的年金等の源泉徴収票	※1、※2
		報酬、料金、契約金及び賞金の支払調書	※1、※2
		不動産の使用料等の支払調書	※1、※2
	法定調書関係	配当、剰余金の分配及び基金利息の支払調書	※1、※2
		給与所得の源泉徴収票等の法定調書合計表	※1（提出者が個人の場合に限る。）
		退職手当金等受給者別支払調書	※1
	納税証明書及び納税手続関係	納税証明書交付請求書	※1
		納税の猶予申請書	※1
		換価の猶予申請書	※1
	地方税関係	給与支払報告書（総括表）	※1（提出者が個人の場合に限る。）
		給与支払報告書（個人別明細書）	※1
		公的年金等支払報告書（総括表）	※1（提出者が個人の場合に限る。）
		公的年金等支払報告書（個人別明細書）	※1
		退職所得申告書	※1
		特別徴収票（市町村提出用）	※1
		市町村民税・道府県民税　納入申告書	※1（提出者が個人の場合に限る。）
		給与所得等に係る市町村民税・道府県民税　特別徴収税額の決定・変更通知書（特別徴収義務者用）	市区町村が作成し、事業者が保管するもの
	その他	異議申立書	※1
		審査請求書	※1
災害対策	災害関係	被災者台帳	行政庁が作成、保管するもの
その他		賃金台帳	事業者が作成、保管するもの
		金融機関における各種申込書	※1、※3
		上記マイナンバー記載書類を撮影した写真	※4

※1　申請者、請求者、届出人等にマイナンバーの記載が求められている書類（申請者等控えを含む。）
※2　税務署提出分のみ（本人に交付される源泉徴収票、支払調書写し又は支払通知書には、本人からマイナンバーも含む開示請求がされない限り記載されない。）
※3　主に銀行や証券会社における投資信託・公共債など証券取引全般、非課税貯蓄、財形貯蓄（年金、住宅）、外国送金（支払・受領）、信託取引に係るものが考えられる。
※4　例えば証拠物として提出された写真の中に窃盗の被害品等としてマイナンバーやQRコードが記載されたものが写り込んでいる可能性がある。

弁護士会、裁判所からのお知らせ、要望事項等

民事部要望事項（東京簡易裁判所を含む）

1. 訴訟代理委任状には、所属弁護士会、事務所所在地、電話番号、ファックス番号及び郵便番号を表示されたい。なお、この表示事項に変更があったときは、その旨ご連絡願いたい。

2. 訴状・訴え提起前の和解、支払督促、証拠申出書その他の各種申立てに係る書面の当事者、証人等の住所欄には郵便番号を付されたい。

3. 資格証明書は提出時より3か月以内に作成されたもの（但し、手形事件の被告の資格証明書は1か月以内のもの）を提出されたい。

4. 人証の証拠申出書には、必ず同行、呼出の別、尋問予定時間を記載し、書記官及び証人分の尋問事項書を添付されたい。書証の写しについては、できる限り日本工業規格A列四番の用紙を用い、左側に編綴部分（3cm位）の余白を設け、右肩に書証番号及び表題（書証自体に表題があるものを除く）を記載されたい。また、文書送付嘱託申出書には「送付を求める書類」の目録を2通添付するよう願いたい。

5. 準備書面、証拠申出書、書証写し等の提出書類は、副本（訴え変更を含む場合は除く。）を直送し、欄外余白部分に副本直送㊞と次回期日を記載するようご協力願いたい。なお、期日外に、書証写しを提出するときは、証拠説明書とともに提出されるよう願いたい。

6. 期日変更申請には、なるべく相手方の同意並びに双方の希望期日を記載されたい。

7. 訴状等提出の際添付する郵券は別添一覧表の基準により予納願いたい。

8. 証拠調費用の予納を命ぜられたときは遅滞なくその手続をするようご協力願いたい。
    また、書類の追完・訂正・補正、郵券の予納、印紙の追貼の連絡を受けたときも遅滞なくその手続を完結するようご協力願いたい。

9. 証人等を尋問するときは、供述の終わらぬうちに次の質問を発しないよう、また供述内容が工学、建築学及び医学等専門の特殊用語に触れたとき、又は、固有名詞（人名、地名等、場合によっては外国語のスペル）が出たときは、その文字を尋ねていただきたい。

10. 弁護士が訴訟関係人を裁判所に出頭させる場合には、同関係人に出頭場所（部、係）、時間、事件番号及び担当書記官名を知らせるようご配慮いただきたい。また、同事項を弁護士事務所に問い合わせたときは、応答できるようにご配慮いただきたい。

11. 民事事件係について
    (1) 受付の窓口は午後2時30分以降（簡裁は午後2時以降）は混雑するので、比較的余裕のある午前中や午後の早い時間帯を利用していただきたい。
    (2) 訴額の計算が複雑な事件については、計算書を添付していただきたい。
    (3) 当事者の氏名で読みにくいものについては、振り仮名をふっていただきたい。
    (4) 資格証明等の添付書類は、受付時に必ず提出していただきたい。
    (5) 訴状と同時に提出する附属書類は、訴状の「附属書類」欄に全て記載していただきたい。

(6) 建築関係事件については、事件係が争点を把握できるようにしていただきたい。

(7) 控訴状、抗告状を提出するときは判決正本、決定正本等（写しでも可）を持参していただきたい。

12. 民事8部（商事部）について

裁判所のホームページ（東京地方裁判所の「裁判手続きを利用する方へ」の「手続案内（民事部）」の「民事第8部（商事部）」）のお知らせを参照の上、次の点について留意していただきたい。

(1) 合議事件に係る主張書面等については、上記「民事第8部（商事部）」の「4. 弁論・手形」の「訴訟事件について」にある「(9)電子データの提出について」を参照の上、協力願いたい。

(2) 手形・小切手訴訟については事件の迅速処理のためご提出いただいている当事者目録、手形・小切手目録は、弁論終結時までにご提出くださるよう協力願いたい。

(3) 会社非訟事件及び民事非訟事件については、東京23区及び島しょ部に本店所在地のある法人に関するものであるか確認していただきたい。

(4) 会社非訟事件に関する主な申立ては、上記各係からのお知らせの「非訟・過料係からのお知らせ」をご覧いただきたい。

なお、申立時に予納する郵便切手は、原則として2,700円分（内訳：500円3枚、100円4枚、84円5枚、50円3枚、20円4枚、10円10枚、5円4枚、2円10枚、1円10枚）（関係人1名の場合）である。

ただし、申立人にのみ決定を告知すれば足りる事件（例　債務弁済許可申立事件）について予納する郵便切手は84円である。

13. 民事第9部（保全部）について

民事保全事件の申立書を提出する前に、東京地裁HP「民事9部（保全部）紹介」に掲載された内容を参照し、手続の流れや所要時間を確認する（160・161頁参照）とともに、次の事項について留意されたい。

また、配偶者暴力等に関する保護命令申立事件を申し立てる際にも、手続の流れなどについて同HPに掲載された内容を確認し、当部で用意している申立書書式を利用されたい。

(1) 管轄はあるか。特に、本案が併合請求の裁判籍により当庁に提起される可能性があるとしても、実際に提起されるまでは保全申立ての管轄は生じないことに注意されたい。

(2) 申立書に貼用すべき収入印紙は、貼用されているか。

（債権者・債務者いずれか多い方の当事者1名につき収入印紙2,000円）

ただし、同一の請求債権（例：主債権者と連帯保証人）で仮差押えを申し立てる場合に限り、例外として1個の申立てと解される。

(3) 申立書の日付、作成者の氏名、宛先の記載及び押印、訂正印は押されているか。
（押印、訂正印もれ等に注意）

(4) 当事者の表示と訴訟委任状の委任者欄、資格証明（法人の登記事項証明書等）、住民票、疎明資料の契約書等の記載とが一致しているか。

当事者の住所の上に郵便番号を記載し、また、手形上、登記記録上の住所氏名と異なる場合は、手形上、登記記録上のそれを併記する。

疎明資料に記載のある当事者の住所が現在の住所と異なる場合は、住民票、戸籍の附票、法人の閉鎖登記事項証明書などを疎明資料として提出して、双方の住所のつながりが分かるようにしていただきたい。

(5) 相続が関係する事件については、相続関係図を添付していただきたい。

(6) 給与、預金、売掛代金等の債権仮差押命令申立ての場合は、債務者の住所地（法人の場合は、本店及び支店）の不動産登記事項証明書とブルーマップ（住居表示と不動産登記記録上の所在地が併記されている地図）を提出する必要がある。提出するブルーマップは、原寸大でカラーコピーしたものを提出していただきたい。

(7) 委任状に記載もれはないか。（特別委任事項（民訴55Ⅱ）の授権。特に取下げの有無）代理人の電話番号（ファクシミリ番号を含む。）の記載はあるか。

(8) 申立ての理由中に要証事由ごとに証拠が記載されているか。
（民事保全規則13条2項参照）

(9) 請求債権目録、物件目録等に記載もれはないか。
物件目録は登記（登録）事項証明書の記載と合わせていただきたい。

(10) 登記（登録）事項証明書は、保全執行の内容が登記（登録）を要するものについては、申立日に近接した日に発行されたものの原本（1か月以内が限度）、その他の場合については3か月以内に発行されたものの原本又は写しを、提出されたい。

評価証明書は当該年度のものを提出されたい。また、未評価物件については各法務局に価格の算出根拠、算出価格を問い合わせ願いたい。

(11) 疎明書類は揃っているか。甲号証の表示はされているか。

(12) ボンド（支払保証委託契約）許可申請書は2通（うち1通は謄本交付用）を提出されたい。
（民事保全法4条1項、民事保全規則2条参照）

(13) 第三債務者に対する陳述催告の申立てはされているか。
（民事保全法50条5項、民事執行法147条参照）

(14) 民事9部に対する事務処理状況の照会に当たっては、必ず事件番号、事件の種別を明らかにされたい。

(15) 記載内容の相当性について
事前に問い合わせることなく申立てに必要な書面が揃ってから提出いただきたい。

書面の追完はなるべく避けていただきたい。

⒃　占有移転禁止の仮処分の執行など、執行官に執行の申立てを行う事件は、債権者が仮処分決定正本の送達を受けた後、2週間以内に執行に着手しなければならないので、直ちに執行官に対する申立てをしていただきたい。

　　また、執行場所が複数の場合や目的物が大量で大がかりな執行が予想される場合は、執行官の日程調整も必要となるため、保全命令発令の前後にかかわらず、早い段階で執行官に相談していただきたい。

14.　民事第11部、19部、33部、36部（労働部）について

⑴　平成22年4月1日から立川支部において労働審判事件の取扱いが開始されたので、同支部管轄（東京23区と伊豆諸島、小笠原諸島の島嶼を除く東京都の地域）の事件の申立てにあたっては、留意されたい。

⑵　労働審判事件の委任状について、定型の訴訟委任状をそのまま使用されるケースがあるが、労働審判手続は非訟手続であるので、委任事項欄には「本件労働審判事件に関する一切の権限」と記載されたい。また、手続の追行に通常必要とされる行為を超える「労働審判手続の申立ての取下げ」、「復代理人の選任」、「異議の申立て」等については、別途、明示的に記載されたい。

15.　民事第21部（執行部）について

⑴　各種申立ての際に提出する資格証明書、不動産登記事項証明書（全部事項証明書）は、申立時に近接した日に作成されたものを提出されたい（1か月以内が限度）。

⑵　各種申立書の申立代理人の氏名の下に連絡先の電話番号及びファクシミリ番号を明記されたい。

⑶　各種申立てに当たっては、当庁のホームページ「インフォメーション21（https://www.courts.go.jp/tokyo/saiban/minzi_section21/）」に掲載されている申立書の様式を参照されるとともに、目録数必要事項などに留意されたい。

　　なお、上記様式をそのまま利用できる事案であれば、目録の記載内容を変えずに利用されたい。

⑷　民事第21部に対する事務処理状況の照会は、必ず事件番号、事件の種別、係名を明らかにされたい。

⑸　各種申立てについて当事者の住所が、不動産の登記記録上と債務名義上とで異なる場合は、両者を併記の上、そのつながりを証する公文書（住民票、戸籍の附票など）を添付されたい。

⑹　執行停止決定を得た場合には、執行停止文書（特に抵当権の実行を中止する旨の決定）を、速やかに民事第21部に提出されたい。

16. 東京簡裁について

(1) 訴え提起の際は、副本以外に訴状の写しを添付されたい。

(2) 各種証明申請の際は、申請書副本、請書のほか返送用の封筒（切手を貼ったもの）も提出するよう協力願いたい。

(3) 早期の期日指定に協力願いたい。

(4) 不送達事件では住所等の調査を早急にされたい。

(5) 少額訴訟手続について

イ. 訴額が60万円以下の金銭支払請求事件のすべてが少額訴訟手続による簡易迅速な審理及び裁判に適しているとは限らないので、原告代理人としては、一期日審理の原則、証拠調べの制限等の少額訴訟手続の特徴を考慮した上で、事案の内容に応じた的確な手続の選択を検討されたい。

ロ. 少額訴訟手続による一期日審理での紛争解決が相当な事案については、被告代理人としても、無用な通常手続移行の申述を控え、期日が無駄にならない訴訟対応で、少額訴訟手続の制度趣旨に沿った紛争の早期解決に向けて協力願いたい。

(6) 訴え提起前の和解の相手方代理人は期日までに委任状に和解条項をつけて割印（本人印、印鑑証明書添付）し、提出されたい。

(7) 支払督促手続について

イ. 申立書については、その表現が平易かつ簡明なものとし、難解な用語等はできる限り使用しないよう協力願いたい。

ロ. 申立書は、すべて横書き、左とじとし、請求の趣旨及び原因の部分を個条書きにして提出くださるよう協力願いたい（書式については裁判所のホームページ（東京簡裁のページ）を参照）。

ハ. 利息制限法の適用があり、充当計算に問題がある場合には計算書を添付されたい。

(8) 公示催告手続について

イ. 申立書に添付する約束手形・小切手等の目録は、事件の迅速処理のため、官報公告定型用紙を用いて作成されるよう協力願いたい（用紙は、裁判所のホームページからダウンロードできる）。

ロ. 申立書に添付する証明書（振出・裏書・発行等）、警察署の証明書（遺失・盗難等）、申立人の陳述書を提出されたい。

(9) 簡裁民事手続案内について

イ. 簡裁民事手続案内は、簡裁民事手続の説明、申立書の形式的な記載方法及び手数料、予納郵券額の教示を行う部署であり、相談業務は行っていないが、相談を期待して来庁する方が少なくない。当室を紹介する際には、誰に、何を、どのような原因で請求すべきかを教示願いたい。

ロ. 申立ての相手方の名前や住所が不明のまま裁判手続を進めるのは難しいので、そ

の点を調査確認の上、簡裁民事手続案内に行くように教示願いたい。

ハ．簡裁民事手続案内は一般市民を対象としており、弁護士、司法書士、貸金業者等は、利用できないので、注意されたい。

刑事部要望事項（東京簡易裁判所を含む）

1．受付関係

(1) 弁護人選任届は、必ず選任者と連名で署名押印の上、事件係属部（東京簡易裁判所の場合は事件係属室）へ提出願いたい（ただし、弁護人は記名押印で可）。被疑者援助制度による私選弁護人（援助私選弁護人）の場合は、その旨を表示した弁護人選任届を使用されたい。

　弁護人選任届には、弁護人（複数の弁護人が一通の書面によるときは各弁護人ごと）の事務所名及びその所在地、郵便番号、電話番号を記載し、事務所、住所等に変更があったときは、速やかに事件係属部にその変更届を提出されたい。

　また、援助私選弁護人から国選弁護人の切り替え手続を裁判所に持ち込む方法で行う場合には速やかにされたい（切り替えについては 139 頁 4(1)参照）。

　なお、公訴提起前に捜査機関に提出する弁護人選任届は、必ず、選任者と連名で署名押印の上、提出されたい（刑訴規則 17 条）。

　被疑者段階において、各種申立て（準抗告、勾留理由開示等）をする際には、捜査機関に提出した弁護人選任届の写し（検察庁の受領印のあるもの）又は国選弁護人選任書の写しを併せて提出されたい。

(2) 東京地方裁判所あての保釈請求書については、起訴年月日及び係属部を明記した上、第 1 回公判期日前は刑事 14 部の窓口（1 階）へ、第 1 回公判期日後は刑事事件係の窓口（11 階）へ提出願いたい。

　なお、休日については、郵便による提出ではなく、直接当直窓口に持参して提出願いたい（郵便による提出の場合、開封は翌開庁日となる）。

　また、保釈請求書を提出する際は、保釈請求書に弁護人の連絡先として常時連絡のつく電話番号を必ず付記されたい。

　おって、弁護人選任届を、直近に事件係属部に提出した場合、事件係属部の受領印のある弁護人選任届の写しを持参されたい。

　東京簡易裁判所あての保釈請求書は、第 1 回公判期日の前後を問わず刑事事件係の窓口（2 階）へ提出願いたい。

(3) 控訴申立書及び控訴審あての弁護人選任届のあて先は、必ず東京高等裁判所とされたい。

(4) 控訴申立書の申立人の氏名は、署名押印されたい。併せて、被告人の住所を記載されたい（ただし、弁護人は記名押印で可）。

(5) 刑事事件係及び刑事14部に提出される訴訟関係書類については、裁判所の部・係名（東京簡易裁判所の場合は室・係名）を正確に記載し、部・係名等が判然としない場合には、あらかじめ刑事事件係の窓口に照会されたい。

2．事前準備関係

(1) 第1回公判期日前の事前準備については、弁護人選任手続終了後速やかに公判立会検察官と連絡をとった上、証拠書類、証拠物を閲覧または謄写し、同意、不同意の予定、弁護人側の立証予定（在廷証人の有無等）を至急公判立会検察官及び担当書記官に連絡した上、請求する書証を事前に検察官に開示するなどして、第1回公判期日には実質的な審理ができるよう準備願いたい。

(2) 国選弁護人の受任が内定したら、速やかに裁判所において弁護人選任手続が完了できるよう協力願いたい。

　　なお、起訴状写しについては、国選弁護人の場合には裁判所において交付するが、私選弁護人の場合は被告人から入手するか、謄写の手続をとられたい。

(3) 1人の被告人について、2人以上弁護人が選任されたときには、早急に主任弁護人指定届を事件係属部（東京簡易裁判所の場合は事件係属室）に提出願いたい。

(4) 同一日時に二つ以上の公判期日を請けることなく、やむを得ない事情で期日が重複したときは、速やかに期日変更手続をしていただきたい。

(5) 国選弁護人が選任されている事件に、あらたに私選弁護人が選任された場合は、あらたに選任された弁護人は、すでに決まっている公判期日に出頭するよう協力願いたい。

(6) 外国人事件で弁護人冒頭陳述、弁論を予定されるときは、あらかじめ冒頭陳述要旨、弁論要旨及び（ある場合は）要旨の告知の原稿を通訳人へ送付願いたい。

3．公判関係

(1) 開廷時刻を厳守されたい。特別の事情で出頭が遅れるような場合には、あらかじめ事件係属部（東京簡易裁判所の場合は事件係属室）に連絡願いたい。

(2) 多数の証拠調べ請求について

　　多数の証拠調べ請求をする場合には、証拠等関係カードの用紙（日本弁護士連合会ウェブサイトに書式あり。）に記載して、提出するよう協力願いたい。

(3) 証拠書類の提出について

(イ) 示談関係の書類は、なるべく整理し、統合した報告書にして提出願いたい（たとえば、多数の請求書については、費目別にし、別に合計額を出すこと。また、小さい領収証等は、何枚かをA4規格の用紙に貼付すること。）。

(ロ) 書証の写しはなるべくA4規格で提出願いたい。なお、左側に編綴部分（3cm位）の余白を設けていただきたい。

(ハ) 書証として提出する写真は、撮影年月日、撮影者を記載した写真撮影報告書に添付し、なるべく記録に添付できる大きさにしていただきたい。

㈡　証拠の請求番号には、枝番を付さないでいただきたい。なお、弁護人請求の書証、人証については、両者を区別せず一連の番号を付すのが通例であるので、疑義がある場合には書記官に問い合わせていただきたい。

(4)　公判期日において当該期日の変更請求をする場合は、被告人・弁護人が同期日に出頭してその手続をしていただきたい（次回期日の打合せ、その他について当事者の在廷を必要とする場合が多い。）。

公判期日変更請求書には、変更の理由、次回の希望日、差支え日を列記されたい。病気を理由とするときは、被告人の場合には正規の診断書（刑訴規則183条参照）を、弁護人御自身の場合には、診断書又は今後の見通し等を記載した書面を添付するように願いたい。

(5)　証拠意見書、証拠申出書、弁論要旨等の書面を提出する場合、裁判所の記録編てつ用の原本1通に加えて、裁判官用（合議事件3通、単独事件1通）及び検察官用（1通）を準備されたい。

(6)　証人を同行して出廷する場合は、出頭カード記載などの手続を行うため、開廷5分前には出廷していただきたい。また、その際は、証人に印鑑のほか、旅費等を請求する場合にあっては、振込口座が分かるものを持参させていただきたい。

(7)　医療観察事件の国選付添人として審判期日等に出頭した場合には、日当を支給する上で必要があるので、担当書記官に、当日国選付添人として出頭する別の事件の有無（「有り」の場合は、係属部、事件番号、医療観察事件の対象者の氏名も併せて）を連絡されたい。

4．その他

(1)　被疑者国選弁護人選任関係

当番弁護士や援助私選弁護人から国選弁護人への移行を希望する場合は、「要望書」を法テラスへ提出しておけば（援助私選弁護人の場合は、これに加えて、令和3年11月8日から運用開始になった辞任届付弁護人選任届又は辞任届を検察庁へ提出しておけば）、被疑者が勾留の際に国選弁護人を請求することで、当該弁護士が国選弁護人に選任されるので、当番弁護士や援助私選弁護人が勾留質問当日に裁判所に「要望書（写）」や「国選弁護人選任請求書・資力申告書（原本）」、援助私選弁護人の場合は、更に「検察庁の受付印がある辞任届付弁護人選任届写し又は辞任届写し」を提出する手続は不要である。

ただし、被疑者がきちんと国選弁護人を請求するかどうか心配であるなどの理由で、弁護士自身が予め被疑者に作成させた「国選弁護人選任請求書・資力申告書（当番・扶助（援助）→被疑者国選移行用　弁護人持参書式）」や「要望書（写）」、援助私選弁護人の場合は、更に「検察庁の受付印がある辞任届付弁護人選任届写し又は辞任届写し」を提出して移行を請求することもできる。

弁護士会、裁判所からのお知らせ、要望事項等

「国選弁護人選任請求書・資力申告書（当番・扶助（援助）→被疑者国選移行用弁護人持参書式）」の提出に際しては、被疑者の署名・指印、資力申告や弁護人記入欄等の記載事項や添付書類に漏れがないかに改めて留意されたい。

「国選弁護人選任請求書・資力申告書（当番・扶助（援助）→被疑者国選移行用弁護人持参書式）」の宿直への提出及び郵便提出は避けられたい。

(2) 被疑者に対する勾留理由開示請求について

イ、弁護人選任届は請求時までに検察官又は司法警察員に提出することを励行されたい。

ロ、請求書にはできる限り勾留罪名、勾留年月日、勾留場所を記載し、併せて開示期日の希望日、連絡先、電話番号等を併記されたい。

ハ、求釈明書を提出する場合は、可能な限り速やかに、遅くとも前日までには提出されたい。

ニ、被疑者との接見については、裁判所が指定した時間を遵守されたい。

② 東京高等裁判所・知的財産高等裁判所関係
民事部及び知的財産高等裁判所要望事項

第1 訴状、控訴状、上告状等について

1．次の郵便切手を予納されたい。

予納郵便切手額一覧表に記載している額

2．訴状、控訴状等に、訴額いくら、貼用印紙額いくらという記載のない例があるが、必ず記載されたい。

3．訴状、控訴状等に訴訟委任状、資格証明書等を添付する場合は、「附属書類　訴訟委任状○通」のように記載されたい。

4．訴訟物の価額の算定につき、証明書又は請求によって訴額が明確なものを除き算定の基礎を訴状、控訴状、上告状に明記されたい（訴額は原則として訴提起時が基準）。

5．訴状、控訴状等に受付日付印を押す余白のない例があるが、表紙を付してある場合を除き上記書類の第1ページのつづり込み部分以外の右下部に約50ミリ四方の余白を設けられたい。

6．上告状、特別抗告状等には原裁判の担当部を記載するようにされたい。

7．訴訟委任状、資格証明書は、審級ごとに提出されたい。

なお、委任状には、事務所の所在地、電話及びファクシミリ番号を必ず明記されたい。

8．資格証明書等附属書類を追完する旨記載した場合は、速やかに追完されたい。

9．上告状等を民事事件係の窓口に提出される場合は、形式的記載事項を確認したいので、判決・決定の正本又は写しを持参されたい。

10．次の事件については、下記のとおり訴状又は控訴状の写しも御提出くださるよう御

協力願いたい。

 (1) 行政事件   2通

 (2) 労働事件   2通

 (3) 選挙関係事件   3通

 (4) 裁判所職員の違法行為を原因とする国家賠償事件 3通

 (5) 裁判所が当事者となっている訴訟事件   4通

 (6) 海難審判庁の裁決に関する訴訟事件   4通

 (7) 人身保護事件   3通

 (8) 公正取引委員会の審決に関する訴訟事件   6通

 (9) 日弁連の処分に関する訴訟事件   3通

 (10) 最高裁裁判官の国民審査に関する事件   5通

 (11) 民事特別法による損害賠償事件   2通

 (12) その他社会の注目をひく事件   2通

 (13) 特許、実用新案事件（知財高裁）   3通

 (14) 商標、意匠事件（知財高裁）   2通

11．準備書面、上告理由書等にはページ数を付すなどして連続性を明らかにされたい。

 なお、上告理由書等のページ数が20ページ（A4判1枚1,000字で換算して2万字程度）を超える場合は、「理由要旨」のほか、理由書「目次」を添付されたい。

12．事件の依頼人（当事者）及び同行証人には、事件番号、係属部及び法廷番号を必ず知らされたい。

第2 証拠関係

 証拠申出書の人証については、必ず同行、呼出の区別を明らかにし、尋問予定時間も明記されたい。

 採用された人証については、その出頭確保について特に御配慮願いたい。

第3 期日関係

1．時間を厳守されたい。

2．期日変更申請は、書面によられたい。やむを得ず電話で申し出られたときは速やかに追完されたい。

 なお、変更申請書には、相手方と打合せの上、次回希望日を必ず3期日以上明記されたい。

3．訴訟代理人が多数の場合には、当該事件を主として担当する代理人をなるべく明らかにされたい。

4．訴訟代理人及び当事者が多数出頭される場合には、あらかじめ担当部へ連絡していただきたい。

第4　その他

　事務所所在地、電話及びファクシミリ番号を変更した場合には、速やかに事件係属部に連絡されたい。

刑事部要望事項

１．控訴趣意書関係

　控訴趣意書は、刑事訴訟法第376条から第383条までに則り、その要件を具備するように記載されたい。

２．弁護人関係

　同一被告人に数人の弁護人が選任された場合には、速やかに主任弁護人指定の書面を提出されたい。

３．期日関係

　期日変更申請書には、希望日を記入するようにされたい（東京高裁刑事部の開廷日は、原則として奇数部が水・金、偶数部が火・木である。ただし、第8刑事部は水・金である。）。

４．証拠関係

⑴　証拠書類の写しを提出される場合には、鮮明なものを提出していただきたい。

⑵　証人等の申請を行うときには、必ず、立証趣旨等を詳細に記載した書面を提出されたい。

⑶　請求による公判期日外の証人尋問については、尋問事項書を提出されたい。

５．その他

⑴　在宅の場合で原判決言渡後、被告人の住居に変更があった場合には、その旨を裁判所に通知されたい。

⑵　被告人の診断書は、適式のものを提出されたい。

③　東京家庭裁判所関係

少年部要望事項

１．受付関係

⑴　付添人選任届は、必ず選任者と連名で署名押印（付添人は記名押印も可）をして事件係に提出願いたい。

　なお、令和4年4月施行の少年法改正により付添人選任権者が拡大された（直系の親族・兄弟姉妹等）ことから、少年及び保護者以外の者が付添人を選任する場合には、少年と付添人選任者との関係を疎明する資料の提出を依頼することがあるため、御協力いただきたい。

　おって、付添人選任届には所属弁護士会、事務所所在地、電話番号及びファクシミ

リ番号を記載し、記載事項に変更があったときは、速やかに事件担当部係にその変更届を提出されたい。

(2) 捜査段階で弁護人選任届を提出後、家庭裁判所で引続き活動するときは、家庭裁判所宛ての付添人選任届を提出されたい。

(3) 抗告申立書及び抗告審宛ての付添人選任届は、東京高等裁判所宛てとされたい。

　終局決定後に初めて付添人に選任され、家庭裁判所で記録の閲覧謄写等の付添人活動をされるときは、家庭裁判所宛ての付添人選任届も提出されたい。

2．観護措置関係

(1) 観護措置審問前に少年との接見、又は当番裁判官との面会を希望するときは、事件係に申し出られたい。

(2) 前項の場合には、できる限り意見書、上申書等の書面を提出されたい。

3．事前準備関係

(1) 付添人・被害者代理人に就いた事件について、事件名、事件番号及び事件担当部係が判然としないときは、事件係に照会されたい。

(2) 記録の閲覧謄写手続

　ア　事件担当部係に照会の上、記録係に申請されたい。

　イ　付添人が記録の謄写を業者に行わせる場合は、あらかじめ事件担当部係に連絡してから行われたい。

　ウ　確定した保護事件記録について、交通事故による損害賠償請求事件に必要な場合には、訴訟代理人であることを明らかにするための委任状、委任者が当該事件と利害関係を有することを明らかにする書面及び交通事故証明書（写）を持参されたい。

　　閲覧、謄写申請に対しては、記録によっては後日になることがあるので御了解いただきたい。

　エ　閲覧手続から知り得た情報及び情報源を漏らしてプライバシーを侵さぬよう秘密保持に御協力いただきたい。

　　なお、インターネット等により、情報が流出しないように御注意いただきたい。

(3) 身柄事件の審判は、できる限り指定した期日に実施できるよう御協力いただきたい。やむを得ず変更を希望するときは、速やかに担当書記官に連絡されたい。

(4) ア　裁判官との面接を希望するときは、速やかに担当書記官に連絡されたい。

　イ　否認など送致事実を争う場合及び証拠調べの申出があるとき、特に証人の申出については、早期に担当書記官を通じて裁判官と面会されたい。

　ウ　証人尋問事項書の提出は、励行されたい。

　エ　提出書類には事件番号、少年名、事件名、事件担当部係を明記されたい。

　　なお、事前の打合せ事項に変更が生じたときは、速やかに担当書記官に連絡されたい。

4．審判関係

(1) 期日請書は、指定後速やかに提出されたい。

(2) 最終の意見書等は、遅くとも審判期日前日までに担当書記官に提出されたい。

(3) 学校の先生、雇主などを審判に在席させたい場合は、その旨及び在席させる必要性を事前に担当書記官に申し出て裁判官の許可を取っていただきたい。

5．その他

(1) 調査、審判手続を通じて知り得た情報及び情報源を漏らしてプライバシーなどを侵さぬよう秘密保持に御協力いただきたい。

なお、インターネット等により、情報が流出しないように御注意いただきたい。

(2) 少年事件の進行等に関する照会は、担当の書記官又は調査官宛てにされたい。

家事部要望事項

1．家事審判、家事調停の申立ての際には、次の郵券、書類、印紙を添付されたい。

(1) 予納郵券……44・45頁参照。（散逸・毀損防止のためビニール袋等に入れる）

(2) 添付書類……58頁以下参照。

(3) 印紙（手数料）……90頁以下参照。（申立書の所定欄に貼付する）

2．東京家庭裁判所におきましては、電話による手続案内は行っておりません。

家事手続案内については、御来庁いただくか、インターネットの東京家庭裁判所のウェブサイト（https://www.courts.go.jp/tokyo-f/index.html）を御利用いただきたい。

ウェブサイトにおいては、手続の概要の説明、申立書及び記載例等を掲載しており、ダウンロードして御利用いただきたい。また、後見事件関係の事項については、同ウェブサイト内の後見サイトに説明等があるので御利用いただきたい。ハーグ法事件関係の事項についても、同ウェブサイト内のハーグ条約実施法関連サイトに説明等があるので御利用いただきたい。

3．審理充実のための事前準備及び期日間準備（事件に関する問い合わせ、照会に対する回答、追加資料や書類の提出依頼等）に御協力いただきたい。

4．遺産分割事件について書面を提出される場合は、別紙1「書面の提出について」に従って、提出されたい。

5．事故発生のおそれがある事件を受任されたときは、第1回期日前の情報提供に御協力をお願いしたい。

6．申立ての趣旨が異なる事件（例；扶養＋親権者変更、離婚＋婚姻費用分担）は、別々の申立書を提出していただきたい。また、委任状や主張書面、証拠資料も各別に提出していただきたい。

7．別表第二事件が審判手続に移行した後は、主張書面等には調停事件の事件番号を使用

しないで、新たに付された審判事件番号を使用していただきたい。

8．提出書類は主張書面（上申書、準備書面等）か証拠資料かを区別し、主張書面は横書きにし、事件番号を明記していただきたい。

9．証拠資料は、記録編てつの都合上 A4 判で事件番号を付して提出されたい。

10．個人番号（マイナンバー）については、別紙 2 に従って対応されたい。

11．家事事件手続法に基づく「手続代理人」の場合には、委任状につき「訴訟委任状」の書式をそのまま用いるのではなく、「手続代理委任状」の書式等により、特別委任事項等を明確に記載したもので提出されたい。

　なお、当事者の住所の秘匿を希望する場合には、住所について、他の当事者に知られてもよい住所を記載するなど、御注意いただきたい。

12．後見等に関する事件の附随事件の申立書には必ず基本事件（後見・保佐・補助開始、任意後見監督人選任、未成年後見人選任）の事件番号を「関連事件番号」欄に記載していただきたい。

　後見センターでは、事件の進捗などにより担当書記官が変わるため、電話・窓口では必ず事件番号と本人（被後見人等）の氏名を確認するので、御協力いただきたい。

13．家事事件について送付する郵便物の封筒には、①宛先となる部署・係名（担当者名）、②事件番号（係属がある場合）、③差出人の住所氏名を必ず記載いただきたい。

　郵便料金に不足のないよう、発送前に御確認いただきたい。

（別紙１）

書面の提出について

東京家庭裁判所家事第５部

　遺産分割事件において、当事者の方が家庭裁判所に書面を提出される場合は、次の点に留意してください。遺産分割の話し合いを円滑に進めて、<u>どの遺産をどのように分割していくかを当事者の方（相続人）全員でお考えいただく</u>ためには、ある当事者の方が提出する書面や資料を他の当事者の方にも開示し、<u>当事者の方全員がその内容を共有していただくこと</u>が重要になりますので、ご協力をお願いいたします。

1　主張書面

　　遺産の範囲や評価、遺産の分割方法などに関する具体的な意見や希望などを記載した書面で、「主張書面」という標題を付して提出してください。また、主張書面を複数回作成する場合は、「主張書面１」と番号を付けてください。

　　＊　「主張書面」は、Ａ４サイズの用紙に、横書き、左綴じで統一し、綴じしろとして左端より3.5 cm以上あけて作成してください。

　　＊　「主張書面」を提出される場合には、①事件番号、②提出年月日、③提出者、④裁判所名などを必ず記載してください。（別紙記載例１参照）

　　＊　<u>「主張書面」の末尾に資料を添付しないでください。</u>資料を提出する場合は、下記２を参照して提出してください。

2　証拠資料

　　証拠資料は、主に以下のとおりに分類されています。

　①　身分関係などを明らかにするための証拠資料（例えば、戸籍謄・抄本、住民票、戸籍附票、外国人登録証明書などがあり、家庭裁判所では、これらを「Ａ群」と呼んでいます。）

　②　遺産の土地建物を特定するために必要な証拠資料（例えば、不動産登記事項証明書、固定資産評価証明書があり、家庭裁判所では、これらを「Ｂ群」と呼んでいます。）

　③　①、②以外のもので遺産分割に関係するその他の証拠資料（例えば、預金残高証明書や公図の図面など。これらを「Ｃ群」と呼んでいます。）については、以下で提出の仕方を詳しくご説明しますので、よくお読みください。

　　ア　資料番号の振り方

　　　資料には、資料ごとに、必ず資料番号を振った上で提出してください。

　　　当部では、申立人が提出するものは「甲」（こう）、相手方が提出するものは「乙」（おつ）を割り当てています。申立人や相手方となった方が複数いる場合は、「甲イ」や「乙ハ」などとしますが、具体的には裁判所から指示があるので、その指示に従ってください。

その上で、提出する資料ごとに、書面の提出順に資料の右上の余白部分に1から番号を付して提出してください。資料を追加して提出する場合は、最後の番号の次から番号を続けて付して、全体が連番となるようにしてください。（別紙記載例2も参照してください）資料によっては、さらに枝番号（例：甲1の1）を振ることもありますが、裁判所から指示がありますので、その指示に従ってください。

　＊　なお、A群とB群の資料には、指示がない限り、番号を付す必要はありません。

イ　通数

遺産分割事件では、原則として、ある当事者の方が提出した証拠資料は他の当事者の方にも交付しますので、資料を裁判所に提出される場合には原本（コピーのもととなった資料のオリジナル）は手元に残し、裁判所と他の当事者分の写しをご用意ください（例えば申立人があなた1名、相手方5名の場合、裁判所分も入れて6通）。具体的な提出方法等については裁判所までお問い合わせください。

なお、調停の期日には、ご自身用の控えとして原本かその写しを持参するようにしてください。

ウ　資料説明書の作成

資料を提出する際に、どういう内容の資料であるかを簡潔にまとめた「資料説明書」を一緒に提出してください。資料説明書については、別紙の記載例とひな形をご参照ください。

3　他の当事者の方に知られたくない内容が記載された書面について

書類等の中に他の当事者に知られたくない情報がある場合で、家庭裁判所が見る必要がないと思われる部分は、マスキング（黒塗り）をしてください（裁判所用及び他の当事者用の写し全て同様に作成してください。）

マスキングができない書面については、「非開示の希望に関する申出書」に必要事項を記載した上で、その申出書の下に当該書面を付けて一体として提出してください。この申出書を参考に、裁判官が、閲覧・謄写（コピー）申請を認めるかどうか判断します。

他の当事者に住所等を秘密にしている場合の留意事項については、「申立書や答弁書の「住所」の記載について」をお読みください。資料提出の留意事項については、「調停・審判手続において提出する書類について」をお読みください。

＊　以上の取り扱いは、当部での遺産分割事件におけるものです。他の事件の取り扱いや、他の裁判所での取り扱いと異なることがあります。

＊　不明な点などがございましたら担当書記官までお問い合わせください。

（注)個人番号（マイナンバー）が記載された書面は提出できません。原本で提出する書面については、記載のないものを提出してください。写しで提出するものについては、黒塗り（マスキング）処理をして写しを作成してください。

（別紙）

令和元年8月1日

事件番号　令和元年（家イ）第1234号
事 件 名　遺産分割調停（審判）申立事件
申 立 人　○　○　○　○　他○名
相 手 方　○　○　○　○　他○名

⟨申立人⟩ 相手方　○　○　○　○

資 料 説 明 書

通し番号	資料のタイトル	資料の内容	備　　考
甲1	相続税申告書	被相続人に関する遺産の内容	
甲2	○○銀行○○支店の通帳コピー	被相続人の遺産である預金の残高	

※　資料説明書の作成の注意事項
1　資料説明書は、裁判所及び他の当事者が、あなたが提出した資料を見ただけでは分かりにくいことがあるため、資料の内容等を説明するためのものです。別添の書式を利用して作成してください。なお、同書式を利用しない場合には、Ａ4判の用紙を用いて作成してください（左側をとじしろとして、3cm程度空けてください。）。提出する資料と同じように、資料説明書も裁判所用、他の当事者の人数分の通数を作成し、あなた用の控えも作成してください（1部を手書きで作成し、必要通数分をコピーで作成することで構いません。）。
2　通し番号欄
　　通し番号欄は、甲1号証の場合は「甲1」とし、甲2、甲3と続け、乙1号証の場合は「乙1」とし、乙2、乙3と続けて記載してください。申立人・相手方が複数の場合には、「甲イ1」、「乙ハ2」などと記載していただきますが、具体的には裁判所が指示します。
3　資料のタイトル欄
　　資料に表示されているタイトル名（例：相続税申告書）を記載します。タイトル名が表示されていない場合には、資料の内容に相応するタイトル名（例：被相続人の手帳）を記載します。
4　資料の内容欄
　　上記の記載例を参考にして、資料の内容を簡潔に記載してください。

＊　なお、以前にお渡ししている「書面の提出について」という書面もご参照ください。

（別紙）

事件番号　平成／令和　　年（家　）第　　　　号
事件名　遺産分割調停（審判）申立事件
申　立　人　　　　　　　　　他　　名
相　手　方　　　　　　　　　他　　名

令和　　年　　月　　日

［　申立人・相手方　］＿＿＿＿＿＿＿㊞

資　料　説　明　書

通し番号	資料の表題	資料の内容	備　考

調停・審判手続において提出する書類について

東京家庭裁判所

調停・審判手続では、必要に応じて、自分の主張を裏付ける資料等を提出していただくことがあります。調停では調停委員会の指示に、審判では裁判官の指示に従って提出してください。

資料等を提出するときの留意点

●書類には、相手に知られたくない情報や、そのことを推測させることを書かないでください。

●相手に知られたくない情報が資料に含まれている場合、裁判所に見せる必要がないと思われる部分（例：源泉徴収票の住所、マイナンバー等）に、マスキング（黒塗り）をして、その部分が見えないようにしてから提出してください。

●相手に知られたくない情報の部分を裁判所が見る必要がある場合は、非開示希望の手続をしてください。

●調停手続では、裁判所用のコピー１通を提出するとともに、調停期日には、ご自身用の控えを持参してください（提出する書類を相手に見せる必要がある場合は、相手用及び裁判所用として、相手の人数＋１通のコピーを提出してください。）。

●審判手続では、提出された書類は、原則として、相手にも交付します。相手の人数＋１通（裁判所用）のコピーを提出してください。

重要 あなたの大切な情報は、あなた自身の手でしっかりと守ってください。

　裁判所は、あなたが提出する書面等に、知られたくない情報が含まれているかを把握することはできません。相手に知られたくない情報がマスキングされることなく、非開示希望の手続もされずに提出されると、その情報が相手に伝わってしまい、重大な事故が発生してしまうことがあります。

裁判所の手続では、自分の情報は、自分でしっかり管理する必要があるんですね！

書類等の閲覧・謄写（相手が見たり、コピーしたりすること）について

●申立書は、法律の定めにより、原則として相手方に送付されます。

●手続の相手は、あなたが裁判所に提出した書類等の閲覧・謄写申請をすることができます。

●調停手続では、裁判官が、円滑な話合いを妨げないか等の事情を考慮し、閲覧謄写申請が相当と認められる場合には許可することがあります。

●審判手続では、あなたが提出した書類等が審判の資料とされた場合において、あなたやご家族が社会生活を営むのに著しい支障が生じるおそれがあるなどと認められない限り、相手からの閲覧謄写申請があったときは、許可されます。

（令５．２　東京家）

（主張書面及び証拠資料の提出について）

1　主張書面（あなたの言い分や反論等を記載する書面）について

　　裁判官から「○○について記載してください」という指示があった場合は、そのことを中心にＡ４サイズの用紙（たて向き）に記載してください。

　　主張書面には、相手に知られたくない情報や、そのことを推測させることは書かないでください。

　　秘匿決定がされた場合は、住所や氏名に代えて、代替住所や代替氏名を記載すれば、真実の住所や氏名を記載したものとみなされます（代替氏名の場合は押印不要）。

（記載例）

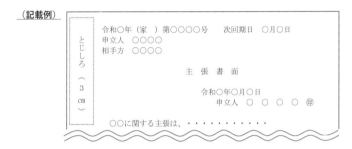

2　資料（あなたの言い分を裏付ける書類）の提出について

・Ａ４サイズの用紙に、原寸大でコピーしてください（上記１と同様に、用紙の左側に３ｃｍ程度のとじしろ（余白）を空けてください。）。

・資料の原本は、調停期日又は審判期日に持参してください。

・相手に知られたくない情報やそのことを推測させる情報は書かないでください。それらの情報がある場合は、マスキング（黒塗り）をしてください。

　※　原本に黒塗りしてしまうと、後でその部分の情報がわからなくなってしまいます。

　　　コピーに黒塗りをしただけでは隠した部分が裏側から透けて見えてしまう場合があります。コピーに黒塗りし、さらにコピーするといった工夫が考えられます。

・個人番号（マイナンバー）も、マスキング（黒塗り）をしてください（家庭裁判所では、マイナンバーが必要な手続はありません。マイナンバーが含まれる書類は、返却の上、再提出をお願いすることがあります。）。

・　後日、裁判官から、資料の内容を説明する書面の提出を求められる場合があります。

※　マスキングのやり方（例）－　相手に自分の住所を秘匿している場合

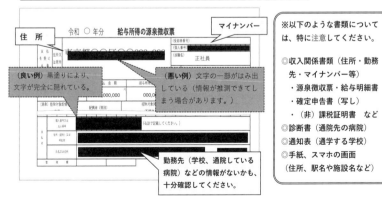

（令5．2　東京家）

申立書や答弁書の「住所」の記載について

東京家庭裁判所

申立書や答弁書に記載すべき「住所」とは

「**生活の本拠**」のことを指し、氏名と相まってあなたを特定するとともに、審理を行う管轄裁判所を定める基準のひとつとなります。

現在生活している場所が一時的な滞在場所に過ぎない場合や、生活している場所が複数存在する場合などは、具体的な生活実態等を踏まえて、あなたが「生活の本拠」に該当すると思われる場所を記載してください。もっとも、そのように記載された住所であっても、裁判官の判断により「生活の本拠」と認められない場合があります。

名所旧跡など「生活の本拠」とはおよそ考えられない場所を記載することはできません。

ただし、あなたやあなたのご家族が社会生活を営むのに著しい支障が生じるおそれがある場合、**申立書等には、相手に知られてもよい住所（例：夫婦間の事件における同居時の住所、実家等の過去の生活の本拠）を記載することができます**（もっとも、裁判官から、現在の住所の申告を求められることがあります。）。

上記太字の場合、以下に説明する申立書や答弁書の非開示希望や当事者間秘匿の手続は不要です。

> 現在の住所を記載しなければならない場合に、その住所を相手に知られたくないときは以下の2つの手続の利用を御検討ください。

非開示希望

住所やその他の情報が相手に知られることで、あなたやご家族が社会生活を営むのに著しい支障が生じるおそれがあるなどと認められる場合に、相手からの閲覧謄写申請に備えて、**事前に、あなたの希望を申し出る手続**です。

●住所について非開示希望が認められても、調停成立や審判のときには、調停調書等に記載する住所の申告が必要です。その場合、相手に知られてもよい住所（例：夫婦間の事件における同居時の住所、実家等の過去の生活の本拠）を記載することができますが、裁判官から、現在の住所の申告を求められる場合があります。

●**非開示希望の手続は、申立書や答弁書以外の資料等に含まれる住所以外の情報についても利用できます**（あなたの勤務先やお子さんの学校名など）。

●**非開示希望を申し出るには、非開示の希望に関する申出書を提出してください。**

●裏付け資料の提出は原則として必要ありません。手数料等の負担はありません。

当事者間秘匿

あなたを特定する情報（あなたの氏名、本籍、住所等）が相手に知られることで、あなたが社会生活を営むのに著しい支障を生じるおそれがあるとき、**申立てにより、裁判所が秘匿の決定を行う手続**です。

●申立てには以下の①〜④の提出が必要です。

① 秘匿決定の申立書

② 秘匿事項届出書面

③ あなたが社会生活を営むのに著しい支障が生じるおそれについての裏付け資料

④ 申立手数料　収入印紙500円

　郵便切手(審判・調停と同時申立て)　500円×2枚

(上記以外) 500円×2枚、100円×1枚、84円×3枚、10円×1枚

●申立てが認められた場合、

・申立書等に「代替氏名A」「代替住所A」などと記載することができます。

・相手が取消し申立てなどをすることがあります。

●申立てが却下された場合、申立人は、不服申立て（即時抗告）ができます（申立手数料等が別途必要です。）。

どちらの手続も、裁判官の判断により認められないことがあります。

> 2つの手続の適用場面やメリット・デメリットを踏まえて、自分にあった手続を自分で選ぶんですね。

(令5.10　東京家)

（別紙２）

個人番号（マイナンバー）の 記載のない 書類を提出してください！

　家庭裁判所では個人番号（マイナンバー）を必要としません。
　個人番号（マイナンバー）の記載のない書類（住民票、源泉徴収票など）を御提出ください。

　行政手続における特定の個人を識別するための番号の利用等に関する法律（以下「番号法」といいます。）施行により、住民票、源泉徴収票などに個人番号（以下「マイナンバー」と言います。）が記載されたものが発行されることがあります。

　家庭裁判所では、手続の関係で番号法に基づくマイナンバーが必要になることは原則としてありません。また、マイナンバーによって当事者を検索したり、本人を特定することも一切ありません。

　マイナンバーは、個人情報として非常に大切なものです。家庭裁判所では、マイナンバーが必要になることは原則としてありません。

　住民票、源泉徴収票などを御提出されるときは、マイナンバーの記載のないものを御提出ください。

【Q & A】

Q1　どうしてマイナンバーの記載されている書類を出してはいけないのですか。書類の効力に影響はないのではないですか。

　　A　家庭裁判所の手続において、マイナンバーが記載された書類が必要になることは原則としてありません。マイナンバーは個人情報として非常に大切なものですから、手続に必要のない情報を家庭裁判所でお預かりすることは適切ではないと考えております。したがって、マイナンバーの記載されていない書類を御提出していただくようにお願いします。

Q2　マイナンバーの記載のない書類はどのようにして入手すればいいのですか。

　　A　その書類を発行している各機関にお問い合わせください。

Q3　家庭裁判所では、マイナンバーによって当事者の情報を検索したりできるのですか。

　　A　そのようなことは一切できません。

16 保釈手続

1．保釈の裁判手続について（東京地裁本庁の場合）

(1) 保釈請求

　　第1回公判期日前においては公判担当以外の裁判官が保釈の許否の裁判を行う（刑訴法280条1項）。保釈の請求は、東京地裁刑事第14部受付係（1階）に保釈請求書と身柄引受書を提出する。その際、弁護人選任届を裁判所に提出している場合は事件係属部の受領印が押された弁護人選任届写しを示す。捜査機関に提出した場合又は国選弁護人の場合はその旨申し出る。なお、保釈請求書提出に際し、保釈保証金の希望額を申し出るのが通例である。特に保釈保証金納付を電子納付で希望する場合は、保釈請求書に電子納付を希望する旨及び登録コードを記載し、かつ、その旨を保釈請求書提出時に申し出る。また、常時連絡のつく電話番号も記載する。

(2) 求意見

　　裁判所は、保釈請求について決定するには検察官の意見を聴かなければならない（刑訴法92条1項）。求意見に対する回答が検察官から裁判所に戻ってくるまで1〜3日の期間を要するのが実情である。

(3) 保釈面接

　　保釈請求をした弁護人が口頭で事情を補足説明するために裁判官との面接を希望する場合、これが認められることが多い。

　　なお、裁判官との面接を希望する場合には、その旨を必ず保釈請求書に記載する（例「面接希望」等）。

(4) 保釈の許可

　　裁判官は、検察官の手元から一件記録を取り寄せ、保釈の許否の判断をする。

　　保釈を許可する場合、保釈保証金額を定めた保釈許可決定謄本が交付送達される（保釈請求書と同一の印が必要）。

2．保釈保証金及び保証書等の納付手続（東京地裁本庁の場合（第1回公判期日前））

(1) 保釈保証金の納付

① 保管金提出書の交付

　　刑事第14部受付係窓口にて係官より④「保管金提出書」と⑤「保釈許可決定謄本」を受領する。

② 保釈保証金の提出

　　④に所要事項を記入し、④、⑤及び現金を出納第二課（9階）に提出する。出納第二課より⑥「保管金受領証書」を受領し、さらに⑤に現金領収済の丸印を押捺してもらい、これを受領する。

　　納付には、現金以外に振込による方法、電子納付による方法がある。（「17 保管金の納付手続及び案内図」参照）

③ 刑事第14部へ

　　⑤を刑事第14部受付係窓口に提出し、被告人の釈放を待つ。なお、電子納付の場合、開庁日の原則として午後5時までに納付を確認することができないときは、翌開庁日の午前9時以降に必要な納付後の手続（保釈執行手続を含む。）を行うことになる。

　　ⓒは手元保管する。ただし保管金提出書提出時に、口座振込の方法による還付申
　出をしなかったときには、保証金の還付を求める際に使用することとなる。
(2)　一部保証書による納付の場合
　　　この場合は、前記1の手続のほかに、保証書提出の許可を申請し、許可があれば、
　保証書を刑事第14部受付係窓口に提出する（1の手続の時、同時に申請すれば、2の
　手続の時に提出可能）。
3．保釈保証金流用の手続
　　前に納付されている保釈保証金が後になされた保釈の保証金として納付されたものと
　みなされる場合で、再度の保釈の許可がされたとき（例、控訴保釈）に行われる。保証
　金を流用する場合は、保釈許可決定にその旨記載される。そのため、流用を求める場合
　は、その旨を再保釈の請求書に明記されたい。
　　納付手続は、概ね前記2のとおり。なお、既に納めている保釈保証金の納付者が別人
　である場合には、同人の流用の同意書を提出する。同一人の場合も請求書に流用に異議
　がない旨の記載をしていただきたい。
4．保釈保証金の還付手続
(1)　還付事由
　　　次の場合には、没取されなかった保釈保証金は還付される。
　・保釈が取り消され又は効力を失ったため被告人が収容されたとき（例、実刑の場
　　合）。
　・勾留が取り消され、又は勾留状が効力を失ったとき（例、無罪・執行猶予付き判
　　決）。
(2)　還付手続
　　　保管金提出書提出時に、口座振込の方法による還付申出をしたときには、還付事由
　発生後、指定された口座に振り込まれる。
　　　保管金提出書提出時に、口座振込の方法による還付申出をしなかったときには、保
　管していたⓒ「保管金受領証書」に所要事項を記入し、出納第二課に提出する。この
　際、氏名及び住所が確認できる書類（運転免許証、所属団体が発行した弁護士である
　ことを証する書類で写真が貼付されているもの等）を提示する。

17 保管金の納付手続及び案内図

東京地方裁判所

納付手続

1　書記官室で保管金提出書を受け取り、必要事項を記入の上、納付手続を行ってください。なお、記入にあたっては、漏れなく、読みやすく記載してください。

2　電子納付による場合は、事前に電子納付利用者登録が必要なため、出納第二課にて手続を行い登録コードを取得してください（即日発行、押印不要）。その後、書記官室で登録コードを伝え、電子納付用の保管金提出書を受け取り、インターネットバンキング又はペイジー対応のATM等を利用して、保管金提出書に記載してある納付番号等を入力して処理を行ってください。

　　なお、電子納付による納付手続では、原則24時間365日納付可能であり、納付後に保管金提出書を裁判所に提出する必要もありません。また、残金は登録口座に手続不要で還付されますので、積極的に利用してください（保釈保証金を電子納付で納付する際の注意点は、「16　保釈手続の2(1)③」の記載のとおりです。）。

3　振込による場合は、必ず振込依頼書（三枚複写式）を書記官室で受け取り、必要事項を記入の上、最寄りの金融機関で振込手続をし、保管金提出書及び振込依頼書の2枚目にある保管金受入手続添付書（裁判所提出用）（取扱店領収日付のあるもの）を出納第二課に郵送または窓口に提出してください。ATMやインターネットバンキングからの納付はできません。

　　なお、午後に振込を行うと、金融機関の処理状況により、当日中に納付確認ができないことがあります。その場合は、翌開庁日の受入となりますので、注意してください。

4　現金による場合は、保管金提出書及び現金を出納第二課に提出してください。

　　なお、受付時間は8時30分から12時15分及び13時から17時までです。それ以外の時間は保釈保証金に限り受け付けますが、その際は受付時間外に納付を行う旨を必ず書記官室に連絡してからお越しください。

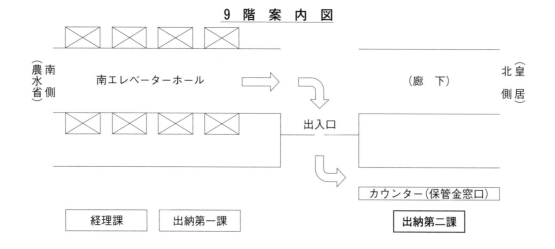

9 階 案 内 図

18 東京地方裁判所民事執行センターのご案内

民事第21部

不動産執行、債権執行、財産開示手続、第三者からの情報取得手続、代替執行・間接強制は民事第21部が取り扱っています。

執行官室

執行官室の不動産部と執行部については、次の表に記載のとおりです。

執行官室不動産部 TEL 03-5721-6395	＊現況調査 ＊不動産等の売却手続 ＊担保不動産収益執行事件 ＊内覧参加申出
執行官室執行部 TEL 03-5721-0734	＊動産執行事件 ＊不動産等の引渡・明渡執行事件 ＊保全処分の執行事件

出納第三課

予納金・保証金の受入れ、払出し等を取り扱います。

出納第三課が扱う予納金等の振込先金融機関及び口座番号等は、**三井住友銀行目黒支店（当座　口座番号　6201783、口座名　東京地裁執行センター）**です。

手続案内

来庁された方の担当係をご案内するほか、事件に関する進行照会にお答えしたり、執行センターでの担当部門に引き継ぐことなどを担っています。また、記録係も配置されていますので、事件記録の閲覧・謄写は、記録係に申請してください。

物件明細書等閲覧室

不動産競売物件についての物件明細書、現況調査報告書、評価書の各写し（3点セット）は、執行センターの物件明細書等閲覧室でご覧いただけます。特別売却に付された物件についての3点セットも、同閲覧室でご覧いただけます。なお、3点セットは、BIT（不動産競売物件情報サイト）で見たり、ダウンロード、印刷することができます。また、配当要求の終期、期間入札及び売却許可決定の各公告も、同閲覧室に掲示しています。

売 却 場

期間入札の開札は、執行センターの売却場（2階）で行います。

売　　店

売店はありませんので、収入印紙・郵便切手の納付を必要とする手続のため執行センターにお越しの際は、あらかじめ収入印紙・郵便切手をご準備ください。なお、飲料の

自動販売機は備えられています。

事件記録の閲覧謄写について

郵送等により、執行事件記録の謄写を依頼（有料）する場合は、司法協会複写事業部に電話してください（電話：03-3581-2629）。

※民事執行センターには、有料のコイン式コピー機が設置されていますが、謄写業務を行う業者は常駐していません。

夜間文書受付箱

業務時間外に書類を持参される場合は、執行センター玄関先の夜間文書受付箱に投入してください。

民事執行センターでは、各係の電話番号はダイヤルイン（直通）になっていますので、直接下記の電話番号におかけください。なお、手続一般に関するお問い合せは、執行手続案内係におかけください。

東京地方裁判所　民事執行センター
〒152-8527 東京都目黒区目黒本町二丁目 26 番 14 号
民 事 第 21 部
財産調査・手続案内
　　執行手続案内係　　03－5721－4630　　　　記　　　録　　　係　03－5721－4691
　　財　産　開　示　係　　03－5721－4728　　　　情　報　取　得　係　03－5721－4719
不動産執行書記官室
　　不 動 産 開 始 係　　03－5721－4643　　　　不 動 産 配 当 係　03－5721－4783
　　不 動 産 売 却 係　　03－5721－4763　　　　代 替 執 行 係　03－5721－4643
　　　　　　　　　　　　03－5721－4673
債権執行書記官室
　　債 権 受 付 係　　03－5721－4642　　　　債権換価・取下係　03－5721－4742
　　債 権 配 当 係　　03－5721－4792
information21(インフォメーション21) https://www.courts.go.jp/tokyo/saiban/minzi_section21/
不動産競売物件情報サイト BIT(ビット) https://www.bit.courts.go.jp
出 納 第 三 課　　03－5721－4744
執行官室不動産部　　03－5721－6395
執行官室執行部　　03－5721－0734

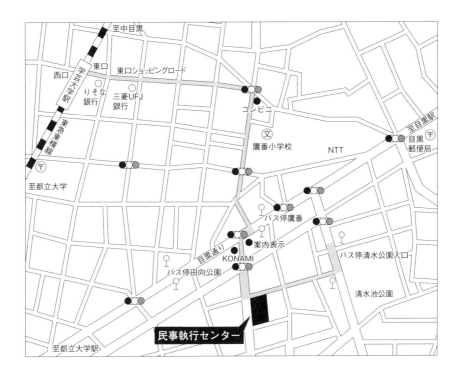

　民事執行センターには駐車用のスペースはありませんので、自動車での来庁は、固くお断りいたします。

交通機関　東急東横線　学芸大学駅　東口から　徒歩約13分
　　　　　東急バス　　ＪＲ目黒駅　西口から　約15分

目黒駅からのバス経路案内

乗り場／行き先		下車停留所
西口③番	大岡山小学校前 行き	清水公園入口
西口④番	二子玉川駅　　行き	鷹番
西口⑤番	弦巻営業所　　行き	

※清水公園入口バス停から徒歩3分
※鷹番バス停から徒歩2分
※他に目黒駅東口①番乗り場からの「等々力(等々力操車所)」行きも、「鷹番」に停車します。
※途中「清水」という停留所を通りますが、「清水公園入口」とは異なる停留所ですのでご注意ください。

弁護士会、裁判所からのお知らせ、要望事項等

19 東京地方裁判所民事第9部からのお知らせ

1 保全事件の受付

民事第9部の受付カウンターで番号札を引いてお待ちください。

番号札の発行時間は、午前8時30分から正午までと、午後1時から午後5時までですが、午後3時以降は混雑しがちなので午前中や午後の早い時間帯を御利用いただくよう御協力ください。

2 債権者面接

民事第9部では、原則として全件につき債権者面接を行っています。

面接前に書類の審査を行うため、原則として、午前中に受付手続が終了した場合は翌日以降、午後に受付手続が終了した場合は翌々日以降の面接となります。状況により必ず受付日の翌日又は翌々日に面接が行われるとは限りませんので御承知おきください。面接時刻は、午前10時又は午後1時30分となります。

なお、事案によっては、その緊急性等に鑑み、受付日のうちに債権者面接を行う場合もあります。

受付手続後、面接前に電話等で書類の補正、追加資料の提出等を求めることがありますが、面接を充実したものとし、手続を円滑に進行させるためのものですので、御協力をお願いします。

3 各係の問合せ先

各係の担当する主な事務は東京地裁HP「民事9部（保全部）紹介」の1のエを御覧ください。

```
発令係　03－3581－3402、－3406
開示係　03－3581－3404
弁論・取消係　03－3581－3441、－3453、－3456
ファクシミリ（各係共通）　03－3595－2259
```

民事第9部ホームページのお知らせ

東京地裁民事第9部で取り扱っている民事保全事件、配偶者暴力等に関する保護命令申立事件等に関する手続案内及び書式例が、裁判所ホームページ内に掲載されています。

これらは「民事第9部（保全部）紹介」で検索できます。

このホームページでは次のような案内を掲載しています。

1．民事第9部の概要
　ア．利用案内
　イ．民事第9部の位置
　ウ．主な担当事件
　エ．各係で担当する主な事件
　オ．保全事件とは？
　カ．保全事件の流れ
2．保全事件の申立て
　ア．保全事件の受付
　イ．債権者面接
　ウ．保全命令申立書の提出（発令係）
　エ．仮差押・仮処分の申立書及び記載例
3．保全事件の発令まで
　ア．裁判官面接（審尋）後の手続（発令手続）
　イ．供託書等の受入と決定正本の交付時刻の取扱いについて
　ウ．債務者への決定正本の送達について
　エ．【発令に際し必要な各種目録の種類・通数】
　オ．【発令に際し必要な郵便切手内訳】
　カ．【発令に際し必要な登録免許税】
4．執行取消し（取下げ等）
　ア．保全執行の取消原因及び執行取消しの方法の概略
　イ．保全命令申立ての取下げに必要な書類等一覧表
　ウ．保全命令申立ての取下げ
　エ．保全命令申立ての取下げについてのQ&A
5．担保取消しの手続
　ア．担保の取消等手続
　イ．担保取消等についての係からのお知らせ
　ウ．担保取消申立てに必要な書類等一覧表
　エ．担保取消しの申立書の提出
　オ．担保取消しについてのQ&A
6．担保の簡易の取戻しの手続
　ア．担保の簡易取戻しの手続
　イ．東京地方裁判所民事第9部における担保取戻しの運用基準
　ウ．担保取戻許可申立書の添付書類一覧表

エ．担保の簡易の取戻しについてのQ&A
7．解放金の取戻し
　ア．債務者が解放金を取り戻す手続
　イ．債務者がみなし解放金（第三債務者が供託した供託金）を取り戻す手続
8．不服の申立て等（保全異議、保全取消、保全抗告）
　ア．保全命令に対する不服申立て等の手続
　イ．【郵便切手内訳】
9．その他の手続
　ア．起訴命令の申立て
　イ．解放金供託による執行取消し
　ウ．担保物の変換
　エ．破産手続開始決定の上申
　オ．破産法上の仮差押え・仮処分手続取消命令に基づく保全執行取消しの上申
　カ．民事再生法上の仮差押え・仮処分手続取消命令に基づく保全執行取消しの上申
　キ．集合動産譲渡担保権の目的物の占有移転禁止・引渡断行の仮処分Q&A
10．ドメスティックバイオレンス（DV）（配偶者暴力等に関する保護命令申立て）
　ア．配偶者暴力等に関する保護命令申立ての手続について
　イ．書式（ひな形）
　ウ．追加の保護命令の申立てについて
　エ．再度の保護命令の申立てについて
　オ．保護命令の取消しの手続について
11．発信者情報開示命令申立て
　ア．発信者情報開示命令事件とは
　イ．発信者情報開示命令の申立て
　ウ．提供命令／消去禁止命令の申立て
　エ．申立ての趣旨　記載例
　オ．申立書記載例
12．閲覧・謄写
13．強制執行停止事件の流れ（申立てから発令まで）

このほかに、各種申立書等の書式例を掲載しています。なお、具体的事件の処理に当たっては、事件の内容や事務処理上の問題から、記載された内容どおりの処理をすることができない場合がありますので、ご了承ください。

20 訴訟進行に関する照会書（原告代理人用）

令和5年（ワ）第　　　　　号

訴 訟 進 行 に 関 す る 照 会 書 （原告代理人用）

東京地方裁判所民事第　　　　部

　本件の円滑な進行を図るため、下記の照会事項に御回答の上、早急に当部に提出されるよう御協力ください（ファクシミリ送信も可）。

　なお、御回答いただいた書面は、本件の訴訟記録につづり込むこととなります。

照会事項：該当事項に✓をお願いします

1　訴状送達について

　住居所は　□本人又は同居者・事務員がいる。　□不明で、公示送達見込みである。

　就業場所は　□判明している。　□調査したが分からない。　□調査未了である。

2　被告の欠席の見込み　　　　□ある　　　　□ない　　　　□不明

3　被告との事前交渉

　□ある（弁護士氏名：　　　　　　　　　　　事務所名：　　　　　　　　　　　）
　　　　　　電話番号：

　※受任意思の確認や期日調整等のために裁判所から連絡をとる場合があります。

　□ない

4　被告との間の別事件の有無

　□ある（裁判所名　　　　　　　　　　　　裁判所
　　　　　　事件番号　平成・令和　　　年（　　　）第　　　　　号）

　□ない

5　被告に代理人がついたときの第1回期日の手続についての意見

　□口頭弁論期日を経ないで、争点整理手続に付することに異議はない。

　　その際は、　　□ウェブ会議　　□電話会議　　□出頭　を希望する。

　　○ Teams によるウェブ会議の経験　　□ある　　□ない

　□第1回は口頭弁論とすることを希望する。

　□その他（　　　　　　　　　　　　　　　　　　　　　）

6　本件で mints を利用することについての意見

　□希望する。（□説明書の交付を希望する。）　　□希望しない。

　　○ mints の利用経験　　□ある　　□ない

　※5、6については、担当部から更に情報の御提供をお願いすることがあります。

7　その他、和解についての意見やこれまでの交渉経緯、裁判の進行に関する希望等、参考になることがあれば自由に記入してください

　　令和　　年　　月　　日　　回答者
　　　　　　　　　　　　　　　電話番号　　　　－　　　　－

21│ 東京地裁民事 22 部での審理についてのご説明

東京地方裁判所民事第 22 部

1 民事 22 部での審理のポイント

(1) 審理モデル・一覧表の活用

　　当部は、建築訴訟の集中処理部です。建築訴訟の審理は、通常事件と異なり、ある程度の専門的知識や、事件類型ごとのノウハウが**必須**です。

　　以下の判例タイムズ掲載の「建築訴訟の審理モデル」を是非活用してください。

　　① 「建築訴訟の審理モデル〜追加変更工事編」判タ 1453・5（2018.12）

　　② 「建築訴訟の審理モデル〜工事の瑕疵編」判タ 1454・5（2019.1）

　　③ 「建築訴訟の審理モデル〜出来高編」判タ 1455・5（2019.2）

　　④ 「建築訴訟の審理モデル〜設計・監理の報酬請求編」判タ 1489・5（2021.12）

　　⑤ 「建築訴訟の審理モデル〜設計・監理の債務不履行・不法行為編」判タ 1490・5（2022.1）

　　⑥ 「建築訴訟の審理モデル〜不法行為（第三者被害型）編」判タ 1495・5（2022.6）

　　特に、早期の段階で上記審理モデルに添付された各種一覧表（※当該要件事実に沿ったものとなっています。）を作成することが非常に重要です。一覧表は、裁判所ホームページの当部のサイトに掲載していますので、ダウンロードしてください。次頁において、各種類型の基本的書証のリストを別紙に掲記しましたので、早期の段階での提出を検討してください。

(2) 調停の活用

　　建築訴訟の多くは、早期に調停（訴訟の審理と並行して行います。）に付され、専門家調停委員（あるいは専門委員）を活用することで、充実した審理が行われています。

弁護士会、裁判所からのお知らせ、要望事項等

2 基本的書証のリスト

要否を検討頂き、必要な場合には早期の提出をお願いします。

〈契約関係〉

□見積書　　（□追加工事見積書）

□注文書・請書

□契約書　　（□約款　□工事内訳書　□図面）

□設計図書　（□設計図　□仕様書）

□工程表

□請求書　　（□追加工事請求書）

〈施工関係〉

□打合せ議事録

□施工図

□工程表

□写真

□工事日報

□監理報告書

□完了届

□引渡書

□竣工図

〈設計・監理関係〉

□確認申請書（□図面　□構造計算書）

□確認済証

□監理報告書

□検査済証

Teams を用いた一覧表の提出方法について

　各種一覧表は、原告と被告が、データで各自の主張を加筆していきますので、Teams 上で、データのアップロードをお願いします。

(1) ファイル名

　作成日・一覧表の表題（提出者）（例）「20220820 施工瑕疵一覧表（原告）」

　　※パスワード不要

　　　※当事者名等、個人情報を特定できる記載をしない。当事者が複数の場合には、書証の呼称に対応させ、「原告 A」「被告乙」「被告丙」などとする。

(2) アップロード後の共有方法

　各種データをアップロードした際には、速やかに、当該チームの「投稿」の「新しい投稿」から、アップロードした旨を投稿する。その際、他の当事者や裁判官及び書記官が当該投稿を認識できるよう、当該チームのメンバーに向けた「メンション（通知機能）」も付する。

　（参考）メンションを付する方法

　　　投稿する文章の入力フォームの冒頭で「@team」（いずれも半角英数字）と入力

　　→　「候補」として表示されるチーム名「東京地裁 22 部 R ○ ワ ○○○○」を選択

　　→　チーム名が入力フォーム内に青字で表示

　　→　投稿したい本文を記入し、「送信（紙飛行機のマーク）」を選択。

　相手方は、上記投稿を確認した際、その旨の返信や、「いいね」などのリアクションで、確認した旨を通知する。

(3) 調停ないし訴訟における一覧表の取扱い

　上記の一覧表は、専門家が意見を述べる際の素地となります。

　また、和解（調停）が成立しない場合には、準備書面に添付し正式に提出・陳述頂いたり（逆にいうと、それまでは作成過程のものであり、正式な書面としては扱われません。）、裁判所が口頭弁論調書等に添付し、当事者の主張の骨子として確認したりすることが考えられます。

22 訴訟の進行に関する照会書（民事 22 部　原告代理人用）

令和　　年（ワ）第　　　　号

訴 訟 の 進 行 に 関 す る 照 会 書 （原告代理人用）

東京地方裁判所民事第 22 部（FAX 番号　03-3581-5546）

　本件の円滑な進行を図るため、下記の照会事項に御回答の上、早急に当部に提出されるようご協力ください（ファクシミリ送信も可）。

　なお、御回答いただいた書面は、本件の訴訟記録につづり込むこととなります。照会事項：該当事項に✓及び必要な事項の記載をお願いします。

1　被告との事前交渉について

□ある　弁護士氏名：

　　　　事務所名：　　　　　　　事務所電話番号：

□ない

※受任意思の確認や期日調整等のために被告への訴状送達前に裁判所から連絡をとる場合があります。

2　被告に代理人がついたときの第 1 回期日の手続についての意見について

□口頭弁論期日を経ないで、争点整理手続に付することに異議はない。

　その際は、□ウェブ会議　　□電話会議　　□出頭を希望する。

□ Teams によるウェブ会議の経験　□ある　　□ない

□ Teams のメールアドレス（　　　　　　　　　　　　　　　　　　　）

□第 1 回は口頭弁論とすることを希望する。

□その他（　　　　　　　　　　　　　　　　　　　　　　　　　　　）

3　その他、本件の主要な争点・和解についての意見やこれまでの交渉経緯、裁判の進行に関する希望等、参考になることがあれば自由に記入してください。

　　令和　　年　　月　　日　　回答者氏名・電話番号

23 訴訟の進行に関する照会書（民事22部　被告代理人用）

令和　　年（ワ）第　　　　号

訴 訟 の 進 行 に 関 す る 照 会 書 （被告代理人用）

東京地方裁判所民事第22部（FAX番号　03-3581-5546）

（※代理人を選任した場合に、本書面を代理人にお渡しください。）

　本件の円滑な進行を図るため、下記の照会事項に御回答の上、早急に当部に提出されるようご協力ください（ファクシミリ送信も可）。なお、御回答いただいた書面は、本件の訴訟記録につづり込むこととなります。照会事項：該当事項に✓及び必要な事項の記載をお願いします。

1　被告代理人の第1回期日の手続についての意見

　□口頭弁論期日を経ないで、争点整理手続に付することに異議はない。

　　その際は、□ウェブ会議　□電話会議　□出頭を希望する。

　□Teamsによるウェブ会議の経験　□ある　□ない

　□Teamsのメールアドレス（　　　　　　　　　　　　　　　　　　　）

　□第1回は口頭弁論とすることを希望する。

2　請求原因に対する認否と主張ができる時期（令和　　年　　月　　日頃）

3　本件で予想される主要な争点（複数チェック可）

　□契約当事者　□契約金額　□残額の有無及びその額　□工事完成の遅れ

　□値引きの約束　□工事の完成・未完成　□追加変更工事の有無及びその代金額

　□工事の瑕疵（□基礎　□構造　□屋根・外装　□内装　□雨漏り・漏水　□塗装）

　□設計の瑕疵　□監理義務違反　□設計図違背　□合意事項違反

　□設計・監理の出来高及びその相当報酬額　□振動被害　□地盤沈下

　□その他（　　　　　　　　　）

4　これまでの交渉経緯、裁判の進行に関する希望（和解の可能性等）についての意見、参考になることがあれば自由に記入してください。

```


```

　令和　　年　　月　　日　回答者氏名・電話番号

24 ファクシミリ利用の御案内

東京地方裁判所民事部

1 ファクシミリによる書面の送信について

(1) 書面がファクシミリで送信された場合、原則として送信されたものを正式書面として訴訟記録につづり込みます。この場合、別途、同一内容の書面を提出していただく必要は原則としてありません。

ただし、ファクシミリを利用すると不鮮明となる細かい文字、写真、カラーで識別可能なものなどを含む場合には、鮮明な書面を提出するようにお願いします。

(2) ファクシミリで送信する場合には、後掲の「ファクシミリ送信書兼受領書」にならった送信書を送信してください。

(3) 担当の裁判所（官）から、書面の提出に関して個別の指示があった場合には、それに従ってください。

2 相手方への送付（送信）

当庁へファクシミリにより送信する書面について、相手方へも直送する必要があるときは、直接送付（送信）されるようお願いします。この場合、当庁への送信書面には、副本直送の旨を付記してください。

正 式 書 面 ・ 参 考 書 面（○で囲んでください）

※（注）　正式書面とは、後にクリーンコピーの提出予定のない正式の書面を、参考書面とは、後に
クリーンコピーの提出が予定されており、内容を予告するための書面をさす。

ファ ク シ ミ リ 送 信 書
　　　　　　　　　　　　　　　　　　　　　令和　　年　　月　　日

送 信 先	東京地方裁判所民事第　　　　部　　　係　　　　　　　書記官　殿 原告・被告　代理人弁護士　　　　　　　　　　　　　殿
送 信 者	☎　　　（　　　）
事 件 番 号	令和　　年（　　）第　　　　号
当 事 者	原　告 被　告
次 回 期 日	令和　　年　　月　　日　　午前・午後　　時　　分
文 書 名 及 び 送 信 枚 数	・準備書面（令和　年　月　日付け）　　　　枚 ・証拠説明書（令和　年　月　日付け）　　　枚 ・証拠申出書（令和　年　月　日付け）　　　枚 ・ 　　　　　　　合計＿＿＿＿＿＿＿＿＿枚（送信書を含む）
通 信 欄	

※上記事件について、上記文書を送信いたします。折り返し、本書面の下記受領書部分に必要事項
を記入していただき、裁判所及び当方にファクシミリで送信してください。

受 領 書

送 信 先	東京地方裁判所民事第　　　　部　　　係　　　　　　　書記官　殿 原告・被告　　代理人弁護士　　　　　　　　　　　殿

上記事件について、上記文書を受領しました。
　　　　令和　　年　　月　　日
　　　　原告　・　被告　代理人弁護士＿＿＿＿＿＿＿＿＿＿印

3 ファクシミリにより送信できない書面の例

ファクシミリにより送信できない書面の例は、次のとおりです。

(1) 民訴規則3条1項1号所定の書面例

裁判官に対する忌避の申立書、補助参加の申出書、独立当事者参加の申出書、訴状、反訴状、訴え提起前における証拠保全の申立書、控訴状、上告状、上告受理の申立書、抗告状、再抗告状、特別抗告状、手形訴訟及び小切手訴訟の終局判決に対する異議の申立書、執行停止の申立書

(2) 同項2号所定の書面例

裁判官に対する除斥の申立書、訴訟手続の受継の申立書、訴えの取下書、請求の放棄又は認諾をする旨の書面、控訴の取下書、手形訴訟及び小切手訴訟の終局判決に対する異議申立ての取下書

(3) 同項3号所定の書面例

資格証明書(商業登記事項証明書、戸籍事項証明書、破産管財人証明書、家事審判書謄本等)、訴訟委任状、鑑定人の宣誓書

(4) 同項4号所定の書面例

上告理由書、上告受理申立て理由書、再抗告理由書、特別抗告理由書

4 民事部ファックス配置表

配置場所	FAX 番号	配置場所	FAX 番号
1 部	(03)3592-1380	16 部	甲係(03)3592-1398 乙係(03)3580-5724
2 部	3581-5443	17 部	3581-5733
3 部	3580-5706	18 部	3581-5447
4 部	3580-5712	19 部	3581-5445
5 部	甲係 3580-5713 乙係 3581-5444	20 部(通常管財)	5721-3167
		20 部(受付・即日面接)	5721-3168
6 部	甲係 3592-1397 乙係 3580-5714	20 部(特定管財・個人再生)	5721-3175
		20 部(合議)	5721-3176
7 部	合議2・3係、1～3、5・6係 3581-3342 合議A・B係、A～E係 3539-2161	21 部(不動産開始係)	5721-4648
		21 部(不動産売却係)	5721-4678
8 部(非訟・過料)	5721-3191	21 部(不動産配当係)	5721-4648
8 部(弁論・保全・手形)	5721-3193	21 部(債権執行)	5721-4738
9 部	3595-2259	21 部(財産調査)	5721-4798
11 部	3580-5716	22 部	3581-5546
12 部	甲係 3580-5717 乙係 3592-9464	23 部	3580-5726
		25 部	3581-5448
14 部	3581-5446	26 部	3～7係・合議1～7係 3581-5449 A～F係・合議A～H係 3580-5753
15 部	3580-5719		

配置場所	FAX 番号	配置場所	FAX 番号
27 部	(03)3592－9465	40 部	(03)5721－3200
29 部	5721－3198	42 部	3580－8138
30 部	3592－1484	43 部	3580－5806
31 部	甲係 3580－5769 乙係 3580－5805	44 部	甲係 3580－7562 乙係 3580－7563
32 部	甲係 3592－6902 乙係 3580－5802	46 部	5721－3195
		47 部	5721－3197
33 部	3581－5221	49 部	3539－2162
34 部	3592－1485	50 部	3581－3797
35 部	3580－5803	51 部	3539－4501
36 部	3580－0028	執行官室(不動産部)	5721－6047
37 部	甲係 3592－9461 乙係 3580－5804	執行官室(執行部)	5721－6046
		民事訟廷庶務第一係	3581－5378
38 部	3592－9460		

弁護士会、裁判所からのお知らせ、要望事項等

25 Ａ４判横書き文書提出のお願い

東京地方裁判所立川支部
立川簡易裁判所

　従前からお願いしているとおり、裁判所に提出される文書は、Ａ４判横書き（複数枚ある場合は頁数を記入）で作成していただくよう、ご協力をお願いします。

（参考）文字配列の例

余白のとり方	左側は 30 ミリ程度、上部は 35 ミリ程度、下部は上部より少なくとる。
文字の大きさ	基本は 12 ポイント
文字間隔	4.4 ミリ程度
行内文字数	37 文字
行間隔	9 ミリ程度
１ページの行数	26 行

26 ファクシミリ利用の御案内

東京地方裁判所立川支部民事部

1 ファクシミリによる書面の送信について

(1) 書面がファクシミリで送信された場合、原則として送信されたものを正式書面として訴訟記録につづり込みます。この場合、別途、同一内容の書面を提出していただく必要は原則としてありません。

　　ただし、ファクシミリを利用すると不鮮明となる細かい文字、写真、カラーで識別可能なものなどを含む場合には、鮮明な書面を提出するようにお願いします。

(2) 後にクリーンコピー（ファクシミリ書面と同一内容の鮮明な書面）を正式書面として提出するので、ファクシミリ書面は予告に過ぎないという場合は、下記(3)の送信書に「参考書面」であると記載するようお願いします。参考書面は、原則として、訴訟記録につづり込みません。

(3) ファクシミリで送信する場合には、後掲の「ファクシミリ送信書兼受領書」にならった送信書を送信してください。

(4) 担当の裁判所（官）から、書面の提出に関して個別の指示があった場合には、それに従ってください。

2 相手方への送付（送信）

　　当庁へファクシミリにより送信する書面について、相手方へも直送する必要があるときは、直接送付（送信）されるようお願いします。この場合、当庁への送信書面には、副本直送の旨を付記してください。

3 ファクシミリにより送信できない書面の例

　　ファクシミリにより送信できない書面の例は、次のとおりです。

(1) 民訴規則3条1項1号所定の書面例

　　裁判官に対する忌避の申立書、補助参加の申出書、独立当事者参加の申出書、訴状、反訴状、訴え提起前における証拠保全の申立書、控訴状、上告状、上告受理の申立書、抗告状、再抗告状、特別抗告状、手形訴訟及び小切手訴訟の終局判決に対する異議の申立書、執行停止の申立書

(2) 同項2号所定の書面例

　　裁判官に対する除斥の申立書、訴訟手続の受継の申立書、訴えの取下書、請求の放棄又は認諾をする旨の書面、控訴の取下書、手形訴訟及び小切手訴訟の終局判決に対する異議申立ての取下書

(3) 同項3号所定の書面例

　　資格証明書（商業登記事項証明書、戸籍事項証明書、破産管財人証明書、家事審判書謄本等）、訴訟委任状、鑑定人の宣誓書

(4) 同項4号所定の書面例

　　上告理由書、上告受理申立て理由書、再抗告理由書、特別抗告理由書

4　電話番号・ファクシミリ番号

	電話番号	ファクシミリ番号
民事第1部	042-845-0151	042-845-0211
民事第2部	042-845-0212	042-845-0216
民事第3部	042-845-0217	042-845-0221
民事第4部（債権執行係）	042-845-0226	042-845-0246
民事第4部（不動産執行係）		042-845-0247
受付	042-845-0232	
物件明細・財産開示・情報取得	042-845-0230	
売却	042-845-0236	
配当	042-845-0234	
民事第4部（破産係）		042-845-0248
受付・同時廃止	042-845-0240	
管財	042-845-0242	
再生	042-845-0244	
民事第4部（保全・非訟係）		042-845-0245
非訟・労働審判	042-845-0222	
保全	042-845-0225	
民事訟廷事務室		042-845-0205
受付	042-845-0203	
閲覧・謄写	042-845-0204	

> 正式書面・参考書面（〇で囲んでください）

※（注）　正式書面とは、後にクリーンコピーの提出予定のない正式の書面を、参考書面とは、後に
クリーンコピーの提出が予定されており、内容を予告するための書面をさす。

<table>
<tr><td colspan="2" align="center">ファクシミリ送信書
令和　　年　　月　　日</td></tr>
<tr><td>送　信　先</td><td>東京地方裁判所立川支部民事第　　　部　　　係　　　　　　書記官　殿
原告・被告　代理人弁護士　　　　　　　　　　　　　　　殿</td></tr>
<tr><td>送　信　者</td><td>☎　　　（　　　）</td></tr>
<tr><td>事 件 番 号</td><td>令和　　年（　　）第　　　　号</td></tr>
<tr><td>当　事　者</td><td>原　告
被　告</td></tr>
<tr><td>次 回 期 日</td><td>令和　　年　　月　　日　　午前・午後　　時　　分</td></tr>
<tr><td>文 書 名
及　び
送 信 枚 数</td><td>・準備書面（令和　年　月　日付け）　　　　枚
・証拠説明書（令和　年　月　日付け）　　　　枚
・証拠申出書（令和　年　月　日付け）　　　　枚
・
　　　　　　　合計＿＿＿＿＿＿＿＿＿＿枚（送信書を含む）</td></tr>
<tr><td>通　信　欄</td><td></td></tr>
</table>

※上記事件について、上記文書を送信いたします。折り返し、本書面の下記受領書部分に必要事項
を記入していただき、裁判所及び当方にファクシミリで送信してください。

受　領　書

<table>
<tr><td rowspan="2">送　信　先</td><td>東京地方裁判所立川支部民事第　　　部　　　係　　　　　　書記官　殿</td></tr>
<tr><td>原告・被告　　代理人弁護士　　　　　　　　　　　　　　殿</td></tr>
</table>

上記事件について、上記文書を受領しました。
　　　　　令和　　年　　月　　日
　　　　原告　・　被告　　代理人弁護士　＿＿＿＿＿＿＿＿＿＿＿＿＿印

弁護士会、裁判所からのお知らせ、
要望事項等

27 ファクシミリ利用の御案内

東京家庭裁判所立川支部家事部

当庁へのファクシミリによる送信は、以下の要領に従ってください。

1 送信文書

(1) 書面がファクシミリで送信された場合、原則として、送信されたものをそのまま訴訟記録とします。この場合、記名押印が必要な書面については記名押印したうえで送信してください。

　なお、印字が不鮮明な場合、書類のサイズがA4判でなく記録に編綴するうえで支障となる場合等、裁判所が必要と認めるときは、改めて当該書面又は当該書面の必要箇所について、再送信又は提出をお願いすることがあります。枚数の多い書面については、あらかじめ担当部に御相談ください。

(2) 民訴規則3条1項によって、ファクシミリにより送信できない書面がありますので、御注意ください。送信されても提出の効力が生じません。

2 送信の方法

(1) 送信する場合は、まず後掲「ファクシミリ送信書兼受領書」にならった送信書を送信してください。

(2) 送信する書面の大きさは、原則として、A4判に限ります。書面の各葉には頁数を記載してください。

　ファクシミリに書面を差し入れる方向は、下図のようにしてください。

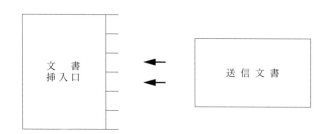

3 相手方への送付（送信）

　当庁へファクシミリにより送信する文書については、相手方へも直送する必要があるときは、直接送付（送信）されるようお願いします。この場合、当庁への送信書面には、「副本直送」の旨を付記してください。

　なお、相手方に訴訟代理人が選任されていない場合等については、担当部に御相談ください。

4 利用時間

ファクシミリの利用時間は、原則として、平日の午前8時30分から午後5時までです。

5 東京家裁立川支部　電話番号・ファクシミリ番号一覧

		電話番号	ファクシミリ番号
家事事件	家事訟廷事件係（受付）	042-845-0317	
	家事訟廷記録係（閲覧） 家事調停係 遺産分割係	042-845-0318 042-845-0332 042-845-0371	042-845-0319
	後見・財産管理事件 　後見開始係 　後見監督係 　財産管理係	042-845-0321 042-845-0326 042-845-0373	042-845-0327
	人事訴訟係（人事訴訟受付） 家事審判係	042-845-0336 042-845-0331	042-845-0343
少年事件	少年訟廷事件係（受付） 少年訟廷記録係（閲覧） 少年書記官室	042-845-0345 042-845-0346 042-845-0348	042-845-0351
事務局	庶務課 地裁庶務第2課（保管金受付）	042-845-0313 042-845-0300	042-845-0314 042-845-0308

※事件関係については、当該部署の電話番号に直接おかけください。

弁護士会、裁判所からのお知らせ、要望事項等

28 ファクシミリ利用のご案内

平成 12 年 7 月 17 日実施
東京高等裁判所民事部

当庁へのファクシミリによる送信は、以下の要領でお願いします。

1 送信書面

(1) ファクシミリで送信された書面はそのまま訴訟記録とします。この場合、実務上記名押印が必要な書面については、記名押印した上で送信してください。印字が不鮮明な場合、記録に編てつする上で支障となる場合、その他裁判所が必要と認めた場合には、再送信又は提出をお願いすることがあります。

　なお、後日、クリーンコピーの提出を予定している場合には、送信書にその旨を記載してください。

(2) ファクシミリにより提出することが認められない書面（民事訴訟規則 3 条 1 項）がありますので、ご注意ください。

　なお、別紙第 1 をご参照の上、疑問がある場合は、担当部にご相談ください。

(3) ファクシミリにより書面を提出する場合には、相手方及び裁判所がそれに対する準備をすることができるだけの時間的な余裕をもたせて送信してください。

2 送信の方法

(1) 送信する場合、「ファクシミリ送信書・受領書」（別紙第 2 参照）を添えて送信してください。

(2) 送信する書面の大きさは、原則として A4 判でお願いします。それ以外の大きさの書面の場合は、再送信又は提出をお願いすることもあります。

(3) 送信する書面の各葉には、ページ数又は丁数を記載してください。ページ数又は丁数を記載した場合には、契印は不要です。また、書面の最後には、「以上」という文言を記載してください。

(4) 枚数の多い書面（おおむね 30 枚以上）についてはあらかじめ担当部にご相談ください。場合によっては、持参又は郵送でお願いすることもあります。

(5) ファクシミリに書面を差し入れる方向は、下図のようにしてください。

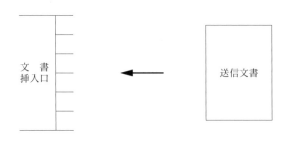

(6) 送信は、原則として、平日の午前 9 時から午後 5 時までの間にしてください。

3 相手方への送付（送信）

(1) 相手方へも送信する必要がある書面については、直接送付（送信）してください。
この場合、当庁への送信書面には、副本直送の旨を付記してください。
〔直送する必要がある書面の例（民事訴訟規則83条等）〕
準備書面及び準備書面に引用した文書の写し
証拠の申出を記載した書面
文書提出命令の申立書
証人尋問の尋問事項書
鑑定を求める事項を記載した書面

(2) 準備書面の直送を受けた方は、その旨の受領書面を裁判所（別紙第2参照）及び相手方に送付（送信）してください。

（別紙第1）

ファクシミリにより提出することができる書面の例		
控訴理由書及びこれに対する反論書その他の準備書面　書証の写し　証拠申出書 証拠説明書　尋問事項書　書証の認否書　期日変更申請書　期日請書　和解条項案 受諾和解における受諾書　郵券の受領書　住所・送達場所に関する届出書　上申書 事務連絡に対する回答書		
ファクシミリにより送信することができない書面の例		
規則3条1項1号書面	上告状　上告受理申立書　特別上告状　附帯控訴状　特別抗告状　抗告許可申立書　附帯抗告状　請求の拡張の記載がある準備書面　訴状　反訴状 選定者に係る請求の追加申立書　執行停止の申立書 訴え提起前の証拠保全の申立書　独立当事者参加申出書　補助参加申出書 忌避の申立書　手数料を要する申請書（各種証明申請書、執行文付与申請書　記録の正本・謄本の申請書等）	
規則3条1項2号書面	上告・控訴・抗告・訴えの各取下書　取下げの同意書 請求の放棄又は認諾をする旨の書面　上訴権放棄書　除斥の申立書 請求の減縮の記載がある準備書面	
規則3条1項3号書面	資格証明書類（商業登記簿謄本、戸籍謄本、破産管財人証明書、家事審判書謄本等）訴訟委任状　鑑定人の宣誓書	
規則3条1項4号書面	上告・上告受理申立て・特別上告・再抗告・特別抗告・抗告許可申立ての各理由書	

弁護士会、裁判所からのお知らせ、要望事項等

（別紙第2）

ファクシミリ送信書

送 信 先	1　控訴代理人　　2　被控訴代理人　　　　　　　　　　殿 3　東京高等裁判所第　　　　　民事部御中（該当番号を○で囲む）	
送 信 者	1　控訴代理人　　2　被控訴代理人（該当番号を○で囲む） 　　　　　　　　　　　　　　　　　　　　　　　　　印 TEL　　　−　　　−　　　　　FAX　　　−　　　−	
送 信 日	令和　　　年　　　月　　　日	
事件の表示	令和　　　年（　　）第　　　　　号 控訴人 被控訴人	
次 回 期 日	令和　　　年　　　月　　　日　午前・午後　　　時　　　分	
文　　書		
送 信 枚 数	枚（送信書を含む）	
クリーンコピーの提出予定	有　　・　　無	

（注意）下記受領書に記名・押印の上、当方及び裁判所宛FAX等でお送りください。

- -

受　領　書

上記事件につき、上記文書を受領しました。

　　　　令和　　　年　　　月　　　日

　　　　　　　　　　　　　　　　　　　　　　　　　　印
　　　　　　　　　TEL　　　　−　　　　−
　　　　　　　　　FAX　　　　−　　　　−

1　控訴代理人　　2　被控訴代理人　　　　　　　　　　　殿
3　東京高等裁判所第　　　民事部御中（該当番号を○で囲む）

ファクシミリ番号表

東京高等裁判所民事部

設置場所	ファクシミリ番号（受信）	設置場所	ファクシミリ番号（受信）
第 1 民事部	03 － 3580 － 3839	第17民事部	03 － 3592 － 0942
第 2 民事部	03 － 3580 － 3840	第19民事部	03 － 3592 － 0929
第 4 民事部	03 － 3581 － 5529	第20民事部	03 － 3592 － 0979
第 5 民事部	03 － 3592 － 0829	第21民事部	03 － 3580 － 4887
第 7 民事部	03 － 3592 － 0843	第22民事部	03 － 3580 － 4885
第 8 民事部	03 － 3580 － 3841	第23民事部	03 － 5510 － 3129
第 9 民事部	03 － 3580 － 3859	第24民事部	03 － 3581 － 8832
第10民事部	03 － 3592 － 0854		
第11民事部	03 － 3592 － 0873		
第12民事部	03 － 3580 － 3877		
第14民事部	03 － 3580 － 3868		
第15民事部	03 － 3580 － 3879		
第16民事部	03 － 3580 － 3881		

29 合同庁舎一階平面図（東京高裁・地裁・簡裁）

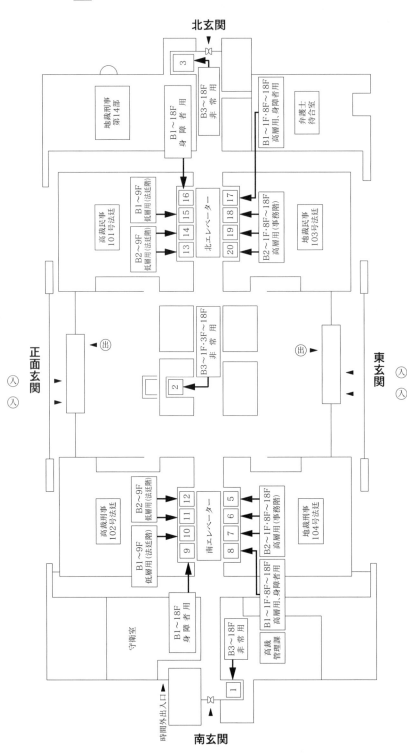

30 合同庁舎案内（東京高裁・地裁・簡裁）

1　東京高等裁判所

民事部 部	書記官室	階	合議	単独	使用エレベーター	刑事部 部	書記官室	階	合議	単独	使用エレベーター
1	16階	8	822		南	1	15階	7	720		南
2	16階	8	822		南	2	15階	7	720		南
4	16階	8	817		南	3	15階	4	410		北
5	16階	5	511		北	4	15階	5	506		北
7	16階	5	511		北	5	15階	5	506		北
8	16階	8	809		北	6	15階	4	410		北
9	16階	8	809		北	8	15階	8	805		北
10	16階	8	825		南	10	15階	8	805		北
11	16階	8	825		南	11	15階	6	622		南
12	16階	8	824		南	12	15階	6	622		南
14	16階	8	824		南						
15	16階	8	808		北	各部共通	／	1	102（大合議法廷）		南
16	16階	8	808		北						
17	16階	8	812		北	訟廷事務室（刑事受付）		15　階			北
19	16階	8	812		北	記　録　閲　覧　室		15　階			北
20	16階	8	817		南						
21	15階	4	424		南	弁　護　士　待　合　室		8　階			南・北
22	15階	4	424		南	検　察　官　待　合　室		7　階			南・北
23	15階	7	717		南						
24	15階	7	717		南	そ　　の　　他					
						総　務　課・人　事　課 会　計　課		17　階			北
各部共通	／	1	101（大合議法廷）		北	総　務　課		18　階			北
						管　理　課		1　階			南
訟廷事務室（民事受付）		17　階			南						
記　録　閲　覧　室		17　階			南						
第1号法廷兼審尋室		16　階			南						
第2号法廷兼審尋室		16　階			南						
第　1　和　解　室		16　階			南						
第　2　和　解　室		16　階			南						
弁　護　士　待　合　室		8　階			南・北						

（注）使用法廷が変更になる場合もある。

裁判所庁舎案内

2 東京地方裁判所

民 事 部

部	書記官室	階	合議	単独	使用エレベーター	取扱事件
1	13階	4	415	403・404	北	通常
		8		801		
2	10階	7	703		北	行政
3	10階	5・7	522・703		北	行政
4	13階	4・5	510	402・405	北	通常
		6・8	606	603・801		
5	12階	4	419	409・420	南	通常
		5		519		
		6・8	606・631	612・614・620・826		
6	12階	5		521	北	通常
		6	611	603・604・612・613・621		
		7・8	709	801・804		
7	13階	4		402	北	通常
		5		502・507・509		
		6	610	603・607・608		
		7		707		
		8	806	801		
8	ビジネス・コート					商事・手形
9	2階	5		503	北	保全
11	13階	5	510・526		南	労働
		6	611	619・620		
		7・8	712・806			
12	12階	4		404	北	通常
		5		504		
		6	611	604		
		7・8	709・803	802		
14	14階	4	411		南	通常・医療
		5		519		
		7・8	724	801		
15	12階	5	522・526	521	南	通常
		6・7		616・707		
		8		802・807・826		
16	12階	4		402・407・408・409	南	通常
		5	526・530	509		
		6		609・617・619		
		7・8	712	807		
17	13階	5		519・521	北	通常
		6	606			
		7		704		
		8	803	801・802・807		
18	12階	5	530	508	北	通常
		6	615	607・609		
		7		707		
19	13階	5	530	519	南	労働
		6	606	612・619・620		
20	ビジネス・コート					破産再生
21	民事執行センター					執行
22	C棟6階	4	411		北	調停・借地非訟・建築
		5		518		
		6		617・618・636		
		C棟6階	C棟601・C棟602・C棟603		C棟	

部	書記官室	階	合議	単独	使用エレベーター	取扱事件
23	12階	4		407	北	通常
		5		507		
		6		607・609		
		7	712・724			
		8		802		
25	12階	4		405	北	通常
		5		502・507・508		
		6	610・615			
		7	709			
		8		802		
26	14階	4	415・421	407	南	通常
		5		521		
		6	611・615・626	620・621・629・630・635		
		7・8	724	804・826		
27	14階	4		408・409	南	交通
		5	530	507・509・520		
		6	631	608・609・619・621・633・636		
29	ビジネス・コート					知的財産権
30	14階	4	411		南	通常・医療
		6	611	621		
		7	705			
31	13階	5		516・520	北	通常
		6	606・615・626	616・624・633		
32	14階	4		408	北	通常
		5		504		
		6		608		
		7	705	707		
		8	806	804		
33	13階	4		408・409	南	労働
		5	510	521		
		6		619		
		8	806	807		
34	14階	6		614	北	通常・医療
		7	712	704		
		8		804		
35	14階	4	415		北	通常・医療
		6	610			
		7		704		
36	13階	4		420	南	労働
		6	626・631	603・614		
		7	709			
37	17階	4	421		南	通常
		5		516・520		
		6		616・617・625・633・634・636		
38	10階	8	803		北	行政
40	ビジネス・コート					知的財産権
42	13階	4		402・420	南	通常
		5	510・526	521		
		6	615	633		
		8		802		

民事部

部	書記官室	階	合議	単独	使用エレベーター	取扱事件
43	17階	5	522	518	南	通常
		6		612·618·624·632·634		
		7	705			
44	13階	4	411		南	通常
		5		518·520		
		6·7	606·703	617·624·625·632·636		
46		ビジネス・コート				知的財産権
47		ビジネス・コート				知的財産権
49	12階	4		403	南	通常
		5	510·522·526	508·509·520		
		6		613·614		
		7	724			
		8		826		
50	12階	5		509	南	通常
		6	626·631	614·632		
51	10階	4	419		南	行政
各部共通		1	103（大合議法廷）		北	

刑事部

部	書記官室	階	合議	単独	使用エレベーター
1	10階	5·8	531	532·819	南
3	10階	4	412	414·423	北·南
4	10階	5·8	810	512·811	北
6	10階	7	725	716·726	南
7	11階	4·8	815	401·816	北·南
8	10階	7·8	718	719·819	南
10	11階	5·7	715	514·716	北·南
11	10階	5·7	706	513·719	北·南
13	10階	5·8	813	512·814	北
14	1階	4·5		401·418·532	北·南
15	10階	4·8	416	418·828	北·南
16	10階	4·8	422	423·828	南
17	10階	5·7	710	514·711	北
18	11階	7·8	713	714·811	北

その他

総務課・人事課	9階	北			
経理課・出納第一課・出納第二課・用度課	9階	南			
訟廷事務室（民事受付）	14階	南	訟廷事務室（刑事受付）	11階	中央
記録閲覧室	14階	北	記録閲覧室	11階	中央
債権者等集会場	ビジネス・コート				
調停室・審問室	3階	北			
審尋室・執行官室	民事執行センター				
執行官面接室	民事執行センター				
弁護士控室	6階	北	押収物係	11階	中央
弁護士控室	8階	北	弁護士控室	1階	北
			検察官控室	4·5階	南

裁判所庁舎案内

3 東京簡易裁判所民事部門（家・簡裁合同庁舎）

7階	2室　5室　法廷（701・702）
6階	9室
5階	3室　10室　訟廷事務室（記録閲覧申請等）
4階	1室　法廷（401〜408）　　和解室（451〜461）
3階	4室　法廷（301〜309）　　和解室（351〜362）
1階	簡裁民事手続案内　　簡裁民事事件受付

（高・地裁合同庁舎）

13階	訟廷事務室（分室）
2階	8室

刑事部門（高・地裁合同庁舎）

室	係	書記官室	使用法廷		使用エレベーター
			階	単独	
第1室 （公判）	1	2階	5	534	南
	2	2階	5	534	南
	3	2階	5	534	南
第2室 （公判）	1	2階	7	728	南
	2	2階	7	728	南
	3	2階	7	728	南
刑事部門訟廷事務室 （事件係、記録係、庶務係）			2階		南

簡裁その他（家・簡裁合同庁舎）

7階	事務部第一課
7階	事務部第二課

※　墨田庁舎については、207頁をご参照ください。

4　その他

大　会　議　室	18階	中央
資　料　室　・　閲　覧　室	18階	北
診　　療　　所	18階	南
郵　　便　　局	地下1階	北
売　　　　店	地下1階	中央
食　　　　堂	地下1階	南

31 法廷一覧表（東京高裁・地裁・簡裁）

1 東京高等裁判所

民 事 部					
部	取 扱 事 件	法 廷			備 考
		階	合議	単独	
1	通 常 事 件	8	822		
2	〃	8	822		
4	〃	8	817		
5	〃	5	511		
7	〃	5	511		
8	〃	8	809		
9	〃	8	809		
10	〃	8	825		
11	〃	8	825		
12	〃	8	824		
14	〃	8	824		
15	〃	8	808		
16	〃	8	808		
17	〃	8	812		
19	〃	8	812		
20	〃	8	817		
21	〃	4	424		
22	〃	4	424		
23	〃	7	717		
24	〃	7	717		
各 部 共 通		1	101		（大合議法廷）

刑 事 部					
部	取 扱 事 件	法 廷			備 考
		階	合議	単独	
1	通 常 事 件	7	720		
2	〃	7	720		
3	〃	4	410		
4	〃	5	506		
5	〃	5	506		
6	〃	4	410		
8	〃	8	805		
10	〃	8	805		
11	〃	6	622		
12	〃	6	622		
各 部 共 通		1	102		（大合議法廷）

特 別 部					
部	取扱事件	法 廷			備 考
		階	合議	単独	
1					
2					
3	特 別 事 件	4	406		
4					
5					

（注）使用法廷が変更になる場合もある。

裁判所庁舎案内

2　東京地方裁判所

民　事　部

部	取扱事件	書記官室	階	合議	単独	使用EV
1	通常事件	13階	4	415	403・404	北
			8		801	
2	行政事件	10階	7	703		北
3	行政事件	10階	5・7	522・703		北
4	通常事件	13階	4・5	510	402・405	北
			6	606	603	
5	通常事件	12階	4	419	409・420	南
			5	519		
			6・8	606・631	612・614・620・826	
6	通常事件	12階	5		521	北
			6	611	603・604・612・613・621	
			7・8	709	801・804	
7	通常事件	13階	4		402	北
			5		502・507・509	
			6	610	603・607・608	
			7		707	
			8	806		
8	商事・手形事件	ビジネス・コート				
9	保全事件	2階	5		503	北
11	労働事件	13階	5	510・526		南
			6	611	619・620	
			7・8	712・806		
12	通常事件	12階	4		404	北
			5		504	
			6	611	604	
			7・8	709・803		
14	通常・医療事件	14階	4	411		南
			5		519	
			7・8	724	801	
15	通常事件	12階	5	522・526	521	南
			6		616	
			7		707	
			8		802・807・826	
16	通常事件	12階	4		402・407・408・409	南
			5	526・530	509	
			6		609・617・619	
			7・8	712	807	
17	通常事件	13階	5		519・521	北
			6	606		
			7		704	
			8	803	801・802・807	
18	通常事件	12階	5	530	508	北
			6	615	607・609	
19	労働事件	13階	5	530	519	南
			6	606	612・619・620	
20	破産再生事件	ビジネス・コート				
21	執行事件	民事執行センター				
22	調停・借地非訟・建築事件	C棟6階	4	411		北
			5		518	
			6		617・618・636	
			C棟6階	C棟601・C棟602・C棟603		C棟
23	通常事件	12階	4		407	北
			5		507	
			6		607・609	
			7	712・724		
25	通常事件	12階	4		405	北
			5		502・507・508	
			6	610・615		
			7	709		
			8		802	
26	通常事件	14階	4	415・421	407	南
			5		521	
			6	611・615・626	620・621	
			7・8	724	804・826	
27	交通事件	14階	4		408・409	南
			5	530	507・509・520	
			6	631	608・609・619・621・633・636	
29	知的財産権事件	ビジネス・コート				
30	通常・医療事件	14階	4	411		南
			6	611	621	
			7	705		
31	通常事件	13階	5		516・520	北
			6	606・615・626	616・624・633	
32	通常事件	14階	4		408	北
			5		504	
			6		608	
			7	705	707	
			8	806	804	
33	労働事件	13階	4		408・409	南
			5	510	521	
			6		619	
			8	806	807	
34	通常・医療事件	14階	6		614	北
			7	712	704	
			8		804	
35	通常・医療事件	14階	4	415		北
			6	610		
			7		704	
36	労働事件	13階	4		420	南
			6	626・631	603・614	
			7	709		
37	通常事件	17階	4	421		南
			5		516	
			6		616・617・625・633・634・636	
38	行政事件	10階	8	803		北
40	知的財産権事件	ビジネス・コート				
42	通常事件	13階	4		402・420	南
			5	510・526	521	
			6	615	633	
			8		802	
43	通常事件	17階	5	522	518	南
			6		612・618・624・632・634	
			7	705		
44	通常事件	13階	4	411		南
			5		518	
			6・7	606・703	617・624・625・632・636	
46	知的財産権事件	ビジネス・コート				
47	知的財産権事件	ビジネス・コート				
49	通常事件	12階	4		403	南
			5	510・522・526	508・520	
			6		613・614	
			7	724		
			8		826	
50	通常事件	12階	6	626・631	614・632	南
51	行政事件	10階	4	419		南
各部共通			1	103（大合議法廷）		北

部	取扱事件	法廷			備考	部	取扱事件	法廷			備考
		階	合議	単独				階	合議	単独	
1	通常・医療観察事件	5・8	531	532・819		11	通常・医療観察事件	5・7	706	513・719	
3	通常事件	4	412	414・423		13	通常事件	5・8	813	512・814	
4	通常・医療観察事件	5・8	810	512・811		14	勾留・保釈事件	4・5		401・418・532	
6	通常事件	7	725	716・726		15	通常・医療観察事件	4・8	416	418・828	
7	〃	4・8	815	401・816		16	通常事件	4・8	422	423・828	
8	通常・租税事件	7・8	718	719・819		17	〃	5・7	710	514・711	
10	通常・医療観察事件	5・7	715	514・716		18	通常・医療観察事件	7・8	713	714・811	

（表頭）刑事部

3 東京簡易裁判所民事部門

室	係	取扱事件	法廷	室	係	取扱事件	法廷
1	1	通常訴訟事件	（401）	4	1	通常訴訟事件	（301）
	2	〃	（401）		2	〃	（301）
	3	〃	（401）・402		3	〃	（301）
	4	〃	402		4	〃	302・〈407〉
	5	〃	402		5	〃	（301）・302
	7	〃	〈307〉		7	〃	〈307〉
	8	〃	（401）		8	〃	302
	9	〃	402・〈408〉		9	〃	〈407〉
2	1	通常訴訟事件	〈403〉・405	5	1	通常訴訟事件	303
	2	〃	405		2	〃	303
	3	〃	405		3	〃	303
	4	〃	（406）		4	〃	〈408〉
	5	〃	306・（406）		5	〃	〈408〉
	6	〃	306・（406）		6	〃	〈408〉
	7	〃	〈307〉		7	〃	〈403〉
	8	〃	306・（406）		8	〃	〈407〉
3	1	通常訴訟事件	（305）・〈308〉	9	1	少額訴訟事件	〈404〉
	2	〃	302・（304）		2	〃	〈403〉
	3	〃	〈308〉		3	〃	〈403〉
	4	〃	（304）		4	〃	〈404〉
	5	〃	（305）		7	〃	〈404〉
	6	〃	（305）・〈308〉	10	1	通常訴訟事件	〈701〉
	7	〃	306・〈308〉		2	〃	〈701〉・〈702〉
	8	〃	（304）		3	〃	〈702〉
	9	〃	302・306		4	〃	〈701〉
					5	〃	〈702〉
					6	〃	〈309〉
					7	〃	〈309〉
					8	〃	（305）・〈309〉
					9	〃	405・〈407〉
					10	〃	（304）

※　法廷中の、（　）はラウンド兼用法廷を〈　〉はラウンド専用法廷を示す。

※　墨田庁舎については、207頁をご参照ください。

裁判所庁舎案内

4　東京簡易裁判所刑事部門

室	係	取扱事件	法　廷		備　　考
			階	単　独	
第1室 （公判）	1	通常事件	5	534	
	2	通常事件	5	534	
	3	通常事件	5	534	
第2室 （公判）	1	通常事件	7	728	
	2	通常事件	7	728	
	3	通常事件	7	728	

32 合同庁舎主要電話番号

裁判所へ架電する際は、ダイヤルイン番号を御利用ください。

1 東京高等裁判所 ※ ダイヤルインの数字は、03-3581-「○○○○」の「　　」内を示す

部課室名等	ダイヤルイン	備　考	部課室名等	ダイヤルイン	備　考
第1民事部	2005		第20民事部	2049	
〃2〃	2009		〃21〃	2051	
〃4〃	2010		〃22〃	2052	
〃5〃	2012		〃23〃	2055	
〃7〃	2014		〃24〃	2062	
〃8〃	2016		第1刑事部	1808	
〃9〃	2018		〃2〃	1821	
〃10〃	2021		〃3〃	1822	
〃11〃	2023		〃4〃	1823	
〃12〃	2028		〃5〃	1824	
〃14〃	2030		〃6〃	5977	
〃15〃	2038		〃8〃	1858	
〃16〃	2045		〃10〃	1876	
〃17〃	2047		〃11〃	1877	
〃19〃	2048		〃12〃	1878	

裁判所庁舎案内

2　東京地方裁判所

ダイヤルイン(DI)は 03-3581-各4ケタ(DI の数字)

部課室名等	ダイヤルイン	備考	部課室名等	ダイヤルイン	備考
総　務　課	2262		民事26部書記官室	甲係5706 乙係5828	
警　務　課	2320		〃 27 〃	5433 5523 5707	
人　事　課	2463				
経　理　課	2535		〃 29 〃	5721-3135	ビジネス・コート
出　納　第　一　課	2585		〃 30 〃	6040	
出　納　第　二　課	2630		〃 31 〃	甲係5941 乙係5841	
用　度　課	2668		〃 32 〃	甲係5932 乙係5933	
民事訟廷事務室事件係	6073		〃 33 〃	6330	
執　行　官　室	5721-6395 (不動産部) 5721-0734 (執行部)	民事執行センター	〃 34 〃	1145	
			〃 35 〃	5935	
民事1部書記官室	5651		〃 36 〃	6036	
〃 2 〃	5652		〃 37 〃	合議C・E係,1〜5係5837 合議A・B係,6〜10係5859	
〃 3 〃	0497		〃 38 〃	5938	
〃 4 〃	5904		〃 40 〃	5721-3199	ビジネス・コート
〃 5 〃	甲係5605 乙係5924		〃 42 〃	5872	
〃 6 〃	甲係5906 乙係5920		〃 43 〃	合議A・B係5943 合議C・D係6331	
〃 7 〃	合議2・3係,1〜3,5・6係1144 合議A・B係,A〜E係5948		〃 44 〃	甲係5644 乙係5645	
〃 8 〃	5721-3132 (非訟・過料) 5721-3133 (弁論・保全)	ビジネス・コート	〃 46 〃	5721-3134	ビジネス・コート
〃 9 〃	3406		〃 47 〃	5721-3196	ビジネス・コート
〃 11 〃	5971		〃 49 〃	甲A〜C,1〜6係5849 乙A・B,イ〜ホ係6113	
〃 12 〃	甲係5812 乙係5653		〃 50 〃	6060	
〃 14 〃	5814		〃 51 〃	4778	
〃 15 〃	5955		刑事訟廷事務室	3304	
〃 16 〃	甲係5766 乙係6017		刑事1部書記官室	3004	
〃 17 〃	5731		〃 3 〃	3052	
〃 18 〃	5868		〃 4 〃	3053	
〃 19 〃	6019		〃 6 〃	3081	
〃 20 〃	5721-3164	ビジネス・コート	〃 7 〃	3084	
〃 21 〃	5721-4630	民事執行センター	〃 8 〃	3086	
〃 22 〃	5721		〃 10 〃	3097	
〃 23 〃	5923		〃 11 〃	3181	
〃 25 〃	甲係5965 乙係1146		〃 13 〃	3184	

部課室名等	ダイヤルイン	備　考	部課室名等	ダイヤルイン	備　考
刑事14部書記官室			刑事15部書記官室	3210	
被疑者勾留	3186		〃　16　〃	3219	
被疑者国選	3188		〃　17　〃	3222	
保釈・接見禁止	6114		〃　18　〃	3233	
その他	3187				

3　東京簡易裁判所

ダイヤルイン(DI)は 03-3581-各4ケタ（DI の数字)

部課室名等	ダイヤルイン	備　考	部課室名等	ダイヤルイン	備　考
事 務 部 第 一 課	5232		簡裁民事手続案内	5289	
民 事 訟 廷 事 務 室	5342・5309		刑 事 訟 廷 事 務 室	5357	
民事第1室書記官室	5237		刑事第1室書記官室	5928	
〃　2　〃	5242		〃　2　〃	5944	
〃　3　〃	5248		〃　3　〃	5947	
〃　4　〃	5277		〃　4　〃	6108	
〃　5　〃	5281		〃　5　〃	5819-0244	墨田庁舎
〃　6　〃	5819-0232	墨田庁舎			
〃　7　〃	5819-0341	〃			
〃　8　〃	5250				
〃　9　〃	5363				
〃　10　〃	0088				

33| ビジネス・コートのご案内

〈所在地〉

知的財産高等裁判所・東京地方裁判所中目黒庁舎（ビジネス・コート）

〒 153-8537（知的財産高等裁判所）／〒 153-8626（東京地方裁判所）

東京都目黒区中目黒 2-4-1

〈アクセス〉

（電車）

東急東横線・東京メトロ日比谷線「中目黒駅」東口 1 から徒歩約 8 分

JR・東京メトロ日比谷線「恵比寿駅」西口から徒歩約 11 分

（バス）

東急バス「東京共済病院前」から徒歩約 2 分

東急バス「正覚寺前」から徒歩約 5 分

〈地図〉

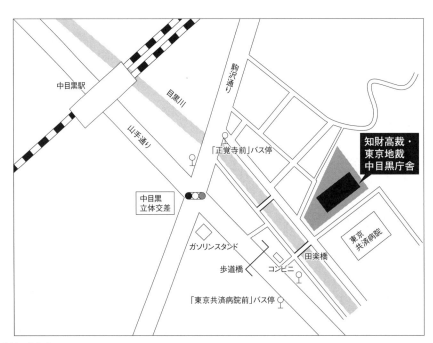

〈ウェブサイト〉

知的財産高等裁判所

　https://www.ip.courts.go.jp/index.html

東京地方裁判所中目黒庁舎（ビジネス・コート）

　https://www.courts.go.jp/tokyo/about/syozai/tokyo_nakameguro/index.html

ビジネス・コート公式 X（旧 Twitter）

　@BusinessCourtJP

〈電話番号一覧〉
知的財産高等裁判所電話番号等一覧

問合せ先	電話番号	ファクシミリ番号
訟廷事務室事件係 （事件の申立て（係属照会）等について） 訟廷事務室記録係 （事件記録の閲覧謄写申請について）	03-5721-3159	
第1部	03-5721-3112	03-5721-3136
第2部	03-5721-3113	03-5721-3137
第3部	03-5721-3114	03-5721-3138
第4部	03-5721-3115	03-5721-3139

東京地方裁判所中目黒庁舎電話番号一覧

問合せ先				電話番号	フロア
民事訟廷	事件第二係		民事訴訟・保全・控訴・再審・抗告・上告・移送・文書提出命令・強制執行停止の申立て等	03-5721-3183	2階
	記録第三係		民事事件記録の閲覧・謄写申請	03-5721-3130	
商事部	民事第8部	弁論・保全・手形係		03-5721-3188 03-5721-3133 03-5721-3189 03-5721-3190	
		非訟・過料係	会社非訟事件（特別清算を除く）、民事非訟事件及び過料事件（ただし他の部で扱うものを除く）	03-5721-3132	
倒産部	民事第20部	受付・即日面接係	破産事件申立全般	03-5721-3163	1階
			即日面接及び免責審尋手続き	03-5721-3122	
		通常管財係	係属中の通常管財事件	03-5721-3120	
		特定管財係	係属中の特定管財事件、特別清算事件全般	03-5721-3128	
		合議係	係属中の合議管財事件、通常再生事件全般その他	03-5721-3124	
			会社更生事件全般	03-5721-3126	
		個人再生係	個人再生事件全般	03-5721-3127	
		企画係	その他のお問合せ	03-5721-3164 03-5721-3165	
知的財産権部	民事第29部			03-5721-3135	4階
	民事第40部			03-5721-3199	
	民事第46部			03-5721-3134	
	民事第47部			03-5721-3196	
事務課	庶務係			03-5721-3110	2階
	会計第二係			03-5721-3180	

※　ファクシミリ番号は、東京地方裁判所民事部ファクシミリ配置表に記載があります。

裁判所庁舎案内

〈部署一覧〉

5 階	知財高裁第1部、第2部、第3部、第4部、知財高裁訟廷事務室、閲覧謄写室、知財高裁事務局、ラウンド・テーブル法廷（501）
4 階	東京地裁知財部（民事第29部、第40部、第46部、第47部）、ラウンド・テーブル法廷（401、402、403、404）
3 階	法廷（301、302、303、304、305、306、307、308、309、310）
2 階	東京地裁商事部（民事第8部）、民事訟廷事務室、閲覧謄写室、東京地裁事務課、ラウンド・テーブル法廷（201、202、203）
1 階	東京地裁倒産部（民事第20部）、債権者集会室（101、102、103）、待合コーナー、自動販売機コーナー

〈法廷一覧表（知的財産高等裁判所）〉

部	使用法廷
第1部	302　304　401　501
第2部	302　304　401　501
第3部	303　304　401　501
第4部	303　304　401　501
特別部	301　302　303　304　401　501

〈令和6年度開廷曜日・使用法廷一覧表（東京地方裁判所中目黒庁舎）〉

部	開廷曜日				
	月	火	水	木	金
民事第8部	305 307 310	305 307 310	305 307 310	305 306 307 310	305 307 310
民事第20部		306			
民事第29部	306	309 第1、3週	309		309
民事第40部	309	309 第2、4週	306	309	306
民事第46部	306	308 第1、3週	308		308
民事第47部	308	308 第2、4週	306	308	306

〈施設案内〉

閲覧謄写室

司法協会が常駐しています。

有料のコイン式コピー機が1台あります。

夜間文書受付ポスト

業務時間外に書類を持参した場合には、歩行者用通行門横の夜間文書受付箱に投函してください。

売店・食堂

売店・食堂はありません。

印紙・郵券は庁舎内で販売していません。事前にご準備ください。

飲料・軽食の自動販売機が1階自動販売機コーナーにあります。

〈予納金の納付手続き〉

ビジネス・コート内の部署が扱う事件の予納金（現金のみ）の受入れ、電子納付利用者登録の新規受付を事務課会計第二係（2階）で行います。

現金以外の予納金受入れ、予納金還付の請求等は、東京地方裁判所の事件については東京地方裁判所（霞が関庁舎）出納第二課に、知的財産高等裁判所の事件については東京高等裁判所会計課経理係にお問い合わせください。

裁判所庁舎案内

34 東京家裁庁舎案内

1 庁舎案内

（令和 6 年 4 月 1 日現在）

階		
19	事務局	総務課　人事課　大会議室　中会議室
18	事務局	経理課　出納課
	家事部	1801〜1806調停室
17	家事部	第 4 部書記官室　第 4 調査官室　家事第 6 、 7 審判廷　1701〜1720調停室
16	家事部	第 3 部書記官室　第 3 調査官室　家事第 4 、 5 審判廷　1601〜1620調停室
15	家事部	第 2 部書記官室　第 2 調査官室　家事第 1 〜 3 審判廷　1501〜1510調停室 1512〜1520調停室
14	家事部	調停委員・参与員室　家裁141号法廷　1401〜1416調停室
13	家事部	第 6 部書記官室（人事訴訟）　第 6 調査官室 家裁131号法廷（第 4 準備手続室兼和解室）　第 1 〜 3 準備手続室兼和解室 訟廷事務室（記録係・庶務係）
12	家事部	第 5 部書記官室（遺産分割）　第 5 部（遺産分割）受付　第 5 調査官室 第 1 調査官室（家事）　家裁121〜123号法廷　1201〜1206調停室
11	少年部	第 1 〜 4 部書記官室　第 1 ・ 3 調査官室　少年第 3 〜 5 審判廷　付添人待合室
10	少年部	訟廷事務室（庶務係）　第 2 調査官室　少年第 1 、 2 審判廷　付添人待合室
9	少年部 家事部	少年訟廷事務室（事件係・記録係（記録閲覧）・情報管理係・押収物係） 交通講習室　集団面接室　家事部分室
8	家事部	第 1 部 1 係書記官室（財産管理）　第 1 部 2 係書記官室（後見センター） 第 1 部 3 係書記官室（ハーグ法事件）　家事第10審判廷　後見関係面接室 調査官室（後見センター）
		3 〜 7 階は東京簡易裁判所、東京地方裁判所
2	家事部	
1	家事部	家事事件受付　家事手続案内　総合案内
B1		食堂　売店

※　立川支部の庁舎案内については、203 頁を御参照ください。

家・簡裁　1　階

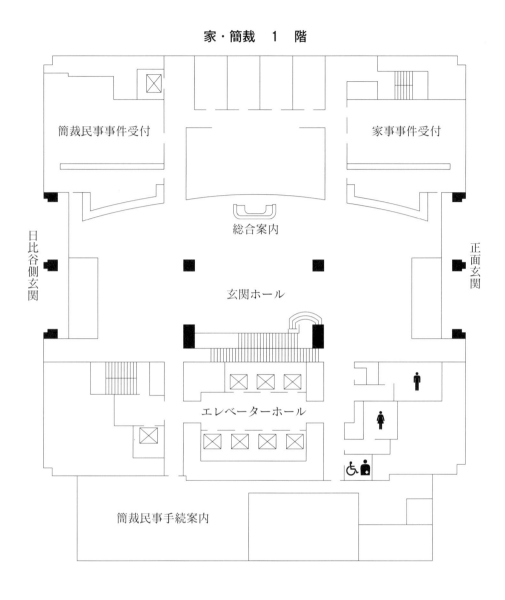

2 ダイヤルイン番号一覧表 (抜粋)

所属	階	部・課	係 等	電話番号
家事部	13階	訟廷事務室	庶務係	03-3502-5334
			記録係	03-3502-5337
	8階	第1部1係書記官室 (財産管理)	不在者財産管理	03-3502-5376
			相続財産管理	03-3502-5377
		第1部2係書記官室 (後見センター)	受付	03-3502-5359
		第1部3係書記官室 (ハーグ法事件)		03-3502-5375
	12階	第5部書記官室 (遺産分割部)	1係	03-3502-5135
			2係	03-3502-5379
			3係	03-3502-5384
			4係	03-3502-5385
			5係	03-3502-5021
			受付	03-3502-5378
	13階	第6部書記官室 (人事訴訟部)	合議係	03-3502-5391
			1係	03-3502-7123
			2係	03-3502-5392
			3係	03-3502-5391
			4係	03-3502-5205
			5係	03-3502-5390
			6係	03-3502-5393
少年部	9階	訟廷事務室	事件係	03-3502-6028
			記録係	03-3502-6120
事務局	19階	総務課		03-3502-7024
		人事課		03-3502-7042
	18階	経理課		03-3502-7074
		出納課		03-3502-7115

〈東京家庭裁判所への電話は、なるべく上記のダイヤルインを御利用ください。〉

3 ファクシミリ番号一覧表 (抜粋)

	ファクシミリ番号
家事訟廷庶務・記録係	03-3502-8344
家事第1部1係 (財産管理)	03-3591-3963
家事第1部2係 (後見センター) ※	03-3591-3964
家事第1部3係 (ハーグ法事件)	03-3591-3964
家事第2部	03-3502-8356
家事第3部	03-3502-5669
家事第4部	03-3502-8354
家事第5部 (遺産分割部)	03-3502-5667
家事第6部 (人事訴訟部)	03-3502-8554

※受信確認は、受付係でなく、担当書記官にお願いします。

35 令和 6 年度民事部部別開廷曜日・使用法廷一覧表

(注)「®」とはラウンドテーブル法廷。　　　　　　　　　　　　　　　（令 6.4.1 実施）

部	月	火	水	木	金
1	403 404 801	403	403 404	第2,4週 403 / 第1,3週 415 合	415 合
2	第1,3週 703 合	703 合		703 合	
3	第2,4週 522 合		522 合		703 合
4	402 405	第1,3週 402 / 第1,3週 606 合	603 405	405	510 合
5	419 合 420 614	519 620 826	419 合 631 合	420 519	第2,4週 606 409 612 620
6	604	521 603 612 613 621 801	第2,4週 611 合 709 合	612 613 621 801 804	611 合 709 合
7	603 608 610 合	507 509 806 合	502 507 607 707	402 603	806 合
8	ビジネス・コート				
9	503®	503®	503®	503®	503®
11	619	611 合	510 合	620 712 合 806 合	526 合
12	第2,4週 611 合 803 合	404 504 604 709 合	504 604 第1,3週 611 合	404 504 604	404 504 604
14	724 合		519	411 合	801
15	616 707 826	802 807		521 802 526 合	522 合
16	509 617 807 712 合	407 609 第2,4週 526 合	402 408 第1,3週 530 合	409 509 619	407 530 合
17	519 第2,4週 521	第2,4週 606 合	704 801	803 合	802 807
18	615 合	508 607	第2,4週 530 合	607 609	508
19	530 合		612 620 606 合	530 合	519 619
20	ビジネス・コート				
22	C棟601 C棟602 C棟603 518 618	C棟601 C棟602 C棟603 518	C棟601 C棟602 C棟603 411	C棟601 C棟602 C棟603 518 636	C棟601 C棟602 C棟603 617 618 411 合
23	607 609	712 合	第1,3週 724 合	407 507	607
25	502 507 508 802 709 合	405 502 610 合 615 合	610 合	502 508	405 502 610 合

部	月	火	水	木	金
26	第1,3週 611 合 620 621 407	415 合 421 合	415 合 521 804 407	826 724 合	615 合 626 合
27	408 409 633 636	530 合	509 520 608 609 619	631 合	507 509 621
29	ビジネス・コート				
30	411 合	705 合	621	611 合	
31	516 520 606 合	516 616 624 633	516 615 合	516 624 626 合	616 633
32	504 705 合 第1,3週 806 合	408 608 707 804	第1,3週 705 合 806 合	408 608 707	707 804
33	第1,3週 510 合 第2,4週 806 合	619	409 807	510 合	408 521
34	704 804		712 合	614 704	712 合
35	415 合	704		610 合	704
36	631 合	626 合	420 614	709 合	420 603
37	421 合	617 625	616 617 633 421 合	625 421 合	516 634 636 421 合
38		803 合	803 合		803 合
40	ビジネス・コート				
42	第1,3週 521 526 合	420 510 合 第1,3週 526 合	802	615 合 633	402
43	612 624 634 第1,3週 522 合	618 634 第2,4週 522 合	518 618 634	618 634 705 合	632 705 合
44	625 第2,4週 703 合	632 411	624 625 632 636	617 606 合	518 624 625 第1,3週 606 合
46	ビジネス・コート				
47	ビジネス・コート				
49	第2,4週 510 合 613	520 第1,3週 522 合 724 合	508 613 826 526 合	520 522 合	403 520 613 614 826
50	632 626 合	614 631 合	626 合	632	631 合
51		419 合		419 合	419 合

裁判所庁舎案内

— 201 —

36 令和6年度東京地裁共用ラウンドテーブル法廷別使用一覧表

（令6.4.1実施）

法　　廷	使用部（曜日によらず）
501	全か部
503	9
505	医療部（14・30・34・35）、17・42
517	労働部（11・19・33・36）
535	15・16・18・23・37・50
536	7・25・31・43
537	労働部（11・19・33・36）
538	労働部（11・19・33・36）
539	5・6・26・49
540	1・4・12・32・44
601	全か部
602	行政部（2・3・38・51）
605	5・6・26・49
623	31・37・43・44
701	1・4・12・15・18・32
702	7・16・23・25・50

37 令和6年度東京家裁開廷日割表

法　　廷	家事第6部（人事訴訟事件担当部）開廷日				
	月	火	水	木	金
141 （14階）	合議	1A	4B	1B	4A
121 （12階）	7A	3B	2A	3A	2B
122 （12階）	6A	5B	5A	6C	7B

38 東京地裁・家裁立川支部／立川簡裁庁舎

（令6.6.1現在）

	北		南	
8階	811～833号調停室	調停委員室	801～803号少年審判廷 841～849号調査室・科学調査室 交通講習室	少年訟廷事務室・書記官室 少年調査官室
7階	701～705号法廷・家事審判廷 711～721号調停室 741～751号調査室	人事訴訟受付 家事書記官室（審判・人事訴訟）	家裁後見受付 722号和解室	家事訟廷事務室（記録係） 家事調査官・書記官室（調停・後見）
6階	大会議室		検察審査会事務局 保管金受付	地裁庶務第1課・第2課 家裁庶務課
5階	501～507号法廷・労働審判廷 511～518号準備手続・和解室		地裁民事受付 債権執行受付 民事第1～3部	民事訟廷事務室 記録閲覧謄写室 民事第4部 （債権執行）
4階	401～408号法廷		409号法廷（人事訴訟） 不動産競売・財産開示・情報取得受付 破産・再生受付 非訟・労働審判・保全受付 物件明細書等閲覧室	執行官室 競売室・第1債権者集会場 民事第4部 （不動産執行・財産開示・情報取得・破産・再生・非訟・保全）
3階	305～310号法廷 第3裁判員候補者待合室	第3質問手続・公判前整理手続室	301～304号法廷	
2階	地裁刑事受付 第1裁判員候補者待合室 第2裁判員候補者待合室	第1・2質問手続・公判前整理手続室 刑事訟廷事務室 調停委員・司法委員室	刑事第1～3部	
1階	101・102号法廷 122号和解室 簡裁民事受付	簡裁書記官室・庶務課 代理人・弁護人待合室	103号法廷 111～120号調停室 交通事件待合室・第2債権者集会場	家裁家事（調停・審判）受付 家事手続案内室
B1			防災センター	

裁判所庁舎案内

立川支部１階

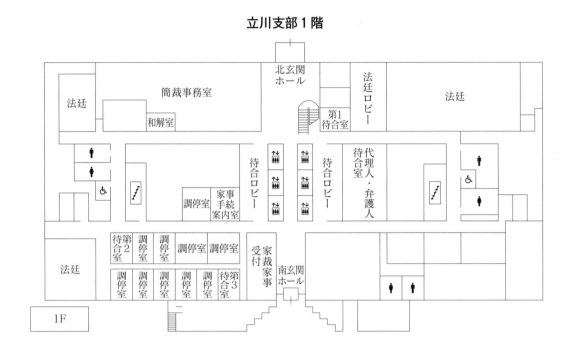

1F

39 東京地裁・家裁立川支部／立川簡裁案内図

※立川庁舎の駐車場は駐車台数が限られているため、公共交通機関の御利用をお願いいたします。

JR中央線・青梅線・南武線「立川駅」北口から
　多摩都市モノレール利用の場合：「立川北駅」乗車〜「高松駅」下車〜徒歩約5分
　立川バス利用の場合：立川駅北口バス乗り場②番乗車〜「裁判所前（下り）」下車〜徒歩約1分
　徒歩の場合：立川駅北口から約25分

（所持品検査について）
※平成31年4月1日から、X線検査装置及びゲート式金属探知機等を用いて入庁時の所持品検査を実施しています。これに伴い、一般来庁者の方には、入口を北玄関（市役所方向道路側）に限定しています。

（収入印紙、郵便切手について）
※令和5年3月1日から、庁舎内に収入印紙及び郵便切手の販売所がなくなったため、購入することができません。
　ご不便をおかけしますが、ご理解とご協力をお願いいたします。

裁判所庁舎案内

40 令和6年度東京地裁・家裁立川支部／立川簡裁開廷日割表

1 東京地方裁判所立川支部／立川簡易裁判所

令和6年6月現在

部	係	開廷曜日	法廷	部	係	開廷曜日	法廷
民事第1部	合議	水	405号	刑事第1部	合議	月・火・水・木	301号・307号
	1係	金	407号		1係		
	2係	火・金	401号		2係		
	3係	月・木	403号	刑事第2部	合議	火・水・木・金	302号・308号
	4係	月・木	401号		1係		
民事第2部	合議	月	405号		2係		
	1係	木	407号	刑事第3部	合議A	火・水・木・金	303号・304号・309号・310号
	2係	火・金	403号		合議B		
	3係	火・木	402号		1係		
	4係	水・金	402号		2係		
民事第3部	合議	木	405号		3係		
	1係	月・水	408号		4係		
	2係	火	407号	立川簡裁	民事	水	102号・103号
	3係	火・金	408号			木	102号・103号
	4係	月・水	407号		刑事	月・金	306号

2 東京家庭裁判所立川支部

部・係		開廷日	法廷	階
家事部（人事訴訟事件担当係）	第7係	火・木	409	4
	第8係	水・金		

41 東京簡易裁判所墨田庁舎

東京簡易裁判所

1 所 在 地 墨田区錦糸 4 − 16 − 7

（JR 総武線　錦糸町駅（北口）より徒歩 8 分）

（東京メトロ半蔵門線　錦糸町駅（5 番出口）より徒歩 5 分）

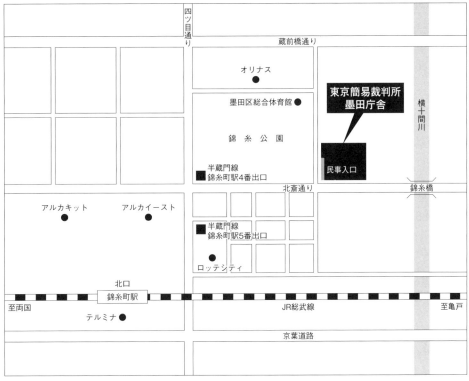

当庁の駐車施設は限られていますので、車による来庁は御遠慮ください。

2 取扱事務　◆民事関係◆　民事調停事件・支払督促事件

◆刑事関係◆　交通略式事件・令状事件（一部）

※上記以外の事件は、霞が関合同庁舎で取り扱います。

3　庁舎案内・電話番号等

6 階	民事第 7 室（支払督促）　調停室
5 階	民事第 6 室 3 係（調停）　調停室
4 階	民事第 6 室 2 係（〃）　調停室
3 階	民事第 6 室 1 係（〃）　調停室　訟廷事務室
2 階	刑事第 5 室（交通略式）　代理人待合室
1 階	民事調停受付係　夜間調停室

〒130-8636　民事第 6 室調停受付係　　　　　　　1 階　5819-0232
　　　　　　民事第 6 室 1 係（調停）書記官室　　3 階　5819-0276
　　　　　　　　　　　2 係（調停）書記官室　　4 階　5819-0296
　　　　　　　　　　　3 係（調停）書記官室　　5 階　5819-0322
　　　　　　刑事第 5 室（交通略式）書記官室　　2 階　5819-0244
　　　　　　訟廷事務室（その他）　　　　　　　3 階　5819-0267

〒130-8637　民事第 7 室（支払督促）6 階
　　　　　　　　受付係　　　　　｝5819-0341
　　　　　　　　個別処理係
　　　　　　　　システム処理係　　5819-0369

※警視庁交通部交通執行課、検察庁道路交通部は 1 ～ 2 階
※第一・二・三・四・五・六検察審査会は、4 階
◆東京簡易裁判所ホームページ　https://www.courts.go.jp/tokyo-s/　◆

4　法廷一覧表

室	係	取扱事件	法　廷
6	1	調　停　事　件	墨田庁舎 調　停　室
	2	〃	
	3	〃	

42 東京簡易裁判所　法テラス東京での調停のお知らせ

　東京簡易裁判所では、墨田庁舎のほか、令和6年4月から令和7年3月まで、祝日等を除く毎週木曜日、法テラス東京にて民事調停を行っています。

　対象となる民事調停事件は、相手方の住所又は勤務地が新宿区、中野区、杉並区、渋谷区、世田谷区、練馬区、目黒区、豊島区、北区、板橋区のいずれかにある事件です。特定調停は実施しません。

　法テラス東京での調停を希望する場合は、原則として調停申立てと同時か、申立ての後1週間以内に、法テラス東京での調停を希望することとその理由を記載した書面を裁判所に提出する必要があります。1回目の調停は墨田庁舎で行われますが、そこで2回目以降を法テラス東京で行うことを双方が合意し、調停委員会が相当と判断した場合には法テラス東京で調停を行うことが認められています。

(1)　法テラス東京の所在地
　　東京都新宿区西新宿1-24-1
　　エステック情報ビル13階

(2)　問い合わせ先
　　東京簡易裁判所墨田庁舎　民事第6室　調停受付係
　　東京都墨田区錦糸4-16-7
　　TEL：03-5819-0232

43 小笠原村在住の方が当事者となる民事調停手続について

　東京都小笠原村については、我が国の島しょ部の中でも著しくアクセスが困難な地域であることから、平成27年4月以降、当事者の一方又は双方が小笠原村在住である東京簡易裁判所の民事調停事件について、当事者の希望等を勘案のうえ、東京簡易裁判所（霞が関庁舎）に設置されているテレビ会議の端末と小笠原村の施設に設置されているテレビ会議システムを接続して、民事調停手続を実施する運用を行っています（調停委員会の判断により、テレビ会議システムを利用しない場合もあります。）。

　テレビ会議による調停期日の当事者の出頭場所は、小笠原村在住の方は小笠原村役場等の小笠原村の施設に、そうでない方は東京簡易裁判所霞が関庁舎（墨田庁舎ではありません。）になります。

　問い合わせ先
　東京簡易裁判所墨田庁舎　民事第6室　調停受付係
　東京都墨田区錦糸4-16-7
　TEL：03-5819-0232

裁判所庁舎案内

44 東日本大震災に関する情報

東日本大震災に関する情報をこの項目にまとめました。

特定非常災害の被害者の権利利益の保全等を図るための特別措置に関する法律

（平成8年6月14日法律第85号）
最終改正：令和4年5月20日法律第44号

（趣旨）

第1条 この法律は、特定非常災害の被害者の権利利益の保全等を図るため、特定非常災害が発生した場合における行政上の権利利益に係る満了日の延長、履行されなかった義務に係る免責、法人の破産手続開始の決定の特例、相続の承認又は放棄をすべき期間の特例、民事調停法（昭和26年法律第222号）による調停の申立ての手数料の特例及び景観法（平成16年法律第110号）による応急仮設住宅の存続期間の特例について定めるものとする。

（特定非常災害及びこれに対し適用すべき措置の指定）

第2条 著しく異常かつ激甚な非常災害であって、当該非常災害の被害者の行政上の権利利益の保全等を図り、又は当該非常災害により債務超過となった法人の存立、当該非常災害により相続の承認若しくは放棄をすべきか否かの判断を的確に行うことが困難となった者の保護、当該非常災害に起因する民事に関する紛争の迅速かつ円滑な解決若しくは当該非常災害に係る応急仮設住宅の入居者の居住の安定に資するための措置を講ずることが特に必要と認められるものが発生した場合には、当該非常災害を特定非常災害として政令で指定するものとする。この場合において、当該政令には、当該特定非常災害が発生した日を特定非常災害発生日として定めるものとする。

2 前項の政令においては、次条以下に定める措置のうち当該特定非常災害に対し適用すべき措置を指定しなければならない。当該指定の後、新たにその余の措置を適用する必要が生じたときは、当該措置を政令で追加して指定するものとする。

（行政上の権利利益に係る満了日の延長に関す

る措置）

第3条 次に掲げる権利利益（以下「特定権利利益」という。）に係る法律、政令又は内閣府設置法（平成11年法律第89号）第7条第3項若しくは第58条第4項（宮内庁法（昭和22年法律第70号）第18条第1項において準用する場合を含む。）、デジタル庁設置法（令和3年法律第36号）第7条第3項若しくは国家行政組織法（昭和23年法律第120号）第12条第1項若しくは第13条第1項の命令若しくは内閣府設置法第7条第5項、デジタル庁設置法第7条第5項若しくは第58条第6項若しくは宮内庁法第8条第5項若しくは国家行政組織法第14条第1項の告示（以下「法令」という。）の施行に関する事務を所管する国の行政機関（内閣府、宮内庁並びに内閣府設置法第49条第1項及び第2項に規定する機関、デジタル庁並びに国家行政組織法第3条第2項に規定する機関をいう。以下同じ。）の長（当該国の行政機関が内閣府設置法第49条第1項若しくは第2項又は国家行政組織法第3条第2項に規定する委員会である場合にあっては、当該委員会）は、特定非常災害の被害者の特定権利利益であってその存続期間が満了前であるものを保全し、又は当該特定権利利益であってその存続期間が既に満了したものを回復させるため必要があると認めるときは、特定非常災害発生日から起算して6月を超えない範囲内において政令で定める日（以下「延長期日」という。）を限度として、これらの特定権利利益に係る満了日を延長する措置をとることができる。

一 法令に基づく行政庁の処分（特定非常災害発生日以前に行ったものに限る。）により付与された権利その他の利益であって、その存続期間が特定非常災害発生日以後に満了するもの

二　法令に基づき何らかの利益を付与する処分その他の行為を当該行為に係る権限を有する行政機関（国の行政機関及びこれらに置かれる機関並びに地方公共団体の機関に限る。）に求めることができる権利であって、その存続期間が特定非常災害発生日以後に満了するもの

2　前項の規定による延長の措置は、告示により、当該措置の対象となる特定権利利益の根拠となる法令の条項ごとに、地域を単位として、当該措置の対象者及び当該措置による延長後の満了日を指定して行うものとする。

3　第1項の規定による延長の措置のほか、同項第1号の行政庁又は同項第2号の行政機関（次項において「行政庁等」という。）は、特定非常災害の被害者であって、その特定権利利益について保全又は回復を必要とする理由を記載した書面により満了日の延長の申出を行ったものについて、延長期日までの期日を指定してその満了日を延長することができる。

4　延長期日が定められた後、第1項又は前項の規定による満了日の延長の措置を延長期日の翌日以後においても特に継続して実施する必要があると認められるときは、第1項の国の行政機関の長又は行政庁等は、同項又は前項の例に準じ、特定権利利益の根拠となる法令の条項ごとに新たに政令で定める日を限度として、当該特定権利利益に係る満了日を更に延長する措置をとることができる。

5　前各項の規定にかかわらず、災害その他やむを得ない事由がある場合における特定権利利益に係る期間に関する措置について他の法令に別段の定めがあるときは、その定めるところによる。

（期限内に履行されなかった義務に係る免責に関する措置）

第4条　特定非常災害発生日以後に法令に規定されている履行期限が到来する義務（以下「特定義務」という。）であって、特定非常災害により当該履行期限が到来するまでに履行されなかったものについて、その不履行に係る行政上及び刑事上の責任（過料に係るものを含む。以下単に「責任」という。）が問われることを猶予する必要があるときは、政令で、特定非常災害発生日から起算して4月を超えない範囲内において特定義務の不履行についての免責に係る期限（以下「免責期限」という。）を定めることができる。

2　免責期限が定められた場合において、免責期限が到来する日の前日までに履行期限が到来する特定義務が免責期限が到来する日までに履行されたときは、当該特定義務が特定非常災害により履行されなかったことについて、責任は問われないものとする。

3　免責期限が定められた後、前2項に定める免責の措置を免責期限が到来する日の翌日以後においても特に継続して実施する必要があると認められるときは、政令で、特定義務の根拠となる法令の条項ごとに、新たに、当該特定義務の不履行についての免責に係る期限を定めることができる。前項の規定は、この場合について準用する。

4　前3項の規定にかかわらず、特定義務が災害その他やむを得ない事由によりその履行期限が到来するまでに履行されなかった場合について他の法令に別段の定めがあるときは、その定めるところによる。

（債務超過を理由とする法人の破産手続開始の決定の特例に関する措置）

第5条　特定非常災害によりその財産をもって債務を完済することができなくなった法人に対しては、第2条第1項又は第2項の政令でこの条に定める措置を指定するものの施行の日以後特定非常災害発生日から起算して2年を超えない範囲内において政令で定める日までの間、破産手続開始の決定をすることができない。ただし、その法人が、清算中である場合、支払をすることができない場合又は破産手続開始の申立てをした場合は、この限りでない。

2　裁判所は、法人に対して破産手続開始の申立てがあった場合において、前項の規定によりその法人に対して破産手続開始の決定をすることができないときは、当該決定を留保する決定をしなければならない。

3　裁判所は、前項の規定による決定に係る法人が支払をすることができなくなったとき、その他同項の規定による決定をすべき第1項に規定する事情について変更があったときは、申立てにより又は職権で、その決定を取り消すことができる。

4　前2項の規定による決定に対しては、不服を申し立てることができない。

5　第1項本文の法人の理事又はこれに準ずる者

裁判所庁舎案内

は、特定非常災害発生日から同項に規定する政令で定める日までの間、他の法律の規定にかかわらず、その法人について破産手続開始の申立てをすることを要しない。

（相続の承認又は放棄をすべき期間の特例に関する措置）

第6条　相続人（次の各号に掲げる場合にあっては、当該各号に定める者）が、特定非常災害発生日において、特定非常災害により多数の住民が避難し、又は住所を移転することを余儀なくされた地区として政令で定めるものに住所を有していた場合において、民法（明治29年法律第89号）第915条第1項の期間（この期間が同項ただし書の規定によって伸長された場合にあっては、その伸長された期間。以下この条において同じ。）の末日が特定非常災害発生日以後当該特定非常災害発生日から起算して1年を超えない範囲内において政令で定める日の前日までに到来するときは、同項の期間は、当該政令で定める日まで伸長する。

一　相続人が相続の承認又は放棄をしないで死亡した場合　その者の相続人

二　相続人（前号の場合にあっては、同号に定める者）が未成年者又は成年被後見人である場合　その法定代理人

（民事調停法による調停の申立ての手数料の特例に関する措置）

第7条　特定非常災害により借地借家関係その他の民事上の法律関係に著しい混乱を生ずるおそれがある地区として政令で定めるものに特定非常災害発生日において住所、居所、営業所又は事務所を有していた者が、当該特定非常災害に起因する民事に関する紛争につき、特定非常災害発生日以後当該特定非常災害発生日から起算して3年を超えない範囲内において政令で定める日までの間に、民事調停法による調停の申立てをする場合には、民事訴訟費用等に関する法律（昭和46年法律第40号）第3条第1項の規定にかかわらず、その申立ての手数料を納めることを要しない。

（景観法による応急仮設住宅の存続期間の特例に関する措置）

第8条　市町村長は、景観法第77条第1項の非常災害又は同条第2項の災害が特定非常災害である場合において、被災者の住宅の需要に応ずるに足りる適当な住宅が不足するため同条第4項に規定する期間を超えて当該被災者の居住の用に供されている応急仮設建築物である住宅を存続させる必要があり、かつ、これを存続させても良好な景観の形成に著しい支障がないと認めるときは、同項の規定にかかわらず、更に1年を超えない範囲内において同項の許可の期間を延長することができる。当該延長に係る期間が満了した場合において、これを更に延長しようとするときも、同様とする。

　　　附　則　抄
（施行期日等）

1　この法律は、公布の日から施行し、次の各号に掲げる規定は、それぞれ当該各号に定める災害について適用する。

一　第2条及び第7条の規定　平成7年1月1日以後に発生した災害

二　第3条から第6条までの規定　平成8年4月1日以後に発生した災害

　　　附　則　（平成9年5月9日法律第50号）抄
（施行期日）

1　この法律は、密集市街地における防災街区の整備の促進に関する法律（平成9年法律第49号）の施行の日から施行する。

　　　附　則　（平成11年12月22日法律第160号）抄
（施行期日）

第1条　この法律（第2条及び第3条を除く。）は、平成13年1月6日から施行する。

　　　附　則　（平成14年7月12日法律第85号）抄
（施行期日）

第1条　この法律は、公布の日から起算して6月を超えない範囲内において政令で定める日から施行する。

　　　附　則　（平成16年6月2日法律第67号）抄
（施行期日）

第1条　この法律は、公布の日から起算して1年を超えない範囲内において政令で定める日から施行する。

　　　附　則　（平成16年6月2日法律第76号）抄
（施行期日）

第1条　この法律は、破産法（平成16年法律第75号。次条第8項並びに附則第3条第8項、第5条第8項、第16項及び第21項、第8条第3項並びに第13条において「新破産法」という。）の施行の日から施行する。

（政令への委任）

第14条　附則第2条から前条までに規定するもののほか、この法律の施行に関し必要な経過措

置は、政令で定める。

　　　附　則（平成16年6月18日法律第111号）抄

（施行期日）

第1条　この法律は、景観法（平成16年法律第110号）の施行の日から施行する。ただし、第1条中都市計画法第8条、第9条、第12条の5及び第13条の改正規定、第3条、第5条、第7条から第10条まで、第12条、第16条中都市緑地法第35条の改正規定、第17条、第18条、次条並びに附則第4条、第5条及び第7条の規定は、景観法附則ただし書に規定する日から施行する。

（罰則に関する経過措置）

第5条　この法律の施行前にした行為に対する罰則の適用については、なお従前の例による。

（政令への委任）

第6条　附則第2条から前条までに定めるもののほか、この法律の施行に関して必要な経過措置は、政令で定める。

　　　附　則（平成18年6月2日法律第50号）抄

この法律は、一般社団・財団法人法の施行の日から施行する。

　　　附　則（平成18年6月21日法律第92号）抄

（施行期日）

第1条　この法律は、公布の日から起算して1年を超えない範囲内において政令で定める日から施行する。ただし、次の各号に掲げる規定は、当該各号に定める日から施行する。

　一　第3条、第4条並びに附則第5条から第7条まで及び第11条の規定　公布の日から起算して6月を超えない範囲内において政令で定める日

　二　次条の規定　公布の日から起算して9月を超えない範囲内において政令で定める日

　　　附　則（平成20年5月23日法律第40号）抄

（施行期日）

第1条　この法律は、公布の日から起算して6月を超えない範囲内において政令で定める日から施行する。

　　　附　則（平成23年6月24日法律第74号）抄

（施行期日）

第1条　この法律は、公布の日から起算して20日を経過した日から施行する。

　　　附　則（平成25年6月21日法律第54号）抄

（施行期日）

第1条　この法律は、公布の日から施行する。

（特定非常災害の被害者の権利利益の保全等を図るための特別措置に関する法律の一部改正に伴う経過措置）

第5条　第4条の規定による改正後の特定非常災害の被害者の権利利益の保全等を図るための特別措置に関する法律第6条（新災害対策基本法第108条の5第1項の規定により読み替えて適用する場合を含む。）の規定は、この法律の施行の日以後に発生した災害について適用する。

（政令への委任）

第22条　この附則に定めるもののほか、この法律の施行に関し必要な経過措置は、政令で定める。

　　　附　則（平成30年6月27日法律第67号）抄

（施行期日）

第1条　この法律は、公布の日から起算して1年を超えない範囲内において政令で定める日から施行する。

　　　附　則（令和3年5月19日法律第36号）抄

（施行期日）

第1条　この法律は、令和3年9月1日から施行する。ただし、附則第60条の規定は、公布の日から施行する。

　　　附　則（令和4年5月20日法律第44号）抄

（施行期日）

第1条　この法律は、公布の日から起算して三月を経過した日から施行する。ただし、次の各号に掲げる規定は、当該各号に定める日から施行する。

　二　第11条の規定及び附則第7条から第16条までの規定　公布の日から起算して一月を超えない範囲内において政令で定める日

（特定非常災害の被害者の権利利益の保全等を図るための特別措置に関する法律の一部改正に伴う経過措置）

第11条　附則第1条第2号に掲げる規定の施行の際現に前条の規定による改正前の特定非常災害の被害者の権利利益の保全等を図るための特別措置に関する法律（次項において「旧特定非常災害法」という。）第8条の規定によりされている建築基準法第85条第4項又は第87条の3第4項の規定による許可の期間の延長は、それぞれ第11条の規定による改正後の建築基準法（次項及び附則第14条において「新基準法」という。）第85条第5項又は第87条の3第5項の規定によりされている許可の期間の延長とみなす。

裁判所庁舎案内

東日本大震災についての特定非常災害及びこれに対し適用すべき措置の指定に関する政令

（平成 23 年 3 月 13 日政令第 19 号）

改正：令和 4 年 5 月 27 日政令第 203 号

内閣は、特定非常災害の被害者の権利利益の保全等を図るための特別措置に関する法律（平成八年法律第八十五号）第二条第一項及び第二項前段、第三条第一項、第四条第一項並びに第五条第一項の規定に基づき、この政令を制定する。

（特定非常災害の指定）

第 1 条 特定非常災害の被害者の権利利益の保全等を図るための特別措置に関する法律（以下「法」という。）第 2 条第 1 項の特定非常災害として平成 23 年東日本大震災（平成 23 年 3 月 11 日に発生した東北地方太平洋沖地震及びこれに伴う原子力発電所の事故による災害をいう。第 6 条第 1 項において同じ。）による災害を指定し、同日を同項の特定非常災害発生日として定める。

（特定非常災害に対し適用すべき措置の指定）

第 2 条 前条の特定非常災害に対し適用すべき措置として法第 3 条から第 5 条及び第 7 条までに規定する措置を指定する。

（延長期日）

第 3 条 第 1 条の特定非常災害についての法第 3 条第 1 項の政令で定める日は、平成 23 年 8 月 31 日とする。

（免責期限）

第 4 条 第 1 条の特定非常災害についての法第 4 条第 1 項の政令で定める特定義務の不履行についての免責に係る期限は、平成 23 年 6 月 30 日とする。

（法第 5 条第 1 項の政令で定める日）

第 5 条 第 1 条の特定非常災害についての法第 5 条第 1 項の政令で定める日は、平成 25 年 3 月 10 日とする。

（法第 7 条の政令で定める地区及び期日）

第 6 条 第 1 条の特定非常災害についての法第 7 条の政令で定める地区は、東日本大震災に際し災害対策基本法等の一部を改正する法律（令和 3 年法律第 30 号）第 2 条の規定による改正前の災害救助法（昭和 22 年法律第 118 号）が適用された同法第 2 条に規定する市町村の区域（東京都の区域を除く。）とする。

2 第 1 条の特定非常災害についての法第 7 条の政令で定める日は、平成 26 年 2 月 28 日とする。

附 則（平成 23 年 3 月 13 日政令第 19 号）

この政令は、公布の日から施行する。

附 則（平成 23 年 6 月 1 日政令第 160 号）

この政令は、公布の日から施行する。

附 則（平成 25 年 6 月 21 日政令第 187 号）

この政令は、公布の日から施行する。

附 則（令和 3 年 5 月 10 日政令第 153 号）抄

（施行期日）

1 この政令は、災害対策基本法等の一部を改正する法律の施行日（令和 3 年 5 月 20 日）から施行する。

附 則（令和 4 年 5 月 27 日政令第 203 号）

この政令は、地域の自主性及び自立性を高めるための改革の推進を図るための関係法律の整備に関する法律附則第 1 条第 2 号に掲げる規定の施行の日（令和 4 年 5 月 31 日）から施行する。

被災官公庁窓口・移転先情報（6 月 1 日）

日本加除出版㈱編集部

※下記の情報は 6 月 1 日現在の情報です。被災官公庁の窓口は移転されることがありますのでご留意ください。

官公庁名・所在地	移転先
【裁判所】	
福島富岡簡易裁判所 〒979-1111 双葉郡富岡町大字小浜字大膳町 113 番地 TEL 0240-22-3008	当分の間下記にて事務取扱 〈刑事事件に関する事務〉 〒970-8026 いわき市平字八幡小路 41 番地（いわき簡易裁判所内） TEL 0246-22-1321

	〈民事事件（民事訴訟、民事調停及び支払督促等）に関する事務を含むその余の事務〉 〒963-8566 郡山市麓山1丁目2番26号（郡山簡易裁判所内） TEL 024-932-5656
【運輸事務所】	
岩手運輸支局（宮古庁舎） 〒027-0021 宮古市藤原3丁目114番地の2 TEL 0193-62-3500	当分の間下記にて事務取扱 岩手運輸支局（宮古庁舎仮事務所） 〒027-0038 宮古市小山田1丁目1番1号（宮古合同庁舎4階） TEL 0193-62-3500

復興庁

名　称	所　在　地	電　話
復　興　庁	100-0013 東京都千代田区 霞が関3丁目1番1号 （中央合同庁舎4号館）	03　6328-1111
福島復興再生総局	960-8031 福島市栄町11番25号 （AXCビル7階）	024　522-8514
岩　手　復興局	026-0004 釜石市松原町3丁目10番22号 （小澤ビル4階）	0193　27-5331
宮　古　支　所	027-0085 宮古市黒田町2番27号 （長谷川ビル1階）	0193　64-4802
盛　岡　〃	020-0021 盛岡市中央通1丁目7番25号 （朝日生命盛岡中央通ビル6階）	019　654-6609
宮　城　復興局	986-0825 石巻市穀町12番24号 （シャロンビル内）	0225　21-6001
気仙沼支所	988-0073 気仙沼市笹が陣3番5号 （気仙沼市シルバー人材センター2階）	0226　23-5301
仙　台　〃	980-0811 仙台市青葉区一番町4丁目6番1号 （仙台第一生命タワービル13階）	022　212-5151
福　島　復興局	960-8031 福島市栄町11番25号 （AXCビル7階）	024　522-8514
富　岡　支　所	979-1112 福島県双葉郡富岡町中央2丁目45番地 （勢和ビル1階）	0240　22-6677
浪　江　〃	979-1521 福島県双葉郡浪江町大字権現堂字上続町18番地2 （FFK会館2階）	0240　35-4115
帰還・移住等環境整備センター	979-1192 福島県双葉郡富岡町大字本岡字王塚622番地の1 （富岡町役場3階）	0240　21-3905

45 最高裁判所、東京高等裁判所

庁　　名	所　　在　　地	電　話
最　高　裁　判　所	102-8651 千代田区隼町4番2号	03(3264)8111
東　京　高　等　裁　判　所	100-8933 千代田区霞が関1丁目1番4号	03(3581)5411
知的財産高等裁判所	153-8537 目黒区中目黒2丁目4番1号	03(5721)3119

46 最高検察庁、東京高等検察庁

庁　　名	所　　在　　地	電　話
最　高　検　察　庁	100-0013 千代田区霞が関1丁目1番1号	03(3592)5611
東　京　高　等　検　察　庁	100-8904 千代田区霞が関1丁目1番1号	03(3592)5611

47 地方/家庭/簡易裁判所・地方/区検察庁（東京高裁・東京高検管内）

地／家裁・地検 （支部・出張所）	（簡裁・区検）	管　轄　区　域
東京地方裁判所 100-8920 千代田区霞が関1丁目1番4号 　　　　　03(3581)5411 地下鉄丸ノ内線（霞ヶ関駅） **東京地方裁判所民事執行センター** **（民事第21部）** 152-8527 目黒区目黒本町2丁目26番14号 　　　　　03(5721)4630 東急東横線（学芸大学駅） **東京地方裁判所中目黒庁舎（ビジ** **ネス・コート）** 153-8626 目黒区中目黒2丁目4番1号 　　　　　03(5721)3110 東急東横線（中目黒駅） 地下鉄日比谷線（中目黒駅） **東京家庭裁判所** 100-8956 千代田区霞が関1丁目1番2号 　　　　　03(3502)8311 地下鉄丸ノ内線（霞ヶ関駅）	**東京簡易裁判所（民事部・事務** **部）** 100-8971 千代田区霞が関1丁目1番2号 　　　　　03(3581)5411 地下鉄丸ノ内線（霞ヶ関駅） **東京簡易裁判所（刑事部）** 100-8971 千代田区霞が関1丁目1番4号 　　　　　03(3581)5411 地下鉄丸ノ内線（霞ヶ関駅） **東京簡易裁判所墨田庁舎（民事** **調停・支払督促・交通略式）** 130-8636（支払督促のみ130-8637） 墨田区錦糸4丁目16番7号 　03(5819)0267（墨田訟延管理係） ＪＲ総武線（錦糸町駅） 地下鉄半蔵門線（錦糸町駅）	東京都の内　特別区の存する区域　（千代田 区　中央区　港区　新宿区　文京 区　台東区　墨田区　江東区　品 川区　目黒区　大田区　世田谷区 　渋谷区　中野区　杉並区　豊島区 　北区　荒川区　板橋区　練馬区 　足立区　葛飾区　江戸川区） 三宅村　御蔵島村　小笠原村

地／家裁・地検		管 轄 区 域
（支部・出張所）	（簡裁・区検）	
東京地方検察庁 100-8903 千代田区霞が関1丁目1番1号 　　　　　　　　03（3592）5611 地下鉄丸ノ内線（霞ヶ関駅）	**東京区検察庁** 100-8903 千代田区霞が関1丁目1番1号 　　　　　　　　03（3592）5611 地下鉄丸ノ内線（霞ヶ関駅）	八丈支庁の所管区域　（八丈町　　青ヶ島村）
東京　**家庭裁判所八丈島出張所** 100-1401 東京都八丈島八丈町大賀郷1485番 地1 　　　　　　　　04996（2）0619 底土港（東海汽船）	**八丈島簡易裁判所** 100-1401 東京都八丈島八丈町大賀郷1485番 地1 　　　　　　　　04996（2）0037 底土港（東海汽船） **八丈島区検察庁** 100-1401 東京都八丈島八丈町大賀郷2263番 地1 　　　　　　　　04996（2）0052 底土港（東海汽船）	
家庭裁判所伊豆大島出張所 100-0101 東京都大島町元町字家の上445番 地10 　　　　　　　　04992（2）1165 元町港（東海汽船）	**伊豆大島簡易裁判所** 100-0101 東京都大島町元町字家の上445番 地10 　　　　　　　　04992（2）1165 元町港（東海汽船） **伊豆大島区検察庁** 100-0101 東京都大島町元町字家の上445番 地9 　　　　　　　　04992（2）1164 元町港（東海汽船）	大島支庁の所管区域の内　大島町　　利島村
	新島簡易裁判所 100-0402 東京都新島村本村3丁目2番2号 　　　　　　　　04992（5）1210 新島港（東海汽船） **新島区検察庁** 100-0101 東京都大島町元町字家の上445番 地9 （伊豆大島区検内） 　　　　　　　　04992（2）1164 元町港（東海汽船）	大島支庁の所管区域の内　新島村　　神津島村

地／家裁・地検		管　轄　区　域
（支部・出張所）	（簡裁・区検）	
東京 **地方裁判所立川支部** 190-8571 立川市緑町10番地の4 　　　　　　　042(845)0365 ＪＲ中央線（立川駅） 多摩都市モノレール（高松駅） **家庭裁判所立川支部** 190-8589 立川市緑町10番地の4 　　　　　　　042(845)0365 ＪＲ中央線（立川駅） 多摩都市モノレール（高松駅） **地方検察庁立川支部** 190-8544 立川市緑町6番地の3 （立川第二法務総合庁舎） 　　　　　　　042(548)5055 ＪＲ中央線（立川駅） 多摩都市モノレール（高松駅）	**立川簡易裁判所** 190-8572 立川市緑町10番地の4 　　　　　　　042(845)0281 ＪＲ中央線（立川駅） 多摩都市モノレール（高松駅） **立川区検察庁** 190-8544 立川市緑町6番地の3 （立川第二法務総合庁舎） 　　　　　　　042(548)5055 ＪＲ中央線（立川駅） 多摩都市モノレール（高松駅）	立川市　府中市　昭島市　調布市 　国分寺市　国立市　狛江市　東大和 市　武蔵村山市
	八王子簡易裁判所 192-8516 八王子市明神町4丁目21番1号 　　　　　　　042(642)7020 ＪＲ中央線・ＪＲ横浜線（八王子駅） 京王線（京王八王子駅） **八王子区検察庁** 192-0046 八王子市明神町4丁目21番2号 　　　　　　　042(642)7291 ＪＲ中央線・ＪＲ横浜線（八王子駅） 京王線（京王八王子駅）	八王子市　日野市　あきる野市 　西多摩郡の内　日の出町　檜原村
	武蔵野簡易裁判所 180-0006 武蔵野市中町2丁目4番12号 　　　　　　　0422(52)2692 ＪＲ中央線（三鷹駅） **武蔵野区検察庁** 180-0006 武蔵野市中町2丁目11番4号 　　　　　　　0422(55)0211 ＪＲ中央線（三鷹駅）	武蔵野市　三鷹市　小金井市　小平市 　東村山市　西東京市　清瀬市 　東久留米市
	青梅簡易裁判所 198-0031 青梅市師岡町1丁目1300番地の1 　　　　　　　0428(22)2459 ＪＲ青梅線（東青梅駅） **青梅区検察庁** 190-8544 立川市緑町6番地の3 （立川第二法務総合庁舎） （立川支部内） 　　　　　　　042(548)5055 ＪＲ中央線（立川駅） 多摩都市モノレール（高松駅）	青梅市　福生市　羽村市 　西多摩郡の内　瑞穂町　奥多摩町

地／家裁・地検			管　轄　区　域
	（支部・出張所）	（簡裁・区検）	
東京		**町田簡易裁判所** 194-0022 町田市森野2丁目28番11号 　　　　　　042(727)5011 小田急線・ＪＲ横浜線（町田駅） **町田区検察庁** 194-0022 町田市森野2丁目28番14号 　　　　　　042(720)1803 小田急線・ＪＲ横浜線（町田駅）	町田市　　多摩市　　稲城市
	横浜地方裁判所 231-8502 横浜市中区日本大通9番地 　　045(664)8777(総務課庶務第一係) ＪＲ京浜東北線（関内駅） **横浜家庭裁判所** 231-8585 横浜市中区寿町1丁目2番地 　　　　　　045(345)3505 ＪＲ京浜東北線（石川町駅） **横浜地方検察庁** 231-0021 横浜市中区日本大通9番地 　　　　　　045(211)7600 ＪＲ京浜東北線（関内駅）	**横浜簡易裁判所** 231-0021 横浜市中区日本大通9番地 　　　　　　045(662)6971 ＪＲ京浜東北線（関内駅） **横浜区検察庁** 231-0021 横浜市中区日本大通9番地 　　　　　　045(211)7600 ＪＲ京浜東北線（関内駅）	横浜市の内　中区　　南区　　磯子区　　金沢区　　港南区
		神奈川簡易裁判所 221-0822 横浜市神奈川区西神奈川1丁目11番地1 　　　　　　045(321)8045 ＪＲ京浜東北線（東神奈川駅） **神奈川区検察庁** 231-0021 横浜市中区日本大通9番地(横浜地検内) 　　　　　　045(211)7600 ＪＲ京浜東北線（関内駅）	横浜市の内　鶴見区　　神奈川区　　港北区　　緑区　　青葉区　　都筑区

最高・高等・地方裁判所、検察庁一覧表

地／家裁・地検		管　轄　区　域
（支部・出張所）	（簡裁・区検）	
横浜	**保土ヶ谷簡易裁判所** 240-0062 横浜市保土ケ谷区岡沢町239番地 045(331)5991 相模鉄道（星川駅） **保土ヶ谷区検察庁** 240-0062 横浜市保土ケ谷区岡沢町239番地 045(331)5993 相模鉄道（星川駅）	横浜市の内　保土ケ谷区　西区　旭区 　　　瀬谷区
	鎌倉簡易裁判所 248-0014 鎌倉市由比ガ浜2丁目23番22号 0467(22)2202 ＪＲ横須賀線（鎌倉駅） **鎌倉区検察庁** 231-0021 横浜市中区日本大通9番地 （横浜地検内） 045(211)7600 ＪＲ京浜東北線（関内駅）	鎌倉市 横浜市の内　戸塚区　栄区　泉区
	藤沢簡易裁判所 251-0054 藤沢市朝日町1番地8 0466(22)2684 ＪＲ東海道本線（藤沢駅） **藤沢区検察庁** 251-0054 藤沢市朝日町1番地7 0466(22)2685 ＪＲ東海道本線（藤沢駅）	藤沢市　茅ヶ崎市　大和市　海老名市 　　　綾瀬市 高座郡　（寒川町）
地方裁判所川崎支部 210-8559 川崎市川崎区富士見1丁目1番3号 044(233)8171（庶務課） ＪＲ東海道本線（川崎駅） **家庭裁判所川崎支部** 210-8537 川崎市川崎区富士見1丁目1番3号 044(222)1315 ＪＲ東海道本線（川崎駅） **地方検察庁川崎支部** 210-0012 川崎市川崎区宮前町12番11号 044(244)0141 ＪＲ東海道本線（川崎駅）	**川崎簡易裁判所** 210-8559 川崎市川崎区富士見1丁目1番3号 044(233)8174 ＪＲ東海道本線（川崎駅） **川崎区検察庁** 210-0012 川崎市川崎区宮前町12番11号 044(244)0141 ＪＲ東海道本線（川崎駅）	川崎市（川崎区　幸区　中原区　高津 区　多摩区　宮前区　麻生区）

地／家裁・地検		管　轄　区　域
（支部・出張所）	（簡裁・区検）	
横浜 **地方裁判所相模原支部** 252-0236 相模原市中央区富士見6丁目10番1号 　　　　042（757）7506（庶務課） ＪＲ横浜線（矢部駅） **家庭裁判所相模原支部** 252-0236 相模原市中央区富士見6丁目10番1号 　　　　042（755）8661 ＪＲ横浜線（矢部駅） **地方検察庁相模原支部** 252-0236 相模原市中央区富士見6丁目10番10号 　　　　042（752）2010 ＪＲ横浜線（矢部駅）	**相模原簡易裁判所** 252-0236 相模原市中央区富士見6丁目10番1号 　　　　042（757）7506（庶務課） ＪＲ横浜線（矢部駅） **相模原区検察庁** 252-0236 相模原市中央区富士見6丁目10番10号 　　　　042（752）2010 ＪＲ横浜線（矢部駅）	相模原市　（緑区　中央区　南区） 座間市
地方裁判所横須賀支部 238-8510 横須賀市新港町1番地9 　　　　046（823）1905（庶務課） 京浜急行線（横須賀中央駅） **家庭裁判所横須賀支部** 238-8513 横須賀市新港町1番地9 　　　　046（825）0569 京浜急行線（横須賀中央駅） **地方検察庁横須賀支部** 238-8540 横須賀市新港町1番地8 　　　　046（823）1588 京浜急行線（横須賀中央駅）	**横須賀簡易裁判所** 238-8510 横須賀市新港町1番地9 　　　　046（823）1905（庶務課） 京浜急行線（横須賀中央駅） **横須賀区検察庁** 238-8540 横須賀市新港町1番地8 　　　　046（823）1588 京浜急行線（横須賀中央駅）	横須賀市　逗子市　三浦市 三浦郡　（葉山町）

地／家裁・地検		管　轄　区　域
（支部・出張所）	（簡裁・区検）	
横浜 **地方裁判所小田原支部** 250-0012 小田原市本町1丁目7番9号 　　　　0465(22)6186(庶務課) ＪＲ東海道本線（小田原駅） **家庭裁判所小田原支部** 250-0012 小田原市本町1丁目7番9号 　　　　0465(22)6586 ＪＲ東海道本線(小田原駅) **地方検察庁小田原支部** 250-0012 小田原市本町1丁目7番1号 　　　　0465(23)0175 ＪＲ東海道本線(小田原駅)	**小田原簡易裁判所** 250-0012 小田原市本町1丁目7番9号 　　　　0465(24)1570 ＪＲ東海道本線(小田原駅) **小田原区検察庁** 250-0012 小田原市本町1丁目7番1号 　　　　0465(23)0175 ＪＲ東海道本線(小田原駅)	小田原市　　秦野市　　南足柄市 足柄上郡　（中井町　　大井町　　松田町 　　　山北町　　開成町） 足柄下郡　（箱根町　　真鶴町　　湯河原町）
	平塚簡易裁判所 254-0045 平塚市見附町43番9号 　　　　0463(31)0513 ＪＲ東海道本線（平塚駅） **平塚区検察庁** 250-0012 小田原市本町1丁目7番1号 （小田原支部内） 　　　　0465(23)0175 ＪＲ東海道本線（小田原駅）	平塚市 中郡　　（大磯町　　二宮町）
	厚木簡易裁判所 243-0003 厚木市寿町3丁目5番3号 　　　　046(221)2018 小田急線（本厚木駅） **厚木区検察庁** 243-0003 厚木市寿町3丁目5番1号 　　　　046(221)1674 小田急線（本厚木駅）	厚木市　　伊勢原市 愛甲郡　（愛川町　　清川村）

| 地／家裁・地検 | | 管　轄　区　域 |
（支部・出張所）	（簡裁・区検）	
さいたま地方裁判所 330-0063 さいたま市浦和区高砂3丁目16番45号 　　　　　　　　048(863)8519 ＪＲ京浜東北線（浦和駅） **さいたま家庭裁判所** 330-0063 さいたま市浦和区高砂3丁目16番45号 　　　　　　　　048(863)8761 ＪＲ京浜東北線（浦和駅） **さいたま地方検察庁** 330-8572 さいたま市浦和区高砂3丁目16番58号 （さいたま法務総合庁舎） 　　　　　　　　048(863)2221 ＪＲ京浜東北線（浦和駅）	**さいたま簡易裁判所** 330-0063 さいたま市浦和区高砂3丁目16番45号 　　　　　　　　048(863)8715 ＪＲ京浜東北線（浦和駅） **さいたま区検察庁** 330-8572 さいたま市浦和区高砂3丁目16番58号（さいたま法務総合庁舎） 　　　　　　　　048(863)2221 ＪＲ京浜東北線（浦和駅）	さいたま市の内　中央区　桜区　浦和区　南区　緑区 蕨市　戸田市　朝霞市　志木市　和光市　新座市
	川口簡易裁判所 332-0032 川口市中青木2丁目22番5号 　　　　　　　　048(252)3770 ＪＲ京浜東北線（川口駅） **川口区検察庁** 332-0032 川口市中青木2丁目19番5号 　　　　　　　　048(252)9680 ＪＲ京浜東北線（川口駅）	川口市
	大宮簡易裁判所 330-0803 さいたま市大宮区高鼻町3丁目140番地 　　　　　　　　048(641)4288 東武野田線（北大宮駅） **大宮区検察庁** 330-0803 さいたま市大宮区高鼻町3丁目144番地 　　　　　　　　048(641)4289 東武野田線（北大宮駅）	さいたま市の内　西区　北区　大宮区　見沼区　岩槻区 鴻巣市　上尾市　桶川市　北本市　蓮田市 北足立郡（伊奈町）

地／家裁・地検		管　轄　区　域
（支部・出張所）	（簡裁・区検）	
さいたま		
家庭裁判所久喜出張所 346-0016 久喜市久喜東1丁目15番3号 　　　　0480(21)0157 ＪＲ東北本線（久喜駅）	**久喜簡易裁判所** 346-0016 久喜市久喜東1丁目15番3号 　　　　0480(21)0157 ＪＲ東北本線（久喜駅） **久喜区検察庁** 330-8572 さいたま市浦和区高砂3丁目16番 　58号（さいたま地検内） 　　　　048(863)2221 ＪＲ京浜東北線（浦和駅）	久喜市　　加須市　　幸手市　　白岡市 南埼玉郡　（宮代町）
地方裁判所越谷支部 343-0023 越谷市東越谷9丁目2番地8 　　　　048(910)0112 東武伊勢崎線（越谷駅） **家庭裁判所越谷支部** 343-0023 越谷市東越谷9丁目2番地8 　　　　048(910)0112（庶務課） 東武伊勢崎線（越谷駅） **地方検察庁越谷支部** 343-0023 越谷市東越谷9丁目2番地9 　　　　048(966)1177 東武伊勢崎線（越谷駅）	**越谷簡易裁判所** 343-0023 越谷市東越谷9丁目2番地8 　　　　048(910)0112 東武伊勢崎線（越谷駅） **越谷区検察庁** 343-0023 越谷市東越谷9丁目2番地9 　　　　048(966)1177 東武伊勢崎線（越谷駅）	越谷市　　春日部市　　草加市　　八潮市 　三郷市　　吉川市 北葛飾郡　（杉戸町　　松伏町）
地方裁判所川越支部 350-8531 川越市宮下町2丁目1番地3 　　　　049(273)3015 東武東上線（川越市駅） **家庭裁判所川越支部** 350-8531 川越市宮下町2丁目1番地3 　　　　049(273)3031（庶務課） 東武東上線（川越市駅） **地方検察庁川越支部** 350-0052 川越市宮下町2丁目1番地3 　　　　049(222)1001 東武東上線（川越市駅）	**川越簡易裁判所** 350-8531 川越市宮下町2丁目1番地3 　　　　049(273)3015 東武東上線（川越市駅） **川越区検察庁** 350-0052 川越市宮下町2丁目1番地3 　　　　049(222)1001 東武東上線（川越市駅）	川越市　　富士見市　　坂戸市　　鶴ヶ島市 　ふじみ野市 入間郡の内　三芳町 比企郡の内　川島町

地／家裁・地検		管　轄　区　域
（支部・出張所）	（簡裁・区検）	
さいたま	**所沢簡易裁判所** 359-0042 所沢市並木6丁目1番地の4 　　　　　04(2996)1801 西武新宿線　（航空公園駅） **所沢区検察庁** 359-0042 所沢市並木6丁目1番地の3 　　　　　04(2992)1191 西武新宿線　（航空公園駅）	所沢市　　狭山市　　入間市
家庭裁判所飯能出張所 357-0021 飯能市大字双柳371番地 　　　　　042(972)2342 西武池袋線　（東飯能駅）	**飯能簡易裁判所** 357-0021 飯能市大字双柳371番地 　　　　　042(972)2342 西武池袋線　（東飯能駅） **飯能区検察庁** 350-0052 川越市宮下町2丁目1番地3 （川越支部内） 　　　　　049(222)1001 東武東上線　（川越市駅）	飯能市　　日高市 入間郡の内　越生町　　毛呂山町 比企郡の内　鳩山町
地方裁判所熊谷支部 360-0041 熊谷市宮町1丁目68番地 　　　　　048(500)3109 ＪＲ高崎線（熊谷駅） **家庭裁判所熊谷支部** 360-0041 熊谷市宮町1丁目68番地 　　　　048(500)3120(庶務課) ＪＲ高崎線（熊谷駅） **地方検察庁熊谷支部** 360-0041 熊谷市宮町1丁目62番地 　　　　　048(521)1214 ＪＲ高崎線（熊谷駅）	**熊谷簡易裁判所** 360-0041 熊谷市宮町1丁目68番地 　　　　　048(500)3109 ＪＲ高崎線　（熊谷駅） **熊谷区検察庁** 360-0041 熊谷市宮町1丁目62番地 　　　　　048(521)1214 ＪＲ高崎線　（熊谷駅）	熊谷市　　行田市　　東松山市　　羽生市 深谷市（旧大里郡川本町〈上原　　川本明戸 　　　　白草台　　菅沼　　瀬山　　武川 　　田中　　長在家　　畠山　　本田〉、旧大 里郡花園町〈荒川　　小前田　　北根 　　黒田　　永田　　武蔵野〉） 比企郡の内　滑川町　嵐山町　　小川町 　　吉見町　　ときがわ町 秩父郡の内　東秩父村 大里郡　　（寄居町）
	本庄簡易裁判所 367-0031 本庄市北堀1394番地3 　　　　　0495(22)2514 ＪＲ高崎線　（本庄駅） **本庄区検察庁** 360-0041 熊谷市宮町1丁目62番地 （熊谷支部内） 　　　　　048(521)1214 ＪＲ高崎線　（熊谷駅）	本庄市　　深谷市（熊谷簡易裁判所の管轄区 　　域を除く） 児玉郡　　（美里町　　神川町　　上里町）

地／家裁・地検		管　轄　区　域
（支部・出張所）	（簡裁・区検）	
さいたま **地方裁判所秩父支部** 368-0035 秩父市上町2丁目9番12号 0494（22）0226 西武秩父線（西武秩父駅） **家庭裁判所秩父支部** 368-0035 秩父市上町2丁目9番12号 0494（22）0226 西武秩父線（西武秩父駅） **地方検察庁秩父支部** 360-0041 熊谷市宮町1丁目62番地 （熊谷支部内） 048（521）1214 ＪＲ高崎線（熊谷駅）	**秩父簡易裁判所** 368-0035 秩父市上町2丁目9番12号 0494（22）0226 西武秩父線（西武秩父駅） **秩父区検察庁** 360-0041 熊谷市宮町1丁目62番地 （熊谷支部内） 048（521）1214 ＪＲ高崎線（熊谷駅）	秩父市 秩父郡の内　横瀬町　皆野町　長瀞町 　小鹿野町
千葉地方裁判所 260-0013 千葉市中央区中央4丁目11番27号 043（333）5236（総務課庶務係） 千葉都市モノレール（県庁前駅） **千葉家庭裁判所** 260-0013 千葉市中央区中央4丁目11番27号 043（333）5302 千葉都市モノレール（県庁前駅） **千葉地方検察庁** 260-8620 千葉市中央区中央4丁目11番1号 043（221）2071 千葉都市モノレール（県庁前駅）	**千葉簡易裁判所** 260-0013 千葉市中央区中央4丁目11番27号 043（333）5292（庶務課） 千葉都市モノレール（県庁前駅） **千葉区検察庁** 260-8620 千葉市中央区中央4丁目11番1号 043（221）2071 千葉都市モノレール（県庁前駅）	千葉市（中央区　花見川区　稲毛区 　若葉区　緑区　美浜区） 習志野市　市原市　八千代市
家庭裁判所市川出張所 272-8511 市川市鬼高2丁目20番20号 047（318）2500 ＪＲ総武線（下総中山駅）	**市川簡易裁判所** 272-8511 市川市鬼高2丁目20番20号 047（334）3241 ＪＲ総武線（下総中山駅） **市川区検察庁** 272-0015 市川市鬼高2丁目20番13号 047（334）2797 ＪＲ総武線（下総中山駅）	市川市　船橋市　浦安市

地／家裁・地検		管 轄 区 域
（支部・出張所）	（簡裁・区検）	
千葉 **地方裁判所佐倉支部** 285-0038 佐倉市弥勒町92番地 　　　　　　043（484）1215 京成線（京成佐倉駅） **家庭裁判所佐倉支部** 285-0038 佐倉市弥勒町92番地 　　　　　　043（484）1216 京成線（京成佐倉駅） **地方検察庁佐倉支部** 285-0038 佐倉市弥勒町94番地 　　　　　　043（484）1223 京成線（京成佐倉駅）	**佐倉簡易裁判所** 285-0038 佐倉市弥勒町92番地 　　　　　　043（484）1215 京成線（京成佐倉駅） **佐倉区検察庁** 285-0038 佐倉市弥勒町94番地 　　　　　　043（484）1223 京成線（京成佐倉駅）	佐倉市　　成田市　　四街道市　　八街市 　印西市　　白井市　　富里市 印旛郡　（酒々井町　　栄町）
地方裁判所一宮支部 299-4397 長生郡一宮町一宮2791番地 　　　　　　0475（42）3531 ＪＲ外房線（上総一ノ宮駅） **家庭裁判所一宮支部** 299-4397 長生郡一宮町一宮2791番地 　　　　　　0475（42）3531 ＪＲ外房線（上総一ノ宮駅） **地方検察庁一宮支部** 299-4301 長生郡一宮町一宮2802番地 　　　　　　0475（42）2149 ＪＲ外房線（上総一ノ宮駅）	**千葉一宮簡易裁判所** 299-4397 長生郡一宮町一宮2791番地 　　　　　　0475（42）3531 ＪＲ外房線（上総一ノ宮駅） **千葉一宮区検察庁** 299-4301 長生郡一宮町一宮2802番地 　　　　　　0475（42）2149 ＪＲ外房線（上総一ノ宮駅）	茂原市　　勝浦市　　いすみ市 長生郡　（一宮町　　睦沢町　　長生村 　白子町　　長柄町　　長南町） 夷隅郡　（大多喜町　　御宿町）
地方裁判所松戸支部 271-8522 松戸市岩瀬無番地 　　　　　　047（368）5141 ＪＲ常磐線（松戸駅） **家庭裁判所松戸支部** 271-8522 松戸市岩瀬無番地 　　　　　　047（368）5141 ＪＲ常磐線（松戸駅） **地方検察庁松戸支部** 271-0076 松戸市岩瀬473番地の18 　　　　　　047（361）0266 ＪＲ常磐線（松戸駅）	**松戸簡易裁判所** 271-8522 松戸市岩瀬無番地 　　　　　　047（368）5141 ＪＲ常磐線（松戸駅） **松戸区検察庁** 271-0076 松戸市岩瀬473番地の18 　　　　　　047（361）0266 ＪＲ常磐線（松戸駅）	松戸市　　野田市　　柏市　　流山市　　我 　孫子市　　鎌ケ谷市

地／家裁・地検		管　轄　区　域
（支部・出張所）	（簡裁・区検）	
千葉		
地方裁判所木更津支部 292-0832 木更津市新田2丁目5番1号 　　　　　　0438(22)3774 ＪＲ内房線（木更津駅）	**木更津簡易裁判所** 292-0832 木更津市新田2丁目5番1号 　　　　　　0438(22)3774 ＪＲ内房線（木更津駅）	木更津市　君津市　富津市　袖ケ浦市
家庭裁判所木更津支部 292-0832 木更津市新田2丁目5番1号 　　　　　　0438(22)3774 ＪＲ内房線（木更津駅）	**木更津区検察庁** 292-0832 木更津市新田2丁目5番1号 　　　　　　0438(23)4311 ＪＲ内房線（木更津駅）	
地方検察庁木更津支部 292-0832 木更津市新田2丁目5番1号 　　　　　　0438(23)4311 ＪＲ内房線（木更津駅）		
地方裁判所館山支部 294-0045 館山市北条1073番地 　　　　　　0470(22)2273 ＪＲ内房線（館山駅）	**館山簡易裁判所** 294-0045 館山市北条1073番地 　　　　　　0470(22)2273 ＪＲ内房線（館山駅）	館山市　鴨川市　南房総市 安房郡　（鋸南町）
家庭裁判所館山支部 294-0045 館山市北条1073番地 　　　　　　0470(22)2273 ＪＲ内房線（館山駅）	**館山区検察庁** 294-0045 館山市北条1073番地 　　　　　　0470(22)0849 ＪＲ内房線（館山駅）	
地方検察庁館山支部 294-0045 館山市北条1073番地 　　　　　　0470(22)0849 ＪＲ内房線（館山駅）		
地方裁判所八日市場支部 289-2144 匝瑳市八日市場イ2760番地 　　　　　　0479(72)1300 ＪＲ総武本線（八日市場駅）	**八日市場簡易裁判所** 289-2144 匝瑳市八日市場イ2760番地 　　　　　　0479(72)1300 ＪＲ総武本線（八日市場駅）	匝瑳市 香取郡の内　多古町 山武郡の内　芝山町　横芝光町
家庭裁判所八日市場支部 289-2144 匝瑳市八日市場イ2760番地 　　　　　　0479(72)1300 ＪＲ総武本線（八日市場駅）	**八日市場区検察庁** 289-2144 匝瑳市八日市場イ513番地2 　　　　　　0479(72)0224 ＪＲ総武本線（八日市場駅）	
地方検察庁八日市場支部 289-2144 匝瑳市八日市場イ513番地2 　　　　　　0479(72)0224 ＪＲ総武本線（八日市場駅）		

地／家裁・地検		管　轄　区　域
（支部・出張所）	（簡裁・区検）	
千葉	**銚子簡易裁判所** 288-0817 銚子市清川町4丁目9番地の4 　　　　　　　　0479(22)1249 ＪＲ総武本線（銚子駅） **銚子区検察庁** 289-2144 匝瑳市八日市場イ513番地2 （八日市場支部内） 　　　　　　　　0479(72)0224 ＪＲ総武本線（八日市場駅）	銚子市　　旭市（佐原簡易裁判所の管轄区域 　を除く）
	東金簡易裁判所 283-0005 東金市田間2354番地2 　　　　　　　　0475(52)2331 ＪＲ東金線（東金駅） **東金区検察庁** 289-2144 匝瑳市八日市場イ513番地2 （八日市場支部内） 　　　　　　　　0479(72)0224 ＪＲ総武本線（八日市場駅）	東金市　　山武市　　大網白里市 山武郡の内　九十九里町
地方裁判所佐原支部 287-0003 香取市佐原イ3375番地 　　　　　　　　0478(52)3040 ＪＲ成田線（佐原駅） **家庭裁判所佐原支部** 287-0003 香取市佐原イ3375番地 　　　　　　　　0478(52)3040 ＪＲ成田線（佐原駅） **地方検察庁佐原支部** 285-0038 佐倉市弥勒町94番地 （佐倉支部内） 　　　　　　　　043(484)1223 京成線（京成佐倉駅）	**佐原簡易裁判所** 287-0003 香取市佐原イ3375番地 　　　　　　　　0478(52)3040 ＪＲ成田線（佐原駅） **佐原区検察庁** 285-0038 佐倉市弥勒町94番地 （佐倉支部内） 　　　　　　　　043(484)1223 京成線（京成佐倉駅）	香取市 旭市（旧香取郡干潟町〈秋田　　入野　　大 久保　　鏑木　　神田　　さくら台　　櫻 井　　清和乙　　清和甲　　関戸　　関戸 下　　東和田　　長部　　舟戸　　萬歳 萬力　　溝原　　南堀之内　　米込〉） 香取郡の内　神崎町　　東庄町

地／家裁・地検		管　轄　区　域
（支部・出張所）	（簡裁・区検）	
水戸地方裁判所 310-0062 水戸市大町1丁目1番38号 　　029(224)8408（総務課庶務係） ＪＲ常磐線（水戸駅） **水戸家庭裁判所** 310-0062 水戸市大町1丁目1番38号 　　029(224)8513（総務課庶務係） ＪＲ常磐線（水戸駅） **水戸地方検察庁** 310-8540 水戸市北見町1番1号 　　029(221)2196 ＪＲ常磐線（水戸駅）	**水戸簡易裁判所** 310-0062 水戸市大町1丁目1番38号 　　029(224)8284（受付係） ＪＲ常磐線（水戸駅） **水戸区検察庁** 310-8540 水戸市北見町1番1号 　　029(221)2196 ＪＲ常磐線（水戸駅）	水戸市　ひたちなか市　那珂市　鉾田市 小美玉市（旧東茨城郡小川町〈飯前　小川　上合　上吉影　川戸　倉数　小塙　佐才　下馬場　下吉影　世楽　外之内　中延　野田　幡谷　百里　宮田　山野　与沢〉、旧東茨城郡美野里町〈江戸　小曽納　大笹　大谷　堅倉　上馬場　小岩戸　西郷地　三箇　柴高　高田　竹原　竹原下郷　竹原中郷　鶴田　手堤　寺崎　中台　中野谷　納場　羽刈　羽鳥　橋場美　花野井　張星　部室　先後〉） 那珂郡（東海村） 久慈郡（大子町） 東茨城郡の内　茨城町　大洗町　城里町 　（笠間簡易裁判所の管轄区域を除く）
	笠間簡易裁判所 309-1611 笠間市笠間1753番地 　　0296(72)0259 ＪＲ水戸線（笠間駅） **笠間区検察庁** 310-8540 水戸市北見町1番1号 （水戸地検内） 　　029(221)2196 ＪＲ常磐線（水戸駅）	笠間市 桜川市（旧西茨城郡岩瀬町〈明日香自1丁目至4丁目　青柳　飯渕　池亀　磯部　稲　犬田　今泉　入野　岩瀬　上野原地新田　大泉　大月　長方　加茂部　門毛　上城　亀岡　木植　久原　鍬田　小塩　御領　自1丁目至3丁目　坂本　猿田　下泉　曽根　高幡　堤上　富岡　富谷　友部　中泉　中里　西飯岡　西小塙　西桜川自1丁目至3丁目　東桜川自1丁目至3丁目　平沢　富士見台自1丁目至4丁目　福崎　本郷　間中　松田　水戸　南飯田　山口〉） 東茨城郡の内　城里町（城里町役場七会支所の所管区域〈大字小勝　大字大網　大字上赤沢　大字真端　大字塩子　大字下赤沢　大字徳蔵〉）
	常陸太田簡易裁判所 313-0014 常陸太田市木崎二町2019番地 　　0294(72)0065 ＪＲ水郡線（常陸太田駅） **常陸太田区検察庁** 310-8540 水戸市北見町1番1号 （水戸地検内） 　　029(221)2196 ＪＲ常磐線（水戸駅）	常陸太田市　常陸大宮市

地/家裁・地検		管　轄　区　域
（支部・出張所）	（簡裁・区検）	
水戸 **地方裁判所日立支部** 317-0073 日立市幸町2丁目10番12号 　　　　　　0294(21)4441 ＪＲ常磐線（日立駅） **家庭裁判所日立支部** 317-0073 日立市幸町2丁目10番12号 　　　　　　0294(21)4441 ＪＲ常磐線（日立駅） **地方検察庁日立支部** 317-0072 日立市弁天町2丁目13番15号 　　　　　　0294(21)2088 ＪＲ常磐線（日立駅）	**日立簡易裁判所** 317-0073 日立市幸町2丁目10番12号 　　　　　　0294(21)4441 ＪＲ常磐線（日立駅） **日立区検察庁** 317-0072 日立市弁天町2丁目13番15号 　　　　　　0294(21)2088 ＪＲ常磐線（日立駅）	日立市　　高萩市　　北茨城市
地方裁判所土浦支部 300-8567 土浦市中央1丁目13番12号 　　　　029(821)4359(庶務課) ＪＲ常磐線（土浦駅） **家庭裁判所土浦支部** 300-8567 土浦市中央1丁目13番12号 　　　　029(821)4359(庶務課) ＪＲ常磐線（土浦駅） **地方検察庁土浦支部** 300-0043 土浦市中央2丁目16番7号 　　　　　　029(822)0040 ＪＲ常磐線（土浦駅）	**土浦簡易裁判所** 300-8567 土浦市中央1丁目13番12号 　　　　029(821)4359(庶務課) ＪＲ常磐線（土浦駅） **土浦区検察庁** 300-0043 土浦市中央2丁目16番7号 　　　　　　029(822)0040 ＪＲ常磐線（土浦駅）	土浦市　　つくば市　　つくばみらい市 かすみがうら市（旧新治郡霞ヶ浦町〈有河 　　　安食　　一の瀬　　一の瀬上流　　岩坪 　　　牛渡　　男神　　大和田　　加茂 　　　柏崎　　上大堤　　上軽部　　坂　　志戸 　　　崎　　宍倉　　下大堤　　下軽部　　田伏 　　　　戸崎　　中台　　西成井　　深谷 　　　三ツ木　　南根本〉） 稲敷郡の内　阿見町　　美浦村
	石岡簡易裁判所 315-0013 石岡市府中1丁目6番3号 　　　　　　0299(22)2374 ＪＲ常磐線（石岡駅） **石岡区検察庁** 310-8540 水戸市北見町1番1号 （水戸地検内） 　　　　　　029(221)2196 ＪＲ常磐線（水戸駅）	石岡市 かすみがうら市（旧新治郡千代田町〈栗田 　　　飯田　　市川　　稲吉自1丁目至5丁目 　　　稲吉東自1丁目至6丁目　　稲吉南自1丁 　　　目至3丁目　　大峰　　上稲吉　　上佐谷 　　　上志筑　　上土田　　五反田　　下稲 　　　吉　　下佐谷　　下志筑　　下土田　　高 　　　倉　　中佐谷　　中志筑　　新治　　西野 　　　寺　　東野寺　　山本　　雪入　　横堀〉） 小美玉市（旧新治郡玉里村〈上玉里　　川中 　　　子　　栗又四ケ　　下玉里　　田木谷 　　　高崎　　東田中〉）

最高・高等・地方裁判所、検察庁一覧表

地／家裁・地検		管　轄　区　域
（支部・出張所）	（簡裁・区検）	
地方裁判所龍ケ崎支部 301-0824 龍ケ崎市4918番地 　　　　　　0297(62)0100 関東鉄道竜ヶ崎線（竜ヶ崎駅） **家庭裁判所龍ケ崎支部** 301-0824 龍ケ崎市4918番地 　　　　　　0297(62)0100 関東鉄道竜ヶ崎線（竜ヶ崎駅） **地方検察庁龍ケ崎支部** 301-0824 龍ケ崎市4918番地 　　　　　　0297(62)0720 関東鉄道竜ヶ崎線（竜ヶ崎駅）	**龍ケ崎簡易裁判所** 301-0824 龍ケ崎市4918番地 　　　　　　0297(62)0100 関東鉄道竜ヶ崎線（竜ヶ崎駅） **龍ケ崎区検察庁** 301-0824 龍ケ崎市4918番地 　　　　　　0297(62)0720 関東鉄道竜ヶ崎線（竜ヶ崎駅）	龍ケ崎市　　牛久市　　稲敷市 稲敷郡の内　河内町
	取手簡易裁判所 302-0004 取手市取手3丁目2番20号 　　　　　　0297(72)0156 ＪＲ常磐線（取手駅） **取手区検察庁** 300-0043 土浦市中央2丁目16番7号 （土浦支部内） 　　　　　　029(822)0040 ＪＲ常磐線（土浦駅）	取手市　　守谷市 北相馬郡　（利根町）
地方裁判所麻生支部 311-3832 行方市麻生143番地 　　　　　　0299(72)0091 ＪＲ鹿島線（潮来駅） **家庭裁判所麻生支部** 311-3832 行方市麻生143番地 　　　　　　0299(72)0091 ＪＲ鹿島線（潮来駅） **地方検察庁麻生支部** 311-3832 行方市麻生143番地 　　　　　　0299(72)0114 ＪＲ鹿島線（潮来駅）	**麻生簡易裁判所** 311-3832 行方市麻生143番地 　　　　　　0299(72)0091 ＪＲ鹿島線（潮来駅） **麻生区検察庁** 311-3832 行方市麻生143番地 　　　　　　0299(72)0114 ＪＲ鹿島線（潮来駅）	鹿嶋市　　潮来市　　神栖市　　行方市

水戸

地／家裁・地検		管　轄　区　域
（支部・出張所）	（簡裁・区検）	
水戸 **地方裁判所下妻支部** 304-0067 下妻市下妻乙99番地 　　　0296(43)6781(庶務課) 関東鉄道常総線（下妻駅） **家庭裁判所下妻支部** 304-0067 下妻市下妻乙99番地 　　　0296(43)6781(庶務課) 関東鉄道常総線（下妻駅） **地方検察庁下妻支部** 304-0067 下妻市下妻乙124番地2 　　　0296(44)2448 関東鉄道常総線（下妻駅）	**下妻簡易裁判所** 304-0067 下妻市下妻乙99番地 　　　0296(43)6781(庶務課) 関東鉄道常総線（下妻駅） **下妻区検察庁** 304-0067 下妻市下妻乙124番地2 　　　0296(44)2448 関東鉄道常総線（下妻駅）	下妻市　　常総市 結城郡　　（八千代町）
	下館簡易裁判所 308-0041 筑西市乙237番地の6 　　　0296(22)4089 ＪＲ水戸線（下館駅） **下館区検察庁** 304-0067 下妻市下妻乙124番地2 （下妻支部内） 　　　0296(44)2448 関東鉄道常総線（下妻駅）	結城市　　筑西市 桜川市（旧真壁郡真壁町〈真壁町伊佐々　真壁町飯塚　真壁町大塚新田　真壁町上小幡　真壁町上谷貝　真壁町亀熊　真壁町源法寺　真壁町酒寄　真壁町桜井　真壁町椎尾　真壁町下小幡　真壁町下谷貝　真壁町白井　真壁町田　真壁町長岡　真壁町羽鳥　真壁町塙世　真壁町原方　真壁町東矢貝　真壁町東山田　真壁町古城　真壁町細芝　真壁町真壁　真壁町山尾〉、旧真壁郡大和村〈阿部田　青木　大国玉　大曽根　金敷　高久　高森　羽田　東飯田　本木〉）
	古河簡易裁判所 306-0011 古河市東3丁目4番20号 　　　0280(32)0291 ＪＲ東北本線（古河駅） **古河区検察庁** 304-0067 下妻市下妻乙124番地2 （下妻支部内） 　　　0296(44)2448 関東鉄道常総線（下妻駅）	古河市　　坂東市 猿島郡　　（五霞町　　境町）

地／家裁・地検		管　轄　区　域
（支部・出張所）	（簡裁・区検）	
宇都宮地方裁判所 320-8505 宇都宮市小幡1丁目1番38号 028(621)4743 ＪＲ東北本線（宇都宮駅） **宇都宮家庭裁判所** 320-8505 宇都宮市小幡1丁目1番38号 028(621)4843 ＪＲ東北本線（宇都宮駅） **宇都宮地方検察庁** 320-0036 宇都宮市小幡2丁目1番11号 （宇都宮法務総合庁舎） 028(621)2525 ＪＲ東北本線（宇都宮駅）	**宇都宮簡易裁判所** 320-8505 宇都宮市小幡1丁目1番38号 028(621)4743 ＪＲ東北本線（宇都宮駅） **宇都宮区検察庁** 320-0036 宇都宮市小幡2丁目1番11号 （宇都宮法務総合庁舎） 028(621)2525 ＪＲ東北本線（宇都宮駅）	宇都宮市　鹿沼市　日光市　那須烏山市　さくら市（旧塩谷郡氏家町〈卯の里自1丁目至5丁目　氏家　氏家新田　上野　大中　押上　鍛冶ケ澤　柿木澤新田　柿木澤　蒲須坂　上阿久津　北草川1丁目・2丁目　草川　櫻野　早乙女(一部)　富野岡　長久保　馬場　箱森新田　狹間田　松島　松山　松山新田　向河原〉） 下野市（旧河内郡南河内町〈磯部　上川島　上坪山　上吉田　祇園自1丁目至5丁目　絹板　三王山　三本木　下坪山　下文狹　下吉田　田川　中　中川島　成田　仁良川　延島　花田　東根　別当河原　町田　緑自1丁目至6丁目　本吉田　谷地賀　薬師寺〉） 河内郡　（上三川町） 塩谷郡の内　高根沢町
地方裁判所真岡支部 321-4305 真岡市荒町5117番地2 0285(82)2076 真岡鉄道（真岡駅） **家庭裁判所真岡支部** 321-4305 真岡市荒町5117番地2 0285(82)2076 真岡鉄道（真岡駅） **地方検察庁真岡支部** 321-4305 真岡市荒町5116番地 0285(82)2304 真岡鉄道（真岡駅）	**真岡簡易裁判所** 321-4305 真岡市荒町5117番地2 0285(82)2076 真岡鉄道（真岡駅） **真岡区検察庁** 321-4305 真岡市荒町5116番地 0285(82)2304 真岡鉄道（真岡駅）	真岡市 芳賀郡　（益子町　茂木町　市貝町　芳賀町）

地／家裁・地検		管 轄 区 域
（支部・出張所）	（簡裁・区検）	
宇都宮 **地方裁判所大田原支部** 324-0056 大田原市中央2丁目3番25号 0287(22)2112 ＪＲ東北本線（西那須野駅） **家庭裁判所大田原支部** 324-0056 大田原市中央2丁目3番25号 0287(22)2112 ＪＲ東北本線（西那須野駅） **地方検察庁大田原支部** 324-0042 大田原市末広2丁目4番26号 0287(22)2374 ＪＲ東北本線（西那須野駅）	**大田原簡易裁判所** 324-0056 大田原市中央2丁目3番25号 0287(22)2112 ＪＲ東北本線（西那須野駅） **大田原区検察庁** 324-0042 大田原市末広2丁目4番26号 0287(22)2374 ＪＲ東北本線（西那須野駅）	大田原市　　矢板市　　那須塩原市 さくら市（旧塩谷郡喜連川町〈小入　　葛城　　金枝　　鹿子畑　　上河戸　　喜連川　　桜ヶ丘自1丁目至3丁目　　下河戸　　早乙女（一部）　　フィオーレ喜連川自1丁目至5丁目　　穂積　　南和田　　鷲宿〉） 塩谷郡の内　塩谷町 那須郡（那須町　　那珂川町）
地方裁判所栃木支部 328-0035 栃木市旭町16番31号 0282(23)0225 ＪＲ両毛線（栃木駅） **家庭裁判所栃木支部** 328-0035 栃木市旭町16番31号 0282(23)0225 ＪＲ両毛線（栃木駅） **地方検察庁栃木支部** 328-0034 栃木市本町6番7号 0282(22)4144 ＪＲ両毛線（栃木駅）	**栃木簡易裁判所** 328-0035 栃木市旭町16番31号 0282(23)0225 ＪＲ両毛線（栃木駅） **栃木区検察庁** 328-0034 栃木市本町6番7号 0282(22)4144 ＪＲ両毛線（栃木駅）	栃木市 下都賀郡の内　壬生町
	小山簡易裁判所 323-0031 小山市八幡町1丁目2番11号 0285(22)0536 ＪＲ東北本線（小山駅） **小山区検察庁** 328-0034 栃木市本町6番7号（栃木支部内） 0282(22)4144 ＪＲ両毛線（栃木駅）	小山市 下野市（旧下都賀郡石橋町〈石橋　　大松山1丁目　　上古山　　上台　　上大領　　下石橋　　下古山　　下古山自1丁目至3丁目　　下大領　　下長田　　大光寺1丁目・2丁目　　中大領　　橋本　　花の木自1丁目至3丁目　　東前原　　文教自1丁目至3丁目　　細谷〉、旧下都賀郡国分寺町〈医大前自1丁目至4丁目　　駅東自1丁目至7丁目　　烏ケ森1丁目・2丁目　　川中子　　小金井　　小金井自1丁目至6丁目　　国分寺　　笹原　　柴　　箕輪　　紫〉） 下都賀郡の内　野木町

地／家裁・地検		（簡裁・区検）	管　轄　区　域
	（支部・出張所）		
宇都宮	**地方裁判所足利支部** 326-0057 足利市丸山町621番地 　　　　　　0284(41)3118 ＪＲ両毛線（足利駅） **家庭裁判所足利支部** 326-0057 足利市丸山町621番地 　　　　　　0284(41)3118 ＪＲ両毛線（足利駅） **地方検察庁足利支部** 326-0057 足利市丸山町620番地6 　　　　　　0284(41)5128 ＪＲ両毛線（足利駅）	**足利簡易裁判所** 326-0057 足利市丸山町621番地 　　　　　　0284(41)3118 ＪＲ両毛線（足利駅） **足利区検察庁** 326-0057 足利市丸山町620番地6 　　　　　　0284(41)5128 ＪＲ両毛線（足利駅）	足利市　　佐野市
	前橋地方裁判所 371-8531 前橋市大手町3丁目1番34号 　　　　　　027(231)4275 ＪＲ両毛線（前橋駅） **前橋家庭裁判所** 371-8531 前橋市大手町3丁目1番34号 　　　　　　027(231)4275 ＪＲ両毛線（前橋駅） **前橋地方検察庁** 371-8550 前橋市大手町3丁目2番1号 　　　　　　027(235)7800 ＪＲ両毛線（前橋駅）	**前橋簡易裁判所** 371-8531 前橋市大手町3丁目1番34号 　　　　　　027(231)4275 ＪＲ両毛線（前橋駅） **前橋区検察庁** 371-8550 前橋市大手町3丁目2番1号 　　　　　　027(235)7800 ＪＲ両毛線（前橋駅）	前橋市　　渋川市 北群馬郡　（榛東村　　吉岡町）
		伊勢崎簡易裁判所 372-0031 伊勢崎市今泉町1丁目1216番地1 　　　　　　0270(25)0887 東武伊勢崎線（新伊勢崎駅） **伊勢崎区検察庁** 371-8550 前橋市大手町3丁目2番1号 （前橋地検内） 　　　　　　027(235)7800 ＪＲ両毛線（前橋駅）	伊勢崎市 佐波郡　（玉村町）

地／家裁・地検		管　轄　区　域
（支部・出張所）	（簡裁・区検）	
前橋 **家庭裁判所中之条出張所** 377-0424 吾妻郡中之条町大字中之条町719番地2 　　　　　　　0279(75)2138 ＪＲ吾妻線（中之条駅）	**中之条簡易裁判所** 377-0424 吾妻郡中之条町大字中之条町719番地2 　　　　　　　0279(75)2138 ＪＲ吾妻線（中之条駅） **中之条区検察庁** 371-8550 前橋市大手町3丁目2番1号 （前橋地検内） 　　　　　　　027(235)7800 ＪＲ両毛線（前橋駅）	吾妻郡　（中之条町　　長野原町　　嬬恋村 　　　　　草津町　　高山村　　東吾妻町）
地方裁判所沼田支部 378-0045 沼田市材木町甲150番地 　　　　　　　0278(22)2709 ＪＲ上越線（沼田駅） **家庭裁判所沼田支部** 378-0045 沼田市材木町甲150番地 　　　　　　　0278(22)2709 ＪＲ上越線（沼田駅） **地方検察庁沼田支部** 378-0043 沼田市東倉内町569番地の4 　　　　　　　0278(22)2542 ＪＲ上越線（沼田駅）	**沼田簡易裁判所** 378-0045 沼田市材木町甲150番地 　　　　　　　0278(22)2709 ＪＲ上越線（沼田駅） **沼田区検察庁** 378-0043 沼田市東倉内町569番地の4 　　　　　　　0278(22)2542 ＪＲ上越線（沼田駅）	沼田市 利根郡　（片品村　　川場村　　昭和村 　　　　　みなかみ町）
地方裁判所太田支部 373-8531 太田市浜町17番5号 　　　　　　　0276(45)7751 東武伊勢崎線（太田駅） **家庭裁判所太田支部** 373-8531 太田市浜町17番5号 　　　　　　　0276(45)7751 東武伊勢崎線（太田駅） **地方検察庁太田支部** 373-0853 太田市浜町17番2号 　　　　　　　0276(45)4000 東武伊勢崎線（太田駅）	**太田簡易裁判所** 373-8531 太田市浜町17番5号 　　　　　　　0276(45)7751 東武伊勢崎線（太田駅） **太田区検察庁** 373-0853 太田市浜町17番2号 　　　　　　　0276(45)4000 東武伊勢崎線（太田駅）	太田市

最高・高等・地方裁判所、検察庁一覧表

地／家裁・地検		管　轄　区　域
（支部・出張所）	（簡裁・区検）	
前橋	**館林簡易裁判所** 374-0029 館林市仲町2番36号 　　　　　　　　0276(72)3011 東武伊勢崎線（館林駅） **館林区検察庁** 373-0853 太田市浜町17番2号（太田支部内） 　　　　　　　　0276(45)4000 東武伊勢崎線（太田駅）	館林市 邑楽郡　（板倉町　明和町　千代田町 　　大泉町　邑楽町）
地方裁判所桐生支部 376-8531 桐生市相生町2丁目371番地の5 　　　　　　　　0277(53)2391 上毛電鉄（天王宿駅） **家庭裁判所桐生支部** 376-8531 桐生市相生町2丁目371番地の5 　　　　　　　　0277(53)2391 上毛電鉄（天王宿駅） **地方検察庁桐生支部** 376-0011 桐生市相生町2丁目371番地の2 　　　　　　　　0277(54)3716 上毛電鉄（天王宿駅）	**桐生簡易裁判所** 376-8531 桐生市相生町2丁目371番地の5 　　　　　　　　0277(53)2391 上毛電鉄（天王宿駅） **桐生区検察庁** 376-0011 桐生市相生町2丁目371番地の2 　　　　　　　　0277(54)3716 上毛電鉄（天王宿駅）	桐生市　みどり市
地方裁判所高崎支部 370-8531 高崎市高松町26番地2 　　　　　　　　027(322)3541 ＪＲ高崎線（高崎駅） **家庭裁判所高崎支部** 370-8531 高崎市高松町26番地2 　　　　　　　　027(322)3541 ＪＲ高崎線（高崎駅） **地方検察庁高崎支部** 370-0829 高崎市高松町26番地5 　　　　　　　　027(322)3561 ＪＲ高崎線（高崎駅）	**高崎簡易裁判所** 370-8531 高崎市高松町26番地2 　　　　　　　　027(322)3541 ＪＲ高崎線（高崎駅） **高崎区検察庁** 370-0829 高崎市高松町26番地5 　　　　　　　　027(322)3561 ＪＲ高崎線（高崎駅）	高崎市　安中市

地／家裁・地検	(支部・出張所)	(簡裁・区検)	管　轄　区　域
前橋		**藤岡簡易裁判所** 375-0024 藤岡市藤岡812番地4 0274(22)0279 ＪＲ八高線（群馬藤岡駅） **藤岡区検察庁** 370-0829 高崎市高松町26番地5 （高崎支部内） 027(322)3561 ＪＲ高崎線（高崎駅）	藤岡市 多野郡　（上野村　神流町）
		群馬富岡簡易裁判所 370-2316 富岡市富岡1383番地1 0274(62)2258 上信電鉄（上州富岡駅） **群馬富岡区検察庁** 370-0829 高崎市高松町26番地5 （高崎支部内） 027(322)3561 ＪＲ高崎線（高崎駅）	富岡市 甘楽郡　（下仁田町　南牧村　甘楽町）
静岡地方裁判所 420-8633 静岡市葵区追手町10番80号 054(252)6111 ＪＲ東海道本線（静岡駅） **静岡家庭裁判所** 420-8604 静岡市葵区城内町1番20号 054(273)5454 ＪＲ東海道本線（静岡駅） **静岡地方検察庁** 420-8611 静岡市葵区追手町9番45号 054(252)5135 ＪＲ東海道本線（静岡駅）		**静岡簡易裁判所** 420-8633 静岡市葵区追手町10番80号 054(251)1362 ＪＲ東海道本線（静岡駅） **静岡区検察庁** 420-8611 静岡市葵区追手町9番45号 054(252)5135 ＪＲ東海道本線（静岡駅）	静岡市の内　葵区　駿河区

地／家裁・地検		管　轄　区　域
（支部・出張所）	（簡裁・区検）	
静岡	**清水簡易裁判所** 424-0809 静岡市清水区天神1丁目6番15号 　　　　　　　　054(366)0326 ＪＲ東海道本線（清水駅） **清水区検察庁** 420-8611 静岡市葵区追手町9番45号 （静岡地検内） 　　　　　　　　054(252)5135 ＪＲ東海道本線（静岡駅）	静岡市の内　清水区
家庭裁判所島田出張所 427-0043 島田市中溝4丁目11番の10 　　　　　　　　0547(37)1630 ＪＲ東海道本線（島田駅）	**島田簡易裁判所** 427-0043 島田市中溝4丁目11番の10 　　　　　　　　0547(37)3357 ＪＲ東海道本線（島田駅） **島田区検察庁** 427-0043 島田市中溝4丁目12番7号 　　　　　　　　0547(37)3093 ＪＲ東海道本線（島田駅）	島田市　焼津市　藤枝市　牧之原市 御前崎市　（御前崎、白羽、港） 榛原郡　（吉田町　川根本町）
地方裁判所沼津支部 410-8550 沼津市御幸町21番1号 　　　　　　　　055(931)6000 ＪＲ東海道本線（沼津駅） **家庭裁判所沼津支部** 410-8550 沼津市御幸町21番1号 　　　　　　　　055(931)6000 ＪＲ東海道本線（沼津駅） **地方検察庁沼津支部** 410-0033 沼津市杉崎町6番22号 （令和6年9月　御幸町22番1号に移転予定） 　　　　　　　　055(922)5260 ＪＲ東海道本線（沼津駅）	**沼津簡易裁判所** 410-8550 沼津市御幸町21番1号 　　　　　　　　055(931)6022 ＪＲ東海道本線（沼津駅） **沼津区検察庁** 410-0033 沼津市杉崎町6番22号 （令和6年9月　御幸町22番1号に移転予定） 　　　　　　　　055(922)5260 ＪＲ東海道本線（沼津駅）	沼津市　御殿場市　裾野市 駿東郡　（清水町　長泉町　小山町）
	三島簡易裁判所 411-0033 三島市文教町1丁目3番1号 　　　　　　　　055(986)0405 ＪＲ東海道本線（三島駅） **三島区検察庁** 410-0033 沼津市杉崎町6番22号 （沼津支部内）（令和6年9月　御幸町22番1号に移転予定） 　　　　　　　　055(922)5260 ＪＲ東海道本線（沼津駅）	三島市　伊豆市　伊豆の国市 田方郡　（函南町）

地／家裁・地検		管　轄　区　域
（支部・出張所）	（簡裁・区検）	
静岡 **家庭裁判所熱海出張所** 413-8505 熱海市春日町3番14号 　　　　0557(81)2989 ＪＲ東海道本線（熱海駅）	**熱海簡易裁判所** 413-8505 熱海市春日町3番14号 　　　　0557(81)2989 ＪＲ東海道本線（熱海駅） **熱海区検察庁** 410-0033 沼津市杉崎町6番22号 （沼津支部内）（令和6年9月　御幸 町22番1号に移転予定） 　　　　055(922)5260 ＪＲ東海道本線（沼津駅）	熱海市　　伊東市
地方裁判所富士支部 417-8511 富士市中央町2丁目7番1号 　　　　0545(52)0159 ＪＲ東海道本線（富士駅） **家庭裁判所富士支部** 417-8511 富士市中央町2丁目7番1号 　　　　0545(52)0386 ＪＲ東海道本線（富士駅） **地方検察庁富士支部** 417-0052 富士市中央町2丁目7番7号 　　　　0545(52)0699 ＪＲ東海道本線（富士駅）	**富士簡易裁判所** 417-8511 富士市中央町2丁目7番1号 　　　　0545(52)0394 ＪＲ東海道本線（富士駅） **富士区検察庁** 417-0052 富士市中央町2丁目7番7号 　　　　0545(52)0699 ＪＲ東海道本線（富士駅）	富士市　　富士宮市
地方裁判所下田支部 415-8520 下田市四丁目7番34号 　　　　0558(22)0161 伊豆急行（伊豆急下田駅） **家庭裁判所下田支部** 415-8520 下田市四丁目7番34号 　　　　0558(22)0161 伊豆急行（伊豆急下田駅） **地方検察庁下田支部** 415-0024 下田市四丁目7番13号 　　　　0558(22)0605 伊豆急行（伊豆急下田駅）	**下田簡易裁判所** 415-8520 下田市四丁目7番34号 　　　　0558(22)0161 伊豆急行（伊豆急下田駅） **下田区検察庁** 415-0024 下田市四丁目7番13号 　　　　0558(22)0605 伊豆急行（伊豆急下田駅）	下田市 賀茂郡（東伊豆町　　河津町　　南伊豆町 　　　　松崎町　　西伊豆町）

地／家裁・地検		管　轄　区　域
（支部・出張所）	（簡裁・区検）	
静岡 **地方裁判所浜松支部** 430-8520 浜松市中央区中央1丁目12番5号 　　　　　　　053（453）7155 ＪＲ東海道本線（浜松駅） 遠州鉄道西鹿島線（遠州病院駅） **家庭裁判所浜松支部** 430-8620 浜松市中央区中央1丁目12番5号 　　　　　　　053（453）7155 ＪＲ東海道本線（浜松駅） 遠州鉄道西鹿島線（遠州病院駅） **地方検察庁浜松支部** 430-8630 浜松市中央区中央1丁目12番4号 　　　　　　　053（453）3128 ＪＲ東海道本線（浜松駅） 遠州鉄道西鹿島線（遠州病院駅）	**浜松簡易裁判所** 430-8570 浜松市中央区中央1丁目12番5号 　　　　　　　053（453）7166 ＪＲ東海道本線（浜松駅） 遠州鉄道西鹿島線（遠州病院駅） **浜松区検察庁** 430-8630 浜松市中央区中央1丁目12番4号 　　　　　　　053（453）3128 ＪＲ東海道本線（浜松駅） 遠州鉄道西鹿島線（遠州病院駅）	浜松市　（中央区　　浜名区　　天竜区） 磐田市　　袋井市　　湖西市
地方裁判所掛川支部 436-0028 掛川市亀の甲2丁目16番1号 　　　　　　　0537（22）3036 ＪＲ東海道本線（掛川駅） **家庭裁判所掛川支部** 436-0028 掛川市亀の甲2丁目16番1号 　　　　　　　0537（88）0467 ＪＲ東海道本線（掛川駅） **地方検察庁掛川支部** 436-0028 掛川市亀の甲2丁目16番2号 　　　　　　　0537（22）5398 ＪＲ東海道本線（掛川駅）	**掛川簡易裁判所** 436-0028 掛川市亀の甲2丁目16番1号 　　　　　　　0537（22）3036 ＪＲ東海道本線（掛川駅） **掛川区検察庁** 436-0028 掛川市亀の甲2丁目16番2号 　　　　　　　0537（22）5398 ＪＲ東海道本線（掛川駅）	掛川市 御前崎市（御前崎、白羽及び港を除く） 菊川市 周智郡　（森町）

地／家裁・地検 （支部・出張所）	（簡裁・区検）	管　轄　区　域
甲府地方裁判所 400-0032 甲府市中央1丁目10番7号 　　　　　　　　055(235)1133 ＪＲ中央本線（甲府駅） **甲府家庭裁判所** 400-0032 甲府市中央1丁目10番7号 　　　　　　　　055(213)2541 ＪＲ中央本線（甲府駅） **甲府地方検察庁** 400-8556 甲府市中央1丁目11番8号 　　　　　　　　055(235)7231 ＪＲ中央本線（甲府駅）	**甲府簡易裁判所** 400-0032 甲府市中央1丁目10番7号 　　　　　　　　055(213)2537 ＪＲ中央本線（甲府駅） **甲府区検察庁** 400-8556 甲府市中央1丁目11番8号 　　　　　　　　055(235)7231 ＪＲ中央本線（甲府駅）	甲府市　山梨市　韮崎市　南アルプス市　甲斐市　笛吹市　北杜市　甲州市　中央市 中巨摩郡（昭和町） 北都留郡の内　丹波山村
	鰍沢簡易裁判所 400-0601 南巨摩郡富士川町鰍沢7302番地 　　　　　　　　0556(22)0040 ＪＲ身延線（鰍沢口駅） **鰍沢区検察庁** 400-8556 甲府市中央1丁目11番8号 （甲府地検内） 　　　　　　　　055(235)7231 ＪＲ中央本線（甲府駅）	南巨摩郡　（早川町　身延町　南部町　富士川町） 西八代郡　（市川三郷町）
地方裁判所都留支部 402-0052 都留市中央2丁目1番1号 　　　　　　　　0554(43)5626 富士急行（谷村町駅） **家庭裁判所都留支部** 402-0052 都留市中央2丁目1番1号 　　　　　　　　0554(56)7669 富士急行（谷村町駅） **地方検察庁都留支部** 402-0052 都留市中央2丁目1番2号 　　　　　　　　0554(43)2422 富士急行（谷村町駅）	**都留簡易裁判所** 402-0052 都留市中央2丁目1番1号 　　　　　　　　0554(43)5626 富士急行（谷村町駅） **都留区検察庁** 402-0052 都留市中央2丁目1番2号 　　　　　　　　0554(43)2422 富士急行（谷村町駅）	都留市　大月市　上野原市 南都留郡の内　道志村　西桂町 北都留郡の内　小菅村

最高・高等・地方裁判所、検察庁一覧表

地／家裁・地検		管　轄　区　域
（支部・出張所）	（簡裁・区検）	
甲府	**富士吉田簡易裁判所** 403-0012 富士吉田市旭1丁目1番1号 　　　　　0555（22）0573 富士急行（月江寺駅） **富士吉田区検察庁** 402-0052 都留市中央2丁目1番2号 （都留支部内） 　　　　　0554（43）2422 富士急行（谷村町駅）	富士吉田市 南都留郡の内　忍野村　　山中湖村　　鳴沢 　村　　富士河口湖町
長野地方裁判所 380-0846 長野市旭町1108番地 　　　　　026（403）2008 ＪＲ信越本線（長野駅） **長野家庭裁判所** 380-0846 長野市旭町1108番地 　　　　　026（403）2038 ＪＲ信越本線（長野駅） **長野地方検察庁** 380-0846 長野市旭町1108番地 　　　　　026（232）8191 ＪＲ信越本線（長野駅）	**長野簡易裁判所** 380-0846 長野市旭町1108番地 　　　　　026（403）2048 ＪＲ信越本線（長野駅） **長野区検察庁** 380-0846 長野市旭町1108番地 　　　　　026（232）8191 ＪＲ信越本線（長野駅）	長野市　　須坂市 上水内郡　（信濃町　　小川村　　飯綱町） 上高井郡　（小布施町　　高山村）
家庭裁判所飯山出張所 389-2253 飯山市大字飯山1123番地 　　　　　0269（62）2125 ＪＲ飯山線（飯山駅）	**飯山簡易裁判所** 389-2253 飯山市大字飯山1123番地 　　　　　0269（62）2125 ＪＲ飯山線（飯山駅） **飯山区検察庁** 380-0846 長野市旭町1108番地 （長野地検内） 　　　　　026（232）8191 ＪＲ信越本線（長野駅）	飯山市　　中野市 下水内郡　（栄村） 下高井郡　（山ノ内町　　木島平村　　野沢 　温泉村）

地／家裁・地検		管　轄　区　域
（支部・出張所）	（簡裁・区検）	
長野 **地方裁判所上田支部** 386-0023 上田市中央西2丁目3番3号 　　　　　　0268(40)2201 しなの鉄道（上田駅） **家庭裁判所上田支部** 386-0023 上田市中央西2丁目3番3号 　　　　　　0268(40)2203 しなの鉄道（上田駅） **地方検察庁上田支部** 386-0023 上田市中央西2丁目3番13号 　　　　　　0268(22)0485 しなの鉄道（上田駅）	**上田簡易裁判所** 386-0023 上田市中央西2丁目3番3号 　　　　　　0268(40)2210 しなの鉄道（上田駅） **上田区検察庁** 386-0023 上田市中央西2丁目3番13号 　　　　　　0268(22)0485 しなの鉄道（上田駅）	上田市　　千曲市　　東御市 小県郡　（青木村　　長和町） 埴科郡　（坂城町）
地方裁判所佐久支部 385-0022 佐久市岩村田1161番地 　　　　　　0267(67)1538 ＪＲ小海線（岩村田駅） **家庭裁判所佐久支部** 385-0022 佐久市岩村田1161番地 　　　　　　0267(67)1532 ＪＲ小海線（岩村田駅） **地方検察庁佐久支部** 385-0022 佐久市岩村田1138番地の16 　　　　　　0267(67)2319 ＪＲ小海線（岩村田駅）	**佐久簡易裁判所** 385-0022 佐久市岩村田1161番地 　　　　　　0267(67)1526 ＪＲ小海線（岩村田駅） **佐久区検察庁** 385-0022 佐久市岩村田1138番地の16 　　　　　　0267(67)2319 ＪＲ小海線（岩村田駅）	佐久市　　小諸市 南佐久郡　（小海町　　川上村　　南牧村 　　南相木村　北相木村　　佐久穂町） 北佐久郡　（軽井沢町　御代田町　立科 町）
地方裁判所松本支部 390-0873 松本市丸の内10番35号 　　　　　　0263(32)3043 ＪＲ篠ノ井線（松本駅） **家庭裁判所松本支部** 390-0873 松本市丸の内10番35号 　　　　　　0263(32)3044 ＪＲ篠ノ井線（松本駅） **地方検察庁松本支部** 390-0877 松本市沢村2丁目12番46号 　　　　　　0263(32)4304 ＪＲ篠ノ井線（松本駅）	**松本簡易裁判所** 390-0873 松本市丸の内10番35号 　　　　　　0263(32)3045 ＪＲ篠ノ井線（松本駅） **松本区検察庁** 390-0877 松本市沢村2丁目12番46号 　　　　　　0263(32)4304 ＪＲ篠ノ井線（松本駅）	松本市　　塩尻市　　安曇野市 東筑摩郡　（麻績村　　生坂村　　山形村 　　朝日村　　筑北村）

最高・高等・地方裁判所、検察庁一覧表

地／家裁・地検		管　轄　区　域
（支部・出張所）	（簡裁・区検）	
長野 **家庭裁判所木曽福島出張所** 397-0001 木曽郡木曽町福島6205番地13 　　　　　　0264（22）2021 ＪＲ中央本線（木曽福島駅）	**木曽福島簡易裁判所** 397-0001 木曽郡木曽町福島6205番地13 　　　　　　0264（22）2021 ＪＲ中央本線（木曽福島駅） **木曽福島区検察庁** 390-0877 松本市沢村2丁目12番46号 （松本支部内） 　　　　　　0263（32）4304 ＪＲ篠ノ井線（松本駅）	木曽郡　（上松町　南木曽町　木祖村 　　　王滝村　大桑村　木曽町）
家庭裁判所大町出張所 398-0002 大町市大町4222番地1 　　　　　　0261（22）0121 ＪＲ大糸線（信濃大町駅）	**大町簡易裁判所** 398-0002 大町市大町4222番地1 　　　　　　0261（22）0121 ＪＲ大糸線（信濃大町駅） **大町区検察庁** 390-0877 松本市沢村2丁目12番46号 （松本支部内） 　　　　　　0263（32）4304 ＪＲ篠ノ井線（松本駅）	大町市 北安曇郡　（池田町　松川村　白馬村 　　　小谷村）
地方裁判所諏訪支部 392-0004 諏訪市諏訪1丁目24番22号 　　　　　　0266（52）9211 ＪＲ中央本線（上諏訪駅） **家庭裁判所諏訪支部** 392-0004 諏訪市諏訪1丁目24番22号 　　　　　　0266（52）9217 ＪＲ中央本線（上諏訪駅） **地方検察庁諏訪支部** 392-0027 諏訪市湖岸通り5丁目17番15号 　　　　　　0266（52）2020 ＪＲ中央本線（上諏訪駅）	**諏訪簡易裁判所** 392-0004 諏訪市諏訪1丁目24番22号 　　　　　　0266（52）9213 ＪＲ中央本線（上諏訪駅） **諏訪区検察庁** 392-0027 諏訪市湖岸通り5丁目17番15号 　　　　　　0266（52）2020 ＪＲ中央本線（上諏訪駅）	諏訪市　茅野市 諏訪郡　（下諏訪町　富士見町　原村）

地／家裁・地検		管　轄　区　域
（支部・出張所）	（簡裁・区検）	
長野	**岡谷簡易裁判所** 394-0028 岡谷市本町1丁目9番12号 　　　　　　　　0266(22)3195 ＪＲ中央本線（岡谷駅） **岡谷区検察庁** 392-0027 諏訪市湖岸通り5丁目17番15号 （諏訪支部内） 　　　　　　　　0266(52)2020 ＪＲ中央本線（上諏訪駅）	岡谷市
地方裁判所飯田支部 395-0015 飯田市江戸町1丁目21番地 　　　　　　　　0265(22)0189 ＪＲ飯田線（飯田駅） **家庭裁判所飯田支部** 395-0015 飯田市江戸町1丁目21番地 　　　　　　　　0265(22)0186 ＪＲ飯田線（飯田駅） **地方検察庁飯田支部** 395-0016 飯田市伝馬町2丁目37番地 　　　　　　　　0265(22)0004 ＪＲ飯田線（飯田駅）	**飯田簡易裁判所** 395-0015 飯田市江戸町1丁目21番地 　　　　　　　　0265(22)0165 ＪＲ飯田線（飯田駅） **飯田区検察庁** 395-0016 飯田市伝馬町2丁目37番地 　　　　　　　　0265(22)0004 ＪＲ飯田線（飯田駅）	飯田市 下伊那郡　（松川町　高森町　阿南町 　　阿智村　平谷村　根羽村　下條村 　　　売木村　天龍村　泰阜村　喬木 村　豊丘村　大鹿村）
地方裁判所伊那支部 396-0026 伊那市西町4841番地 　　　　　　　　0265(72)2770 ＪＲ飯田線（伊那市駅） **家庭裁判所伊那支部** 396-0026 伊那市西町4841番地 　　　　　　　　0265(72)2757 ＪＲ飯田線（伊那市駅） **地方検察庁伊那支部** 396-0026 伊那市西町4825番地 　　　　　　　　0265(72)3092 ＪＲ飯田線（伊那市駅）	**伊那簡易裁判所** 396-0026 伊那市西町4841番地 　　　　　　　　0265(72)2719 ＪＲ飯田線（伊那市駅） **伊那区検察庁** 396-0026 伊那市西町4825番地 　　　　　　　　0265(72)3092 ＪＲ飯田線（伊那市駅）	伊那市　駒ヶ根市 上伊那郡　（辰野町　箕輪町　飯島町 　　南箕輪村　中川村　宮田村）

最高・高等・地方裁判所、検察庁一覧表

地／家裁・地検		管 轄 区 域
（支部・出張所）	（簡裁・区検）	
新潟地方裁判所 951-8511 新潟市中央区学校町通1番町1番地 025(222)4131 ＪＲ信越本線（新潟駅） **新潟家庭裁判所** 951-8513 新潟市中央区川岸町1丁目54番1 025(266)3171 ＪＲ信越本線（新潟駅） **新潟地方検察庁** 951-8502 新潟市中央区西大畑町5191番地 025(222)1521 ＪＲ越後線（白山駅）	**新潟簡易裁判所** 951-8512 新潟市中央区学校町通1番町1番地 025(222)4131 ＪＲ信越本線（新潟駅） **新潟区検察庁** 951-8502 新潟市中央区西大畑町5191番地 025(222)1521 ＪＲ越後線（白山駅）	新潟市の内 北区 東区 中央区 江南区 南区 西区 西浦区 燕市（旧西蒲原郡吉田町〈粟生津 庚塚 上河原 小島 佐渡山 下粟生津 雀森 田中新 大保 高木 富永 富永十兵衛新田 西槙 野本 溝 溝古新 米納津 吉田 吉田曙町 吉田旭町自1丁目至4丁目 吉田東町 吉田春日町 吉田学校町 吉田神田町 吉田上町 吉田鴻巣 吉田寿町 吉田幸町 吉田栄町 吉田下中野 吉田下町 吉田新田町 吉田新町 吉田神明町 吉田水道町 吉田大保町 吉田堤町 吉田中町 吉田西太田 吉田浜首 吉田浜首町 吉田日之出町 吉田東栄町 吉田文京町 吉田法花堂 吉田本所 吉田松岡新田 吉田松岡町 吉田宮小路 吉田本町 吉田矢作 吉田弥生町 吉田吉栄 吉田若生町〉） 西蒲原郡 （弥彦村）
	新津簡易裁判所 956-0031 新潟市秋葉区新津4532番地5 0250(22)0487 ＪＲ信越本線（新津駅） **新津区検察庁** 951-8502 新潟市中央区西大畑町5191番地 （新潟地検内） 025(222)1521 ＪＲ越後線（白山駅）	新潟市の内 秋葉区 五泉市 東蒲原郡 （阿賀町）
地方裁判所三条支部 955-0047 三条市東三条2丁目2番2号 0256(32)1758 ＪＲ信越本線（東三条駅） **家庭裁判所三条支部** 955-0047 三条市東三条2丁目2番2号 0256(32)1758 ＪＲ信越本線（東三条駅） **地方検察庁三条支部** 955-0047 三条市東三条1丁目7番9号 0256(33)1378 ＪＲ信越本線（東三条駅）	**三条簡易裁判所** 955-0047 三条市東三条2丁目2番2号 0256(32)1758 ＪＲ信越本線（東三条駅） **三条区検察庁** 955-0047 三条市東三条1丁目7番9号 0256(33)1378 ＪＲ信越本線（東三条駅）	三条市 加茂市 燕市（新潟簡易裁判所の管轄区域を除く） 南蒲原郡 （田上町）

地／家裁・地検		管　轄　区　域
（支部・出張所）	（簡裁・区検）	
新潟 **地方裁判所新発田支部** 957-0053 新発田市中央町4丁目3番27号 　　　　　　　0254(24)0121 ＪＲ羽越本線（新発田駅） **家庭裁判所新発田支部** 957-0053 新発田市中央町4丁目3番27号 　　　　　　　0254(24)0121 ＪＲ羽越本線（新発田駅） **地方検察庁新発田支部** 957-0053 新発田市中央町4丁目3番33号 　　　　　　　0254(22)2565 ＪＲ羽越本線（新発田駅）	**新発田簡易裁判所** 957-0053 新発田市中央町4丁目3番27号 　　　　　　　0254(24)0121 ＪＲ羽越本線（新発田駅） **新発田区検察庁** 957-0053 新発田市中央町4丁目3番33号 　　　　　　　0254(22)2565	新発田市　　阿賀野市　　胎内市 北蒲原郡　　（聖籠町）
家庭裁判所村上出張所 958-0837 村上市三之町8番16号 　　　　　　　0254(53)2066 ＪＲ羽越本線（村上駅）	**村上簡易裁判所** 958-0837 村上市三之町8番16号 　　　　　　　0254(53)2066 ＪＲ羽越本線（村上駅） **村上区検察庁** 957-0053 新発田市中央町4丁目3番33号 （新発田支部内） 　　　　　　　0254(22)2565 ＪＲ羽越本線（新発田駅）	村上市 岩船郡　　（関川村　　粟島浦村）
地方裁判所長岡支部 940-1151 長岡市三和3丁目9番地28 　　　　　　　0258(35)2141 ＪＲ信越本線（長岡駅） **家庭裁判所長岡支部** 940-1151 長岡市三和3丁目9番地28 　　　　　　　0258(35)2141 ＪＲ信越本線（長岡駅） **地方検察庁長岡支部** 940-1151 長岡市三和3丁目9番地1 　　　　　　　0258(33)5011 ＪＲ信越本線（長岡駅）	**長岡簡易裁判所** 940-1151 長岡市三和3丁目9番地28 　　　　　　　0258(35)2141 ＪＲ信越本線（長岡駅） **長岡区検察庁** 940-1151 長岡市三和3丁目9番地1 　　　　　　　0258(33)5011 ＪＲ信越本線（長岡駅）	長岡市　　小千谷市　　見附市　　魚沼市 三島郡　　（出雲崎町）

地／家裁・地検		管　轄　区　域
（支部・出張所）	（簡裁・区検）	
新潟 **家庭裁判所十日町出張所** 948-0093 十日町市稲荷町3丁目南3番地1 　　　　　　025（752）2086 北越急行（十日町駅）	**十日町簡易裁判所** 948-0093 十日町市稲荷町3丁目南3番地1 　　　　　　025（752）2086 北越急行（十日町駅） **十日町区検察庁** 949-6680 南魚沼市六日町1302番地 （南魚沼区検内） 　　　　　　025（772）2163 ＪＲ上越線（六日町駅）	十日町市　（高田簡易裁判所の管轄区域を除 く） 中魚沼郡　（津南町）
家庭裁判所柏崎出張所 945-0063 柏崎市諏訪町10番37号 　　　　　　0257（22）2090 ＪＲ信越本線（柏崎駅）	**柏崎簡易裁判所** 945-0063 柏崎市諏訪町10番37号 　　　　　　0257（22）2090 ＪＲ信越本線（柏崎駅） **柏崎区検察庁** 940-1151 長岡市三和3丁目9番地1 （長岡支部内） 　　　　　　0258（33）5011 ＪＲ信越本線（長岡駅）	柏崎市 刈羽郡　（刈羽村）
家庭裁判所南魚沼出張所 949-6680 南魚沼市六日町1884番地子 　　　　　　025（772）2450 ＪＲ上越線（六日町駅）	**南魚沼簡易裁判所** 949-6680 南魚沼市六日町1884番地子 　　　　　　025（772）2450 ＪＲ上越線（六日町駅） **南魚沼区検察庁** 949-6680 南魚沼市六日町1302番地 　　　　　　025（772）2163 ＪＲ上越線（六日町駅）	南魚沼市 南魚沼郡　（湯沢町）

地／家裁・地検		管　轄　区　域
（支部・出張所）	（簡裁・区検）	
新潟 **地方裁判所高田支部** 943-0838 上越市大手町1番26号 025(524)5160 ＪＲ信越本線（高田駅） **家庭裁判所高田支部** 943-0838 上越市大手町1番26号 025(524)5160 ＪＲ信越本線（高田駅） **地方検察庁高田支部** 943-0834 上越市西城町2丁目9番20号 025(523)2982 ＪＲ信越本線（高田駅）	**高田簡易裁判所** 943-0838 上越市大手町1番26号 025(524)5160 ＪＲ信越本線（高田駅） **高田区検察庁** 943-0834 上越市西城町2丁目9番20号 025(523)2982 ＪＲ信越本線（高田駅）	上越市　妙高市 十日町市　（旧東頸城郡松代町〈会沢　莇平　荒瀬　池尻　池之畑　犬伏　苧島　海老　片桐山　蒲生　儀明　木和田原　桐山　小荒戸　小池　小屋丸　清水　菅刈　仙納　田野倉　太平　滝沢　千年　寺田　峠　名平　奈良立　中子　福島　松代　松代下山　松代田沢　松代東山　松山新田　室野　孟地　蓬平〉、旧東頸城郡松之山町〈浦田　松之山　松之山赤倉　松之山天水越　松之山天水島　松之山新山　松之山五十子平　松之山猪之名　松之山大荒戸　松之山上鰕池　松之山観音寺　松之山黒倉　松之山小谷　松之山坂下　松之山沢口　松之山下鰕池　松之山坪野　松之山藤内名　松之山中尾　松之山橋詰　松之山東川　松之山東山　松之山光間　松之山藤倉　松之山古戸　松之山松口　松之山三桶　松之山水梨　松之山湯本　松之山湯山〉）
家庭裁判所糸魚川出張所 941-0058 糸魚川市寺町2丁目8番23号 025(552)0058 ＪＲ北陸本線（糸魚川駅）	**糸魚川簡易裁判所** 941-0058 糸魚川市寺町2丁目8番23号 025(552)0058 ＪＲ北陸本線（糸魚川駅） **糸魚川区検察庁** 943-0834 上越市西城町2丁目9番20号 （高田支部内） 025(523)2982 ＪＲ信越本線（高田駅）	糸魚川市
地方裁判所佐渡支部 952-1324 佐渡市中原356番地2 0259(52)3151 両津港（佐渡汽船） **家庭裁判所佐渡支部** 952-1324 佐渡市中原356番地2 0259(52)3151 両津港（佐渡汽船） **地方検察庁佐渡支部** 952-1324 佐渡市中原341番地 0259(52)3335 両津港（佐渡汽船）	**佐渡簡易裁判所** 952-1324 佐渡市中原356番地2 0259(52)3151 両津港（佐渡汽船） **佐渡区検察庁** 952-1324 佐渡市中原341番地 0259(52)3335 両津港（佐渡汽船）	佐渡市

48 その他の高等・地方・家庭裁判所、高等・地方検察庁

庁　　名	所　　在　　地	電　話
大阪高等裁判所	530-8521 大阪市北区西天満2丁目1番10号	06(6363)1281
大阪地方裁判所	530-8522 大阪市北区西天満2丁目1番10号	06(6363)1281
大阪地方裁判所 （民事執行センター）	532-8503 大阪市淀川区三国本町1丁目13番27号	06(6350)6950
堺　支　部	590-8511 堺市堺区南瓦町2番28号	072(223)7001
岸和田支部	596-0042 岸和田市加守町4丁目27番2号	072(441)2400
大阪家庭裁判所	540-0008 大阪市中央区大手前4丁目1番13号	06(6943)5321
堺　支　部	590-0078 堺市堺区南瓦町2番28号	072(223)7001
岸和田支部	596-0042 岸和田市加守町4丁目27番2号	072(441)6803
大阪高等検察庁	553-8511 大阪市福島区福島1丁目1番60号（大阪中之島合同庁舎）	06(4796)2100
大阪地方検察庁	553-8512 大阪市福島区福島1丁目1番60号（大阪中之島合同庁舎）	06(4796)2200
堺　支　部	590-8531 堺市堺区南瓦町2番29号（堺地方合同庁舎）	072(238)6781
岸和田支部	596-0047 岸和田市上野町東24番10号	072(438)7575
京都地方裁判所	604-8550 京都市中京区菊屋町	075(211)4111
園　部　支　部	622-0004 南丹市園部町小桜町30番地	0771(62)0237
宮　津　支　部	626-0017 宮津市字島崎2043番地の1	0772(22)2074
舞　鶴　支　部	624-0853 舞鶴市字南田辺小字南裏町149番地	0773(75)2332
福知山支部	620-0035 福知山市字内記9番地	0773(22)2209
京都家庭裁判所	606-0801 京都市左京区下鴨宮河町1番地	075(722)7211
園　部　支　部	622-0004 南丹市園部町小桜町30番地	0771(62)0840
宮　津　支　部	626-0017 宮津市字島崎2043番地の1	0772(22)2393
舞　鶴　支　部	624-0853 舞鶴市字南田辺小字南裏町149番地	0773(75)0958
福知山支部	620-0035 福知山市字内記9番地	0773(22)3663
京都地方検察庁	602-8510 京都市上京区新町通下長者町下る両御霊町82番地（京都法務合同庁舎）	075(441)9131
園　部　支　部	602-8510 京都市上京区新町通下長者町下る両御霊町82番地（京都地検内）	075(441)9131
宮　津　支　部	626-0046 宮津市字中ノ丁2534番地（宮津地方合同庁舎）	0772(22)2619

庁　　名	所　　在　　地	電　　話
舞　鶴　支　部	624-0854 舞鶴市字円満寺小字八丁127番地（舞鶴法務合同庁舎）	0773(75)0675
福　知　山　支　部	620-0035 福知山市字内記9番地の2	0773(22)2929
神戸地方裁判所	650-8575 神戸市中央区橘通2丁目2番1号	078(341)7521
伊　丹　支　部	664-8545 伊丹市千僧1丁目47番地の1	072(779)3071
尼　崎　支　部	661-0026 尼崎市水堂町3丁目2番34号	06(6438)3781
明　石　支　部	673-0881 明石市天文町2丁目2番18号	078(912)3231
柏　原　支　部	669-3309 丹波市柏原町柏原439番地	0795(72)0155
姫　路　支　部	670-0947 姫路市北条1丁目250番地	079(223)2721
社　　支　　部	673-1431 加東市社490番地の2	0795(42)0123
龍　野　支　部	679-4179 たつの市龍野町上霞城131番地	0791(63)3920
豊　岡　支　部	668-0042 豊岡市京町12番81号	0796(22)2304
洲　本　支　部	656-0024 洲本市山手1丁目1番18号	0799(22)3024
神戸家庭裁判所	652-0032 神戸市兵庫区荒田町3丁目46番1号	078(521)5907
伊　丹　支　部	664-8545 伊丹市千僧1丁目47番地の1	072(779)3074
尼　崎　支　部	661-0026 尼崎市水堂町3丁目2番34号	06(6438)3781
明　石　支　部	673-0881 明石市天文町2丁目2番18号	078(912)3233
柏　原　支　部	669-3309 丹波市柏原町柏原439番地	0795(72)0155
姫　路　支　部	670-0947 姫路市北条1丁目250番地	079(281)2011
社　　支　　部	673-1431 加東市社490番地の2	0795(42)0123
龍　野　支　部	679-4179 たつの市龍野町上霞城131番地	0791(63)3920
豊　岡　支　部	668-0042 豊岡市京町12番81号	0796(22)2881
洲　本　支　部	656-0024 洲本市山手1丁目1番18号	0799(25)2332
浜　坂　出　張　所	669-6701 美方郡新温泉町芦屋6番地の1	0796(82)1169
神戸地方検察庁	650-0016 神戸市中央区橘通1丁目4番1号	078(367)6100
伊　丹　支　部	664-0881 伊丹市昆陽1丁目1番地12	072(779)3421
尼　崎　支　部	661-0026 尼崎市水堂町3丁目2番28号	06(6438)1195
明　石　支　部	673-0881 明石市天文町2丁目2番21号	078(915)1470

庁 名	所 在 地	電 話
柏原支部	669-3309 丹波市柏原町柏原516番地1	0795(72)0226
姫路支部	670-0947 姫路市北条1丁目250番地（姫路法務合同庁舎）	079(222)3831
社支部	673-1431 加東市社539番地の2	0795(42)0171
龍野支部	679-4179 たつの市龍野町上霞城131番地	0791(62)0366
豊岡支部	668-0042 豊岡市京町12番90号	0796(22)2606
洲本支部	656-0024 洲本市山手1丁目1番23号	0799(22)0089
奈良地方裁判所	630-8213 奈良市登大路町35番地	0742(26)1271
葛城支部	635-8502 大和高田市大字大中101番地の4	0745(53)1012
五條支部	637-0043 五條市新町3丁目3番1号	0747(23)0261
奈良家庭裁判所	630-8213 奈良市登大路町35番地	0742(26)1271
葛城支部	635-8502 大和高田市大字大中101番地の4	0745(53)1012
五條支部	637-0043 五條市新町3丁目3番1号	0747(23)0261
吉野出張所	638-0821 吉野郡大淀町大字下渕350番地の1	0747(52)2490
奈良地方検察庁	630-8213 奈良市登大路町1番地の1	0742(27)6821
葛城支部	635-0095 大和高田市大字大中116番地の2	0745(22)8001
五條支部	637-0043 五條市新町3丁目3番2号	0747(22)2783
大津地方裁判所	520-0044 大津市京町3丁目1番2号	077(522)4281
彦根支部	522-0010 彦根市駅東町1番地13	0749(22)0167
長浜支部	526-0058 長浜市南呉服町6番22号	0749(62)0240
大津家庭裁判所	520-0044 大津市京町3丁目1番2号	077(522)4281
彦根支部	522-0010 彦根市駅東町1番地13	0749(22)0167
長浜支部	526-0058 長浜市南呉服町6番22号	0749(62)0240
高島出張所	520-1623 高島市今津町住吉1丁目3番地8	0740(22)2148
大津地方検察庁	520-8512 大津市京町3丁目1番1号（大津びわ湖合同庁舎）	077(527)5120
彦根支部	522-0061 彦根市金亀町5番43号	0749(22)1061
長浜支部	526-0058 長浜市南呉服町6番22号	0749(62)0927
和歌山地方裁判所	640-8143 和歌山市二番丁1番地	073(422)4191

庁 名	所 在 地	電 話
田辺支部	646-0033 田辺市新屋敷町5番地	0739(22)2801
御坊支部	644-0011 御坊市湯川町財部515番地の2	0738(22)0006
新宮支部	647-0015 新宮市千穂3丁目7番13号	0735(22)2007
和歌山家庭裁判所	640-8143 和歌山市二番丁1番地	073(422)4191
田辺支部	646-0033 田辺市新屋敷町5番地	0739(22)2801
御坊支部	644-0011 御坊市湯川町財部515番地の2	0738(22)0006
新宮支部	647-0015 新宮市千穂3丁目7番13号	0735(22)2007
妙寺出張所	649-7113 伊都郡かつらぎ町大字妙寺111番地	0736(22)0033
和歌山地方検察庁	640-8586 和歌山市二番丁3番地	073(422)4161
田辺支部	646-0038 田辺市末広町12番13号	0739(22)0692
御坊支部	644-0002 御坊市薗369番地の6	0738(22)0524
新宮支部	647-0043 新宮市緑ケ丘3丁目2番64号	0735(22)3649
名古屋高等裁判所	460-8503 名古屋市中区三の丸1丁目4番1号	052(203)1611
金沢支部	920-8655 石川県金沢市丸の内7番1号	076(262)3225
名古屋地方裁判所	460-8504 名古屋市中区三の丸1丁目4番1号	052(203)1611
名古屋地方裁判所 (執 行 部)	460-8509 名古屋市中区三の丸1丁目7番4号	052(205)1231
一宮支部	491-0842 一宮市公園通4丁目17番地	0586(73)3101
半田支部	475-0902 半田市宮路町200番地の2	0569(21)1610
岡崎支部	444-8554 岡崎市明大寺町字奈良井3番地	0564(51)4522
豊橋支部	440-0884 豊橋市大国町110番地	0532(52)3142
名古屋家庭裁判所	460-0001 名古屋市中区三の丸1丁目7番1号	052(223)0994
一宮支部	491-0842 一宮市公園通4丁目17番地	0586(73)3191
半田支部	475-0902 半田市宮路町200番地の2	0569(21)1610
岡崎支部	444-8550 岡崎市明大寺町字奈良井3番地	0564(51)8972
豊橋支部	440-0884 豊橋市大国町110番地	0532(52)3212
名古屋高等検察庁	460-0001 名古屋市中区三の丸4丁目3番1号	052(951)1581
金沢支部	920-0912 石川県金沢市大手町6番15号	076(221)3790

庁　　名	所　　在　　地	電　　話
名古屋地方検察庁	460-8523 名古屋市中区三の丸4丁目3番1号	052(951)1481
一　宮　支　部	491-0842 一宮市公園通4丁目17番地3(一宮法務合同庁舎3階)	0586(72)8108
半　田　支　部	475-0902 半田市宮路町200番地の1	0569(21)1093
岡　崎　支　部	444-0813 岡崎市羽根町字北乾地50番地1(岡崎合同庁舎7階)	0564(51)1603
豊　橋　支　部	440-0884 豊橋市大国町111番地(豊橋地方合同庁舎7階)	0532(52)6328
津地方裁判所	514-8526 津市中央3番1号	059(226)4172
松　阪　支　部	515-8525 松阪市中央町36番地1	0598(51)0542
伊　賀　支　部	518-0873 伊賀市上野丸之内130番地の1	0595(21)0002
四　日　市　支　部	510-8526 四日市市三栄町1番22号	059(352)7151
伊　勢　支　部	516-8533 伊勢市岡本1丁目2番6号	0596(28)9185
熊　野　支　部	519-4396 熊野市井戸町784番地	0597(85)2145
津家庭裁判所	514-8526 津市中央3番1号	059(226)4171
松　阪　支　部	515-8525 松阪市中央町36番地1	0598(51)0542
伊　賀　支　部	518-0873 伊賀市上野丸之内130番地の1	0595(21)0002
四　日　市　支　部	510-8526 四日市市三栄町1番22号	059(352)7151
伊　勢　支　部	516-8533 伊勢市岡本1丁目2番6号	0596(28)9185
熊　野　支　部	519-4396 熊野市井戸町784番地	0597(85)2145
尾　鷲　出　張　所	519-3615 尾鷲市中央町6番23号	0597(22)0448
津地方検察庁	514-8512 津市中央3番12号(津法務総合庁舎)	059(228)4121
松　阪　支　部	515-0019 松阪市中央町36番地2	0598(51)4447
伊　賀　支　部	518-0873 伊賀市上野丸之内169番地	0595(21)0492
四　日　市　支　部	510-0068 四日市市三栄町4番21号(四日市法務合同庁舎)	059(351)1361
伊　勢　支　部	516-0036 伊勢市岡本1丁目1番13号(伊勢法務合同庁舎)	0596(28)3710
熊　野　支　部	519-4324 熊野市井戸町712番地1(熊野法務合同庁舎)	0597(85)2080
岐阜地方裁判所	500-8710 岐阜市美江寺町2丁目4番地の1	058(262)5121
大　垣　支　部	503-0888 大垣市丸の内1丁目22番地	0584(78)6184
多　治　見　支　部	507-0023 多治見市小田町1丁目22番地の1	0572(22)0698

庁　　名	所　　在　　地	電　　話
御嵩支部	505-0116 可児郡御嵩町御嵩1177番地	0574(67)3111
高山支部	506-0009 高山市花岡町2丁目63番地3	0577(32)1140
岐阜家庭裁判所	500-8710 岐阜市美江寺町2丁目4番地の1	058(262)5121
大垣支部	503-0888 大垣市丸の内1丁目22番地	0584(78)6184
多治見支部	507-0023 多治見市小田町1丁目22番地の1	0572(22)0698
御嵩支部	505-0116 可児郡御嵩町御嵩1177番地	0574(67)3111
高山支部	506-0009 高山市花岡町2丁目63番地3	0577(32)1140
郡上出張所	501-4213 郡上市八幡町殿町63番地の2	0575(65)2265
中津川出張所	508-0045 中津川市かやの木町4番2号	0573(66)1530
岐阜地方検察庁	500-8812 岐阜市美江寺町2丁目8番地(岐阜法務総合庁舎)	058(262)5111
大垣支部	503-0888 大垣市丸の内1丁目19番地(大垣法務合同庁舎)	0584(78)3937
多治見支部	507-0023 多治見市小田町1丁目16番地	0572(22)2221
御嵩支部	505-0116 可児郡御嵩町御嵩1190番地1	0574(67)0249
高山支部	506-0053 高山市昭和町2丁目220番地(高山合同庁舎)	0577(32)0914
福井地方裁判所	910-8524 福井市春山1丁目1番1号	0776(22)5000
武生支部	915-8524 越前市日野美2丁目6番地	0778(23)0050
敦賀支部	914-8524 敦賀市松栄町6番10号	0770(22)0812
福井家庭裁判所	910-8524 福井市春山1丁目1番1号	0776(22)5000
武生支部	915-8524 越前市日野美2丁目6番地	0778(23)0050
敦賀支部	914-8524 敦賀市松栄町6番10号	0770(22)0812
小浜出張所	917-8524 小浜市城内1丁目1番2号	0770(52)0003
福井地方検察庁	910-8583 福井市春山1丁目1番54号(福井春山合同庁舎)	0776(28)8721
武生支部	915-0831 越前市日野美2丁目5番地の1	0778(22)0945
敦賀支部	914-0065 敦賀市松栄町7番28号	0770(22)0062
金沢地方裁判所	920-8655 金沢市丸の内7番1号	076(262)3221
小松支部	923-8541 小松市小馬出町11番地	0761(22)8541
七尾支部	926-8541 七尾市馬出町ハ部1番地の2	0767(52)3135

庁　　名	所　　在　　地	電　　話
輪　島　支　部	928-8541 輪島市河井町15部49番地の2	0768(22)0054
金沢家庭裁判所	920-8655 金沢市丸の内7番1号	076(221)3111
小　松　支　部	923-8541 小松市小馬出町11番地	0761(22)8541
七　尾　支　部	926-8541 七尾市馬出町ハ部1番地の2	0767(52)3135
輪　島　支　部	928-8541 輪島市河井町15部49番地の2	0768(22)0054
珠　洲　出　張　所	927-1297 珠洲市上戸町北方い46番3	0768(82)0218
金沢地方検察庁	920-0912 金沢市大手町6番15号（金沢法務合同庁舎）	076(221)3161
小　松　支　部	923-0904 小松市小馬出町12番地（小松法務合同庁舎）	0761(22)1140
七　尾　支　部	926-0818 七尾市馬出町ハ部1番地（七尾法務総合庁舎）	0767(53)0592
輪　島　支　部	928-0001 輪島市河井町15部90番地	0768(22)0724
富山地方裁判所	939-8502 富山市西田地方町2丁目9番1号	076(421)6324
魚　津　支　部	937-0866 魚津市本町1丁目10番60号	0765(22)0160
高　岡　支　部	933-8546 高岡市中川本町10番6号	0766(22)5151
富山家庭裁判所	939-8502 富山市西田地方町2丁目9番1号	076(421)6324
魚　津　支　部	937-0866 魚津市本町1丁目10番60号	0765(22)0160
高　岡　支　部	933-8546 高岡市中川本町10番6号	0766(22)5152
砺　波　出　張　所	939-1367 砺波市広上町8番24号	0763(32)2118
富山地方検察庁	939-8510 富山市西田地方町2丁目9番16号（富山法務合同庁舎）	076(421)4106
魚　津　支　部	937-0863 魚津市新宿1番21号	0765(22)0449
高　岡　支　部	933-0046 高岡市中川本町10番21号（高岡法務合同庁舎）	0766(22)1715
広島高等裁判所	730-0012 広島市中区上八丁堀2番43号	082(221)2411
岡　山　支　部	700-0807 岡山県岡山市北区南方1丁目8番42号	086(222)8851
松　江　支　部	690-8523 島根県松江市母衣町68番地	0852(23)3100
広島地方裁判所	730-0012 広島市中区上八丁堀2番43号	082(228)0421
呉　支　部	737-0811 呉市西中央4丁目1番46号	0823(21)4991
尾　道　支　部	722-0014 尾道市新浜1丁目12番4号	0848(22)5285
福　山　支　部	720-0031 福山市三吉町1丁目7番1号	084(923)2890

庁　　名	所　　在　　地	電　　話
三　次　支　部	728-0021 三次市三次町1725番地1	0824(63)5141
広島家庭裁判所	730-0012 広島市中区上八丁堀1番6号	082(228)0494
呉　　支　　部	737-0811 呉市西中央4丁目1番46号	0823(21)4992
尾　道　支　部	722-0014 尾道市新浜1丁目12番4号	0848(22)5286
福　山　支　部	720-0031 福山市三吉町1丁目7番1号	084(923)2806
三　次　支　部	728-0021 三次市三次町1725番地1	0824(63)5169
広島高等検察庁	730-0012 広島市中区上八丁堀2番31号（広島法務総合庁舎）	082(221)2451
岡　山　支　部	700-0807 岡山県岡山市北区南方1丁目8番1号（岡山法務総合庁舎）	086(224)5654
松　江　支　部	690-0886 島根県松江市母衣町50番地（松江法務合同庁舎）	0852(32)6724
広島地方検察庁	730-8539 広島市中区上八丁堀2番31号（広島法務総合庁舎）	082(221)2453
呉　　支　　部	737-0051 呉市中央3丁目9番15号（呉地方合同庁舎6階）	0823(22)3151
尾　道　支　部	722-0014 尾道市新浜1丁目12番2号	0848(23)3529
福　山　支　部	720-0031 福山市三吉町1丁目7番2号（福山法務合同庁舎3階）	084(923)1331
三　次　支　部	728-0021 三次市三次町1777番地3	0824(62)2317
山口地方裁判所	753-0048 山口市駅通り1丁目6番1号	083(922)1330
周　南　支　部	745-0071 周南市岐山通2丁目5番地	0834(21)2610
萩　　支　　部	758-0041 萩市大字江向469番地	0838(22)0047
岩　国　支　部	741-0061 岩国市錦見1丁目16番45号	0827(41)0161
下　関　支　部	750-0009 下関市上田中町8丁目2番2号	083(222)4076
宇　部　支　部	755-0033 宇部市琴芝町2丁目2番35号	0836(21)3197
山口家庭裁判所	753-0048 山口市駅通り1丁目6番1号	083(922)1330
周　南　支　部	745-0071 周南市岐山通2丁目5番地	0834(21)2610
萩　　支　　部	758-0041 萩市大字江向469番地	0838(22)0047
岩　国　支　部	741-0061 岩国市錦見1丁目16番45号	0827(41)0161
下　関　支　部	750-0009 下関市上田中町8丁目2番2号	083(222)4076
宇　部　支　部	755-0033 宇部市琴芝町2丁目2番35号	0836(21)3197
柳　井　出　張　所	742-0002 柳井市山根10番20号	0820(22)0270

庁　名	所　在　地	電　話
船木出張所	757-0216 宇部市大字船木183番地	0836(67)0036
山口地方検察庁	753-0048 山口市駅通り1丁目1番2号	083(922)1440
周南支部	745-0071 周南市岐山通1丁目5番地	0834(21)0548
萩支部	758-0041 萩市大字江向469番地2	0838(22)0430
岩国支部	741-0061 岩国市錦見1丁目16番35号	0827(41)0195
下関支部	750-0009 下関市上田中町8丁目2番1号	083(222)3301
宇部支部	755-0033 宇部市琴芝町2丁目2番40号	0836(21)1706
岡山地方裁判所	700-0807 岡山市北区南方1丁目8番42号	086(222)6771
倉敷支部	710-8558 倉敷市幸町3番33号	086(422)1038
新見支部	718-0011 新見市新見1222番地	0867(72)0042
津山支部	708-0051 津山市椿高下52番地	0868(22)9326
岡山家庭裁判所	700-0807 岡山市北区南方1丁目8番42号	086(222)6771
倉敷支部	710-8558 倉敷市幸町3番33号	086(422)1038
新見支部	718-0011 新見市新見1222番地	0867(72)0042
津山支部	708-0051 津山市椿高下52番地	0868(22)9326
玉野出張所	706-0011 玉野市宇野2丁目2番1号	0863(21)2908
児島出張所	711-0911 倉敷市児島小川1丁目4番14号	086(473)1400
玉島出張所	713-8102 倉敷市玉島1丁目2番43号	086(522)3074
笠岡出張所	714-0081 笠岡市笠岡1732番地	0865(62)2234
岡山地方検察庁	700-0807 岡山市北区南方1丁目8番1号（岡山法務総合庁舎）	086(224)5651
倉敷支部	710-0051 倉敷市幸町3番46号（倉敷法務合同庁舎）	086(422)1047
新見支部	700-0807 岡山市北区南方1丁目8番1号（岡山法務総合庁舎）（岡山地検内）	086(224)5651
津山支部	708-0051 津山市椿高下52番地	0868(22)8121
鳥取地方裁判所	680-0011 鳥取市東町2丁目223番地	0857(22)2171
倉吉支部	682-0824 倉吉市仲ノ町734番地	0858(22)2911
米子支部	683-0826 米子市西町62番地	0859(22)2205
鳥取家庭裁判所	680-0011 鳥取市東町2丁目223番地	0857(22)2171

庁　　名	所　　在　　地	電　　話
倉吉支部	682-0824 倉吉市仲ノ町734番地	0858(22)2911
米子支部	683-0826 米子市西町62番地	0859(22)2408
鳥取地方検察庁	680-0022 鳥取市西町3丁目201番地	0857(22)4171
倉吉支部	682-0822 倉吉市葵町719番地	0858(23)0831
米子支部	683-0067 米子市東町124番地16（米子地方合同庁舎3階）	0859(22)5101
松江地方裁判所	690-8523 松江市母衣町68番地	0852(23)1701
出雲支部	693-8523 出雲市今市町797番地2	0853(21)2114
浜田支部	697-0027 浜田市殿町980番地	0855(22)0678
益田支部	698-0021 益田市幸町6番60号	0856(22)0365
西郷支部	685-0015 隠岐郡隠岐の島町港町指向5番地1	08512(2)0005
松江家庭裁判所	690-8523 松江市母衣町68番地	0852(23)1701
出雲支部	693-8523 出雲市今市町797番地2	0853(21)2114
浜田支部	697-0027 浜田市殿町980番地	0855(22)0678
益田支部	698-0021 益田市幸町6番60号	0856(22)0365
西郷支部	685-0015 隠岐郡隠岐の島町港町指向5番地1	08512(2)0005
雲南出張所	699-1332 雲南市木次町木次980番地	0854(42)0275
川本出張所	696-0001 邑智郡川本町大字川本340番地	0855(72)0045
松江地方検察庁	690-0886 松江市母衣町50番地（松江法務総合庁舎）	0852(32)6700
出雲支部	693-0028 出雲市塩冶善行町13番地3（出雲地方合同庁舎）	0853(21)0282
浜田支部	697-0026 浜田市田町116番地1（浜田法務合同庁舎）	0855(22)0376
益田支部	698-0021 益田市幸町6番57号	0856(22)0428
西郷支部	690-0886 松江市母衣町50番地（松江法務総合庁舎）（松江地検内）	0852(32)6700
福岡高等裁判所	810-8608 福岡市中央区六本松4丁目2番4号	092(781)3141
宮崎支部	880-0803 宮崎県宮崎市旭2丁目3番13号	0985(68)5115
那覇支部	900-0022 沖縄県那覇市樋川1丁目14番1号	098(918)3344
福岡地方裁判所	810-8653 福岡市中央区六本松4丁目2番4号	092(781)3141
飯塚支部	820-8506 飯塚市新立岩10番29号	0948(22)1150

庁　　名	所　　在　　地	電　話
直方支部	822-0014 直方市丸山町1番4号	0949(22)0522
久留米支部	830-8530 久留米市篠山町21番地	0942(32)5387
柳川支部	832-0045 柳川市本町4番地	0944(72)3121
大牟田支部	836-0052 大牟田市白金町101番地	0944(53)3503
八女支部	834-0031 八女市本町537番地4	0943(23)4036
小倉支部	803-8531 北九州市小倉北区金田1丁目4番1号	093(561)3431
行橋支部	824-0001 行橋市行事1丁目8番23号	0930(22)0035
田川支部	826-8567 田川市千代町1番5号	0947(42)0163
福岡家庭裁判所	810-8652 福岡市中央区六本松4丁目2番4号	092(711)9651
飯塚支部	820-8506 飯塚市新立岩10番29号	0948(22)1150
直方支部	822-0014 直方市丸山町1番4号	0949(22)0522
久留米支部	830-8512 久留米市篠山町21番地	0942(32)5387
柳川支部	832-0045 柳川市本町4番地	0944(72)3832
大牟田支部	836-0052 大牟田市白金町101番地	0944(53)3503
八女支部	834-0031 八女市本町537番地4	0943(23)4036
小倉支部	803-8532 北九州市小倉北区金田1丁目4番1号	093(561)3431
行橋支部	824-0001 行橋市行事1丁目8番23号	0930(22)0035
田川支部	826-8567 田川市千代町1番5号	0947(42)0163
甘木出張所	838-0061 朝倉市菩提寺571番地	0946(22)2113
福岡高等検察庁	810-0044 福岡市中央区六本松4丁目2番3号	092(734)9000
宮崎支部	880-8566 宮崎県宮崎市別府町1番1号(宮崎法務総合庁舎)	0985(29)2741
那覇支部	900-8578 沖縄県那覇市樋川1丁目15番15号(那覇第1地方合同庁舎)	098(835)9229
福岡地方検察庁	810-8651 福岡市中央区六本松4丁目2番3号	092(734)9090
飯塚支部	820-0018 飯塚市芳雄町13番6号(飯塚合同庁舎)	0948(22)0692
直方支部	820-0018 飯塚市芳雄町13番6号(飯塚合同庁舎)(飯塚支部内)	0948(22)0692
久留米支部	830-0021 久留米市篠山町31番地	0942(35)4101
柳川支部	832-0042 柳川市一新町6番地	0944(72)2529

庁　　名	所　　在　　地	電　　話
大牟田支部	836-0052 大牟田市白金町69番地	0944(52)2629
八女支部	830-0021 久留米市篠山町31番地(久留米支部内)	0942(35)4101
小倉支部	803-0814 北九州市小倉北区大手町13番26号(小倉第二合同庁舎)	093(592)9410
行橋支部	824-0001 行橋市行事1丁目8番21号	0930(22)0508
田川支部	826-0031 田川市千代町5番1号	0947(44)1161
佐賀地方裁判所	840-0833 佐賀市中の小路3番22号	0952(23)3161
武雄支部	843-0022 武雄市武雄町大字武雄5660番地	0954(22)2159
唐津支部	847-0012 唐津市大名小路1番1号	0955(72)2138
佐賀家庭裁判所	840-0833 佐賀市中の小路3番22号	0952(23)3161
武雄支部	843-0022 武雄市武雄町大字武雄5660番地	0954(22)2159
唐津支部	847-0012 唐津市大名小路1番1号	0955(72)2138
鹿島出張所	849-1311 鹿島市大字高津原3575番地	0954(62)2870
佐賀地方検察庁	840-0833 佐賀市中の小路5番25号	0952(22)4185
武雄支部	843-0022 武雄市武雄町大字武雄5662番地の1	0954(22)2369
唐津支部	847-0012 唐津市大名小路1番14号	0955(72)8296
長崎地方裁判所	850-8503 長崎市万才町9番26号	095(822)6151
大村支部	856-0831 大村市東本町287番地	0957(52)3501
島原支部	855-0036 島原市城内1丁目1195番地1	0957(62)3151
佐世保支部	857-0805 佐世保市光月町9番4号	0956(22)9175
平戸支部	859-5153 平戸市戸石川町460番地	0950(22)2004
壱岐支部	811-5133 壱岐市郷ノ浦町本村触624番地1	0920(47)1019
五島支部	853-0001 五島市栄町1番地7	0959(72)3315
厳原支部	817-0013 対馬市厳原町中村642番地1	0920(52)0067
長崎家庭裁判所	850-0033 長崎市万才町6番25号	095(822)6151
大村支部	856-0831 大村市東本町287番地	0957(52)3501
島原支部	855-0036 島原市城内1丁目1195番地1	0957(62)3151
佐世保支部	857-0805 佐世保市光月町9番4号	0956(22)9175

庁　　名	所　　在　　地	電　　話
平戸支部	859-5153 平戸市戸石川町460番地	0950(22)2004
壱岐支部	811-5133 壱岐市郷ノ浦町本村触624番地1	0920(47)1019
五島支部	853-0001 五島市栄町1番地7	0959(72)3315
厳原支部	817-0013 対馬市厳原町中村642番地1	0920(52)0067
諫早出張所	854-0071 諫早市永昌東町24番12号	0957(22)0421
新上五島出張所	857-4211 南松浦郡新上五島町有川郷2276番地5	0959(42)0044
上県出張所	817-1602 対馬市上県町佐須奈甲639番地22	0920(84)2037
長崎地方検察庁	850-8560 長崎市万才町9番33号	095(822)4267
大村支部	856-0831 大村市東本町534番地	0957(52)2548
島原支部	855-0036 島原市城内1丁目1204番地	0957(62)2506
佐世保支部	857-0801 佐世保市祇園町21番1号	0956(23)1131
平戸支部	857-0801 佐世保市祇園町21番1号（佐世保支部内）	0956(23)1131
壱岐支部	811-5133 壱岐市郷ノ浦町本村触620番地4（壱岐合同庁舎）	0920(47)0215
五島支部	853-0016 五島市紺屋町1番1号	0959(72)2259
厳原支部	817-0013 対馬市厳原町中村643番地	0920(52)0247
大分地方裁判所	870-8564 大分市荷揚町7番15号	097(532)7161
杵築支部	873-0001 杵築市大字杵築1180番地	0978(62)2052
佐伯支部	876-0815 佐伯市野岡町2丁目13番2号	0972(22)0168
竹田支部	878-0013 竹田市大字竹田2065番地の1	0974(63)2040
中津支部	871-0050 中津市二ノ丁1260番地	0979(22)2115
日田支部	877-0012 日田市淡窓1丁目1番53号	0973(23)3145
大分家庭裁判所	870-8564 大分市荷揚町7番15号	097(532)7161
杵築支部	873-0001 杵築市大字杵築1180番地	0978(62)2052
佐伯支部	876-0815 佐伯市野岡町2丁目13番2号	0972(22)0168
竹田支部	878-0013 竹田市大字竹田2065番地の1	0974(63)2040
中津支部	871-0050 中津市二ノ丁1260番地	0979(22)2115
日田支部	877-0012 日田市淡窓1丁目1番53号	0973(23)3145

庁　　名	所　　在　　地	電　　話
豊後高田出張所	879-0606 豊後高田市玉津894番地	0978(22)2061
大分地方検察庁	870-8510 大分市荷揚町7番5号（大分法務総合庁舎）	097(534)4100
杵築支部	873-0001 杵築市大字杵築1321番地の1	0978(62)2259
佐伯支部	876-0815 佐伯市野岡町2丁目13番25号	0972(22)0116
竹田支部	878-0013 竹田市大字竹田2059番地の2	0974(63)2279
中津支部	871-0050 中津市二ノ丁1259番地	0979(22)0189
日田支部	877-0012 日田市淡窓1丁目1番58号	0973(23)2622
熊本地方裁判所	860-8513 熊本市中央区京町1丁目13番11号	096(325)2121
玉名支部	865-0051 玉名市繁根木54番地8	0968(72)3037
山鹿支部	861-0501 山鹿市山鹿280番地	0968(44)5141
阿蘇支部	869-2612 阿蘇市一の宮町宮地2476番地1	0967(22)0063
八代支部	866-8585 八代市西松江城町1番41号	0965(32)2175
人吉支部	868-0056 人吉市寺町1番地	0966(23)4855
天草支部	863-8585 天草市諏訪町16番24号	0969(23)2004
熊本家庭裁判所	860-0001 熊本市中央区千葉城町3番31号	096(355)6121
玉名支部	865-0051 玉名市繁根木54番地8	0968(72)3037
山鹿支部	861-0501 山鹿市山鹿280番地	0968(44)5141
阿蘇支部	869-2612 阿蘇市一の宮町宮地2476番地1	0967(22)0063
八代支部	866-0863 八代市西松江城町1番41号	0965(32)2176
人吉支部	868-0056 人吉市寺町1番地	0966(23)4855
天草支部	863-8585 天草市諏訪町16番24号	0969(23)2004
御船出張所	861-3206 上益城郡御船町大字辺田見1250番地1	096(282)0055
高森出張所	869-1602 阿蘇郡高森町大字高森1385番地6	0967(62)0069
水俣出張所	867-0041 水俣市天神町1丁目1番1号	0966(62)2307
牛深出張所	863-1901 天草市牛深町2061番地17	0969(72)2540
熊本地方検察庁	860-0078 熊本市中央区京町1丁目12番11号	096(323)9030
玉名支部	865-0051 玉名市繁根木45番地2	0968(72)2373

庁　　名	所　　在　　地	電　　話
山鹿支部	861-0501 山鹿市山鹿242番地	0968(44)2392
阿蘇支部	869-2612 阿蘇市一の宮町宮地2471番地	0967(22)0136
八代支部	866-0863 八代市西松江城町11番11号	0965(32)2710
人吉支部	868-0056 人吉市寺町2番地2	0966(22)2054
天草支部	863-0037 天草市諏訪町16番20号	0969(22)2096
鹿児島地方裁判所	892-8501 鹿児島市山下町13番47号	099(222)7121
名瀬支部	894-0033 奄美市名瀬矢之脇町1番1号	0997(52)5141
加治木支部	899-5214 姶良市加治木町仮屋町95番地	0995(62)2666
知覧支部	897-0302 南九州市知覧町郡6196番地の1	0993(83)2229
川内支部	895-0064 薩摩川内市花木町2番20号	0996(22)2154
鹿屋支部	893-0011 鹿屋市打馬1丁目2番14号	0994(43)2330
鹿児島家庭裁判所	892-8501 鹿児島市山下町13番47号	099(222)7121
名瀬支部	894-0033 奄美市名瀬矢之脇町1番1号	0997(52)5141
加治木支部	899-5214 姶良市加治木町仮屋町95番地	0995(62)2666
知覧支部	897-0302 南九州市知覧町郡6196番地の1	0993(83)2229
川内支部	895-0064 薩摩川内市花木町2番20号	0996(22)2154
鹿屋支部	893-0011 鹿屋市打馬1丁目2番14号	0994(43)2330
種子島出張所	891-3101 西之表市西之表16275番地12	0997(22)0159
屋久島出張所	891-4205 熊毛郡屋久島町宮之浦2445番地18	0997(42)0014
徳之島出張所	891-7101 大島郡徳之島町亀津554番地の2	0997(83)0019
大口出張所	895-2511 伊佐市大口里2235番地	0995(22)0247
指宿出張所	891-0402 指宿市十町244番地	0993(22)2902
鹿児島地方検察庁	892-0816 鹿児島市山下町13番10号（鹿児島第3地方合同庁舎）	099(226)0611
名瀬支部	894-0033 奄美市名瀬矢之脇町1番2号	0997(52)0245
加治木支部	899-5214 姶良市加治木町仮屋町89番地1	0995(62)2244
知覧支部	897-0302 南九州市知覧町郡6196番地	0993(83)2027
川内支部	895-0063 薩摩川内市若葉町4番24号（川内地方合同庁舎3階）	0996(22)3674

庁　　名	所　　在　　地	電　話
鹿屋支部	893-0011 鹿屋市打馬1丁目2番16号	0994(42)2316
宮崎地方裁判所	880-8543 宮崎市旭2丁目3番13号	0985(23)2261
日南支部	889-2535 日南市飫肥3丁目6番1号	0987(25)1188
都城支部	885-0075 都城市八幡町2街区3号	0986(23)4131
延岡支部	882-8585 延岡市東本小路121番地	0982(32)3291
宮崎家庭裁判所	880-8543 宮崎市旭2丁目3番13号	0985(23)2261
日南支部	889-2535 日南市飫肥3丁目6番1号	0987(25)1188
都城支部	885-0075 都城市八幡町2街区3号	0986(23)4131
延岡支部	882-8585 延岡市東本小路121番地	0982(32)3291
日向出張所	883-0036 日向市南町8番7号	0982(52)2211
高千穂出張所	882-1101 西臼杵郡高千穂町大字三田井118番地	0982(72)2017
宮崎地方検察庁	880-8566 宮崎市別府町1番1号(宮崎法務総合庁舎)	0985(29)2131
日南支部	889-2535 日南市飫肥3丁目6番2号(日南法務総合庁舎)	0987(25)1709
都城支部	885-0072 都城市上町2街区11号(都城合同庁舎)	0986(22)3969
延岡支部	882-0803 延岡市大貫町1丁目2915番地(延岡合同庁舎)	0982(32)3053
那覇地方裁判所	900-8567 那覇市樋川1丁目14番1号	098(855)3366
沖縄支部	904-2194 沖縄市知花6丁目7番7号	098(939)0011
名護支部	905-0011 名護市字宮里451番地3	0980(52)2642
平良支部	906-0012 宮古島市平良字西里345番地	0980(72)2012
石垣支部	907-0004 石垣市字登野城55番地	0980(82)3076
那覇家庭裁判所	900-8603 那覇市樋川1丁目14番10号	098(855)1000
沖縄支部	904-2194 沖縄市知花6丁目7番7号	098(939)0017
名護支部	905-0011 名護市字宮里451番地3	0980(52)2742
平良支部	906-0012 宮古島市平良字西里345番地	0980(72)3428
石垣支部	907-0004 石垣市字登野城55番地	0980(82)3812
那覇地方検察庁	900-8578 那覇市樋川1丁目15番15号(那覇第1地方合同庁舎)	098(835)9200
沖縄支部	904-2143 沖縄市知花6丁目7番5号(沖縄法務合同庁舎)	098(939)1112

庁　　名	所　　在　　地	電　　話
名護支部	905-0011 名護市字宮里452番地3（名護地方合同庁舎）	0980（52）2743
平良支部	906-0012 宮古島市平良字西里345番地	0980（72）2043
石垣支部	907-0004 石垣市字登野城55番地1	0980（82）2021
仙台高等裁判所	980-8638 仙台市青葉区片平1丁目6番1号	022（222）6111
秋田支部	010-8504 秋田県秋田市山王7丁目1番1号	018（824）3121
仙台地方裁判所	980-8639 仙台市青葉区片平1丁目6番1号	022（222）6111
大河原支部	989-1231 柴田郡大河原町字中川原9番地	0224（52）2101
古川支部	989-6161 大崎市古川駅南2丁目9番地の46	0229（22）1601
石巻支部	986-0832 石巻市泉町4丁目4番28号	0225（22）0361
登米支部	987-0702 登米市登米町寺池桜小路105番地の3	0220（52）2011
気仙沼支部	988-0022 気仙沼市河原田1丁目2番30号	0226（22）6659
仙台家庭裁判所	980-8637 仙台市青葉区片平1丁目6番1号	022（222）4165
大河原支部	989-1231 柴田郡大河原町字中川原9番地	0224（52）2102
古川支部	989-6161 大崎市古川駅南2丁目9番地の46	0229（22）1694
石巻支部	986-0832 石巻市泉町4丁目4番28号	0225（22）0363
登米支部	987-0702 登米市登米町寺池桜小路105番地の3	0220（52）2011
気仙沼支部	988-0022 気仙沼市河原田1丁目2番30号	0226（22）6626
仙台高等検察庁	980-0812 仙台市青葉区片平1丁目3番1号	022（222）6153
秋田支部	010-0951 秋田県秋田市山王7丁目1番2号（秋田地方法務合同庁舎）	018（862）5582
仙台地方検察庁	980-0812 仙台市青葉区片平1丁目3番1号（仙台法務総合庁舎）	022（222）6151
大河原支部	980-0812 仙台市青葉区片平1丁目3番1号（仙台法務総合庁舎）（仙台地検内）	022（222）6151
古川支部	989-6174 大崎市古川千手寺町2丁目2番1号	0229（22）1751
石巻支部	986-0832 石巻市泉町4丁目1番9号（石巻法務合同庁舎）	0225（22）3345
登米支部	989-6174 大崎市古川千手寺町2丁目2番1号（古川支部内）	0229（22）1751
気仙沼支部	988-0042 気仙沼市本郷19番地2	0226（22）6755
福島地方裁判所	960-8512 福島市花園町5番38号	024（534）2156
相馬支部	976-0042 相馬市中村字大手先48番地の1	0244（36）5141

庁　名	所　在　地	電　話
郡　山　支　部	963-8566 郡山市麓山1丁目2番26号	024(932)5656
白　河　支　部	961-0074 白河市郭内146番地	0248(22)5555
会津若松支部	965-8540 会津若松市追手町6番6号	0242(26)5725
い　わ　き　支　部	970-8026 いわき市平字八幡小路41番地	0246(22)1321
福島家庭裁判所	960-8512 福島市花園町5番38号	024(534)2156
相　馬　支　部	976-0042 相馬市中村字大手先48番地の1	0244(36)5141
郡　山　支　部	963-8566 郡山市麓山1丁目2番26号	024(932)5656
白　河　支　部	961-0074 白河市郭内146番地	0248(22)5555
会津若松支部	965-8540 会津若松市追手町6番6号	0242(26)5725
い　わ　き　支　部	970-8026 いわき市平字八幡小路41番地	0246(22)1321
棚　倉　出　張　所	963-6131 東白川郡棚倉町大字棚倉字南町78番地の1	0247(33)3458
田　島　出　張　所	967-0004 南会津郡南会津町田島字後原甲3483番地の3	0241(62)0211
福島地方検察庁	960-8017 福島市狐塚17番地	024(534)5131
相　馬　支　部	960-8017 福島市狐塚17番地（福島地検内）	024(534)5131
郡　山　支　部	963-8876 郡山市麓山2丁目15番14号	024(932)1198
白　河　支　部	961-0074 白河市郭内1番地136	0248(23)4171
会津若松支部	965-0873 会津若松市追手町6番11号	0242(28)1300
い　わ　き　支　部	970-8026 いわき市平字八幡小路42番地	0246(23)2101
山形地方裁判所	990-8531 山形市旅篭町2丁目4番22号	023(623)9511
新　庄　支　部	996-0022 新庄市住吉町4番27号	0233(22)0265
米　沢　支　部	992-0045 米沢市中央4丁目9番15号	0238(22)2165
鶴　岡　支　部	997-0035 鶴岡市馬場町5番23号	0235(23)6666
酒　田　支　部	998-0037 酒田市日吉町1丁目5番27号	0234(23)1234
山形家庭裁判所	990-8531 山形市旅篭町2丁目4番22号	023(623)9511
新　庄　支　部	996-0022 新庄市住吉町4番27号	0233(22)0265
米　沢　支　部	992-0045 米沢市中央4丁目9番15号	0238(22)2165
鶴　岡　支　部	997-0035 鶴岡市馬場町5番23号	0235(23)6666

庁　　　名	所　　在　　地	電　　話
酒　田　支　部	998-0037 酒田市日吉町1丁目5番27号	0234(23)1234
赤　湯　出　張　所	999-2211 南陽市赤湯316番地	0238(43)2217
長　井　出　張　所	993-0015 長井市四ツ谷1丁目7番20号	0238(88)2073
山形地方検察庁	990-0046 山形市大手町1番32号	023(622)5196
新　庄　支　部	996-0071 新庄市小田島町3番55号	0233(22)0268
米　沢　支　部	992-0051 米沢市城北2丁目1番2号	0238(22)0415
鶴　岡　支　部	997-0033 鶴岡市馬場町2番12号(鶴岡第2地方合同庁舎)	0235(22)0886
酒　田　支　部	998-0061 酒田市光ケ丘1丁目9番15号	0234(33)1845
盛岡地方裁判所	020-8520 盛岡市内丸9番1号	019(622)3342 (庶務係)
花　巻　支　部	025-0075 花巻市花城町8番26号	0198(23)5276
二　戸　支　部	028-6101 二戸市福岡字城ノ内4番地2	0195(23)2591
遠　野　支　部	028-0515 遠野市東舘町2番3号	0198(62)2840
宮　古　支　部	027-0052 宮古市宮町1丁目3番30号	0193(62)2925
一　関　支　部	021-0877 一関市城内3番6号	0191(23)4161
水　沢　支　部	023-0053 奥州市水沢大手町4丁目19番地	0197(24)7181
盛岡家庭裁判所	020-8520 盛岡市内丸9番1号	019(622)3342 (庶務係)
花　巻　支　部	025-0075 花巻市花城町8番26号	0198(23)5276
二　戸　支　部	028-6101 二戸市福岡字城ノ内4番地2	0195(23)2591
遠　野　支　部	028-0515 遠野市東舘町2番3号	0198(62)2840
宮　古　支　部	027-0052 宮古市宮町1丁目3番30号	0193(62)2925
一　関　支　部	021-0877 一関市城内3番6号	0191(23)4161
水　沢　支　部	023-0053 奥州市水沢大手町4丁目19番地	0197(24)7181
久　慈　出　張　所	028-0022 久慈市田屋町第2地割50番地5	0194(53)4158
大　船　渡　出　張　所	022-0003 大船渡市盛町字宇津野沢9番地3	0192(26)3630
盛岡地方検察庁	020-0023 盛岡市内丸8番20号	019(622)6195
花　巻　支　部	025-0076 花巻市城内9番27号	0198(23)5274
二　戸　支　部	028-6103 二戸市石切所字荷渡6番地1	0195(23)3067

庁　名	所　在　地	電　話
遠 野 支 部	028-0524 遠野市新町2番2号	0198(62)2024
宮 古 支 部	027-0052 宮古市宮町1丁目3番29号	0193(62)6058
一 関 支 部	021-0877 一関市城内3番2号	0191(23)2009
水 沢 支 部	023-0053 奥州市水沢大手町4丁目34番地	0197(23)2323
秋田地方裁判所	010-8504 秋田市山王7丁目1番1号	018(824)3121
能 代 支 部	016-0817 能代市上町1番15号	0185(52)3278
本 荘 支 部	015-0872 由利本荘市瓦谷地21番地	0184(22)3916
大 館 支 部	017-0891 大館市字中城15番地	0186(42)0071
横 手 支 部	013-0013 横手市城南町2番1号	0182(32)4130
大 曲 支 部	014-0063 大仙市大曲日の出町1丁目20番4号	0187(63)2033
秋田家庭裁判所	010-8504 秋田市山王7丁目1番1号	018(824)3121
能 代 支 部	016-0817 能代市上町1番15号	0185(52)3278
本 荘 支 部	015-0872 由利本荘市瓦谷地21番地	0184(22)3916
大 館 支 部	017-0891 大館市字中城15番地	0186(42)0071
横 手 支 部	013-0013 横手市城南町2番1号	0182(32)4130
大 曲 支 部	014-0063 大仙市大曲日の出町1丁目20番4号	0187(63)2033
鹿 角 出 張 所	018-5201 鹿角市花輪字下中島1番地1	0186(23)2262
角 館 出 張 所	014-0372 仙北市角館町小館77番地4	0187(53)2305
秋田地方検察庁	010-0951 秋田市山王7丁目1番2号（秋田地方法務合同庁舎）	018(862)5581
能 代 支 部	016-0803 能代市大町5番36号（能代法務合同庁舎）	0185(52)5117
本 荘 支 部	015-0874 由利本荘市給人町17番地（本荘合同庁舎）	0184(22)0479
大 館 支 部	017-0897 大館市字三ノ丸104番地	0186(43)4157
横 手 支 部	013-0018 横手市本町2番9号（横手法務合同庁舎）	0182(32)5152
大 曲 支 部	014-0063 大仙市大曲日の出町1丁目3番4号（大曲法務合同庁舎）	0187(63)0073
青森地方裁判所	030-8522 青森市長島1丁目3番26号	017(722)5421
五所川原支部	037-0044 五所川原市字元町54番地	0173(34)2927
弘 前 支 部	036-8356 弘前市大字下白銀町7番地	0172(32)4321

庁　名	所　在　地	電　話
八戸支部	039-1166 八戸市根城9丁目13番6号	0178(22)3104
十和田支部	034-0082 十和田市西二番町14番8号	0176(23)2368
青森家庭裁判所	030-8523 青森市長島1丁目3番26号	017(722)5421
五所川原支部	037-0044 五所川原市字元町54番地	0173(34)2927
弘前支部	036-8356 弘前市大字下白銀町7番地	0172(32)4371
八戸支部	039-1166 八戸市根城9丁目13番6号	0178(22)3167
十和田支部	034-0082 十和田市西二番町14番8号	0176(23)2368
むつ出張所	035-0073 むつ市中央1丁目1番5号	0175(22)2712
野辺地出張所	039-3131 上北郡野辺地町字野辺地419番地	0175(64)3279
青森地方検察庁	030-8545 青森市長島1丁目3番25号（青森法務総合庁舎）	017(722)5211
五所川原支部	037-0004 五所川原市大字唐笠柳字藤巻507番地5（五所川原合同庁舎）	0173(34)2325
弘前支部	036-8207 弘前市大字上白銀町5番地6	0172(32)3434
八戸支部	039-1166 八戸市根城9丁目13番9号（八戸合同庁舎）	0178(43)8308
十和田支部	034-0082 十和田市西二番町14番12号（十和田奥入瀬合同庁舎）	0176(23)2362
札幌高等裁判所	060-0042 札幌市中央区大通西11丁目（札幌高等・地方裁判所合同庁舎）	011(231)4200
札幌地方裁判所	060-0042 札幌市中央区大通西11丁目（札幌高等・地方裁判所合同庁舎）	011(231)4200
岩見沢支部	068-0004 岩見沢市4条東4丁目	0126(22)6650
滝川支部	073-0022 滝川市大町1丁目6番13号	0125(23)2311
室蘭支部	050-0081 室蘭市日の出町1丁目18番29号	0143(44)6733
苫小牧支部	053-0018 苫小牧市旭町2丁目7番12号	0144(32)3295
浦河支部	057-0012 浦河郡浦河町常盤町19番地	0146(22)4165
小樽支部	047-0024 小樽市花園5丁目1番1号	0134(22)9157
岩内支部	045-0013 岩内郡岩内町字高台192番地の1	0135(62)0138
札幌家庭裁判所	060-0042 札幌市中央区大通西12丁目（札幌家庭・簡易裁判所合同庁舎）	011(221)7281
岩見沢支部	068-0004 岩見沢市4条東4丁目	0126(22)6650
滝川支部	073-0022 滝川市大町1丁目6番13号	0125(23)2311
室蘭支部	050-0081 室蘭市日の出町1丁目18番29号	0143(44)6733

庁　　名	所　　在　　地	電　　話
苫小牧支部	053-0018 苫小牧市旭町2丁目7番12号	0144(32)3295
浦河支部	057-0012 浦河郡浦河町常盤町19番地	0146(22)4165
小樽支部	047-0024 小樽市花園5丁目1番1号	0134(22)9157
岩内支部	045-0013 岩内郡岩内町字高台192番地の1	0135(62)0138
夕張出張所	068-0411 夕張市末広1丁目92番地16	0123(52)2004
静内出張所	056-0005 日高郡新ひだか町静内こうせい町2丁目1番10号	0146(42)0120
札幌高等検察庁	060-0042 札幌市中央区大通西12丁目(札幌第3合同庁舎)	011(261)9311
札幌地方検察庁	060-0042 札幌市中央区大通西12丁目(札幌第3合同庁舎)	011(261)9313
岩見沢支部	068-0004 岩見沢市4条東4丁目	0126(22)0506
滝川支部	073-0022 滝川市大町1丁目7番14号	0125(24)7195
室蘭支部	050-0081 室蘭市日の出町1丁目18番21号(室蘭法務総合庁舎)	0143(44)6747
苫小牧支部	053-0018 苫小牧市旭町3丁目3番7号(苫小牧法務総合庁舎)	0144(32)3296
浦河支部	056-0005 日高郡新ひだか町静内こうせい町2丁目2番1号(静内区検内)	0146(42)0118
小樽支部	047-0033 小樽市富岡1丁目15番1号	0134(27)2434
岩内支部	047-0033 小樽市富岡1丁目15番1号(小樽支部内)	0134(27)2434
函館地方裁判所	040-8601 函館市上新川町1番8号	0138(38)2370
江差支部	043-0043 檜山郡江差町字本町237番地	0139(52)0174
函館家庭裁判所	040-8602 函館市上新川町1番8号	0138(38)2370
江差支部	043-0043 檜山郡江差町字本町237番地	0139(52)0174
松前出張所	049-1501 松前郡松前町字建石48番地	0139(42)2122
八雲出張所	049-3112 二海郡八雲町末広町184番地	0137(62)2494
寿都出張所	048-0401 寿都郡寿都町字新栄町209番地	0136(62)2072
函館地方検察庁	040-0031 函館市上新川町1番13号	0138(41)1231
江差支部	040-0031 函館市上新川町1番13号(函館地検内)	0138(41)1231
旭川地方裁判所	070-8640 旭川市花咲町4丁目	0166(51)6251
名寄支部	096-0014 名寄市西4条南9丁目	01654(3)3331
紋別支部	094-0006 紋別市潮見町1丁目5番48号	0158(23)2856

庁　　名	所　　在　　地	電　　話
留 萌 支 部	077-0037 留萌市沖見町2丁目	0164(42)0465
稚 内 支 部	097-0002 稚内市潮見1丁目3番10号	0162(33)5289
旭川家庭裁判所	070-8641 旭川市花咲町4丁目	0166(51)6251
名 寄 支 部	096-0014 名寄市西4条南9丁目	01654(3)3331
紋 別 支 部	094-0006 紋別市潮見町1丁目5番48号	0158(23)2856
留 萌 支 部	077-0037 留萌市沖見町2丁目	0164(42)0465
稚 内 支 部	097-0002 稚内市潮見1丁目3番10号	0162(33)5289
深 川 出 張 所	074-0002 深川市2条1番4号	0164(23)2813
富 良 野 出 張 所	076-0018 富良野市弥生町2番55号	0167(22)2209
中 頓 別 出 張 所	098-5551 枝幸郡中頓別町字中頓別166番地の5	01634(6)1626
天 塩 出 張 所	098-3303 天塩郡天塩町新栄通7丁目	01632(2)1146
旭川地方検察庁	070-8636 旭川市花咲町4丁目(旭川法務総合庁舎)	0166(51)6231
名 寄 支 部	096-0014 名寄市西4条南9丁目	01654(3)2334
紋 別 支 部	094-0006 紋別市潮見町1丁目	0158(24)2336
留 萌 支 部	070-8636 旭川市花咲町4丁目(旭川法務総合庁舎)(旭川地検内)	0166(51)6231
稚 内 支 部	097-0001 稚内市末広5丁目6番1号(稚内地方合同庁舎3階)	0162(33)1111
釧路地方裁判所	085-0824 釧路市柏木町4番7号	0154(99)1222
帯 広 支 部	080-0808 帯広市東8条南9丁目1番地	0155(23)5141
網 走 支 部	093-0031 網走市台町2丁目2番1号	0152(43)4115
北 見 支 部	090-0065 北見市寿町4丁目7番36号	0157(24)8431
根 室 支 部	087-0026 根室市敷島町2丁目3番地	0153(24)1617
釧路家庭裁判所	085-0824 釧路市柏木町4番7号	0154(99)1222
帯 広 支 部	080-0808 帯広市東8条南9丁目1番地	0155(23)5141
網 走 支 部	093-0031 網走市台町2丁目2番1号	0152(43)4115
北 見 支 部	090-0065 北見市寿町4丁目7番36号	0157(24)8431
根 室 支 部	087-0026 根室市敷島町2丁目3番地	0153(24)1617
本 別 出 張 所	089-3313 中川郡本別町柳町4番地	0156(22)2064

庁　名	所　在　地	電　話
遠軽出張所	099-0403　紋別郡遠軽町1条通北2丁目3番地25	0158(42)2259
標津出張所	086-1632　標津郡標津町北2条西1丁目1番17号	0153(82)2046
釧路地方検察庁	085-8557　釧路市柏木町5番7号（釧路法務総合庁舎）	0154(41)6151
帯広支部	080-0805　帯広市東5条南9丁目1番地1（帯広法務総合庁舎4階）	0155(22)1300
網走支部	093-0031　網走市台町1丁目4番15号（網走法務総合庁舎）	0152(43)2403
北見支部	090-0065　北見市寿町4丁目2番16号（北見法務総合庁舎2階）	0157(24)3779
根室支部	087-0009　根室市弥栄町1丁目18番地（根室地方合同庁舎3階）	0153(24)3449
高松高等裁判所	760-8586　高松市丸の内1番36号	087(851)1549
高松地方裁判所	760-8586　高松市丸の内1番36号	087(851)1537
丸亀支部	763-0034　丸亀市大手町3丁目4番1号	0877(23)5270
観音寺支部	768-0060　観音寺市観音寺町甲2804番地1	0875(25)3467
高松家庭裁判所	760-8585　高松市丸の内2番27号	087(851)1631
丸亀支部	763-0034　丸亀市大手町3丁目4番1号	0877(23)5340
観音寺支部	768-0060　観音寺市観音寺町甲2804番地1	0875(25)2619
土庄出張所	761-4121　小豆郡土庄町淵崎甲1430番地1	0879(62)0224
高松高等検察庁	760-0033　高松市丸の内1番1号（高松法務合同庁舎）	087(821)5631
高松地方検察庁	760-0033　高松市丸の内1番1号（高松法務合同庁舎）	087(822)5155
丸亀支部	763-0034　丸亀市大手町3丁目4番30号	0877(23)5155
観音寺支部	768-0060　観音寺市観音寺町甲2804番地3	0875(25)2217
徳島地方裁判所	770-8528　徳島市徳島町1丁目5番地1	088(603)0111（総務課庶務係）
阿南支部	774-0030　阿南市富岡町西池田口1番地1	0884(22)0148
美馬支部	779-3610　美馬市脇町大字脇町1229番地3	0883(52)1035
徳島家庭裁判所	770-8528　徳島市徳島町1丁目5番地1	088(603)0111（総務課庶務係）
阿南支部	774-0030　阿南市富岡町西池田口1番地1	0884(22)0148
美馬支部	779-3610　美馬市脇町大字脇町1229番地3	0883(52)1035
牟岐出張所	775-0006　海部郡牟岐町大字中村字本村54番地2	0884(72)0074
池田出張所	778-0002　三好市池田町マチ2494番地7	0883(72)0234

庁　　名	所　　在　　地	電　話
徳島地方検察庁（とくしま）	770-0852 徳島市徳島町2丁目17番地（とくしまちょう）	088(652)5191
阿　南　支　部（あなん）	774-0030 阿南市富岡町西池田口1番地2（とみおかちょうにしいけだぐち）	0884(22)0201
美　馬　支　部（みま）	779-3610 美馬市脇町大字脇町1229番地7（わきまち）（わきまち）	0883(52)1040
高知地方裁判所（こうち）	780-8558 高知市丸ノ内1丁目3番5号（まるのうち）	088(822)0576
須　崎　支　部（すさき）	785-0010 須崎市鍛治町2番11号（かじまち）	0889(42)0046
安　芸　支　部（あき）	784-0003 安芸市久世町9番25号（くせちょう）	0887(35)2065
中　村　支　部（なかむら）	787-0028 四万十市中村山手通54番地1（なかむらやまてどおり）	0880(35)3007
高知家庭裁判所（こうち）	780-8558 高知市丸ノ内1丁目3番5号（まるのうち）	088(822)0576
須　崎　支　部（すさき）	785-0010 須崎市鍛治町2番11号（かじまち）	0889(42)0046
安　芸　支　部（あき）	784-0003 安芸市久世町9番25号（くせちょう）	0887(35)2065
中　村　支　部（なかむら）	787-0028 四万十市中村山手通54番地1（なかむらやまてどおり）	0880(35)4741
高知地方検察庁（こうち）	780-8554 高知市丸ノ内1丁目4番1号（高知法務総合庁舎）（まるのうち）	088(872)9191
須　崎　支　部（すさき）	785-0004 須崎市青木町1番4号（須崎第2地方合同庁舎）（あおきまち）	0889(42)0413
安　芸　支　部（あき）	780-8554 高知市丸ノ内1丁目4番1号（高知法務総合庁舎）（高知地検内）（まるのうち）	088(872)9191
中　村　支　部（なかむら）	787-0028 四万十市中村山手通54番地2（なかむらやまてどおり）	0880(35)2345
松山地方裁判所（まつやま）	790-8539 松山市一番町3丁目3番地8（いちばんちょう）	089(903)4379 （総務課）
大　洲　支　部（おおず）	795-0012 大洲市大洲845番地（おおず）	0893(24)2038
西　条　支　部（さいじょう）	793-0023 西条市明屋敷165番地（あけやしき）	0897(56)0652 （庶務課）
今　治　支　部（いまばり）	794-8508 今治市常盤町4丁目5番地3（ときわちょう）	0898(23)0010
宇和島支部（うわじま）	798-0033 宇和島市鶴島町8番16号（つるしまちょう）	0895(22)1133
松山家庭裁判所（まつやま）	790-0006 松山市南堀端町2番地1（みなみほりばたちょう）	089(942)0083
大　洲　支　部（おおず）	795-0012 大洲市大洲845番地（おおず）	0893(24)2038
西　条　支　部（さいじょう）	793-0023 西条市明屋敷165番地（あけやしき）	0897(56)0696
今　治　支　部（いまばり）	794-8508 今治市常盤町4丁目5番地3（ときわちょう）	0898(23)0010
宇和島支部（うわじま）	798-0033 宇和島市鶴島町8番16号（つるしまちょう）	0895(22)4466
愛　南　出　張　所（あいなん）	798-4131 南宇和郡愛南町城辺甲3827番地（じょうへん）	0895(72)0044
松山地方検察庁（まつやま）	790-8575 松山市一番町4丁目4番地1（いちばんちょう）	089(935)6111

庁　　　名	所　　在　　地	電　　話
大　洲　支　部	795-0012 大洲市大洲845番地の3	0893(24)2415
西　条　支　部	793-0023 西条市明屋敷168番地2	0897(56)3335
今　治　支　部	794-0042 今治市旭町1丁目3番地3	0898(22)0590
宇和島支部	798-0033 宇和島市鶴島町8番19号	0895(22)0144

49 警視庁及び管轄警察署

第一方面（除島部）

警察署名	電話	所在地	最寄駅・停留所
警視庁	03(3581)4321	100-8929 千代田区霞が関2丁目1番1号	地下鉄有楽町線　桜田門駅
麹町	03(3234)0110	102-0083 千代田区麹町1丁目4番地5	地下鉄半蔵門線　半蔵門駅
丸の内	03(3213)0110	100-0006 千代田区有楽町1丁目9番2号	ＪＲ山手線　有楽町駅
神田	03(3295)0110	101-0054 千代田区神田錦町3丁目3番地2	都営新宿線　小川町駅
万世橋	03(3257)0110	101-8623 千代田区外神田1丁目16番5号	ＪＲ山手線　秋葉原駅
中央	03(5651)0110	103-0026 中央区日本橋兜町14番2号	地下鉄東西線　茅場町駅
久松	03(3661)0110	103-0005 中央区日本橋久松町8番1号	都営浅草線　人形町駅
築地	03(3543)0110	104-0045 中央区築地1丁目6番1号	地下鉄有楽町線　新富町駅
月島	03(3534)0110	104-0053 中央区晴海3丁目16番14号	都営大江戸線　勝どき駅
愛宕	03(3437)0110	105-0004 港区新橋6丁目18番12号	都営三田線　御成門駅
三田	03(3454)0110	108-0023 港区芝浦4丁目2番12号	ＪＲ山手線　田町駅
高輪	03(3440)0110	108-0074 港区高輪3丁目15番20号	都営浅草線　高輪台駅
麻布	03(3479)0110	106-0032 港区六本木4丁目7番1号	地下鉄日比谷線　六本木駅
赤坂	03(3475)0110	107-0052 港区赤坂4丁目18番19号	地下鉄銀座線　赤坂見附駅
東京湾岸	03(3570)0110	135-0064 江東区青海2丁目7番1号	ＪＲ山手線　品川駅より都バス 水上警察署

第二方面

品川	03(3450)0110	140-0002 品川区東品川3丁目14番32号	京浜急行線　新馬場駅
大井	03(3778)0110	140-0014 品川区大井5丁目10番2号	ＪＲ京浜東北線　大井町駅
大崎	03(3494)0110	141-0032 品川区大崎4丁目2番10号	ＪＲ山手線　大崎駅
荏原	03(3781)0110	142-0063 品川区荏原6丁目19番10号	東急池上線　荏原中延駅
大森	03(3762)0110	143-0014 大田区大森中1丁目1番16号	京浜急行線　大森町駅
田園調布	03(3722)0110	145-0071 大田区田園調布1丁目1番8号	東急池上線　雪が谷大塚駅
蒲田	03(3731)0110	144-0053 大田区蒲田本町2丁目3番3号	京浜急行線　京急蒲田駅
池上	03(3755)0110	146-0082 大田区池上3丁目20番10号	東急池上線　池上駅
東京空港	03(5757)0110	144-0041 大田区羽田空港3丁目4番1号	東京モノレール　羽田空港第2 ビル駅

第三方面

警察署名	電話	所在地	最寄駅・停留所
世田谷 (せたがや)	03(3418)0110	154-0024 世田谷区三軒茶屋2丁目4番4号	東急田園都市線　三軒茶屋駅
北沢 (きたざわ)	03(3324)0110	156-0043 世田谷区松原6丁目4番14号	小田急線　梅ヶ丘駅
玉川 (たまがわ)	03(3705)0110	158-0091 世田谷区中町2丁目9番22号	東急大井町線　等々力駅
成城 (せいじょう)	03(3482)0110	157-0071 世田谷区千歳台3丁目19番1号	小田急線　千歳船橋駅
目黒 (めぐろ)	03(3710)0110	153-0061 目黒区中目黒2丁目7番13号	東急東横線　中目黒駅
碑文谷 (ひもんや)	03(3794)0110	152-0003 目黒区碑文谷4丁目24番17号	東急東横線　都立大学駅
渋谷 (しぶや)	03(3498)0110	150-0002 渋谷区渋谷3丁目8番15号	ＪＲ山手線　渋谷駅
原宿 (はらじゅく)	03(3408)0110	150-0001 渋谷区神宮前1丁目4番17号	ＪＲ山手線　原宿駅
代々木 (よよぎ)	03(3375)0110	151-0071 渋谷区本町1丁目11番3号	京王新線　初台駅

第四方面

警察署名	電話	所在地	最寄駅・停留所
牛込 (うしごめ)	03(3269)0110	162-0854 新宿区南山伏町1番15号	地下鉄東西線　神楽坂駅
新宿 (しんじゅく)	03(3346)0110	160-8314 新宿区西新宿6丁目1番1号	地下鉄丸ノ内線　西新宿駅
戸塚 (とつか)	03(3207)0110	169-0051 新宿区西早稲田3丁目30番13号	ＪＲ山手線　高田馬場駅
四谷 (よつや)	03(3357)0110	160-0017 新宿区左門町6番地5	地下鉄丸ノ内線　四谷三丁目駅
中野 (なかの)	03(5925)0110	164-0011 中野区中央2丁目47番2号	地下鉄丸ノ内線　新中野駅
野方 (のがた)	03(3386)0110	164-0001 中野区中野4丁目12番1号	ＪＲ中央線　中野駅
杉並 (すぎなみ)	03(3314)0110	166-0015 杉並区成田東4丁目38番16号	地下鉄丸ノ内線　南阿佐ヶ谷駅
高井戸 (たかいど)	03(3332)0110	168-0081 杉並区宮前1丁目16番1号	京王井の頭線　高井戸駅
荻窪 (おぎくぼ)	03(3397)0110	167-0034 杉並区桃井3丁目1番3号	ＪＲ中央線　荻窪駅よりバス

第五方面

警察署名	電話	所在地	最寄駅・停留所
富坂 (とみさか)	03(3817)0110	112-0002 文京区小石川2丁目14番2号	地下鉄丸ノ内線　後楽園駅
大塚 (おおつか)	03(3941)0110	112-0013 文京区音羽2丁目12番26号	地下鉄有楽町線　護国寺駅
本富士 (もとふじ)	03(3818)0110	113-0033 文京区本郷7丁目1番7号	地下鉄丸ノ内線　本郷三丁目駅
駒込 (こまごめ)	03(3944)0110	113-0021 文京区本駒込2丁目28番18号	ＪＲ山手線　駒込駅
巣鴨 (すがも)	03(3910)0110	170-0004 豊島区北大塚1丁目15番15号	ＪＲ山手線　大塚駅

警察署名	電　話	所　在　地	最寄駅・停留所
池　袋	03(3986)0110	171-0021 豊島区西池袋1丁目7番5号	ＪＲ山手線　池袋駅
目　白	03(3987)0110	171-0031 豊島区目白2丁目10番2号	ＪＲ山手線　目白駅

第六方面

警察署名	電　話	所　在　地	最寄駅・停留所
上　野	03(3847)0110	110-0015 台東区東上野4丁目2番4号	ＪＲ山手線　上野駅
下　谷	03(3872)0110	110-0004 台東区下谷3丁目15番9号	地下鉄日比谷線　三ノ輪駅
浅　草	03(3871)0110	111-8501 台東区浅草4丁目47番11号	地下鉄銀座線　浅草駅
蔵　前	03(3864)0110	111-0051 台東区蔵前1丁目3番24号	都営浅草線　蔵前駅
尾　久	03(3810)0110	116-0011 荒川区西尾久3丁目8番5号	都電荒川線　小台
南　千　住	03(3805)0110	116-0003 荒川区南千住6丁目45番43号	都電荒川線　三ノ輪橋
荒　川	03(3801)0110	116-0002 荒川区荒川3丁目1番2号	都電荒川線　荒川区役所前
千　住	03(3879)0110	120-0034 足立区千住1丁目38番1号	ＪＲ常磐線　北千住駅
西　新　井	03(3852)0110	123-0843 足立区西新井栄町1丁目16番1号	東武伊勢崎線　西新井駅
竹　の　塚	03(3850)0110	121-0064 足立区保木間1丁目16番4号	東武伊勢崎線　竹ノ塚駅
綾　瀬	03(3620)0110	120-0006 足立区谷中4丁目1番24号	地下鉄千代田線　北綾瀬駅

第七方面

警察署名	電　話	所　在　地	最寄駅・停留所
深　川	03(3641)0110	135-0042 江東区木場3丁目18番6号	地下鉄東西線　木場駅
城　東	03(3699)0110	136-0073 江東区北砂2丁目1番24号	都営新宿線　西大島駅
本　所	03(5637)0110	130-0003 墨田区横川4丁目8番9号	地下鉄半蔵門線　押上駅
向　島	03(3616)0110	131-0044 墨田区文花3丁目18番9号	東武亀戸線　小村井駅
亀　有	03(3607)0110	125-0051 葛飾区新宿4丁目22番19号	ＪＲ常磐線　金町駅
葛　飾	03(3695)0110	124-0012 葛飾区立石2丁目7番9号	京成押上線　京成立石駅
小　松　川	03(3674)0110	132-0031 江戸川区松島1丁目19番22号	ＪＲ総武線　亀戸駅より都バス 小松川警察署
葛　西	03(3687)0110	134-0084 江戸川区東葛西6丁目39番1号	地下鉄東西線　葛西駅
小　岩	03(3671)0110	133-0052 江戸川区東小岩6丁目9番17号	ＪＲ総武線　小岩駅

第八方面

警察署名	電　話	所　　在　　地	最寄駅・停留所
昭島（あきしま）	042(546)0110	196-0011 昭島市上川原町1丁目1番1号	ＪＲ青梅線　昭島駅
立川（たちかわ）	042(527)0110	190-0014 立川市緑町3233番地の2	ＪＲ中央線　立川駅よりバス 立川警察署前
東大和（ひがしやまと）	042(566)0110	207-0033 東大和市芋窪6丁目1061番地の1	多摩都市モノレール　上北台駅
府中（ふちゅう）	042(360)0110	183-0055 府中市府中町1丁目10番地の5	京王線　府中駅
小金井（こがねい）	042(381)0110	184-0014 小金井市貫井南町3丁目21番3号	ＪＲ中央線　武蔵小金井駅
田無（たなし）	042(467)0110	188-0011 西東京市田無町5丁目2番5号	西武新宿線　田無駅
小平（こだいら）	042(343)0110	187-0032 小平市小川町2丁目1264番地の1	ＪＲ武蔵野線　新小平駅
東村山（ひがしむらやま）	042(393)0110	189-0014 東村山市本町1丁目1番地3	西武新宿線　東村山駅
武蔵野（むさしの）	0422(55)0110	180-0006 武蔵野市中町2丁目1番2号	ＪＲ中央線　三鷹駅
三鷹（みたか）	0422(49)0110	181-0012 三鷹市上連雀8丁目2番36号	ＪＲ中央線　三鷹駅
調布（ちょうふ）	042(488)0110	182-0022 調布市国領町2丁目25番地1	京王線　国領駅

第九方面

警察署名	電　話	所　　在　　地	最寄駅・停留所
青梅（おうめ）	0428(22)0110	198-0032 青梅市野上町4丁目6番地の3	ＪＲ青梅線　河辺駅
五日市（いつかいち）	042(595)0110	190-0164 あきる野市五日市888番地7	ＪＲ五日市線　武蔵五日市駅
福生（ふっさ）	042(551)0110	197-0012 福生市加美平3丁目25番地	ＪＲ青梅線　福生駅
八王子（はちおうじ）	042(621)0110	192-0051 八王子市元本郷町3丁目19番1号	ＪＲ中央線　西八王子駅
高尾（たかお）	042(665)0110	193-0834 八王子市東浅川町23番地34	ＪＲ中央線　高尾駅
南大沢（みなみおおさわ）	042(653)0110	192-0364 八王子市南大沢1丁目8番地3	京王相模原線　南大沢駅
町田（まちだ）	042(722)0110	194-0023 町田市旭町3丁目1番3号	小田急線・ＪＲ横浜線　町田駅
日野（ひの）	042(586)0110	191-0012 日野市大字日野589番地の1	多摩都市モノレール　甲州街道駅
多摩中央（たまちゅうおう）	042(375)0110	206-0034 多摩市鶴牧1丁目26番地1	京王相模原線・小田急多摩線 小田急多摩センター駅

第十方面

警察署名	電　話	所　　在　　地	最寄駅・停留所
滝野川（たきのがわ）	03(3940)0110	114-0024 北区西ケ原2丁目4番1号	地下鉄南北線　西ヶ原駅
王子（おうじ）	03(3911)0110	114-0002 北区王子3丁目22番22号	ＪＲ京浜東北線　王子駅
赤羽（あかばね）	03(3903)0110	115-0043 北区神谷3丁目10番1号	地下鉄南北線　志茂駅

警察署・拘置所等一覧表

警察署名	電　話	所　在　地	最寄駅・停留所
板橋 いた　ばし	03(3964)0110	173-0004 板橋区板橋2丁目60番13号 いたばし	都営三田線　板橋区役所前駅
志村 し　むら	03(3966)0110	174-8787 板橋区東坂下2丁目21番17号 ひがしさかした	JR埼京線　浮間舟渡駅
高島平 たか　しま　だいら	03(3979)0110	175-0082 板橋区高島平3丁目12番32号 たかしまだいら	都営三田線　高島平駅
練馬 ねり　ま	03(3994)0110	176-0012 練馬区豊玉北5丁目2番7号 とよたまきた	西武池袋線　練馬駅
光が丘 ひかり　が　おか	03(5998)0110	179-0072 練馬区光が丘2丁目9番8号 ひかりがおか	都営大江戸線　光が丘駅
石神井 しゃく　じ　い	03(3904)0110	177-0041 練馬区石神井町6丁目17番26号 しゃくじいまち	西武池袋線　石神井公園駅

第一方面（島部）

大島 おお　しま	04992(2)0110	100-0101 東京都大島町元町1丁目15番6号 もとまち	元町港（東海汽船）
新島 にい　じま	04992(5)0381	100-0402 東京都新島村本村3丁目13番4号 ほんそん	新島港（東海汽船）
三宅島 み　やけ　じま	04994(2)0511	100-1102 東京都三宅島三宅村伊豆640番地 い　ず	三池港（東海汽船）よりバス
八丈島 はち　じょう　じま	04996(2)0110	100-1511 東京都八丈島八丈町三根54番地1 みつね	底土港（東海汽船）
小笠原 お　がさ　わら	04998(2)2110	100-2101 東京都小笠原村父島字西町 ちちじま　にしまち	二見港（小笠原海運）

名　　　称	所　在　地	電　話
警視庁交通部交通執行課（墨田分室）	130-0013 墨田区錦糸4丁目16番7号 きんし 東京簡易裁判所墨田庁舎内	成人 03(3622)4660（テレホンサービス） 少年 03(3622)4670
警視庁交通部交通執行課（立川分室）	190-8571 立川市緑町10番地の4 みどりちょう 東京地方裁判所立川支部庁舎1階 （交通切符受付）	成人 042(527)4395・4390 少年 042(529)0322
警視庁府中運転免許試験場	183-0002 府中市多磨町3丁目1番地の1 たまちょう	042(362)3591
警視庁鮫洲運転免許試験場	140-0011 品川区東大井1丁目12番5号 ひがしおおい	03(3474)1374
警視庁江東運転免許試験場	136-0075 江東区新砂1丁目7番24号 しんすな	03(3699)1151

50| 東京矯正管区内拘置所

名　称	所　在　地	電　話
東　京　拘　置　所	124-8565 葛飾区小菅1丁目35番1号	03(3690)6681
松　戸　拘　置　支　所	271-0076 松戸市岩瀬440番地	047(362)2409
立　川　拘　置　所	190-8552 立川市泉町1156番地11	042(540)4441
宇都宮拘置支所	320-0036 宇都宮市小幡1丁目1番9号	028(622)2657
足　利　〃	326-0044 足利市助戸3丁目511番地1	0284(41)3919
大田原　〃	324-0047 大田原市美原1丁目17番地37	0287(22)2359
高　崎　〃	370-0829 高崎市高松町26番地5	027(322)5617
太　田　〃	373-0851 太田市飯田町625番地	0276(49)4397
木更津　〃	292-0832 木更津市新田2丁目5番1号	0438(22)0261
八日市場　〃	289-2144 匝瑳市八日市場イ513番地	0479(72)0269
横　浜　〃	233-8502 横浜市港南区港南4丁目2番3号	045(842)0161
小田原　〃	250-0001 小田原市扇町1丁目8番13号	0465(34)2009
相模原　〃	252-0236 相模原市中央区富士見6丁目10番5号	042(776)9135
長　岡　〃	940-1151 長岡市三和3丁目9番地1	0258(32)1262
上　越　〃	943-0834 上越市西城町2丁目9番20号	025(523)2257
佐　渡　〃	952-1324 佐渡市中原341番地	0259(52)4008
上　田　〃	386-0023 上田市中央西2丁目3番15号	0268(22)0491
浜　松　〃	432-8023 浜松市中央区鴨江3丁目33番1号	053(452)4740
沼　津　〃	410-0832 沼津市御幸町22番1号	055(931)0178
水　戸　〃	310-0045 水戸市新原1丁目9番1号	029(251)4014
土　浦　〃	300-0814 土浦市国分町5番1号	029(821)0084
下　妻　〃	304-0066 下妻市下妻甲6番地	0296(44)2015
さいたま　〃	330-0063 さいたま市浦和区高砂3丁目16番58号	048(861)9146
熊　谷　〃	360-0014 熊谷市箱田1丁目16番1号	048(527)5252
飯　田　〃	395-0053 飯田市大久保町2637番地	0265(22)0009
上諏訪　〃	392-0027 諏訪市湖岸通り5丁目17番14号	0266(52)0186

警察署・拘置所等一覧表

51 東京矯正管区内刑務所

名　　称	所　　在　　地	電　話
水戸刑務所	312-0033 ひたちなか市大字市毛847番地	029(272)2424
栃木 〃	328-8550 栃木市惣社町2484番地	0282(27)1885
黒羽 〃	324-0293 大田原市寒井1466番地2	0287(54)1191
喜連川社会復帰促進センター	329-1493 さくら市喜連川5547番地	028(686)3111
前橋刑務所	371-0805 前橋市南町1丁目23番7号	027(221)4247
千葉 〃	264-8585 千葉市若葉区貝塚町192番地	043(231)1191
市原 〃	290-0204 市原市磯ケ谷11番地1	0436(36)2351
東日本成人矯正医療センター	196-8560 昭島市もくせいの杜2丁目1番9号	042(500)5271
府中刑務所	183-8523 府中市晴見町4丁目10番地	042(362)3101
横浜 〃	233-8501 横浜市港南区港南4丁目2番2号	045(842)0161
新潟 〃	950-8721 新潟市江南区山二ツ381番地の4	025(286)8221
甲府 〃	400-0056 甲府市堀之内町500番地	055(241)8311
長野 〃	382-8633 須坂市大字須坂1200番地	026(245)0900
静岡 〃	420-0801 静岡市葵区東千代田3丁目1番1号	054(261)0117
市原青年矯正センター	290-0204 市原市磯ケ谷157番地1	0436(36)1581
川越少年刑務所	350-1162 川越市南大塚6丁目40番地1	049(242)0222
松本 〃	390-0871 松本市桐3丁目9番4号	0263(32)3091

52 東京矯正管区内少年院、少年鑑別所、婦人補導院

名　　称	所　　在　　地	電　話
茨城農芸学院	300-1288 牛久市久野町1722番地の1	029(875)1114
水府学院	311-3104 茨城県東茨城郡茨城町大字駒渡1084番地の1	029(292)0054
喜連川少年院	329-1412 さくら市喜連川3475番地の1	028(686)3020
赤城 〃	371-0222 前橋市上大屋町60番地	027(283)2020
榛名女子学園	370-3503 群馬県北群馬郡榛東村大字新井1027番地の1	0279(54)3232

名　　　称	所　　在　　地	電　話
八街少年院	289-1123 八街市滝台1766番地	043（445）3787
多摩　〃	193-0932 八王子市緑町670番地	042（622）5219
東日本少年矯正医療・教育センター	196-0035 昭島市もくせいの杜2丁目1番3号	042（500）5271
愛光女子学園	201-0001 狛江市西野川3丁目14番26号	03（3480）2178
久里浜少年院	239-0826 横須賀市長瀬3丁目12番1号	046（841）2585
新潟少年学院	940-0828 長岡市御山町117番地13	0258（35）0118
有明高原寮	399-8301 安曇野市穂高有明7299番地	0263（83）2204
駿府学園	421-2118 静岡市葵区内牧118番地	054（296）1661
水戸少年鑑別所	310-0045 水戸市新原1丁目15番15号	029（251）3038
宇都宮　〃	320-0851 宇都宮市鶴田町574番地1	028（648）5062
前橋　〃	371-0035 前橋市岩神町4丁目5番7号	027（233）3183
さいたま　〃	330-0063 さいたま市浦和区高砂3丁目16番36号	048（864）5858
千葉　〃	263-0016 千葉市稲毛区天台1丁目12番9号	043（253）7741
東京　〃	179-0084 練馬区氷川台2丁目11番7号	03（3931）1141
東京西　〃	196-0035 昭島市もくせいの杜2丁目1番1号	042（500）5271
横浜　〃	233-0003 横浜市港南区港南4丁目2番1号	045（841）2525
新潟　〃	951-8133 新潟市中央区川岸町1丁目53番地2	025（266）2442
甲府　〃	400-0055 甲府市大津町2075番地1	055（241）1881
長野　〃	380-0803 長野市三輪5丁目46番14号	026（232）6144
静岡　〃	422-8021 静岡市駿河区小鹿2丁目27番7号	054（281）3208
東京婦人補導院	196-0035 昭島市もくせいの杜2丁目1番1号	042（500）5271

警察署・拘置所等一覧表

53 法務局一覧表

法務局名	所　在　地	電　話
札幌 さっぽろ	060-0808 札幌市北区北8条西2丁目1番1　札幌第1合同庁舎1・2階	011(709)2311
仙台 せんだい	980-8601 仙台市青葉区春日町7番25号　仙台第3法務総合庁舎	022(225)5611
東京 とうきょう	102-8225（後見登録課は102-8226） 千代田区九段南1丁目1番15号　九段第2合同庁舎	03(5213)1234
名古屋 なごや	460-8513 名古屋市中区三の丸2丁目2番1号　名古屋合同庁舎第1号館	052(952)8111
大阪 おおさか	540-8544 大阪市中央区谷町2丁目1番17号　大阪第2法務合同庁舎	06(6942)1481
広島 ひろしま	730-8536 広島市中区上八丁堀6番30号	082(228)5201
高松 たかまつ	760-8508 高松市丸の内1番1号　高松法務合同庁舎	087(821)6191
福岡 ふくおか	810-8513 福岡市中央区舞鶴3丁目5番25号　福岡第1法務総合庁舎	092(721)4570

54 東京法務局管内の地方法務局一覧表

地方法務局名	所　在　地	電　話
水戸 みと	310-0061 水戸市北見町1番1号　水戸法務総合庁舎1・2階	029(227)9911
宇都宮 うつのみや	320-8515 宇都宮市小幡2丁目1番11号	028(623)6333
前橋 まえばし	371-8535 前橋市大手町2丁目3番1号　前橋地方合同庁舎4階	027(221)4466
さいたま	338-8513 さいたま市中央区下落合5丁目12番1号　さいたま第2法務総合庁舎	048(851)1000
千葉 ちば	260-8518 千葉市中央区中央港1丁目11番3号　千葉地方合同庁舎	043(302)1311 （総務課）
横浜 よこはま	231-8411 横浜市中区北仲通5丁目57番地　横浜第2合同庁舎	045(641)7461
新潟 にいがた	951-8504 新潟市中央区西大畑町5191番地　新潟地方法務総合庁舎	025(222)1561
甲府 こうふ	400-8520 甲府市丸の内1丁目1番18号　甲府合同庁舎	055(252)7151
長野 ながの	380-0846 長野市大字長野旭町1108番地　長野第2合同庁舎	026(235)6611
静岡 しずおか	420-8650 静岡市葵区追手町9番50号　静岡地方合同庁舎1・2階	054(254)3555

55 東京法務局管内の支局・出張所

法務局 （支局・出張所）	不動産登記 管轄区域	商業法人登記 管轄区域	供託	郵便番号・所在地 電話番号・最寄駅
東 京 法 務 局	千代田区、中央区、文京区 大島町、利島村、新島村、神津島村、三宅村、御蔵島村、小笠原村 八丈支庁の所管区域（八丈町、青ヶ島村、鳥島、須美寿島、ベヨネイス列岩）	不動産登記管轄区域に同じ	○	102-8225（後見登録課は102-8226） 千代田区九段南1丁目1番15号（九段第2合同庁舎） 03（5213）1234 地下鉄東西線　九段下駅
港 出 張 所	港区	〃		106-8654 港区東麻布2丁目11番11号 03（3586）2181 地下鉄南北線　麻布十番駅
新宿出張所	新宿区	〃		169-0074 新宿区北新宿1丁目8番22号 03（3363）7385 JR中央線　大久保駅
台東出張所	台東区	〃		110-8561 台東区台東1丁目26番2号 03（3831）0625 地下鉄日比谷線　秋葉原駅
墨田出張所	墨田区、江東区	〃		130-0024 墨田区菊川1丁目17番13号 03（3631）1408 都営新宿線　菊川駅
品川出張所	品川区	〃		140-8717 品川区広町2丁目1番36号（品川区総合庁舎） 03（3774）3446 JR京浜東北線　大井町駅
城南出張所	大田区	〃		146-8554 大田区鵜の木2丁目9番15号 03（3750）6651 東急多摩川線　鵜の木駅

法務局、支局、出張所一覧表

法務局 （支局・出張所）	不動産登記 管轄区域	商業法人登記 管轄区域	供託	郵便番号・所在地 電話番号・最寄駅
東京 世田谷出張所	世田谷区	不動産登記管轄区域に同じ		154-8531 世田谷区若林4丁目22番13号（世田谷合同庁舎2階） 03（5481）7519 東急世田谷線　松陰神社前
渋谷出張所	目黒区、渋谷区	〃		150-8301 渋谷区宇田川町1番10号（渋谷地方合同庁舎） 03（3463）7671 JR山手線　渋谷駅
中野出張所	中野区	〃		165-8588 中野区野方1丁目34番1号 03（3389）3379 JR中央線　中野駅
杉並出張所	杉並区	〃		167-0035 杉並区今川2丁目1番3号 03（3395）0255 JR中央線　荻窪駅よりバス
豊島出張所	豊島区	〃		171-8507 豊島区池袋4丁目30番20号（豊島地方合同庁舎） 03（3971）1616 JR山手線　池袋駅
北出張所	北区、荒川区	〃		114-8531 北区王子6丁目2番66号 03（3912）2608 JR京浜東北線　王子駅
板橋出張所	板橋区	〃		173-0004 板橋区板橋1丁目44番6号 03（3964）5385 都営三田線　新板橋駅
練馬出張所	練馬区	〃		179-8501 練馬区春日町5丁目35番33号 03（5971）3681 都営大江戸線　練馬春日町駅
城北出張所	足立区、葛飾区	〃		124-8502 葛飾区小菅4丁目20番24号 03（3603）4305 地下鉄千代田線　綾瀬駅
江戸川出張所	江戸川区	〃		132-8585 江戸川区中央1丁目16番2号 03（3654）4156 JR総武線　新小岩駅より都バス江戸川区役所

法務局 （支局・出張所）	不動産登記 管轄区域	商業法人登記 管轄区域	供託	郵便番号・所在地 電話番号・最寄駅
東京 八王子支局 （はちおうじ）	八王子市	不動産登記管轄区域に同じ	○	192-0046 八王子市明神町4丁目21番2号（みょうじんちょう） （八王子地方合同庁舎1・2階） 042（631）1377 京王線　京王八王子駅
立川出張所 （たちかわ）	立川市、昭島市、日野市、国分寺市、国立市、東大和市、武蔵村山市	〃		190-8524 立川市緑町4番地2（立川地方合同庁舎6階）（みどりちょう） 042（524）2716 ＪＲ中央線　立川駅
町田出張所 （まちだ）	町田市	〃		194-0022 町田市森野2丁目28番14号（町田地方合同庁舎）（もりの） 042（722）2414 小田急線・ＪＲ横浜線　町田駅
府中支局 （ふちゅう）	武蔵野市、三鷹市、府中市、調布市、小金井市、狛江市、多摩市、稲城市	〃	○	183-0052 府中市新町2丁目44番地（しんまち） 042（335）4753 ＪＲ中央線　武蔵小金井駅よりバス
田無出張所 （たなし）	小平市、東村山市、西東京市、清瀬市、東久留米市	〃		188-0011 西東京市田無町4丁目16番24号（たなしちょう） 042（461）1130 西武新宿線　田無駅
西多摩支局 （にしたま）	青梅市、福生市、羽村市、あきる野市 西多摩郡（瑞穂町、日の出町、檜原村、奥多摩町）	〃	○	197-0004 福生市南田園3丁目61番地3（みなみでんえん） 042（551）0360 ＪＲ青梅線　牛浜駅

法務局、支局、出張所一覧表

56 地方法務局管内の支局・出張所

1 水戸地方法務局

地方法務局 (支局・出張所)	不動産登記 管轄区域	商業法人登記 管轄区域	供託	郵便番号・所在地 電話番号・最寄駅
水戸地方法務局	水戸市、笠間市、ひたちなか市、那珂市 東茨城郡(茨城町、大洗町、城里町) 那珂郡(東海村)	茨城県内全域	○	310-0061 水戸市北見町1番1号(水戸法務総合庁舎1・2階) 029(227)9911 JR常磐線 水戸駅
日立支局	日立市、高萩市、北茨城市		○	317-0072 日立市弁天町2丁目13番15号(日立法務総合庁舎) 0294(21)2253 JR常磐線 日立駅
土浦支局	土浦市、石岡市、かすみがうら市、小美玉市 稲敷郡の内 美浦村、阿見町		○	300-0812 土浦市下高津1丁目12番9号 029(821)0783 JR常磐線 土浦駅
つくば出張所	つくば市			305-0031 つくば市吾妻1丁目12番地1(筑波地方合同庁舎) 029(851)8186 JR常磐線 土浦駅よりバス
龍ケ崎支局	龍ケ崎市、稲敷市 稲敷郡の内 河内町 北相馬郡(利根町)		○	301-0822 龍ケ崎市2985番地 0297(62)0225 関東鉄道竜ヶ崎線 竜ヶ崎駅
取手出張所	取手市、牛久市、守谷市、つくばみらい市			300-1514 取手市宮和田1784番地1 0297(83)0057 JR常磐線 藤代駅
下妻支局	古河市、下妻市、常総市、坂東市 結城郡(八千代町) 猿島郡(五霞町、境町)		○	304-0067 下妻市下妻乙1300番地1 0296(43)3935 関東鉄道常総線 下妻駅
筑西出張所	結城市、筑西市、桜川市			308-0031 筑西市丙116番地16(筑西しもだて合同庁舎) 0296(22)3495 JR水戸線 下館駅

地方法務局 (支局・出張所)	不動産登記 管轄区域	商業法人登記 管轄区域	供託	郵便番号・所在地 電話番号・最寄駅
水戸 常陸太田 支　局	常陸太田市、常陸大宮市 久慈郡（大子町）		○	313-0013 常陸太田市山下町1221番地1 0294(73)0221 ＪＲ水郡線　常陸太田駅
鹿嶋支局	鹿嶋市、潮来市、神栖市、行方市、鉾田市		○	314-0032 鹿嶋市宮下5丁目20番地4 0299(83)6000 ＪＲ鹿島線　鹿島神宮駅

2　宇都宮地方法務局

地方法務局 (支局・出張所)	不動産登記 管轄区域	商業法人登記 管轄区域	供託	郵便番号・所在地 電話番号・最寄駅
宇都宮 地方法務局	宇都宮市、鹿沼市、さくら市、那須烏山市 河内郡（上三川町） 塩谷郡の内　高根沢町	栃木県内全域	○	320-8515 宇都宮市小幡2丁目1番11号 028(623)6333 ＪＲ東北本線　宇都宮駅
足利支局	足利市、佐野市		○	326-0052 足利市相生町1番地12 0284(42)8101 ＪＲ両毛線　足利駅
栃木支局	栃木市 下都賀郡の内　壬生町		○	328-0053 栃木市片柳町1丁目22番25号 0282(22)1068 ＪＲ両毛線　栃木駅
小山出張所	小山市、下野市 下都賀郡の内　野木町		○	323-0027 小山市花垣町1丁目13番40号 0285(22)0361 ＪＲ東北本線　小山駅
日光支局	日光市 塩谷郡の内　塩谷町		○	321-1272 日光市今市本町20番地3 0288(21)0309 ＪＲ日光線　今市駅
真岡支局	真岡市 芳賀郡（益子町、茂木町、市貝町、芳賀町）		○	321-4305 真岡市荒町5176番地3 0285(82)2279 真岡鉄道　真岡駅

地方法務局 （支局・出張所）	不動産登記 管轄区域	商業法人登記 管轄区域	供託	郵便番号・所在地 電話番号・最寄駅
宇都宮 おお た わら **大田原支局**	大田原市、矢板市 那須塩原市 那須郡（那須町、那珂 川町）		○	324-0041 ほんちょう 大田原市本町1丁目2695番地109 0287（23）1155 ＪＲ東北本線　西那須野駅

3　前橋地方法務局

まえばし **前橋地方法務局**	前橋市	群馬県内全域	○	371-8535 おお て まち 前橋市大手町2丁目3番1号（前橋地 方合同庁舎4階） 027（221）4466 ＪＲ両毛線　前橋駅
しぶかわ 渋川出張所	渋川市 北群馬郡（榛東村、吉 岡町）			377-0007 いしはら 渋川市石原1099番地1 0279（22）0242 ＪＲ上越線　渋川駅
たか さき **高 崎 支 局**	高崎市、藤岡市、安中 市 多野郡の内　神流町		○	370-0045 あずまちょう 高崎市東町134番地12（高崎地方合 同庁舎） 027（322）6315 ＪＲ高崎線　高崎駅
きりゅ う **桐 生 支 局**	桐生市、みどり市		○	376-0045 すえひろちょう 桐生市末広町13番地5（桐生地方合 同庁舎） 0277（44）3526 ＪＲ両毛線　桐生駅
いせさき **伊勢崎支局**	伊勢崎市 佐波郡（玉村町）		○	372-0006 おお た まち 伊勢崎市太田町554番地10（伊勢崎 地方合同庁舎） 0270（25）0758 ＪＲ両毛線　伊勢崎駅
おお た **太 田 支 局**	太田市、館林市 邑楽郡（板倉町、明和 町、千代田町、大泉 町、邑楽町）		○	373-0063 とりやましもちょう 太田市鳥山下町387番地3（太田地方 合同庁舎） 0276（32）6100 東武桐生線　三枚橋駅
ぬま た **沼 田 支 局**	沼田市 利根郡（片品村、川場 村、昭和村、みなか み町）		○	378-0042 にしくらうちまち 沼田市西倉内町701番地 0278（22）2518 ＪＲ上越線　沼田駅
とみ おか **富 岡 支 局**	富岡市 多野郡の内　上野村 甘楽郡（下仁田町、南 牧村、甘楽町）		○	370-2316 とみおか 富岡市富岡1383番地6 0274（62）0404 上信電鉄　上州富岡駅

地方法務局 （支局・出張所）	不動産登記 管轄区域	商業法人登記 管轄区域	供託	郵便番号・所在地 電話番号・最寄駅
前橋 **中之条支局** （なかのじょう）	吾妻郡（中之条町、長野原町、嬬恋村、草津町、高山村、東吾妻町）		○	377-0424 吾妻郡中之条町大字中之条町692番地2 0279（75）3037 ＪＲ吾妻線　中之条駅

4　さいたま地方法務局

地方法務局 （支局・出張所）	不動産登記 管轄区域	商業法人登記 管轄区域	供託	郵便番号・所在地 電話番号・最寄駅
さいたま **地方法務局**	さいたま市全域 蕨市、戸田市	埼玉県内全域	○	338-8513 さいたま市中央区下落合5丁目12番1号（さいたま第2法務総合庁舎） 048（851）1000 ＪＲ埼京線　与野本町駅
川口出張所 （かわぐち）	川口市			332-0032 川口市中青木2丁目19番5号 048（255）4844 ＪＲ京浜東北線　川口駅
鴻巣出張所 （こうのす）	鴻巣市、北本市			365-0032 鴻巣市中央27番27号 048（541）0776 ＪＲ高崎線　鴻巣駅
上尾出張所 （あげお）	上尾市、桶川市 北足立郡（伊奈町）			362-0005 上尾市大字西門前753番地1 048（771）0239 ＪＲ高崎線　北上尾駅
志木出張所 （しき）	朝霞市、志木市、和光市、新座市、富士見市			353-0004 志木市本町1丁目4番25号 048（476）1230 東武東上線　志木駅
川越支局 （かわごえ）	川越市、ふじみ野市 入間郡の内　三芳町 比企郡の内　川島町		○	350-1118 川越市豊田本1丁目19番地8 049（243）3824 東武東上線　川越市駅
坂戸出張所 （さかど）	坂戸市、鶴ヶ島市 入間郡の内　毛呂山町、越生町 比企郡の内　鳩山町			350-0214 坂戸市千代田1丁目2番9号 049（281）0342 東武東上線　坂戸駅
熊谷支局 （くまがや）	熊谷市、行田市、深谷市 大里郡（寄居町）		○	360-0037 熊谷市筑波3丁目39番地1 048（524）8805 ＪＲ高崎線　熊谷駅

法務局、支局、出張所一覧表

地方法務局 （支局・出張所）	不動産登記 管轄区域	商業法人登記 管轄区域	供託	郵便番号・所在地 電話番号・最寄駅
さいたま 本庄出張所（ほんじょう）	本庄市 児玉郡（美里町、神川町、上里町）			367-0030 本庄市早稲田の杜（わせだのもり）4丁目10番1号 0495（22）3264 ＪＲ高崎線　本庄駅
秩父支局（ちちぶ）	秩父市 秩父郡の内　横瀬町、皆野町、長瀞町、小鹿野町		○	368-0025 秩父市桜木町（さくらぎまち）12番28号 0494（22）0827 秩父鉄道　秩父駅
所沢支局（ところざわ）	所沢市、狭山市、入間市		○	359-0042 所沢市並木（なみき）6丁目1番地5 04（2992）2677 西武新宿線　航空公園駅
飯能出張所（はんのう）	飯能市、日高市			357-0021 飯能市大字双柳（なみやなぎ）94番地15 042（972）2580 ＪＲ八高線　東飯能駅
東松山支局（ひがしまつやま）	東松山市 比企郡の内　滑川町、嵐山町、小川町、吉見町、ときがわ町 秩父郡の内　東秩父村		○	355-0011 東松山市加美町（かみちょう）1番16号 0493（22）0379 東武東上線　東松山駅
越谷支局（こしがや）	越谷市、吉川市 北葛飾郡の内　松伏町		○	343-0023 越谷市東越谷（ひがしこしがや）9丁目2番地9 048（966）1321 東武伊勢崎線　越谷駅
春日部出張所（かすかべ）	春日部市 南埼玉郡（宮代町） 北葛飾郡の内　杉戸町			344-0067 春日部市中央（ちゅうおう）3丁目11番地8 048（752）2339 東武野田線　八木崎駅
草加出張所（そうか）	草加市、八潮市、三郷市			340-0006 草加市八幡町（やわたちょう）735番地1 048（936）0355 東武伊勢崎線　新田駅
久喜支局（くき）	加須市、羽生市、久喜市、幸手市、蓮田市、白岡市		○	346-0005 久喜市本町（ほんちょう）4丁目5番28号 0480（21）0215 ＪＲ宇都宮線・東武伊勢崎線　久喜駅よりバス

5 千葉地方法務局

地方法務局 (支局・出張所)	不動産登記 管轄区域	商業法人登記 管轄区域	供託	郵便番号・所在地 電話番号・最寄駅
千葉地方法務局	千葉市全域 習志野市	千葉県内全域	○	260-8518 千葉市中央区中央港1丁目11番3号 (千葉地方合同庁舎) 043(302)1311 (総務課) JR京葉線　千葉みなと駅
東金出張所	東金市、山武市、大網 白里市 山武郡の内　九十九 里町			283-0063 東金市堀上334番地12 0475(52)2402 JR東金線　東金駅
市原出張所	市原市			290-0062 市原市八幡2384番地56 0436(41)3241 JR内房線　八幡宿駅
市川支局	市川市、鎌ケ谷市、浦 安市		○	272-0805 市川市大野町4丁目2156番地1 047(339)7701 JR武蔵野線　市川大野駅
船橋支局	船橋市、八千代市		○	273-8558 船橋市海神町2丁目284番地1 047(431)3681 JR総武線　船橋駅
館山支局	館山市、鴨川市、南房 総市 安房郡（鋸南町）		○	294-0045 館山市北条2169番地1 0470(22)0620 JR内房線　館山駅
木更津支局	木更津市、君津市、富 津市、袖ケ浦市		○	292-0057 木更津市東中央3丁目1番7号 0438(22)2531 JR内房線　木更津駅
松戸支局	松戸市、流山市		○	271-8518 松戸市岩瀬473番地18 (松戸法務総合庁舎) 047(363)6278 JR常磐線　松戸駅

法務局、支局、出張所一覧表

地方法務局 （支局・出張所）	不動産登記 管轄区域	商業法人登記 管轄区域	供託	郵便番号・所在地 電話番号・最寄駅
千葉				
香取支局 （かとり）	成田市の内　青山、伊能、臼作、大菅、大沼、大和田、小野、川上、官林、吉岡、久井崎、倉水、小浮、桜田、猿山、地蔵原新田、柴田、新川、新田、浅間、大栄十余三、高、高岡、高倉、多良貝、津富浦、稲荷山、東ノ台、所、冬父、中里、中野、名木、名古屋、南敷、奈土、七沢、滑川、成井、西大須賀、野馬込、一鍬田、一坪田、平川、堀籠、前林、馬乗里、松子、水の上、村田、横山、四谷 香取市 香取郡の内　神崎町、東庄町		○	287-0001 香取市佐原ロ2122番地40 　　　　　　0478(52)3391 ＪＲ成田線　佐原駅
佐倉支局 （さくら）	佐倉市、四街道市、八街市 印旛郡の内　酒々井町		○	285-0811 佐倉市表町1丁目20番地11 　　　　　　043(484)1222 ＪＲ総武本線　佐倉駅
成田出張所 （なりた）	成田市（香取支局の管轄に属する地域を除く）、印西市、白井市、富里市 印旛郡の内　栄町			286-0014 成田市郷部1322番地 　　　　　　0476(23)2313 ＪＲ総武本線　成田駅
柏支局 （かしわ）	野田市、柏市、我孫子市		○	277-0005 柏市柏6丁目10番25号 　　　　　　04(7167)3309 ＪＲ常磐線　柏駅
匝瑳支局 （そうさ）	銚子市、旭市、匝瑳市 香取郡の内　多古町 山武郡の内　芝山町、横芝光町		○	289-2141 匝瑳市八日市場ハ678番地3 　　　　　　0479(72)0334 ＪＲ総武本線　八日市場駅
茂原支局 （もばら）	茂原市 長生郡（一宮町、睦沢町、長生村、白子町、長柄町、長南町）		○	297-0078 茂原市高師台1丁目5番地3 　　　　　　0475(24)2188 ＪＲ外房線　上総一ノ宮駅

地方法務局		不動産登記 管轄区域	商業法人登記 管轄区域	供託	郵便番号・所在地 電話番号・最寄駅
	(支局・出張所)				
千葉	い す み 出 張 所	勝浦市、いすみ市 夷隅郡(大多喜町、御 宿町)			298-0004 いすみ市大原7400番地55 0470(62)2283 ＪＲ外房線　大原駅

6　横浜地方法務局

地方法務局	不動産登記 管轄区域	商業法人登記 管轄区域	供託	郵便番号・所在地 電話番号・最寄駅
横浜地方法務局	横浜市の内　中区、 西区、南区	横浜市全域 川崎市全域	○	231-8411 横浜市中区北仲通5丁目57番地(横 浜第2合同庁舎) 045(641)7461 ＪＲ京浜東北線　桜木町駅
神 奈 川 出 張 所	横浜市の内　神奈川 区、保土ケ谷区、鶴 見区			221-0061 横浜市神奈川区七島町117番地 045(431)5353 京浜急行線　子安駅
金沢出張所	横浜市の内　金沢 区、磯子区			236-0021 横浜市金沢区泥亀2丁目7番1号 045(782)4993 京浜急行線　金沢文庫駅
港北出張所	横浜市の内　港北 区、都筑区			222-0033 横浜市港北区新横浜3丁目24番6号 (横浜港北地方合同庁舎) 045(474)1280 ＪＲ横浜線　新横浜駅
戸塚出張所	横浜市の内　戸塚 区、泉区			244-0003 横浜市戸塚区戸塚町2833番地 045(871)3912 ＪＲ東海道本線　戸塚駅よりバス
旭 出 張 所	横浜市の内　旭区、 瀬谷区			241-0835 横浜市旭区柏町113番地2 045(365)1300 相鉄いずみ野線　南万騎が原駅
栄 出 張 所	横浜市の内　港南 区、栄区			247-0007 横浜市栄区小菅ケ谷1丁目6番2号 045(895)3071 ＪＲ京浜東北線　本郷台駅
青葉出張所	横浜市の内　緑区、 青葉区			225-0014 横浜市青葉区荏田西1丁目9番地12 045(973)2020 東急田園都市線　市が尾駅よりバス

地方法務局 （支局・出張所）	不動産登記 管轄区域	商業法人登記 管轄区域	供託	郵便番号・所在地 電話番号・最寄駅
横浜 **川崎支局** （かわさき）	川崎市の内　川崎区、幸区、中原区		○	210-0012 川崎市川崎区宮前町（みやまえちょう）12番11号（川崎法務総合庁舎） 044(244)4166 ＪＲ京浜東北線　川崎駅
麻生出張所 （あさお）	川崎市の内　高津区、宮前区、多摩区、麻生区			215-0021 川崎市麻生区上麻生（かみあさお）1丁目3番14号（川崎西合同庁舎） 044(955)2222 小田急線　新百合が丘駅
横須賀支局 （よこすか）	横須賀市、逗子市、三浦市 三浦郡（葉山町）		○	238-8536 横須賀市新港町（しんこうちょう）1番地8（横須賀地方合同庁舎） 046(825)6511 京浜急行線　横須賀中央駅
湘南支局 （しょうなん）	鎌倉市、藤沢市、茅ヶ崎市 高座郡（寒川町）	相模原市全域 横須賀市、平塚市、鎌倉市、藤沢市、小田原市、茅ヶ崎市、逗子市、三浦市、秦野市、厚木市、大和市、伊勢原市、海老名市、座間市、南足柄市、綾瀬市 三浦郡（葉山町） 高座郡（寒川町） 中郡（大磯町、二宮町） 足柄上郡（中井町、大井町、松田町、山北町、開成町） 足柄下郡（湯河原町、真鶴町、箱根町） 愛甲郡（愛川町、清川村）	○	251-8523 藤沢市辻堂神台（つじどうかんだい）2丁目2番3号 0466(35)4620 ＪＲ東海道本線　辻堂駅

地方法務局 （支局・出張所）	不動産登記 管轄区域	商業法人登記 管轄区域	供託	郵便番号・所在地 電話番号・最寄駅
横浜 西湘二宮 支　　局	平塚市、小田原市、秦野市、南足柄市 中郡（大磯町、二宮町） 足柄上郡（中井町、大井町、松田町、山北町、開成町） 足柄下郡（湯河原町、真鶴町、箱根町）		○	259-0123 中郡二宮町二宮1240番地1 　　　　　0463(70)1102 ＪＲ東海道本線　二宮駅
相模原支局	相模原市全域		○	252-0236 相模原市中央区富士見6丁目10番10号(相模原地方合同庁舎) 　　　　　042(753)2110 ＪＲ横浜線　相模原駅
厚木支局	厚木市、伊勢原市 愛甲郡(愛川町、清川村)		○	243-0003 厚木市寿町3丁目5番1号(厚木法務総合庁舎) 　　　　　046(224)3163 小田急線　本厚木駅
大和出張所	大和市、海老名市、座間市、綾瀬市			242-0021 大和市中央1丁目5番20号 　　　　　046(261)2645 小田急江ノ島線　大和駅

7　新潟地方法務局

地方法務局 （支局・出張所）	不動産登記 管轄区域	商業法人登記 管轄区域	供託	郵便番号・所在地 電話番号・最寄駅
新潟地方法務局	新潟市の内　北区（新発田支局の管轄に属する地域を除く）、東区、中央区、江南区、西区、西蒲区	新潟県内全域	○	951-8504 新潟市中央区西大畑町5191番地(新潟地方法務総合庁舎) 　　　　　025(222)1561 ＪＲ信越本線　新潟駅
長岡支局	長岡市、小千谷市、見附市		○	940-0082 長岡市千歳1丁目3番91号 (長岡地方合同庁舎(別館)) 　　　　　0258(33)6901 ＪＲ信越本線　長岡駅
三条支局	三条市、加茂市、燕市 西蒲原郡（弥彦村） 南蒲原郡（田上町）		○	955-0081 三条市東裏館2丁目22番3号 　　　　　0256(33)1375 ＪＲ弥彦線　北三条駅
柏崎支局	柏崎市 三島郡（出雲崎町） 刈羽郡（刈羽村）		○	945-8501 柏崎市田中26番23号(柏崎地方合同庁舎) 　　　　　0257(23)5226 ＪＲ信越本線　柏崎駅

法務局、支局、出張所一覧表

地方法務局 （支局・出張所）	不動産登記 管轄区域	商業法人登記 管轄区域	供託	郵便番号・所在地 電話番号・最寄駅
新潟				
新発田支局	新潟市北区の内　朝日町自1丁目至4丁目、彩野自1丁目至4丁目、石動1丁目・2丁目、内島見、内沼、浦木、浦ノ入、大久保、大瀬柳、太田、大月、大迎、岡新田、笠柳、かぶとやま1丁目・2丁目、上大月、上土地亀、上堀田、嘉山、嘉山自1丁目至6丁目、川西自1丁目至4丁目、木崎、葛塚、笹山、笹山東、里飯野、下大谷内、下土地亀、下早通、十二、新鼻、須戸、須戸自1丁目至5丁目、すみれ野4丁目、太子堂、高森、高森新田、東栄町自1丁目至3丁目、樋ノ入、鳥屋、長戸、長戸呂、長戸呂新田、長場、新井郷、灰塚、白新町自1丁目至4丁目、浜浦、早通、早通北自1丁目至6丁目、早通南自1丁目至5丁目、平林、仏伝、北陽1丁目・2丁目、前新田、美里1丁目・2丁目、三ツ森川原、三ツ屋、村新田、森下、柳原自1丁目至7丁目、山飯野、横井、横土居 新発田市、胎内市 北蒲原郡（聖籠町）		○	957-8503 新発田市新富町1丁目1番20号 0254(24)7101 ＪＲ羽越本線　新発田駅
新津支局	新潟市の内　秋葉区、南区 五泉市、阿賀野市 東蒲原郡（阿賀町）		○	956-0031 新潟市秋葉区新津4463番地1 0250(22)0501 ＪＲ信越本線　新津駅

地方法務局 （支局・出張所）	不動産登記 管轄区域	商業法人登記 管轄区域	供託	郵便番号・所在地 電話番号・最寄駅
新潟 とおかまち **十日町支局**	十日町市 中魚沼郡（津南町）		○	948-0083 十日町市本町1丁目上1番地18 025(752)2575 ＪＲ飯山線　十日町駅
むらかみ **村上支局**	村上市 岩船郡（関川村、粟島 浦村）		○	958-0835 村上市二之町4番16号 0254(53)2390 ＪＲ羽越本線　村上駅
いといがわ **糸魚川支局**	糸魚川市		○	941-0058 糸魚川市寺町2丁目8番30号 025(552)0356 ＪＲ北陸線　糸魚川駅
じょうえつ **上越支局**	妙高市、上越市		○	943-0805 上越市木田2丁目15番7号 025(525)4133 ＪＲ信越本線　春日山駅
さど **佐渡支局**	佐渡市		○	952-1561 佐渡市相川三町目新浜町3番地3 （佐渡相川合同庁舎） 0259(74)3787 両津港よりバス
みなみうおぬま **南魚沼支局**	魚沼市、南魚沼市 南魚沼郡（湯沢町）		○	949-6608 南魚沼市美佐島61番地9 025(772)2164 ＪＲ上越線　六日町駅

8　甲府地方法務局

こうふ **甲府地方法務局**	甲府市、山梨市、南ア ルプス市、甲斐市、 笛吹市、甲州市、中 央市 中巨摩郡（昭和町）	山梨県内全域	○	400-8520 甲府市丸の内1丁目1番18号（甲府合 同庁舎） 055(252)7151 ＪＲ中央本線　甲府駅
にらさき **韮崎出張所**	韮崎市、北杜市			407-0024 韮崎市本町4丁目3番2号 0551(22)0370 ＪＲ中央本線　韮崎駅

法務局、支局、出張所一覧表

地方法務局 （支局・出張所）	不動産登記 管轄区域	商業法人登記 管轄区域	供託	郵便番号・所在地 電話番号・最寄駅
甲府 **大 月 支 局** （おおつき）	都留市、大月市、上野原市 南都留郡の内　道志村 北都留郡（小菅村、丹波山村）		○	401-0012 大月市御太刀2丁目8番10号（大月地方合同庁舎） 0554(22)0799 ＪＲ中央本線　大月駅
吉田出張所 （よしだ）	富士吉田市 南都留郡の内　西桂町、忍野村、山中湖村、富士河口湖町、鳴沢村			403-0005 富士吉田市上吉田3丁目9番13号 0555(22)0025 富士急行　富士吉田駅
鰍 沢 支 局 （かじかざわ）	西八代郡（市川三郷町） 南巨摩郡（早川町、身延町、南部町、富士川町）		○	400-0601 南巨摩郡富士川町鰍沢1760番地1（富士川地方合同庁舎） 0556(22)0148 ＪＲ身延線　鰍沢口駅

9　長野地方法務局

地方法務局 （支局・出張所）	不動産登記 管轄区域	商業法人登記 管轄区域	供託	郵便番号・所在地 電話番号・最寄駅
長野地方法務局 （ながの）	長野市、須坂市、千曲市 上水内郡（信濃町、小川村、飯綱町） 上高井郡（小布施町、高山村）	長野県内全域	○	380-0846 長野市大字長野旭町1108番地（長野第2合同庁舎） 026(235)6611 ＪＲ信越本線　長野駅
松 本 支 局 （まつもと）	松本市、塩尻市、安曇野市 東筑摩郡（麻績村、生坂村、山形村、朝日村、筑北村）		○	390-0877 松本市沢村2丁目12番46号 0263(32)2571 ＪＲ大糸線　北松本駅
上 田 支 局 （うえだ）	上田市、東御市 小県郡（青木村、長和町） 埴科郡（坂城町）		○	386-0017 上田市踏入1丁目3番29号 0268(23)2001 しなの鉄道　上田駅
飯 田 支 局 （いいだ）	飯田市 下伊那郡（松川町、高森町、阿南町、阿智村、平谷村、根羽村、下條村、売木村、天龍村、泰阜村、喬木村、豊丘村、大鹿村）		○	395-0053 飯田市大久保町2637番地3 0265(22)0014 ＪＲ飯田線　飯田駅

地方法務局 （支局・出張所）	不動産登記 管轄区域	商業法人登記 管轄区域	供託	郵便番号・所在地 電話番号・最寄駅
長野 諏訪支局	岡谷市、諏訪市、茅野市 諏訪郡（下諏訪町、富士見町、原村）		○	392-0026 諏訪市大手1丁目21番20号 0266(52)1043 ＪＲ中央本線　上諏訪駅
伊那支局	伊那市、駒ヶ根市 上伊那郡（辰野町、箕輪町、飯島町、南箕輪村、中川村、宮田村）		○	396-0015 伊那市中央5064番地1 0265(78)3462 ＪＲ飯田線　伊那北駅
大町支局	大町市 北安曇郡（池田町、松川村、白馬村、小谷村）		○	398-0002 大町市大町2943番地5 0261(22)0379 ＪＲ大糸線　信濃大町駅
飯山支局	中野市、飯山市 下高井郡（山ノ内町、木島平村、野沢温泉村） 下水内郡（栄村）		○	389-2253 飯山市大字飯山1080番地 0269(62)2302 ＪＲ飯山線　飯山駅
佐久支局	小諸市、佐久市 南佐久郡（小海町、川上村、南牧村、南相木村、北相木村、佐久穂町） 北佐久郡（軽井沢町、御代田町、立科町）		○	385-0011 佐久市猿久保890番地4 0267(67)2272 ＪＲ小海線　北中込駅
木曽支局	木曽郡（上松町、南木曽町、木祖村、王滝村、大桑村、木曽町）		○	397-0001 木曽郡木曽町福島4926番地3 0264(22)2186 ＪＲ中央本線　木曽福島駅

10　静岡地方法務局

地方法務局 （支局・出張所）	不動産登記 管轄区域	商業法人登記 管轄区域	供託	郵便番号・所在地 電話番号・最寄駅
静岡地方法務局	静岡市の内　葵区、駿河区	静岡市全域 島田市、焼津市、藤枝市、牧ノ原市 榛原郡（吉田町、川根本町）	○	420-8650 静岡市葵区追手町9番50号（静岡地方合同庁舎1・2階） 054(254)3555 ＪＲ東海道本線　静岡駅
清水出張所	静岡市の内　清水区			424-8650 静岡市清水区松原町2番15号（清水合同庁舎2階） 054(351)4481 ＪＲ東海道本線　清水駅

地方法務局 （支局・出張所）	不動産登記 管轄区域	商業法人登記 管轄区域	供託	郵便番号・所在地 電話番号・最寄駅
静岡				
浜松支局 はままつ	浜松市全域 湖西市	浜松市全域 磐田市、掛川市、袋井市、湖西市、御前崎市、菊川市 周智郡（森町）	○	430-0929 浜松市中央区中央1丁目12番4号（浜松合同庁舎5～7階） 053(454)1396 ＪＲ東海道本線　浜松駅 遠州鉄道　遠州病院駅
磐田出張所 いわた	磐田市			438-0086 磐田市見付3599番地6（磐田地方合同庁舎2階） 0538(32)2618 ＪＲ東海道本線　磐田駅
沼津支局 ぬまづ	沼津市、三島市、御殿場市、裾野市、伊豆市、伊豆の国市 田方郡（函南町） 駿東郡（清水町、長泉町、小山町）	沼津市、熱海市、三島市、富士宮市、伊東市、御殿場市、下田市、裾野市、伊豆市、伊豆の国市、富士市 賀茂郡（東伊豆町、河津町、南伊豆町、松崎町、西伊豆町） 田方郡（函南町） 駿東郡（清水町、長泉町、小山町）	○	410-0033 沼津市杉崎町6番20号 055(923)1201 ＪＲ東海道本線　沼津駅
熱海出張所 あたみ	熱海市、伊東市			413-8560 熱海市福道町7番30号 0557(81)2586 ＪＲ伊東線　来宮駅
富士支局 ふじ	富士宮市、富士市		○	417-0052 富士市中央町2丁目7番7号 （富士法務総合庁舎1～3階） 0545(53)1200 岳南鉄道　ジヤトコ前駅
掛川支局 かけがわ	掛川市、御前崎市、菊川市		○	436-0028 掛川市亀の甲2丁目16番2号（掛川法務総合庁舎1階） 0537(22)5538 ＪＲ東海道本線　掛川駅

地方法務局 （支局・出張所）	不動産登記 管轄区域	商業法人登記 管轄区域	供託	郵便番号・所在地 電話番号・最寄駅
静岡 藤枝支局	島田市、焼津市、藤枝市、牧之原市 榛原郡（吉田町、川根本町）		○	426-0037 藤枝市青木1丁目4番1号 054(641)1158 ＪＲ東海道本線 藤枝駅
袋井支局	袋井市 周智郡（森町）		○	437-0026 袋井市袋井366番地 0538(42)3545 ＪＲ東海道本線 袋井駅
下田支局	下田市 賀茂郡（東伊豆町、河津町、南伊豆町、松崎町、西伊豆町）		○	415-8524 下田市西本郷2丁目5番33号（下田地方合同庁舎2階） 0558(22)0534 伊豆急行 伊豆急下田駅

57 公証役場

名　称	所　在　地	電　話	交通機関
霞ヶ関公証役場	100-0011 東京都千代田区内幸町2丁目2番2号 富国生命ビルＢ1階	03(3502)0745	地下鉄千代田線 霞ケ関駅
日本橋 〃	103-0026 東京都中央区日本橋兜町1番10号 日証館ビル1階	03(3666)3089	地下鉄東西線 茅場町駅
渋谷 〃	150-0041 東京都渋谷区神南1丁目21番1号 日本生命渋谷ビル8階	03(3464)1717	ＪＲ山手線 渋谷駅
神田 〃	101-0044 東京都千代田区鍛冶町1丁目9番4号 ＫＹＹビル3階	03(3256)4758	ＪＲ山手線 神田駅
池袋 〃	170-6008 東京都豊島区東池袋3丁目1番1号 サンシャイン60ビル8階	03(3971)6411	地下鉄有楽町線 東池袋駅
大森 〃	143-0016 東京都大田区大森北1丁目17番2号 大森センタービル2階	03(3763)2763	ＪＲ京浜東北線 大森駅
新宿 〃	160-0023 東京都新宿区西新宿7丁目4番3号 升本ビル5階	03(3365)1786	ＪＲ山手線 新宿駅
文京 〃	112-0003 東京都文京区春日1丁目16番21号 文京シビックセンター8階	03(3812)0438	都営三田線 春日駅
上野 〃	110-0015 東京都台東区東上野1丁目7番2号 冨田ビル4階	03(3831)3022	地下鉄日比谷線 仲御徒町駅
浅草 〃	111-0034 東京都台東区雷門2丁目4番8号 あいおいニッセイ同和損保浅草ビル2階	03(3844)0906	地下鉄銀座線 浅草駅

役所等一覧表、その他

名　　称	所　在　地	電　話	交通機関
丸 の 内 公証役場	100-0005 東京都千代田区丸の内3丁目3番1号 新東京ビル2階235区	03(3211)2645	地下鉄千代田線 二重橋前駅
京 橋 〃	104-0031 東京都中央区京橋1丁目1番10号 西勘本店ビル6階	03(3271)4677	ＪＲ山手線 東京駅
銀 座 〃	104-0061 東京都中央区銀座4丁目4番1号 銀座清水ビル5階	03(3561)1051	地下鉄日比谷線 銀座駅
新 橋 〃	105-0004 東京都港区新橋1丁目18番1号 航空会館6階	03(3591)4845	都営三田線 内幸町駅
芝 〃	105-0003 東京都港区西新橋3丁目19番14号 東京建硝ビル5階	03(3434)7986	地下鉄南北線 麻布十番駅
麻 布 〃	106-0045 東京都港区麻布十番1丁目4番5号 深尾ビル5階	03(3585)0907	地下鉄日比谷線 六本木駅
目 黒 〃	141-0021 東京都品川区上大崎2丁目17番5号 デルダンビル5階	03(3494)8040	ＪＲ山手線 目黒駅
五 反 田 〃	141-0022 東京都品川区東五反田5丁目27番6号 第1五反田ビル3階	03(3445)0021	ＪＲ山手線 五反田駅
世 田 谷 〃	154-0024 東京都世田谷区三軒茶屋2丁目15番8号 ファッションビル4階	03(3422)6631	東急田園都市線 三軒茶屋駅
蒲 田 〃	144-0051 東京都大田区西蒲田7丁目5番13号 森ビル2階	03(3738)3329	ＪＲ京浜東北線 蒲田駅
王 子 〃	114-0002 東京都北区王子1丁目14番1号 山本屋ビル3階	03(3911)6596	ＪＲ京浜東北線 王子駅
赤 羽 〃	115-0044 東京都北区赤羽南1丁目4番8号 赤羽南商業ビル6階	03(3902)2339	ＪＲ京浜東北線 赤羽駅
小 岩 〃	133-0057 東京都江戸川区西小岩3丁目31番14号 トーエイ小岩ビル5階	03(3659)3446	ＪＲ総武線 小岩駅
葛 飾 〃	125-0062 東京都葛飾区青戸6丁目1番1号 朝日生命葛飾ビル2階	03(6662)9631	京成線 青砥駅
錦 糸 町 〃	130-0022 東京都墨田区江東橋3丁目9番7号 国宝ビル5階	03(3631)8490	ＪＲ総武線 錦糸町駅
向 島 〃	131-0032 東京都墨田区東向島2丁目29番12号 102号室	03(3612)5624	東武伊勢崎線 曳舟駅
千 住 〃	120-0026 東京都足立区千住旭町40番4号 サンライズビル3・4階	03(3882)1177	ＪＲ常磐線 北千住駅
練 馬 〃	176-0012 東京都練馬区豊玉北5丁目17番12号 練馬駅前ビル3階	03(3991)4871	西武池袋線 練馬駅
中 野 〃	164-0001 東京都中野区中野5丁目65番3号 A-01ビル7階	03(5318)2255	ＪＲ中央線 中野駅

名　称	所　在　地	電　話	交通機関
杉並公証役場	167-0032 東京都杉並区天沼3丁目3番3号 澁澤荻窪ビルディング4階	03(3391)7100	ＪＲ中央線 荻窪駅
板橋 〃	173-0004 東京都板橋区板橋2丁目67番8号 板橋中央ビル9階	03(3961)1166	都営三田線 板橋区役所前駅
麴町 〃	102-0083 東京都千代田区麴町4丁目4番地7 アトム麴町タワー6階	03(3265)6958	地下鉄有楽町線 麴町駅
浜松町 〃	105-0012 東京都港区芝大門1丁目4番14号 芝栄太楼ビル7階	03(3433)1901	都営三田線 大門駅
八重洲 〃	103-0028 東京都中央区八重洲1丁目7番20号 八重洲口会館6階	03(3271)1833	ＪＲ山手線 東京駅
大塚 〃	170-0005 東京都豊島区南大塚2丁目45番9号 ヤマナカヤビル4階	03(6913)6208	ＪＲ山手線 大塚駅
赤坂 〃	107-0052 東京都港区赤坂3丁目9番1号 八洲貿易ビル3階	03(3583)3290	地下鉄銀座線 赤坂見附駅
高田馬場 〃	169-0075 東京都新宿区高田馬場3丁目3番3号 NIA ビル5階	03(5332)3309	ＪＲ山手線 高田馬場駅
昭和通り 〃	104-0061 東京都中央区銀座4丁目10番6号 銀料ビル2階	03(3545)9045	地下鉄日比谷線 東銀座駅
新宿御苑前 〃	160-0022 東京都新宿区新宿2丁目9番23号 SVAX 新宿B館3階	03(3226)6690	地下鉄丸ノ内線 新宿御苑前駅
武蔵野 〃	180-0004 武蔵野市吉祥寺本町2丁目5番11号 松栄ビル4階	0422(22)6606	ＪＲ中央線 吉祥寺駅
立川 〃	190-0023 立川市柴崎町3丁目9番21号 エルフレア立川2階	042(524)1279	ＪＲ中央線 立川駅
八王子 〃	192-0082 八王子市東町7番6号 エバーズ第12八王子ビル2階	042(631)4246	ＪＲ中央線 八王子駅
町田 〃	194-0021 町田市中町1丁目5番3号 CLA司法関連・公証センタービル3階	042(722)4695	ＪＲ横浜線・小田急線 町田駅
府中 〃	183-0023 府中市宮町2丁目15番地13 第15三ツ木ビル3階	042(369)6951	京王線 府中駅
多摩 〃	206-0033 多摩市落合1丁目7番地の12 ライティングビル1階	042(338)8605	京王相模原線 京王多摩センター駅 小田急多摩線 小田急多摩センター駅

役所等一覧表、その他

58 東京都庁、区役所・出張所

名　　　称	所　在　地	電　話	交通機関
東　京　都　庁	163-8001 新宿区西新宿2丁目8番1号	03(5321)1111	JR山手線　新宿駅 都営大江戸線　都庁前駅

支　　庁	所　在　地	電　話	交通機関
大　島　支　庁	100-0101 東京都大島町元町字オンダシ222番地1	04992(2)4411	元町港（東海汽船）
三　宅　支　庁	100-1102 東京都三宅島三宅村伊豆642番地	04994(2)1311	三池港（東海汽船）よりバス
八　丈　支　庁	100-1492 東京都八丈島八丈町大賀郷2466番地2	04996(2)1111	底土港（東海汽船）よりバス
小　笠　原　支　庁	100-2101 東京都小笠原村父島字西町	04998(2)2121	二見港（小笠原海運）

（五十音順）

名　　　称	所　在　地	電　話	交通機関
足　立　区役所	120-8510 足立区中央本町1丁目17番1号	03(3880)5111	東武伊勢崎線 梅島駅
戸籍住民課	120-8512 足立区中央本町1丁目17番1号	03(3880)5111	東武伊勢崎線 梅島駅
千　住　区民事務所	120-0034 足立区千住3丁目92番地	03(3882)1133	JR常磐線 北千住駅
江　北　〃	123-0872 足立区江北3丁目39番4号 （江北センター内）	03(3890)4201	東武伊勢崎線 西新井駅よりバス
興　本　〃	123-0854 足立区東町17番10号	03(3889)0457	JR常磐線 北千住駅よりバス
梅　田　〃	123-0851 足立区梅田7丁目33番1号	03(3880)5381	東武伊勢崎線 梅島駅
東　綾　瀬　〃	120-0004 足立区東綾瀬2丁目3番21号	03(3620)1951	地下鉄千代田線 綾瀬駅
中　川　〃	120-0002 足立区中川4丁目43番4号	03(3605)8471	JR常磐線 亀有駅
佐　野　〃	121-0053 足立区佐野2丁目43番5号	03(3628)3271	JR常磐線 亀有駅よりバス
保　塚　〃	121-0072 足立区保塚町7番16号	03(3858)9870	地下鉄千代田線 綾瀬駅よりバス
花　畑　〃	121-0061 足立区花畑4丁目16番8号	03(3884)4451	東武伊勢崎線 竹ノ塚駅よりバス
竹　の　塚　〃	121-0813 足立区竹の塚2丁目25番17号	03(3883)1400	東武伊勢崎線 竹ノ塚駅
西　新　井　〃	123-0841 足立区西新井1丁目4番17号	03(3890)4331	東武大師線 大師前
伊　興　〃	121-0823 足立区伊興1丁目24番12号	03(3899)1048	東武伊勢崎線 竹ノ塚駅
鹿　浜　〃	123-0864 足立区鹿浜6丁目8番1号	03(3853)2301	東武伊勢崎線 西新井駅よりバス
舎　人　〃	121-0831 足立区舎人1丁目3番26号	03(3899)4014	東武伊勢崎線 竹ノ塚駅よりバス
江　南　〃	120-0046 足立区小台2丁目4番18号	03(3912)9351	JR山手線 江北駅より都バス宮城都営住宅

名　　　称	所　在　地	電　話	交通機関
新　田　区民事務所	123-0865 足立区新田2丁目2番2号	03(3919)7126	JR京浜東北線 王子駅より都バス新田二丁目
荒　川　区役所	116-8501 荒川区荒川2丁目2番3号	03(3802)3111	都電荒川線 荒川区役所前
南千住　区民事務所	116-0003 荒川区南千住7丁目1番1号 （アクレスティ南千住2階）	03(3803)1791	地下鉄日比谷線 南千住駅
町　屋　〃	116-0002 荒川区荒川7丁目50番9号 （センターまちや4階）	03(3892)2321	地下鉄千代田線 町屋駅
尾　久　〃	116-0011 荒川区西尾久3丁目7番15号	03(3894)6121	都電荒川線 宮ノ前
日　暮　里　〃	116-0014 荒川区東日暮里6丁目17番6号 （ふらっとにっぽり1階）	03(3801)2108	JR山手線 日暮里駅
板　橋　区役所	173-8501 板橋区板橋2丁目66番1号	03(3964)1111	都営三田線 板橋区役所前駅
仲　町　区民事務所	173-0022 板橋区仲町20番5号	03(3959)4105	東武東上線 大山駅
常　盤　台　〃	174-0071 板橋区常盤台3丁目27番1号	03(3967)6711	東武東上線 ときわ台駅
志村坂上　〃	174-0051 板橋区小豆沢2丁目19番15号	03(3969)7571	都営三田線 志村坂上駅
蓮　根　〃	174-0043 板橋区坂下2丁目18番1号	03(3969)7581	都営三田線 蓮根駅
下　赤　塚　〃	175-0092 板橋区赤塚6丁目38番1号	03(3938)5110	東武東上線 下赤塚駅
高　島　平　〃	175-0082 板橋区高島平3丁目12番28号	03(3938)1191	都営三田線 高島平駅
赤　塚　支　所	175-0092 板橋区赤塚6丁目38番1号	03(3938)5113	東武東上線 下赤塚駅
江　戸　川　区役所	132-8501 江戸川区中央1丁目4番1号	03(3652)1151	JR総武線　新小岩駅より都バス江戸川区役所
マイナンバー推進課	132-0031 江戸川区松島1丁目44番12号 （KTパークビル）	03(5662)0653	JR総武線 新小岩駅
小　松　川　事務所	132-0035 江戸川区平井4丁目1番1号	03(3683)5181	JR総武線 平井駅
葛　西　〃	134-0083 江戸川区中葛西3丁目10番1号	03(3688)0431	地下鉄東西線 葛西駅
小　岩　〃	133-0052 江戸川区東小岩6丁目9番14号	03(3657)1101	JR総武線 小岩駅
東　部　〃	132-0014 江戸川区東瑞江1丁目17番1号	03(3679)1123	都営新宿線 瑞江駅
鹿　骨　〃	133-0073 江戸川区鹿骨1丁目54番2号	03(3678)6111	JR総武線 新小岩駅よりバス
大　田　区役所	144-8621 大田区蒲田5丁目13番14号	03(5744)1111	JR京浜東北線 蒲田駅

役所等一覧表、その他

名　　称	所　在　地	電　話	交通機関
大森東特別出張所 （おおもりひがし）	143-0013 大田区大森南4丁目9番1号 （おおもりみなみ）	03(3741)8801	ＪＲ京浜東北線 大森駅よりバス
大森西〃 （おおもりにし）	143-0015 大田区大森西2丁目16番2号 （区民活動支援施設大森（こらぼ大森）1階） （おおもりにし）	03(3764)6321	京浜急行線 平和島駅
入新井〃 （いりあらい）	143-0016 大田区大森北1丁目10番14号 （Luz大森1階） （おおもりきた）	03(3761)5303	ＪＲ京浜東北線 大森駅
馬込〃 （まごめ）	143-0027 大田区中馬込3丁目25番5号 （なかまごめ）	03(3774)3301	都営浅草線 馬込駅
池上〃 （いけがみ）	146-0082 大田区池上1丁目29番6号 （いけがみ）	03(3752)3441	東急池上線 池上駅
新井宿〃 （あらいじゅく）	143-0024 大田区中央1丁目21番6号 （ちゅうおう）	03(3776)5391	ＪＲ京浜東北線 大森駅よりバス
嶺町〃 （みねまち）	145-0072 大田区田園調布本町7番1号 （でんえんちょうふほんちょう）	03(3722)3111	東急池上線 雪が谷大塚駅
田園調布〃 （でんえんちょうふ）	145-0071 大田区田園調布1丁目30番1号 （でんえんちょうふ）	03(3721)4261	東急東横線 多摩川駅
鵜の木〃 （うのき）	146-0084 大田区南久が原2丁目30番5号 （みなみくがはら）	03(3750)4241	東急多摩川線 下丸子駅
久が原〃 （くがはら）	146-0085 大田区久が原4丁目12番10号 （くがはら）	03(3752)4271	東急池上線 久が原駅
雪谷〃 （ゆきがや）	145-0065 大田区東雪谷3丁目6番2号 （ひがしゆきがや）	03(3729)5117	東急池上線 洗足池駅
千束〃 （せんぞく）	145-0062 大田区北千束2丁目35番8号 （きたせんぞく）	03(3726)4441	東急大井町線 北千束駅
糀谷〃 （こうじや）	144-0034 大田区西糀谷2丁目14番13号 （にしこうじや）	03(3742)4451	ＪＲ京浜東北線 大森駅よりバス
羽田〃 （はねだ）	144-0043 大田区羽田1丁目18番13号 （羽田地域力推進センター1階） （はねだ）	03(3742)1411	京浜急行空港線 大鳥居駅
六郷〃 （ろくごう）	144-0055 大田区仲六郷2丁目44番11号 （六郷地域力推進センター1階） （なかろくごう）	03(3732)4885	京浜急行線 雑色駅
矢口〃 （やぐち）	146-0093 大田区矢口2丁目21番14号 （やぐち）	03(3759)4686	東急目蒲線 武蔵新田駅
蒲田西〃 （かまたにし）	144-0051 大田区西蒲田7丁目12番2号 （グランイーグル西蒲田第二ビル1階）（仮庁舎） （にしかまた）	03(3732)4785	ＪＲ京浜東北線 蒲田駅
蒲田東〃 （かまたひがし）	144-0053 大田区蒲田本町2丁目1番1号 （蒲田地域庁舎1階） （かまたほんちょう）	03(5713)2001	京浜急行線 京急蒲田駅

葛飾区役所 （かつしかく）	124-8555 葛飾区立石5丁目13番1号 （たていし）	03(3695)1111	京成押上線 京成立石駅
金町区民事務所 （かなまち）	125-0041 葛飾区東金町1丁目22番1号 （ひがしかなまち）	03(3607)0012	ＪＲ常磐線 金町駅
亀有〃 （かめあり）	125-0061 葛飾区亀有3丁目26番1号（リリオ館7階） （かめあり）	03(3601)6791	ＪＲ常磐線 亀有駅
南綾瀬区民サービスコーナー （みなみあやせ）	124-0006 葛飾区堀切6丁目28番5号 （ほりきり）	03(3601)6241	京成線 堀切菖蒲園駅
新小岩北区民事務所 （しんこいわきた）	124-0023 葛飾区東新小岩6丁目21番1号 （ひがししんこいわ）	03(3694)2711	ＪＲ総武線 新小岩駅
新小岩区民サービスコーナー （しんこいわ）	124-0024 葛飾区新小岩2丁目17番1号 （しんこいわ）	03(3653)7141	ＪＲ総武線 新小岩駅
高砂区民事務所 （たかさご）	125-0054 葛飾区高砂3丁目1番39号 （たかさご）	03(3659)3336	京成線 京成高砂駅

名　　称	所　在　地	電　話	交通機関
柴　又区民サービスコーナー	125-0052 葛飾区柴又1丁目38番2号	03(3607)0397	京成金町線 柴又駅
堀　切区民事務所	124-0006 葛飾区堀切3丁目8番5号	03(3693)4184	京成線 堀切菖蒲園駅
四ツ木駅区民サービスコーナー	124-0011 葛飾区四つ木1丁目15番1号	03(3697)1790	京成押上線 四ツ木駅
水　元区民事務所	125-0032 葛飾区水元3丁目13番22号	03(3607)4208	ＪＲ常磐線 金町駅よりバス

北　　　区役所	114-8508 北区王子本町1丁目15番22号	03(3908)1111	ＪＲ京浜東北線 王子駅
王　子区民事務所	114-8508 北区王子本町1丁目2番11号	03(3908)8745	ＪＲ京浜東北線 王子駅
王子区民事務所十条分室	114-0031 北区十条仲原1丁目20番10号	03(3908)3531	ＪＲ埼京線 十条駅
王子区民事務所豊島〃	114-0003 北区豊島3丁目27番22号（豊島区民センター内）	03(3912)1531	ＪＲ京浜東北線 王子駅より都バス豊島三丁目
赤　羽区民事務所	115-0045 北区赤羽1丁目1番38号	03(5948)9541	ＪＲ京浜東北線 赤羽駅
赤羽区民事務所浮間分室	115-0051 北区浮間2丁目10番2号（浮間区民センター内）	03(3969)5166	ＪＲ埼京線 北赤羽駅
赤羽区民事務所桐ケ丘〃	115-0054 北区桐ケ丘2丁目7番27号	03(3907)2426	ＪＲ埼京線 北赤羽駅
赤羽区民事務所神谷〃	115-0043 北区神谷3丁目35番17号（神谷区民センター内）	03(3901)3632	ＪＲ京浜東北線 東十条駅
滝野川区民事務所	114-8534 北区西ケ原1丁目23番3号（滝野川会館内）	03(3910)0141	地下鉄南北線 西ヶ原駅
滝野川区民事務所滝野川西分室	114-0023 北区滝野川6丁目21番25号（滝野川西区民センター内）	03(3916)2245	都営三田線 西巣鴨駅
滝野川区民事務所東田端〃	114-0013 北区東田端1丁目12番14号	03(3800)6771	ＪＲ山手線 田端駅

江　東区役所	135-8383 江東区東陽4丁目11番28号	03(3647)9111	地下鉄東西線 東陽町駅
白　河出張所	135-0021 江東区白河1丁目3番28号（深川江戸資料館内）	03(3642)4456	都営新宿線 森下駅
富　岡〃	135-0047 江東区富岡1丁目16番12号	03(3642)8306	地下鉄東西線 門前仲町駅
豊　洲特別出張所	135-0061 江東区豊洲2丁目2番18号（豊洲シビックセンター3階）	03(3531)6316	地下鉄有楽町線 豊洲駅
小松橋出張所	135-0011 江東区扇橋2丁目1番5号	03(5606)5581	都営新宿線 住吉駅
亀　戸〃	136-0071 江東区亀戸2丁目19番1号（カメリアプラザ1階）	03(3683)3734	ＪＲ総武線 亀戸駅
大　島〃	136-0072 江東区大島4丁目5番1号（総合区民センター2階）	03(3637)2451	都営新宿線 西大島駅
砂　町〃	136-0073 江東区北砂4丁目7番3号	03(3644)2181	地下鉄東西線 南砂町駅
南　砂〃	136-0076 江東区南砂6丁目8番3号	03(3640)5355	地下鉄東西線 南砂町駅

役所等一覧表、その他

名　称	所　在　地	電　話	交　通　機　関
品　川　区役所	140-8715 品川区広町2丁目1番36号	03(3777)1111	JR京浜東北線 大井町駅
品川第一地域センター	140-0001 品川区北品川3丁目11番16号	03(3450)2000	京浜急行線 新馬場駅
品川第二〃	140-0004 品川区南品川5丁目3番20号	03(3472)2000	京浜急行線 青物横丁駅
大崎第一〃	141-0031 品川区西五反田3丁目6番3号	03(3491)2000	JR山手線 五反田駅
大崎第二〃	141-0032 品川区大崎2丁目9番4号	03(3492)2000	JR山手線 大崎駅
大井第一〃	140-0013 品川区南大井1丁目12番6号	03(3761)2000	京浜急行線 立会川駅
大井第二〃	140-0014 品川区大井2丁目27番20号	03(3772)2000	JR京浜東北線 大井町駅
大井第三〃	140-0015 品川区西大井2丁目10番3号	03(3773)2000	JR横須賀線 西大井駅
荏原第一〃	142-0062 品川区小山3丁目14番1号（シティタワー武蔵小山商業施設棟2階）	03(3786)2000	東急目黒線 武蔵小山駅
荏原第二〃	142-0063 品川区荏原6丁目17番12号	03(3782)2000	東急目黒線 西小山駅
荏原第三〃	142-0051 品川区平塚1丁目13番18号	03(3783)2000	都営浅草線 戸越駅
荏原第四〃	142-0053 品川区中延5丁目3番12号	03(3784)2000	東急大井町線 荏原町駅
荏原第五〃	142-0043 品川区二葉1丁目1番5号	03(3785)2000	東急大井町線 下神明駅
八　潮〃	140-0003 品川区八潮5丁目10番27号	03(3799)2000	東京モノレール 大井競馬場前駅
大井町サービスコーナー	140-0014 品川区大井1丁目2番1号	03(3777)0050	JR京浜東北線 大井町駅
品川区目黒〃	141-0021 品川区上大崎3丁目1番1号	03(6409)6552	JR山手線 目黒駅

名　称	所　在　地	電　話	交　通　機　関
渋　谷　区役所	150-8010 渋谷区宇田川町1番1号	03(3463)1211	JR山手線 渋谷駅
恵比寿駅前出張所	150-0013 渋谷区恵比寿4丁目2番6号	03(3280)0701	JR山手線 恵比寿駅
区民サービスセンター	150-8510 渋谷区渋谷2丁目21番1号（渋谷ヒカリエ8階）	03(3797)0935	JR山手線 渋谷駅
上原出張所	151-0064 渋谷区上原1丁目18番6号	03(3467)2551	小田急線 代々木上原駅
西原〃	151-0066 渋谷区西原2丁目28番9号	03(3466)7187	京王新線 幡ヶ谷駅
初台〃	151-0061 渋谷区初台1丁目33番10号	03(3370)0296	京王新線 初台駅
本町〃	151-0071 渋谷区本町4丁目9番7号	03(3377)6171	都営大江戸線 西新宿五丁目駅
笹塚〃	151-0073 渋谷区笹塚3丁目1番9号	03(3376)1428	京王線 笹塚駅
千駄ヶ谷〃	151-0051 渋谷区千駄ヶ谷4丁目25番14号	03(3402)7377	JR山手線 代々木駅

名　　称	所　在　地	電　話	交　通　機　関
神宮前出張所	150-0001 渋谷区神宮前6丁目10番14号	03(3400)3627	地下鉄千代田線 明治神宮前駅
新　宿　区役所	160-8484 新宿区歌舞伎町1丁目4番1号	03(3209)1111	ＪＲ山手線 新宿駅
四　谷特別出張所	160-8581 新宿区内藤町87番地	03(3354)6171	地下鉄丸ノ内線 新宿御苑前駅
簞笥町 〃	162-0833 新宿区簞笥町15番地	03(3260)1911	地下鉄東西線 神楽坂駅
榎町 〃	162-0042 新宿区早稲田町85番地	03(3202)2461	地下鉄東西線 早稲田駅
若松町 〃	162-0056 新宿区若松町12番6号	03(3202)1361	地下鉄東西線 早稲田駅
大久保 〃	169-0072 新宿区大久保2丁目12番7号	03(3209)8651	ＪＲ山手線 新大久保駅
戸塚 〃	169-0075 新宿区高田馬場2丁目18番1号	03(3209)8551	ＪＲ山手線 高田馬場駅
落合第一 〃	161-0033 新宿区下落合4丁目6番7号	03(3951)9196	西武新宿線 下落合駅
落合第二 〃	161-0032 新宿区中落合4丁目17番13号	03(3951)9177	西武新宿線 中井駅
柏木 〃	169-0074 新宿区北新宿2丁目3番7号	03(3363)3641	ＪＲ中央線 大久保駅
角筈 〃	160-0023 新宿区西新宿4丁目33番7号	03(3377)4381	都営大江戸線 都庁前駅
杉　並　区役所	166-8570 杉並区阿佐谷南1丁目15番1号	03(3312)2111	地下鉄丸ノ内線 南阿佐ヶ谷駅
井草区民事務所	167-0022 杉並区下井草4丁目30番2号	03(3394)0461	西武新宿線 井荻駅
西荻 〃	167-0053 杉並区西荻南3丁目5番23号	03(3301)0980	ＪＲ中央線 西荻窪駅
高円寺 〃	166-0011 杉並区梅里1丁目22番32号(セシオン杉並1階)	03(3317)6560	地下鉄丸ノ内線 東高円寺駅
高井戸 〃	168-0071 杉並区高井戸西2丁目1番26号(京王リトナード高井戸2階)	03(3333)5395	京王井の頭線 高井戸駅
永福和泉 〃	168-0063 杉並区和泉3丁目8番18号(永福和泉地域区民センター3階)	03(5300)9310	京王井の頭線 永福町駅
荻窪 〃	167-0043 杉並区上荻1丁目2番1号（Daiwa荻窪タワー2階）	03(3392)8846	ＪＲ中央線 荻窪駅
墨　田　区役所	130-8640 墨田区吾妻橋1丁目23番20号	03(5608)1111	都営浅草線 本所吾妻橋駅
緑　出張所	130-0021 墨田区緑3丁目7番3号	03(3634)2656	ＪＲ総武線 錦糸町駅
横川 〃	130-0003 墨田区横川5丁目10番1-111号	03(3624)1581	京成押上線 押上駅
文花 〃	131-0044 墨田区文花1丁目32番1-102号	03(3611)4723	東武亀戸線 小村井駅

役所等一覧表、その他

名　称	所　在　地	電　話	交通機関
墨田二丁目出張所	131-0031 墨田区墨田2丁目36番11号	03(3614)1900	東武伊勢崎線 鐘ヶ淵駅
東向島 〃	131-0032 墨田区東向島2丁目38番7号	03(3610)5250	東武伊勢崎線 曳舟駅

名　称	所　在　地	電　話	交通機関
世田谷区役所	154-8504 世田谷区世田谷4丁目21番27号	03(5432)1111	東急世田谷線 松陰神社前駅
住民票集中管理・住居表示	154-8589 世田谷区世田谷4丁目19番10号	03(5432)1170	世田谷線 松陰神社前駅
世田谷 総合支所 くみん窓口	154-8504 世田谷区世田谷4丁目22番35号(区役所第2庁舎内)	03(5432)1111	東急世田谷線 松陰神社前駅
太子堂出張所	154-0004 世田谷区太子堂2丁目17番1号	03(3413)1247	東急田園都市線 三軒茶屋駅
経堂 〃	156-0051 世田谷区宮坂1丁目44番29号	03(3420)7143	小田急線 経堂駅
北沢 総合支所 くみん窓口	155-8666 世田谷区北沢2丁目8番18号(北沢タウンホール内)	03(5478)8000	小田急線 下北沢駅
玉川 〃	158-8503 世田谷区等々力3丁目4番1号	03(3702)1131	東急大井町線 等々力駅
用賀出張所	158-0097 世田谷区用賀2丁目29番22号	03(3700)3657	東急田園都市線 用賀駅
二子玉川 〃	158-0094 世田谷区玉川4丁目4番5号	03(3707)4946	東急田園都市線 二子玉川園駅
砧 総合支所 くみん窓口	157-8501 世田谷区成城6丁目2番1号	03(3482)1321	小田急線 成城学園前駅
烏山 〃	157-8555 世田谷区南烏山6丁目22番14号	03(3326)1202	京王線 千歳烏山駅
烏山出張所	157-0062 世田谷区南烏山6丁目2番19号(烏山区民センター内)	03(3300)5361	京王線 千歳烏山駅

名　称	所　在　地	電　話	交通機関
台東区役所	110-8615 台東区東上野4丁目5番6号	03(5246)1111	JR山手線 上野駅
西部区民事務所	110-0004 台東区下谷3丁目1番30号	03(3876)2651	地下鉄日比谷線 入谷駅
南部 〃	111-0042 台東区寿1丁目10番12号	03(3842)2651	地下鉄銀座線 田原町駅
北部 〃	111-0032 台東区浅草4丁目48番1号	03(3876)2284	地下鉄銀座線 浅草駅
西部区民事務所 谷中分室	110-0001 台東区谷中5丁目6番5号	03(3828)9291	地下鉄千代田線 千駄木駅
北部区民事務所 清川	111-0022 台東区清川1丁目23番8号	03(3876)3566	地下鉄銀座線 浅草駅 より都バス清川一丁目

名　称	所　在　地	電　話	交通機関
中央区役所	104-8404 中央区築地1丁目1番1号	03(3543)0211	地下鉄有楽町線 新富町駅
日本橋特別出張所	103-8360 中央区日本橋蛎殻町1丁目31番1号	03(3666)4251	地下鉄半蔵門線 水天宮前駅
月島 〃	104-8585 中央区月島4丁目1番1号	03(3531)1151	地下鉄有楽町線 月島駅

名　称	所　在　地	電　話	交通機関
晴海特別出張所	104-8571 中央区晴海4丁目8番1号	03（3520）8096	地下鉄大江戸線 勝どき駅

名　称	所　在　地	電　話	交通機関
千代田区役所	102-8688 千代田区九段南1丁目2番1号	03（3264）2111	地下鉄東西線 九段下駅
麹町出張所	102-0083 千代田区麹町2丁目8番地	03（3263）3831	地下鉄半蔵門線 半蔵門駅
富士見 〃	102-0071 千代田区富士見1丁目6番7号	03（3263）3841	地下鉄東西線 飯田橋駅
神保町 〃	101-0051 千代田区神田神保町2丁目40番地	03（3263）0741	都営新宿線 神保町駅
神田公園 〃	101-0048 千代田区神田司町2丁目2番地	03（3252）7691	ＪＲ山手線 神田駅
万世橋 〃	101-0021 千代田区外神田1丁目1番13号	03（3251）4691	ＪＲ山手線 秋葉原駅
和泉橋 〃	101-0025 千代田区神田佐久間町1丁目11番地7	03（3253）4931	地下鉄日比谷線 秋葉原駅

名　称	所　在　地	電　話	交通機関
豊島区役所	171-8422 豊島区南池袋2丁目45番1号	03（3981）1111	ＪＲ山手線 池袋駅
東部区民事務所	170-0004 豊島区北大塚1丁目15番10号	03（3915）9961	ＪＲ山手線 大塚駅
西部 〃	171-0044 豊島区千早2丁目39番16号	03（4566）4021	西武池袋線 椎名町駅

名　称	所　在　地	電　話	交通機関
中野区役所	164-8501 中野区中野4丁目11番19号	03（3389）1111	ＪＲ中央線 中野駅
南中野地域事務所	164-0013 中野区弥生町5丁目11番26号	03（3382）1457	地下鉄丸ノ内線 中野富士見町駅
東部 〃	164-0011 中野区中央2丁目18番21号	03（3363）0752	地下鉄丸ノ内線 中野坂上駅
江古田 〃	165-0023 中野区江原町2丁目3番15号	03（3954）6812	都営大江戸線 新江古田駅
野方 〃	165-0027 中野区野方5丁目3番1号	03（3330）4201	西武新宿線 野方駅
鷺宮 〃	165-0032 中野区鷺宮3丁目22番5号	03（3330）4112	西武新宿線 鷺ノ宮駅

名　称	所　在　地	電　話	交通機関
練馬区役所	176-8501 練馬区豊玉北6丁目12番1号	03（3993）1111 （総合案内）	西武池袋線 練馬駅
早宮区民事務所	179-0085 練馬区早宮1丁目44番19号	03（3994）6705	地下鉄有楽町駅 平和台駅
光が丘 〃	179-0072 練馬区光が丘2丁目9番6号（光が丘区民センター内）	03（5997）7711	都営大江戸線 光が丘駅
石神井庁舎	177-8509 練馬区石神井町3丁目30番26号	03（3995）1103 （石神井区民事務所）	西武池袋線 石神井公園駅

役所等一覧表、その他

名　　　称	所　在　地	電　話	交通機関
大　泉 区民事務所	178-0063 練馬区東大泉1丁目28番1号（リズモ大泉学園4階）	03(3922)1171	西武池袋線 大泉学園駅
関　〃	177-0051 練馬区関町北1丁目7番2号（関区民センター内）	03(3928)3046	西武新宿線 武蔵関駅

文　京　区役所	112-8555 文京区春日1丁目16番21号	03(3812)7111	都営三田線 春日駅

港　　区役所	105-8511 港区芝公園1丁目5番25号	03(3578)2111	都営三田線 御成門駅
芝 地区総合支所	105-8511 港区芝公園1丁目5番25号（本庁内）	03(3578)3111	都営三田線 御成門駅
麻　布 〃	106-8515 港区六本木5丁目16番45号	03(3583)4151	地下鉄南北線 麻布十番駅
赤　坂 〃	107-8516 港区赤坂4丁目18番13号	03(5413)7011	地下鉄銀座線 赤坂見附駅
高　輪 〃	108-8581 港区高輪1丁目16番25号	03(5421)7611	都営浅草線 泉岳寺駅
芝浦港南 〃	105-8516 港区芝浦1丁目16番1号 （みなとパーク芝浦1階）	03(3456)4151	JR山手線 田町駅
芝浦港南地区総合支所台場分室	135-0091 港区台場1丁目5番1号	03(5500)2351	東京臨海新交通ゆりかもめ お台場海浜公園駅

目　黒　区役所	153-8573 目黒区上目黒2丁目19番15号	03(3715)1111	東急東横線 中目黒駅
北　部 地区サービス事務所	153-0044 目黒区大橋1丁目5番1号 （クロスエアタワー9階）	03(3496)5208	東急田園都市線 池尻大橋駅
中　央 〃	152-0001 目黒区中央町2丁目9番13号（食販ビル内）	03(5722)9885	東急東横線 学芸大学駅
南　部 〃	152-0003 目黒区碑文谷1丁目18番14号（碑小学校内南門）	03(3719)2071	東急目黒線 洗足駅
西　部 〃	152-0022 目黒区柿の木坂1丁目28番10号	03(5731)2500	東急東横線 都立大学駅

59 都の市役所・出張所

(五十音順)

名　　称	所　在　地	電　話	交 通 機 関
昭　島　市役所	196-8511 昭島市田中町1丁目17番1号	042(544)5111	ＪＲ青梅線 昭島駅
東　部出張所	196-0034 昭島市玉川町3丁目10番15号	042(541)0759	ＪＲ青梅線 東中神駅
あきる野市役所	197-0814 あきる野市二宮350番地	042(558)1111	ＪＲ五日市線 秋川駅
五 日 市出張所	190-0164 あきる野市五日市411番地	042(558)1111	ＪＲ五日市線 武蔵五日市駅
増　戸連絡所	190-0142 あきる野市伊奈859番地3(ファインプラザ内)	042(596)5901	ＪＲ五日市線 武蔵増戸駅
稲　城　市役所	206-8601 稲城市東長沼2111番地	042(378)2111	京王相模原線 稲城駅
平　尾出張所	206-0823 稲城市平尾3丁目1番地の1(平尾住宅34棟1階)	042(331)6346	小田急多摩線 栗平駅
若 葉 台 〃	206-0824 稲城市若葉台2丁目5番地の2(iプラザ1階)	042(350)6321	京王相模原線 若葉台駅
青　梅　市役所	198-8701 青梅市東青梅1丁目11番地の1	0428(22)1111	ＪＲ青梅線 東青梅駅
梅　郷出張所	198-0063 青梅市梅郷3丁目749番地の1	0428(76)0404	ＪＲ青梅線 日向和田駅
沢　井 〃	198-0172 青梅市沢井2丁目682番地	0428(78)8304	ＪＲ青梅線 沢井駅
小 曾 木 〃	198-0003 青梅市小曾木3丁目1656番地の1	0428(74)5332	ＪＲ青梅線 東青梅駅よりバス
成　木 〃	198-0001 青梅市成木4丁目644番地	0428(74)5204	ＪＲ青梅線 東青梅駅よりバス
清　瀬　市役所	204-8511 清瀬市中里5丁目842番地	042(492)5111	西武池袋線 清瀬駅よりバス
松　山出張所	204-0022 清瀬市松山2丁目6番25号(松山地域市民センター内)	042(491)5153	西武池袋線 清瀬駅
野　塩 〃	204-0004 清瀬市野塩1丁目322番地2(野塩地域市民センター内)	042(493)4014	西武池袋線 秋津駅

役所等一覧表、その他

名　称	所　在　地	電　話	交通機関
国　立　市　役　所	186-8501 国立市富士見台2丁目47番地の1	042(576)2111	ＪＲ南武線 谷保駅
くにたち駅前市民プラザ	186-0001 国立市北1丁目14番地の1 （国立駅前くにたち・こくぶんじ市民プラザ内）	042(501)6890	JR中央線 国立駅
くにたち北 〃	186-0001 国立市北3丁目1番地の1　9号棟1階	042(574)3087	国立市コミュニティバス「くにっこ」 北ルート、北西中ルート 「北市民プラザ」バス停
小　金　井　市　役　所	184-8504 小金井市本町6丁目6番3号	042(383)1111	ＪＲ中央線 武蔵小金井駅
国　分　寺　市　役　所	185-8501 国分寺市戸倉1丁目6番地1 （令7・1・6　泉町2丁目2番18号に移転予定）	042(325)0111	西武国分寺線 恋ヶ窪駅
国分寺市市民 国立駅前サービスコーナー	186-0001 国立市北1丁目14番の1 （国立駅前くにたち・こくぶんじ市民プラザ内）	042(573)4377	ＪＲ中央線 国立駅
cocobunji 〃	185-0012 国分寺市本町3丁目1番1号 （cocobunji WEST5階）	042(329)4121	ＪＲ中央線 国分寺駅
小　平　市　役　所	187-8701 小平市小川町2丁目1333番地	042(341)1211	西武多摩湖線 青梅街道駅
東　部出張所	187-0002 小平市花小金井1丁目8番1号	042(467)1211	西武新宿線 花小金井駅
西　部 〃	187-0035 小平市小川西町4丁目10番13号	042(343)1211	西武拝島線 小川駅
狛　江　市　役　所	201-8585 狛江市和泉本町1丁目1番5号	03(3430)1111	小田急線 狛江駅
立　川　市　役　所	190-8666 立川市泉町1156番地の9	042(523)2111	ＪＲ中央線 立川駅よりバス
窓口サービスセンター	190-0012 立川市曙町2丁目2番27号	042(540)0020	ＪＲ中央線 立川駅
富　士　見連絡所	190-0013 立川市富士見町7丁目17番12号	042(521)4686	ＪＲ中央線 立川駅よりバス
東　部 〃	190-0001 立川市若葉町3丁目34番地の1	042(536)6770	ＪＲ中央線 立川駅よりバス
西　部 〃	190-0034 立川市西砂町6丁目12番地の10	042(531)6953	西武拝島線 西武立川駅
錦　 〃	190-0022 立川市錦町3丁目2番26号 （子ども未来センター）	042(523)2141	ＪＲ南武線 西国立駅
多　摩　市　役　所	206-8666 多摩市関戸6丁目12番地1	042(375)8111	京王線 聖蹟桜ヶ丘駅よりバス
聖蹟桜ケ丘駅出張所	206-0011 多摩市関戸4丁目72番地 （ヴィータ・コミューネ7階）	042(376)8121	京王線 聖蹟桜ヶ丘駅
多摩センター駅 〃	206-0033 多摩市落合1丁目10番地1 （京王多摩センターSC 2階）	042(338)5511	京王相模原線 京王多摩センター駅 小田急多摩線 小田急多摩センター駅

名　称	所　在　地	電　話	交通機関
調　布　市役所	182-8511 調布市小島町2丁目35番地1	042(481)7111	京王線 調布駅
神　代出張所	182-0006 調布市西つつじケ丘3丁目19番地1	042(481)7600	京王線 つつじヶ丘駅
西　東　京　市役所	188-8666 西東京市南町5丁目6番13号（田無庁舎）	042(464)1311	西武新宿線 田無駅
保　谷庁舎	202-8555 西東京市中町1丁目5番1号	042(464)1311	西武池袋線 保谷駅よりバス
柳　橋出張所	202-0023 西東京市新町1丁目4番25号	0422(51)8439	ＪＲ中央線 武蔵境駅よりバス
ひばりヶ丘駅前　〃	202-0005 西東京市住吉町3丁目10番25号 （HIBARI TOWER 1階）	042(425)7577	西武池袋線 ひばりヶ丘駅
八　王　子　市役所	192-8501 八王子市元本郷町3丁目24番1号	042(626)3111	ＪＲ中央線 八王子駅よりバス
八王子駅南口総合事務所	192-0904 八王子市子安町4丁目7番1号 （サザンスカイタワー八王子4階）	042(620)1150	ＪＲ中央線 八王子駅
浅　川事務所	193-0844 八王子市高尾町1652番地1	042(661)1231	ＪＲ中央線 高尾駅
横　山 ※令6・9・30廃止	193-0831 八王子市並木町15番15号	042(661)1281	ＪＲ中央線 西八王子駅
館　〃	193-0944 八王子市館町156番地	042(665)4511	京王高尾線 めじろ台駅よりバス
由　木　〃	192-0372 八王子市下柚木2丁目10番地6	042(676)8911	京王相模原線 南大沢駅
由　木　東　〃	192-0353 八王子市鹿島111番地1	042(675)5711	京王相模原線 京王多摩センター駅 小田急多摩線 小田急多摩センター駅
南　大　沢　〃	192-0364 八王子市南大沢2丁目27番地 （フレスコ南大沢公共棟1階）	042(679)2207	京王相模原線 南大沢駅
元八王子　〃	193-0816 八王子市大楽寺町419番地1	042(624)3278	ＪＲ中央線 八王子駅よりバス
恩　方　〃	192-0154 八王子市下恩方町3395番地	042(651)3200	ＪＲ中央線 八王子駅よりバス
川　口　〃	193-0801 八王子市川口町908番地1	042(654)4011	ＪＲ中央線 八王子駅よりバス
加　住　〃	192-0004 八王子市加住町1丁目170番地2	042(691)2373	ＪＲ中央線 八王子駅よりバス
北　野　〃	192-0906 八王子市北野町549番地5	042(645)8711	京王線 北野駅
由　井　〃	192-0914 八王子市片倉町119番地4	042(635)3208	京王高尾線 京王片倉駅
石　川　〃	192-0032 八王子市石川町481番地	042(645)8721	ＪＲ中央線 八王子駅よりバス

役所等一覧表、その他

名　　称	所　在　地	電　話	交通機関
羽　村　市役所	205-8601 羽村市緑ヶ丘5丁目2番地1	042(555)1111	ＪＲ青梅線 羽村駅
東久留米市役所	203-8555 東久留米市本町3丁目3番1号	042(470)7777	西武池袋線 東久留米駅よりバス
ひばりが丘連絡所	203-0022 東久留米市ひばりが丘団地185号 （南部地域センター内）	042(461)3554	西武池袋線 ひばりヶ丘駅よりバス
上の原　〃	203-0001 東久留米市上の原1丁目4番11-105号	042(471)2627	西武池袋線 東久留米駅よりバス
滝　山　〃	203-0033 東久留米市滝山4丁目1番10号 （西部地域センター内）	042(471)7218	西武池袋線 東久留米駅
東村山市役所	189-8501 東村山市本町1丁目2番地3	042(393)5111	西武新宿線 東村山駅
東大和市役所	207-8585 東大和市中央3丁目930番地	042(563)2111	西武拝島線 東大和市駅よりバス
日　野　市役所	191-8686 日野市神明1丁目12番地の1	042(585)1111	ＪＲ中央線 日野駅
豊　田　駅連絡所	191-0062 日野市多摩平2丁目1番地の1	042(583)5003	ＪＲ中央線 豊田駅
七　生支所	191-0031 日野市高幡128番地の5（京王高幡SC2階）	042(591)7712	京王線 高幡不動駅
府　中　市役所	183-8703 府中市宮西町2丁目24番地	042(364)4111	京王線 府中駅
東　部出張所	183-0011 府中市白糸台1丁目60番地	042(363)6208	京王線 多磨霊園駅
西　部　〃	183-0031 府中市西府町1丁目60番地	042(364)0811	京王線 府中駅よりバス
福　生　市役所	197-8501 福生市本町5番地	042(551)1511	ＪＲ青梅線 福生駅
町　田　市役所	194-8520 町田市森野2丁目2番22号	042(722)3111	小田急線・ＪＲ横浜線 町田駅
南　市民センター	194-0012 町田市金森4丁目5番6号	042(795)3165	小田急線・ＪＲ横浜線 町田駅よりバス
なるせ駅前　〃	194-0045 町田市南成瀬1丁目2番地5	042(724)2511	ＪＲ横浜線 成瀬駅
鶴　川　〃	195-0062 町田市大蔵町1981番地4	042(735)5704	小田急線 鶴川駅よりバス
忠　生　〃	194-0035 町田市忠生3丁目14番地2	042(791)2802	小田急線・ＪＲ横浜線 町田駅よりバス
堺　〃	194-0211 町田市相原町795番地1	042(774)0003	ＪＲ横浜線 相原駅
小　山　〃	194-0212 町田市小山町2507番地1	042(798)1927	京王相模原線 多摩境駅よりバス

名　　称	所　　在　　地	電　話	交通機関
三　鷹　市役所	181-8555 三鷹市野崎1丁目1番1号	0422(45)1151	ＪＲ中央線 三鷹駅よりバス
三鷹駅前市政窓口	181-0013 三鷹市下連雀3丁目24番3-202号 （三鷹駅前協同ビル2階）	0422(42)5678	ＪＲ中央線 三鷹駅
三鷹台　〃	181-0001 三鷹市井の頭2丁目13番2号	0422(42)0511	京王井の頭線 三鷹台駅
三鷹東部　〃	181-0005 三鷹市中原1丁目29番35号	03(3326)8805	京王線 仙川駅
三鷹西部　〃	181-0014 三鷹市野崎3丁目28番11号	0422(33)4531	ＪＲ中央線 三鷹駅よりバス
武　蔵　野　市役所	180-8777 武蔵野市緑町2丁目2番28号	0422(51)5131	ＪＲ中央線 三鷹駅よりバス
吉　祥　寺　市政センター	180-0004 武蔵野市吉祥寺本町1丁目10番7号 （武蔵野商工会館2階）	0422(22)1821	ＪＲ中央線 吉祥寺駅
武蔵境　〃	180-0022 武蔵野市境1丁目1番7号 （QuOLa（クオラ）2階）	0422(53)2200	ＪＲ中央線 武蔵境駅
中　央　〃	180-0006 武蔵野市中町1丁目2番8号	0422(56)3800	ＪＲ中央線 三鷹駅
武蔵村山市役所	208-8501 武蔵村山市本町1丁目1番地の1	042(565)1111	ＪＲ中央線 立川駅よりバス
緑　が　丘出張所	208-0012 武蔵村山市緑が丘1460番地1104-1階	042(564)1234	西武拝島線 玉川上水駅よりバス

60 都の町村役場・出張所

西多摩郡

名　　称	所　在　地	電　話	交通機関
奥多摩町役場 （おくたま まち）	198-0212 奥多摩町氷川215番地6 （ひかわ）	0428(83)2111	ＪＲ青梅線 奥多摩駅
古里出張所 （こ　り）	198-0105 奥多摩町小丹波108番地 （こたば）	0428(85)2611	ＪＲ青梅線 古里駅
日の出町役場 （ひので まち）	190-0192 日の出町大字平井2780番地 （ひらい）	042(597)0511	ＪＲ五日市線 武蔵五日市駅よりバス
檜原村役場 （ひのはら むら）	190-0212 檜原村467番地1号	042(598)1011	ＪＲ五日市線 武蔵五日市駅よりバス
瑞穂町役場 （みず ほ まち）	190-1292 瑞穂町大字箱根ケ崎2335番地 （はこ ね が さき）	042(557)0501	ＪＲ八高線 箱根ケ崎駅

島嶼部

名　　称	所　在　地	電　話	交通機関
青ヶ島村役場 （あお が しま むら）	100-1701 東京都青ヶ島村無番地	04996(9)0111	青ヶ島港（伊豆諸島開発）
大島町役場 （おお しま まち）	100-0101 東京都大島町元町1丁目1番14号 （もとまち）	04992(2)1443 （総務課）	元町港（東海汽船）
北の山出張所 （きたのやま）	100-0101 東京都大島町元町字佐吾右衛門野地7番4 （もとまち）（さごえもんのじ）	04992(2)3525	元町港（東海汽船）
岡田〃 （おか た）	100-0102 東京都大島町岡田字助田64番の1 （おかた）（すけだ）	04992(2)8121	元町港（東海汽船）よりバス
泉津〃 （せん づ）	100-0103 東京都大島町泉津字川之原15番 （せんづ）（かわのはら）	04992(2)8523	元町港（東海汽船）よりバス
野増〃 （の　まし）	100-0104 東京都大島町野増字大宮 （のまし）（おおみや）	04992(2)2378	元町港（東海汽船）よりバス
差木地〃 （さしきじ）	100-0211 東京都大島町差木地字カミワケ179番 （さしきじ）	04992(4)0441	元町港（東海汽船）よりバス
波浮港〃 （はぶみなと）	100-0212 東京都大島町波浮港6番地 （はぶみなと）	04992(4)0444	元町港（東海汽船）よりバス
小笠原村役場 （おがさわら むら）	100-2101 東京都小笠原村父島字西町 （ちちじま）（にしまち）	04998(2)3111 （総務課）	二見港（小笠原海運）
母島支所 （はは じま）	100-2211 東京都小笠原村母島字元地 （ははじま）（もとち）	04998(3)2111	沖港（伊豆諸島開発）
神津島村役場 （こう づ しま むら）	100-0601 東京都神津島村904番地	04992(8)0011	神津島港（東海汽船）
利島村役場 （と しま むら）	100-0301 東京都利島村248番地	04992(9)0011	利島港（東海汽船）

名　　称	所　在　地	電　話	交　通　機　関
新　島　村役場	100-0402 東京都新島村本村1丁目1番1号	04992(5)0240	新島港（東海汽船）
式 根 島 支 所	100-0511 東京都新島村式根島255番地1	04992(7)0004	式根島港（東海汽船）
若　　郷　〃	100-0401 東京都新島村若郷1番4号	04992(5)0181	新島港（東海汽船）
八　丈　町役場	100-1498 東京都八丈島八丈町大賀郷2551番地2	04996(2)1121	底土港（東海汽船）よりバス
三　根出張所	100-1511 東京都八丈島八丈町三根347番地1	04996(2)0349	底土港（東海汽船）よりバス
樫　立　〃	100-1621 東京都八丈島八丈町樫立2027番地	04996(7)0003	底土港（東海汽船）よりバス
中 之 郷　〃	100-1623 東京都八丈島八丈町中之郷2613番地	04996(7)0002	底土港（東海汽船）よりバス
末　吉　〃	100-1622 東京都八丈島八丈町末吉633番地	04996(8)1003	底土港（東海汽船）よりバス
御 蔵 島 村役場	100-1301 東京都御蔵島村字入かねが沢	04994(8)2121	御蔵島港（東海汽船）
三　宅　村役場※	100-1211 東京都三宅島三宅村坪田1774番地	04994(6)1111 （停止中）	三池港（東海汽船）
神　着出張所	100-1101 東京都三宅島三宅村神着197番地	04994(2)0009	三池港（東海汽船）よりバス
伊　豆　〃	100-1102 東京都三宅島三宅村伊豆1054番地	04994(2)0014	三池港（東海汽船）よりバス
伊 ヶ 谷　〃	100-1103 東京都三宅島三宅村伊ヶ谷330番地	04994(2)0338	三池港（東海汽船）よりバス
坪　田　〃	100-1211 東京都三宅島三宅村坪田3050番1	04994(6)1234	三池港（東海汽船）よりバス

※当分の間下記にて事務取扱

三宅村役場　臨時庁舎　　100-1212
東京都三宅島三宅村阿古497番地　　04994(5)0981

61 日弁連・弁護士会

弁護士会名	所　　在　　地	電　　話	F　A　X
日本弁護士連合会	100-0013 東京都千代田区霞が関1丁目1番3号（弁護士会館15階）	03(3580)9841	03(3580)9840
東京弁護士会	100-0013 東京都千代田区霞が関1丁目1番3号（弁護士会館6階）	03(3581)2201	03(3581)0865
第一東京弁護士会	100-0013 東京都千代田区霞が関1丁目1番3号（弁護士会館11～13階）	03(3595)8585	03(3595)8577
第二東京弁護士会	100-0013 東京都千代田区霞が関1丁目1番3号（弁護士会館9階）	03(3581)2255	03(3581)3337
神奈川県弁護士会	231-0021 横浜市中区日本大通9番地	045(201)1881	045(212)2888
埼玉弁護士会	330-0063 さいたま市浦和区高砂4丁目7番20号	048(863)5255	048(866)6544
千葉県弁護士会	260-0013 千葉市中央区中央4丁目13番9号	043(227)8431	043(225)4860
茨城県弁護士会	310-0062 水戸市大町2丁目2番75号	029(221)3501	029(227)7747
栃木県弁護士会	320-0845 宇都宮市明保野町1番6号	028(689)9000	028(689)9018
群馬弁護士会	371-0026 前橋市大手町3丁目6番6号	027(233)4804	027(234)7425
静岡県弁護士会	420-0853 静岡市葵区追手町10番80号（静岡地方裁判所構内）	054(252)0008	054(252)7522
山梨県弁護士会	400-0032 甲府市中央1丁目8番7号	055(235)7202	055(235)7204
長野県弁護士会	380-0872 長野市大字南長野妻科432番地	026(232)2104	026(232)3653
新潟県弁護士会	951-8126 新潟市中央区学校町通1番町1番地（新潟地方裁判所構内）	025(222)5533	025(223)2269
大阪弁護士会	530-0047 大阪市北区西天満1丁目12番5号（大阪弁護士会館）	0570(783)748	06(6364)0252
京都弁護士会	604-0971 京都市中京区富小路通丸太町下る	075(231)2378	075(223)1894
兵庫県弁護士会	650-0016 神戸市中央区橘通1丁目4番3号	078(341)7061	078(351)6651
奈良弁護士会	630-8237 奈良市中筋町22番地の1	0742(22)2035	0742(23)8319
滋賀弁護士会	520-0051 大津市梅林1丁目3番3号	077(522)2013	077(522)2908
和歌山弁護士会	640-8144 和歌山市四番丁5番地	073(422)4580	073(436)5322
愛知県弁護士会	460-0001 名古屋市中区三の丸1丁目4番2号	052(203)1651	052(204)1690
三重弁護士会	514-0036 津市丸之内養正町1番1号	059(228)2232	059(227)4675
岐阜県弁護士会	500-8811 岐阜市端詰町22番地	058(265)0020	058(265)4100
福井弁護士会	910-0004 福井市宝永4丁目3番1号（サクラNビル7階）	0776(23)5255	0776(23)9330
金沢弁護士会	920-0937 金沢市丸の内7番36号	076(221)0242	076(222)0242
富山県弁護士会	930-0076 富山市長柄町3丁目4番1号	076(421)4811	076(421)4896

弁護士会名	所　在　地	電　話	ＦＡＸ
広島弁護士会	730-0012 広島市中区上八丁堀2番73号（広島弁護士会館）	082(228)0230	082(228)0418
山口県弁護士会	753-0045 山口市黄金町2番15号	083(922)0087	083(928)2220
岡山弁護士会	700-0807 岡山市北区南方1丁目8番29号	086(223)4401	086(223)6566
鳥取県弁護士会	680-0011 鳥取市東町2丁目221番地	0857(22)3912	0857(22)3920
島根県弁護士会	690-0886 松江市母衣町55番地4（松江商工会議所ビル7階）	0852(21)3225	0852(21)3398
福岡県弁護士会	810-0044 福岡市中央区六本松4丁目2番5号（福岡県弁護士会館）	092(741)6416	092(715)3207
佐賀県弁護士会	840-0833 佐賀市中の小路7番19号（佐賀県弁護士会館）	0952(24)3411	0952(25)7608
長崎県弁護士会	850-0875 長崎市栄町1番25号（長崎ＭＳビル4階）	095(824)3903	095(824)3967
大分県弁護士会	870-0047 大分市中島西1丁目3番14号	097(536)1458	097(538)0462
熊本県弁護士会	860-0844 熊本市中央区水道町9番8号	096(325)0913	096(325)0914
鹿児島県弁護士会	892-0815 鹿児島市易居町2番3号	099(226)3765	099(223)7315
宮崎県弁護士会	880-0803 宮崎市旭1丁目8番45号	0985(22)2466	0985(22)2449
沖縄弁護士会	900-0014 那覇市松尾2丁目2番26-6号	098(865)3737	098(865)3636
仙台弁護士会	980-0811 仙台市青葉区一番町2丁目9番18号	022(223)1001	022(261)5945
福島県弁護士会	960-8115 福島市山下町4番24号	024(534)2334	024(536)7613
山形県弁護士会	990-0042 山形市七日町2丁目7番10号（NANA BEANS8階）	023(622)2234	023(635)3685
岩手弁護士会	020-0022 盛岡市大通1丁目2番1号（岩手県産業会館本館（サンビル）2階）	019(651)5095	019(623)5035
秋田弁護士会	010-0951 秋田市山王6丁目2番7号	018(862)3770	018(823)6804
青森県弁護士会	030-0861 青森市長島1丁目3番1号（日赤ビル5階）	017(777)7285	017(722)3181
札幌弁護士会	060-0001 札幌市中央区北1条西10丁目（札幌弁護士会館7階）	011(281)2428	011(281)4823
函館弁護士会	040-0031 函館市上新川町1番3号	0138(41)0232	0138(41)3611
旭川弁護士会	070-0901 旭川市花咲町4丁目（旭川弁護士会館）	0166(51)9527	0166(46)8708
釧路弁護士会	085-0824 釧路市柏木町4番3号	0154(41)0214	0154(41)0225
香川県弁護士会	760-0033 高松市丸の内2番22号	087(822)3693	087(823)3878
徳島弁護士会	770-0855 徳島市新蔵町1丁目31番地	088(652)5768	088(652)3730
高知弁護士会	780-0928 高知市越前町1丁目5番7号	088(872)0324	088(872)0838
愛媛弁護士会	790-0003 松山市三番町4丁目8番地8	089(941)6279	089(941)4110

62 日本司法支援センター

事務所名	所　在　地	電　話
日本司法支援センター(法テラス)本部	164-8721 東京都中野区本町1丁目32番2号(ハーモニータワー8階)	050(3383)5333
東京地方事務所	160-0023 東京都新宿区西新宿1丁目24番1号(エステック情報ビル13階)	050(3383)5300
上野出張所	110-0005 東京都台東区上野2丁目7番13号(ヒューリック・損保ジャパン上野共同ビル6階)	050(3383)5320
多摩支部	190-0012 立川市曙町2丁目8番18号(東京建物ファーレ立川ビル5階)	050(3383)5327
八王子出張所	192-0046 八王子市明神町4丁目7番14号(八王子ONビル4階)	050(3383)5310
神奈川地方事務所	231-0023 横浜市中区山下町2番地(産業貿易センタービル10階)	050(3383)5360
川崎支部	210-0007 川崎市川崎区駅前本町11番地1(パシフィックマークス川崎ビル10階)	050(3383)5366
小田原支部	250-0012 小田原市本町1丁目4番7号(朝日生命小田原ビル5階)	050(3383)5370
埼玉地方事務所	330-0063 さいたま市浦和区高砂3丁目17番15号(さいたま商工会議所会館6階)	050(3383)5375
川越支部	350-1123 川越市脇田本町10番地10(KJビル3階)	050(3383)5377
熊谷地域事務所	360-0037 熊谷市筑波3丁目195番地(熊谷駅前ビル7階)	050(3383)5380
秩父地域事務所	368-0041 秩父市番場町11番1号(サンウッド東和2階)	050(3383)0023
千葉地方事務所	260-0013 千葉市中央区中央4丁目5番1号(Qiball(きぼーる)2階)	050(3383)5381
松戸支部	271-0092 松戸市松戸1879番地1(松戸商工会議所会館3階)	050(3383)5388
茨城地方事務所	310-0062 水戸市大町3丁目4番36号(大町ビル3階)	050(3383)5390
下妻地域事務所	304-0063 下妻市小野子町1丁目66番地(セナミビル1階)	050(3383)5393
牛久地域事務所	300-1234 牛久市中央5丁目20番地11(牛久駅前ビル4階)	050(3383)0511
栃木地方事務所	320-0033 宇都宮市本町4番15号(宇都宮NIビル2階)	050(3383)5395
群馬地方事務所	371-0022 前橋市千代田町2丁目3番12号(しののめ信用金庫前橋営業部ビル4階)	050(3383)5399
静岡地方事務所	420-0031 静岡市葵区呉服町2丁目1番地1(札の辻ビル5階)	050(3383)5400
沼津支部	410-0833 沼津市三園町1番11号	050(3383)5405
浜松支部	430-0929 浜松市中央区中央1丁目2番1号(イーステージ浜松オフィス4階)	050(3383)5410
下田地域事務所	415-0035 下田市東本郷1丁目1番10号(パールビル3階)	050(3383)0024
山梨地方事務所	400-0032 甲府市中央1丁目12番37号(イリックスビル1・2階)	050(3383)5411
長野地方事務所	380-0835 長野市新田町1485番地1(長野市もんぜんぷら座4階)	050(3383)5415

事務所名	所　在　地	電　話
新潟地方事務所	951-8116 新潟市中央区東中通1番町86番地51（新潟東中通ビル2階）	050(3383)5420
佐渡地域事務所	952-1314 佐渡市河原田本町394番地（佐渡市役所佐和田行政サービスセンター2階）	050(3383)5422
大阪地方事務所	530-0047 大阪市北区西天満1丁目12番5号（大阪弁護士会館B1階）	050(3383)5425
堺出張所	590-0075 堺市堺区南花田口町2丁目3番20号（三共堺東ビル6階）	050(3383)5430
京都地方事務所	604-8187 京都市中京区御池通東洞院西入る笹屋町435番地（京都御池第一生命ビルディング3階）	050(3383)5433
福知山地域事務所	620-0054 福知山市末広町1丁目1番地1（中川ビル4階）	050(3383)0519
兵庫地方事務所	650-0044 神戸市中央区東川崎町1丁目1番3号（神戸クリスタルタワー13階）	050(3383)5440
阪神支部	660-0052 尼崎市七松町1丁目2番1号（フェスタ立花北館5階）	050(3383)5445
姫路支部	670-0947 姫路市北条1丁目408番地5（光栄産業㈱第2ビル）	050(3383)5448
奈良地方事務所	630-8241 奈良市高天町38番地3（近鉄高天ビル6階）	050(3383)5450
南和地域事務所	638-0821 奈良県吉野郡大淀町大字下渕68番地4（やすらぎビル4階）	050(3383)0025
滋賀地方事務所	520-0047 大津市浜大津1丁目2番22号（大津商中三楽ビル5階）	050(3383)5454
和歌山地方事務所	640-8155 和歌山市九番丁15番地（九番丁MGビル6階）	050(3383)5457
愛知地方事務所	460-0008 名古屋市中区栄4丁目1番8号（栄サンシティービル15階）	050(3383)5460
三河支部	444-8515 岡崎市十王町2丁目9番地（岡崎市役所西庁舎（南棟）1階）	050(3383)5465
三重地方事務所	514-0033 津市丸之内34番5号（津中央ビル）	050(3383)5470
岐阜地方事務所	500-8812 岐阜市美江寺町1丁目27番地（第一住宅ビル2階）	050(3383)5471
可児地域事務所	509-0214 可児市広見5丁目152番地（サン・ノーブルビレッジ・ヒロミ101）	050(3383)0005
中津川地域事務所	508-0037 中津川市えびす町7番30号（イシックス駅前ビル1階）	050(3383)0068
福井地方事務所	910-0004 福井市宝永4丁目3番1号（サクラNビル2階）	050(3383)5475
石川地方事務所	920-0937 金沢市丸の内7番36号（金沢弁護士会館内）	050(3383)5477
富山地方事務所	930-0076 富山市長柄町3丁目4番1号（富山県弁護士会館1階）	050(3383)5480
魚津地域事務所	937-0067 魚津市釈迦堂1丁目12番18号（魚津商工会議所ビル5階）	050(3383)0030
広島地方事務所	730-0013 広島市中区八丁堀2番31号（広島鴻池ビル1階）	050(3383)5485
山口地方事務所	753-0045 山口市黄金町1番10号（菜花道門キューブ2階）	050(3383)5490
岡山地方事務所	700-0817 岡山市北区弓之町2番15号（弓之町シティセンタービル2階）	050(3383)5491

役所等一覧表、その他

事務所名	所　在　地	電　話
鳥取地方事務所	680-0022　鳥取市西町2丁目311番地（鳥取市福祉文化会館5階）	050（3383）5495
倉吉地域事務所	682-0023　倉吉市山根572番地（サンク・ピエスビル202号室）	050（3383）5497
島根地方事務所	690-0884　松江市南田町60番地	050（3383）5500
浜田地域事務所	697-0022　浜田市浅井町1580番地（第二龍河ビル6階）	050（3383）0026
西郷地域事務所	685-0015　島根県隠岐郡隠岐の島町港町塩口24番地9（NTT隠岐ビル1階）	050（3383）5326
福岡地方事務所	810-0004　福岡市中央区渡辺通5丁目14番12号（南天神ビル4階）	050（3383）5501
北九州支部	802-0006　北九州市小倉北区魚町1丁目4番21号（魚町センタービル5階）	050（3383）5506
佐賀地方事務所	840-0801　佐賀市駅前中央1丁目4番8号（太陽生命佐賀ビル3階）	050（3383）5510
長崎地方事務所	850-0875　長崎市栄町1番25号（長崎MSビル2階）	050（3383）5515
佐世保地域事務所	857-0806　佐世保市島瀬町4番19号（バードハウジングビル402）	050（3383）5516
壱岐地域事務所	811-5111　壱岐市郷ノ浦町本村触550番地1（海陽ビル2階）	050（3383）5517
五島地域事務所	853-0018　五島市池田町2番20号	050（3383）0516
対馬地域事務所	817-0013　対馬市厳原町中村606番地3（おおたビル3階）	050（3383）0517
平戸地域事務所	859-5121　平戸市岩の上町1507番地1（NTT平戸ビル本館2階）	050（3383）0468
雲仙地域事務所	854-0514　雲仙市小浜町北本町14番地3（雲仙市小浜老人福祉センター 2階）	050（3383）5324
大分地方事務所	870-0045　大分市城崎町2丁目1番7号	050（3383）5520
熊本地方事務所	860-0844　熊本市中央区水道町1番23号（加地ビル3階）	050（3383）5522
高森地域事務所	869-1602　熊本県阿蘇郡高森町大字高森1609番地1（NTT西日本高森ビル1階）	050（3383）0469
鹿児島地方事務所	892-0828　鹿児島市金生町4番10号（アーバンスクエア鹿児島ビル6階）	050（3383）5525
鹿屋地域事務所	893-0009　鹿屋市大手町14番22号（南商ビル1階）	050（3383）5527
指宿地域事務所	891-0402　指宿市十町912番地7	050（3383）0027
奄美地域事務所	894-0006　奄美市名瀬小浜町4番28号（AISビルA棟1階）	050（3383）0028
徳之島地域事務所	891-7101　鹿児島県大島郡徳之島町亀津553番地1（徳之島合同庁舎2階）	050（3381）3471
宮崎地方事務所	880-0803　宮崎市旭1丁目2番2号（宮崎県企業局3階）	050（3383）5530
延岡地域事務所	882-0043　延岡市祇園町1丁目2番地7（UMK祇園ビル2階）	050（3383）0520
沖縄地方事務所	900-0023　那覇市楚辺1丁目5番17号（プロフェスビル那覇2・3階）	050（3383）5533

事務所名	所　　在　　地	電　話
宮古島地域事務所	906-0012 宮古島市平良字西里1125番地（宮古合同庁舎1階）	050(3383)0201
宮城地方事務所	980-0811 仙台市青葉区一番町3丁目6番1号（一番町平和ビル6階）	050(3383)5535
福島地方事務所	960-8131 福島市北五老内町7番5号（イズム37ビル4階）	050(3383)5540
会津若松地域事務所	965-0871 会津若松市栄町5番22号（フジヤ会津ビル1階）	050(3383)0521
ふたば出張所	979-0403 福島県双葉郡広野町大字下浅見川字広長44番地3（広野みらいオフィス2階）	050(3381)3805
山形地方事務所	990-0042 山形市七日町2丁目7番10号（NANABEANS8階）	050(3383)5544
岩手地方事務所	020-0022 盛岡市大通1丁目2番1号（岩手県産業会館本館2階）	050(3383)5546
宮古地域事務所	027-0083 宮古市大通4丁目4番22号（宮古中央ビル2階）	050(3383)0518
気仙出張所	022-0003 大船渡市盛町字宇津野沢9番地5	050(3383)1402
秋田地方事務所	010-0001 秋田市中通5丁目1番51号（北都ビルディング6階）	050(3383)5550
鹿角地域事務所	018-5201 鹿角市花輪字下花輪50番地（鹿角市福祉保健センター2階）	050(3383)1416
青森地方事務所	030-0861 青森市長島1丁目3番1号（日本赤十字社青森県支部ビル2階）	050(3383)5552
むつ地域事務所	035-0073 むつ市中央1丁目5番1号	050(3383)0067
鰺ヶ沢地域事務所	038-2761 青森県西津軽郡鰺ヶ沢町大字舞戸町字後家屋敷9番地4（鰺ヶ沢町総合保健福祉センター内）	050(3383)8369
札幌地方事務所	060-0001 札幌市中央区北1条西9丁目3番地1（南大通ビルN1　1階）	050(3383)5555
函館地方事務所	040-0063 函館市若松町6番7号（ステーションプラザ函館5階）	050(3383)5560
江差地域事務所	043-0034 北海道檜山郡江差町字中歌町199番地5	050(3383)5563
八雲地域事務所	049-3106 北海道二海郡八雲町富士見町21番地1	050(3383)8366
旭川地方事務所	070-0033 旭川市3条通9丁目1704番地1（TKフロンティアビル6階）	050(3383)5566
釧路地方事務所	085-0847 釧路市大町1丁目1番1号（道東経済センタービル1階）	050(3383)5567
香川地方事務所	760-0023 高松市寿町2丁目3番11号（高松丸田ビル8階）	050(3383)5570
徳島地方事務所	770-0834 徳島市元町1丁目24番地（アミコビル3階）	050(3383)5575
高知地方事務所	780-0870 高知市本町4丁目1番37号（丸ノ内ビル2階）	050(3383)5577
須崎地域事務所	785-0003 須崎市新町2丁目3番26号	050(3383)5579
安芸地域事務所	784-0003 安芸市久世町9番20号（すまいるあき4階）	050(3383)0029
中村地域事務所	787-0014 四万十市駅前町13番15号（アメニティオフィスビル1階）	050(3383)0467
愛媛地方事務所	790-0001 松山市一番町4丁目1番地11（共栄興産一番町ビル4階）	050(3383)5580

役所等一覧表、その他

63 法律相談センター・裁判外紛争処理機関等

1 一般民事

名　称・所　在　地　等	紛　争　処　理　内　容
新宿総合法律相談センター 〒160-0021　新宿区歌舞伎町2丁目44番1号 　　　　　　（東京都健康プラザハイジア8階） ☎03-6205-9531（要予約）	法律問題全般についての相談
霞が関法律相談センター 〒100-0013　千代田区霞が関1丁目1番3号 　　　　　　（弁護士会館3階） ☎03-3581-1511	法律問題全般についての相談
蒲田法律相談センター 〒144-0051　大田区西蒲田7丁目48番3号 　　　　　　（大越ビル6階） ☎03-5714-0081（要予約）	法律問題全般についての相談
八王子法律相談センター 〒192-0046　八王子市明神町4丁目2番10号 　　　　　　（京王八王子駅前ビル8階） ☎042-645-4540（要予約）	法律問題全般についての相談
立川法律相談センター 〒190-0014　立川市緑町7丁目1番 　　　　　　（立飛ビル8号館2階） ☎042-548-7790（要予約）	法律問題全般についての相談
町田法律相談センター 〒194-0022　町田市森野1丁目13番3号 　　　　　　（竹内ビル6階） ☎042-732-3904（要予約）	法律問題全般についての相談
東京弁護士会錦糸町法律相談センター 〒130-0022　墨田区江東橋2丁目11番5号 　　　　　　（河口ビル7階） ☎03-5625-7336（要予約）	一般相談、刑事事件、家事事件、交通事故、借金問題、損害賠償、借地借家、会社関係、債権回収、消費者、労働、建築紛争、近隣紛争、知的財産、女性の権利問題に関する法律相談
東京弁護士会池袋法律相談センター 〒171-0014　豊島区池袋2丁目40番12号 　　　　　　（西池袋第一生命ビルディング1階） ☎03-5979-2855（要予約）	一般相談、刑事事件、家事事件、交通事故、借金問題、損害賠償、借地借家、会社関係、債権回収、消費者、労働、医療、建築紛争、近隣紛争、知的財産、子ども、女性の権利問題、生活保護に関する法律相談
第一東京弁護士会渋谷法律相談センター 〒150-0041　渋谷区神南1丁目22番8号 　　　　　　（渋谷東日本ビル5階） ☎03-5428-5587（要予約）	一般相談（民事・家事等）、労働相談、相続相談
第二東京弁護士会四谷法律相談センター 〒160-0017　新宿区左門町2丁目6番 　　　　　　（ワコービル8階） ☎03-5312-2818（要予約）	一般相談、刑事事件、家事事件、交通事故、損害賠償、借地借家、会社関係、債権回収、建築紛争、近隣紛争、セクハラ・DVに関する法律相談

名　称　・　所　在　地　等	紛　争　処　理　内　容
池袋デパート法律相談（第二東京弁護士会） 西武池袋本店 〒171-0022 豊島区南池袋1丁目28番1号 （西武池袋本店7階　行政・法律・くらしの相談コーナー） ☎03-5949-3188（要予約） 東武百貨店池袋店 〒171-0021 豊島区西池袋1丁目1番25号 （東武百貨店池袋店プラザ館6階　お客様相談室） ☎03-5951-5426（要予約）	一般相談、刑事事件、家事事件、交通事故、損害賠償、借地借家、会社関係、債権回収、建築紛争、近隣紛争に関する法律相談
東京弁護士会弁護士紹介センター 〒100-0013 千代田区霞が関1丁目1番3号 　　　　　　　　　　　（弁護士会館6階）	・離婚、遺言相続、労働問題(労働者側)、消費者問題、建築紛争などの分野についての弁護士紹介 ・相談会法律相談や研修会講師を担当する弁護士紹介
第一東京弁護士会弁護士紹介センター 〒100-0013 千代田区霞が関1丁目1番3号 ☎03-3595-8575　　　　　（弁護士会館11階）	顧問弁護士紹介、会社外部役員紹介、事業承継・税務・倒産等特定分野の弁護士紹介
第二東京弁護士会弁護士紹介センター 〒100-0013 千代田区霞が関1丁目1番3号 ☎03-3581-2380　　　　　（弁護士会館9階）	・特定の分野の弁護士紹介 独禁法、法人倒産、知財、税務、行政、事業承継、インターネット、渉外 ・法律顧問の弁護士紹介
東京弁護士会紛争解決センター 〒100-0013 千代田区霞が関1丁目1番3号 ☎03-3581-0031　　　　　（弁護士会館6階） 第一東京弁護士会仲裁センター 〒100-0013 千代田区霞が関1丁目1番3号 ☎03-3595-8588　　　　　（弁護士会館11階） 第二東京弁護士会仲裁センター 〒100-0013 千代田区霞が関1丁目1番3号 ☎03-3581-2249　　　　　（弁護士会館9階）	少額紛争の処理を主な目的として発足したが、広く民事・家事事件一般、養育費、学校問題、医療、金融、国際家事、災害についても和解、あっせんを行い、当事者双方が仲裁に合意すれば仲裁判断を行う
東京弁護士会民事介入暴力被害者救済センター 〒100-0013 千代田区霞が関1丁目1番3号 ☎03-3581-3300（受付）　（弁護士会館6階） 第一東京弁護士会民事介入暴力被害者救済センター 〒100-0013 千代田区霞が関1丁目1番3号 ☎03-3595-8575　　　　　（弁護士会館11階） 第二東京弁護士会民事介入暴力被害者救済センター 〒100-0013 千代田区霞が関1丁目1番3号 ☎03-3581-2250　　　　　（弁護士会館9階）	民事介入暴力についての相談

役所等一覧表、その他

2 クレサラ問題

名　称　・　所　在　地　等	紛　争　処　理　内　容
新宿総合法律相談センター 〒160-0021　新宿区歌舞伎町2丁目44番1号 　　　　　　　（東京都健康プラザハイジア8階） ☎03-6205-9531　（要予約）	クレジットやサラ金等に関する法律相談
蒲田法律相談センター 〒144-0051　大田区西蒲田7丁目48番3号 　　　　　　　　　　（大越ビル6階） ☎03-5714-0081　（要予約）	
八王子法律相談センター 〒192-0046　八王子市明神町4丁目2番10号 　　　　　　　（京王八王子駅前ビル8階） ☎042-645-4540　（要予約）	
立川法律相談センター 〒190-0014　立川市緑町7丁目1番 　　　　　　　　　（立飛ビル8号館2階） ☎042-548-7790　（要予約）	
町田法律相談センター 〒194-0022　町田市森野1丁目13番3号 　　　　　　　　　　（竹内ビル6階） ☎042-732-3904　（要予約）	
東京弁護士会錦糸町法律相談センター 〒130-0022　墨田区江東橋2丁目11番5号 　　　　　　　　　　（河口ビル7階） ☎03-5625-7336　（要予約）	
東京弁護士会池袋法律相談センター 〒171-0014　豊島区池袋2丁目40番12号 　　　　　（西池袋第一生命ビルディング1階） ☎03-5979-2855　（要予約）	
第一東京弁護士会渋谷法律相談センター 〒150-0041　渋谷区神南1丁目22番8号 　　　　　　　　　（渋谷東日本ビル5階） ☎03-5428-5587　（要予約）	
第二東京弁護士会四谷法律相談センター 〒160-0017　新宿区左門町2丁目6番 　　　　　　　　　　（ワコービル8階） ☎03-5312-2818　（要予約）	
東京都産業労働局金融部貸金業対策課 〒163-8001　新宿区西新宿2丁目8番1号 　　　　　　　　（都庁第一本庁舎19階北） ☎03-5320-4775	
（公財）日本クレジットカウンセリング協会 東京カウンセリングセンター 〒103-0014　中央区日本橋蛎殻町1丁目16番8号 　　　　　　　　　（水天宮平和ビル6階） ☎0570-031640　https://www.jcco.or.jp/	クレジットや消費者ローンの多重債務者についての任意整理の相談、担当弁護士による業者との間の任意整理の交渉

3　交通事故

名　称　・　所　在　地　等	紛　争　処　理　内　容
(公財)日弁連交通事故相談センター 本部（東京）相談所 〒100-0013　千代田区霞が関1丁目1番3号 　　　　　　　　　　　（弁護士会館14階） ☎03-3581-4724 霞が関相談所 〒100-0013　千代田区霞が関1丁目1番3号 　　　　　　　　　　　（弁護士会館3階） ☎03-3581-1782	「自動車・二輪車」事故に関する損害賠償紛争についての相談、示談あっせん、審査
(公財)交通事故紛争処理センター 〒163-0925　新宿区西新宿2丁目3番1号 　　　　　　　　　　（新宿モノリスビル25階） ☎03-3346-1756　https://www.jcstad.or.jp/	自動車事故に関する損害賠償紛争についての相談、あっせん、審査(審査意見に被害者が同意した場合、保険会社も同意することとなっている)
(一財)自賠責保険・共済紛争処理機構 〒101-0062　千代田区神田駿河台3丁目4番地 　　　　　　　　　　（龍名館本店ビル11階） ☎0120-159-700　https://www.jibai-adr.or.jp/	自賠責保険（共済）からの支払に関する紛争が発生した場合に、公正中立で専門的な知見を有する第三者機関として紛争処理（調停）を行う

4　住宅問題

名　称　・　所　在　地　等	紛　争　処　理　内　容
中央建設工事紛争審査会 〒100-8918　千代田区霞が関2丁目1番3号 　　　　　　　　　　（中央合同庁舎3号館） （国土交通省不動産・建築経済局建設業課紛争調整官室） ☎03-5253-8111㈹(内24764) https://www.mlit.go.jp/totikensangyo/const/ 　totikensangyo_const_mn1_000101.html	建設工事の請負契約に関する紛争で、 ①　当事者の一方又は双方が国土交通大臣の許可を受けた業者のあっせん、調停、仲裁 ②　当事者双方が業者で許可をした都道府県が異なる場合のあっせん、調停、仲裁 ③　合意管轄とした場合のあっせん、調停、仲裁
東京都建設工事紛争審査会 〒163-8001　新宿区西新宿2丁目8番1号 　（東京都都市整備局市街地建築部調整課工事紛争調整担当） ☎03-5388-3376	
神奈川県建設工事紛争審査会 〒231-0023　横浜市中区山下町32番地 　　　　　　　　　　（横浜合同庁舎） （神奈川県県土整備局事業管理部建設業課調査指導グループ） ☎045-285-4245	

役所等一覧表、
その他

名　称・所　在　地　等	紛　争　処　理　内　容
埼玉県建設工事紛争審査会 〒330-9301　さいたま市浦和区高砂3丁目15番1号 （第二庁舎2階） （埼玉県県土整備部県土整備政策課訟務担当） ☎048-830-5262	建設工事の請負契約に関する紛争で、 ① 当事者双方が当該都・県知事の許可を受けている業者のあっせん、調停、仲裁 ② 当事者の一方のみが当該都・県知事の許可を受けているときのあっせん、調停、仲裁 ③ 当事者の双方が許可を受けない業者で、現場が当該都・県の区域内にあるときのあっせん、調停、仲裁
千葉県建設工事紛争審査会 〒260-8667　千葉市中央区市場町1番1号 （中庁舎7階） （千葉県県土整備部建設・不動産業課建設業班） ☎043-223-3108	
東京都収用委員会 〒163-8001　新宿区西新宿2丁目8番1号 （都庁第一本庁舎南塔41階） （総務課調整担当） ☎03-5320-7054	公共の利益となる事業に必要な土地の収用又は使用に関して、支払うべき正当な補償を明確にするための裁決、和解
東京都開発審査会 〒163-8001　新宿区西新宿2丁目8番1号 （東京都都市整備局市街地整備部管理課内） ☎03-5320-5105	主に市街化調整区域内における開発許可の審議、不服申立に対する審理、裁決
東京都建築紛争調停委員会 〒163-8001　新宿区西新宿2丁目8番1号 （東京都都市整備局市街地建築部調整課建築紛争調整担当） ☎03-5388-3377	中高層建築物の建築に際する日照等の生活環境に関しての紛争のあっせん、調停
（公社）東京都宅地建物取引業協会不動産相談所 〒102-0071　千代田区富士見2丁目2番4号 （東京不動産会館2階） ☎03-3264-8000	宅地建物取引業者との取引に関する相談、苦情処理を行う。特色は保証協会の行う弁済業務（会員業者が預けた営業保証金の範囲内で取引によって受けた損害を填補される）に移管される場合である。
東京弁護士会住宅紛争審査会 〒100-0013　千代田区霞が関1丁目1番3号 （弁護士会館6階） ☎03-3581-9040	住宅の品質確保の促進に関する法律（住宅品確法）および特定住宅瑕疵担保責任の履行の確保等に関する法律（履行確保法）に基づく指定住宅紛争処理機関として、建設住宅性能評価書が交付された住宅（評価住宅）および住宅瑕疵担保責任保険が付されている住宅（保険付き住宅）に係わる紛争処理（あっせん・調停・仲裁）を行う。
第一東京弁護士会住宅紛争審査会 〒100-0013　千代田区霞が関1丁目1番3号 （弁護士会館内） ☎03-3595-8587	
第二東京弁護士会住宅紛争審査会 〒100-0013　千代田区霞が関1丁目1番3号 （弁護士会館9階） ☎03-3581-1714	
第二東京弁護士会四谷法律相談センター 〒160-0017　新宿区左門町2丁目6番 （ワコービル8階） ☎03-5312-2818（要予約）	建築紛争に関する法律相談

名　称・所　在　地　等	紛　争　処　理　内　容
(一社)東京建築士会無料建築相談室 〒103-0006 中央区日本橋富沢町11番1号 　　　　　　　　　（富沢町111ビル5階） ☎03-3527-3100(代) https://www.tokyokenchikushikai.or.jp/	建築に関するさまざまな相談に対するアドバイス
(公財)住宅リフォーム・紛争処理支援センター 〒102-0073 千代田区九段北4丁目1番7号 　　　　　　　　（九段センタービル3階） ☎03-3261-4567(代) https://www.chord.or.jp/	「住宅性能表示制度」に基づく、評価住宅に関する相談をはじめ、住宅全般についてのさまざまな相談及び保険（住宅瑕疵担保責任保険）が付された住宅(保険付住宅)、リフォームに関する相談等。

5　知的財産権

名　称・所　在　地　等	紛　争　処　理　内　容
日本知的財産仲裁センター 〒100-0013 千代田区霞が関3丁目4番2号 　　　　　　　　　（弁理士会館内） ☎03-3500-3793 https://www.ip-adr.gr.jp/	知的財産権分野のさまざまな紛争についての調停・仲裁
東京都知的財産総合センター 〒110-0016 台東区台東1丁目3番5号 　　　　　　　　（反町商事ビル1階） ☎03-3832-3656	知的財産に関する一般的な相談、契約・訴訟等に関する法律相談

6　消費者問題

名　称・所　在　地　等	紛　争　処　理　内　容
新宿総合法律相談センター 〒160-0021 新宿区歌舞伎町2丁目44番1号 　　　　　（東京都健康プラザハイジア8階） ☎03-6205-9531（要予約）	消費者問題に関する法律相談
東京弁護士会池袋法律相談センター 〒171-0014 豊島区池袋2丁目40番12号 　　　　　（西池袋第一生命ビルディング1階） ☎03-5979-2855（要予約）	消費者問題に関する法律相談
東京三弁護士会多摩支部消費者問題法律相談 〒190-0014 立川市緑町7丁目1番 　　　　　　　　（立飛ビル8号館2階） ☎042-548-1190（面接予約・問い合わせ先）	消費者問題に関する法律相談
国民生活センター東京事務所 〒108-8602 港区高輪3丁目13番22号 ☎03-3443-6211（総合案内） https://www.kokusen.go.jp/	商品、役務の悪質商法に関する消費者からの相談、苦情のあっせん
東京都消費者被害救済委員会 〒162-0823 新宿区神楽河岸1番1号 　　　（セントラルプラザ内東京都消費生活総合 　　　センター活動推進課消費者被害救済担当） ☎03-3235-4155	都民の消費生活に著しく影響を及ぼすおそれのある紛争に関するあっせん・調停

役所等一覧表、その他

名　称　・　所　在　地　等	紛　争　処　理　内　容
日本商品先物取引協会相談センター 〒103-0013 中央区日本橋人形町1丁目1番11号 　　　　　　　　　　（日庄ビル6階） ☎03-3664-6243 https://www.nisshokyo.or.jp/	同協会の会員である商品取引員への苦情について、相談に応じ、必要な助言を行い、事情を調査するとともに、その会員に対し苦情の内容を通知して迅速な処理を求める。不調になった際には、あっせん、調停を行う。
特定非営利活動法人 証券・金融商品あっせん相談センター 〒103-0025 中央区日本橋茅場町2丁目1番1号 　　　　　　　　　　（第二証券会館） ☎0120-64-5005　https://www.finmac.or.jp/	有価証券の売買その他の取引等に関する顧客と協会員（証券会社）間の紛争に関するあっせん、調停
（一社）信託協会 〒100-0005 千代田区丸の内2丁目2番1号 　　　　　　　　　　（岸本ビル1階） ☎0120-817335 ☎03-6206-3981 https://www.shintaku-kyokai.or.jp/	信託協会加盟の信託銀行、信託業務を営む都市銀行、地方銀行への要望や苦情の受付

7　PL問題

名　称　・　所　在　地　等	紛　争　処　理　内　容
独立行政法人　製品評価技術基盤機構 〒151-0066 渋谷区西原2丁目49番10号 ☎03-3481-1921　https://www.nite.go.jp/	製品事故を防ぐため、製品に関係する事故の情報を収集し、事故の原因を究明するためのテストを行っている。
独立行政法人　農林水産消費安全技術センター（本部） 〒330-9731 さいたま市中央区新都心2番地1 　　　　　　（さいたま新都心合同庁舎検査棟） ☎050-3797-1830（本部代表） http://www.famic.go.jp/	消費者からの「食」に関する意見・相談

8　労働問題

名　称　・　所　在　地　等	紛　争　処　理　内　容
新宿総合法律相談センター 〒160-0021 新宿区歌舞伎町2丁目44番1号 　　　　　　　（東京都健康プラザハイジア8階） ☎03-6205-9531（要予約）※労働者の方は初回30分無料	解雇、賃金未払い等の労働問題全般の相談
蒲田法律相談センター 〒144-0051 大田区西蒲田7丁目48番3号 　　　　　　　　　　（大越ビル6階） ☎03-5714-0081（要予約）※労働者の方は初回30分無料	解雇、賃金未払い等の労働問題全般の相談
東京弁護士会池袋法律相談センター 〒171-0014 豊島区池袋2丁目40番12号 　　　　　　（西池袋第一生命ビルディング1階） ☎03-5979-2855（要予約）※労働者の方は初回30分無料	解雇、賃金未払い等の労働問題全般の相談
第一東京弁護士会渋谷法律相談センター 〒150-0041 渋谷区神南1丁目22番8号 　　　　　　　　　（渋谷東日本ビル5階） ☎03-5428-5587（要予約）	解雇、賃金未払い等の労働問題全般の相談

名　称　・　所　在　地　等	紛　争　処　理　内　容
立川法律相談センター 〒190-0014 立川市緑町7丁目1番 　　　　　　　　　（立飛ビル8号館2階） ☎042-548-7790（要予約）※労働者の方は初回30分無料	解雇、賃金未払い等の労働問題全般の相談
東京弁護士会錦糸町法律相談センター 〒130-0022 墨田区江東橋2丁目11番5号 　　　　　　　　　（河口ビル7階） ☎03-5625-7336（要予約）※労働者の方は初回30分無料	解雇、賃金未払い等の労働問題全般の相談
東京都労働相談情報センター 〒102-0072 千代田区飯田橋3丁目10番3号 　　　　　　　　　（東京しごとセンター9階） ☎03-5211-2200	労働問題全般に関する相談、あっせん
東京都労働相談情報センター大崎事務所 〒141-0032 品川区大崎1丁目11番1号 　　　　（ゲートシティ大崎ウエストタワー2階） ☎03-3495-4872	
東京都労働相談情報センター池袋事務所 〒170-0013 豊島区東池袋4丁目23番9号 ☎03-5954-6501	
東京都労働相談情報センター亀戸事務所 〒136-0071 江東区亀戸2丁目19番1号 　　　　　　　　　（カメリアプラザ7階） ☎03-3682-6321	
東京都労働相談情報センター多摩事務所 〒190-0023 立川市柴崎町3丁目9番2号　6階 ☎042-595-8705	

9　保険関係

名　称　・　所　在　地　等	紛　争　処　理　内　容
（一社）生命保険協会　生命保険相談所 〒100-0005 千代田区丸の内3丁目4番1号 　　　　　　（新国際ビル3階（生命保険協会内）） ☎03-3286-2648　https://www.seiho.or.jp/	生命保険に関する紛争の和解、あっせん、調停

10　刑事問題

名　称　・　所　在　地　等	紛　争　処　理　内　容
東京三弁護士会刑事弁護センター 〒100-0013 千代田区霞が関1丁目1番3号 　　　　　　　　　（弁護士会館内） ☎03-3580-0082	刑事事件被疑者への接見依頼
検察審査会 東京第一検察審査会 （東京簡易裁判所墨田庁舎内） ☎03-3621-3151	申立てにより検察官の不起訴処分を審査

名　称　・　所　在　地　等	紛　争　処　理　内　容
東京第二検察審査会 （東京簡易裁判所墨田庁舎内） ☎03-3621-3152	申立てにより検察官の不起訴処分を審査
東京第三検察審査会 （東京簡易裁判所墨田庁舎内） ☎03-3621-3153	
東京第四検察審査会 （東京簡易裁判所墨田庁舎内） ☎03-3621-3154	
東京第五検察審査会 （東京簡易裁判所墨田庁舎内） ☎03-3621-3155	
東京第六検察審査会 （東京簡易裁判所墨田庁舎内） ☎03-3621-3156	
立川検察審査会（東京地裁立川支部庁舎内） ☎042-845-0292	
横浜第一検察審査会（横浜地方裁判所庁舎内） ☎045-664-0661	
横浜第二検察審査会（横浜地方裁判所庁舎内） ☎045-664-0662	
横浜第三検察審査会（横浜地方裁判所庁舎内） ☎045-664-0663	
横須賀検察審査会（横浜地裁横須賀支部庁舎内） ☎046-824-0786	
小田原検察審査会（横浜地裁小田原支部庁舎内） ☎0465-24-1565	
さいたま第一検察審査会 　　　　　　（さいたま地方裁判所庁舎内） ☎048-863-8714	
さいたま第二検察審査会 　　　　　　（さいたま地方裁判所庁舎内） ☎048-863-8714	
川越検察審査会（さいたま地裁川越支部庁舎内） ☎049-273-3016	
熊谷検察審査会（さいたま地裁熊谷支部庁舎内） ☎048-500-3111	
千葉第一検察審査会（千葉地方裁判所庁舎内） ☎043-222-0761	
千葉第二検察審査会（千葉地方裁判所庁舎内） ☎043-222-0762	
松戸検察審査会（千葉地裁松戸支部庁舎内） ☎047-368-5141	
木更津検察審査会（千葉地裁木更津支部庁舎内） ☎0438-22-3774	
八日市場検察審査会（千葉地裁八日市場支部庁舎内） ☎0479-72-1300	
弁護士の犯罪被害者支援 （東京弁護士会、第一東京弁護士会、第二東京弁護士会） 〒100-0013　千代田区霞が関1丁目1番3号 　　　　　　　　　　　　（弁護士会館内） ☎03-3581-6666　月〜金　午前11時〜午後4時	犯罪による被害者のための相談、刑事手続の代理、付添い、告訴・告発、示談交渉、損害賠償、犯罪被害者等給付金支給の申請

名　称　・　所　在　地　等	紛　争　処　理　内　容
東京三弁護士会多摩支部犯罪被害者支援相談 〒190-0014　立川市緑町7丁目1番 　　　　　　　　　（立飛ビル8号館2階） ☎042-548-3870　火曜日　午後1時～午後4時（無料電話相談・面接予約）※初回面接無料	犯罪による被害者のための相談、刑事手続の代理、付添い、告訴・告発、示談交渉、損害賠償、犯罪被害者等給付金支給の申請

11　外国人関係

名　称　・　所　在　地　等	紛　争　処　理　内　容
新宿総合法律相談センター 〒160-0021　新宿区歌舞伎町2丁目44番1号 　　　　　　　（東京都健康プラザハイジア8階） ☎03-6205-9531（要予約） 外国人法律相談予約電話番号　☎0570-055-289 月～金　午後1時30分～午後4時30分 ※英語・中国語・スペイン語・ベトナム語のみ対応 蒲田法律相談センター 〒144-0051　大田区西蒲田7丁目48番3号 　　　　　　　　　　（大越ビル6階） ☎03-5714-0081（要予約） 外国人法律相談予約電話番号　☎0570-055-289 月～金　午後1時30分～午後4時30分 ※英語・中国語・スペイン語・ベトナム語のみ対応	外国人のための法律相談

12　医療問題

名　称　・　所　在　地　等	紛　争　処　理　内　容
新宿総合法律相談センター 〒160-0021　新宿区歌舞伎町2丁目44番1号 　　　　　　　（東京都健康プラザハイジア8階） ☎03-6205-9531（要予約）	医療に関する法律相談
東京弁護士会池袋法律相談センター 〒171-0014　豊島区池袋2丁目40番12号 　　　　　（西池袋第一生命ビルディング1階） ☎03-5979-2855（要予約）	

13　セクハラ・DV関係

名　称　・　所　在　地　等	紛　争　処　理　内　容
東京弁護士会女性のための法律相談 池袋法律相談センター 〒171-0014　豊島区池袋2丁目40番12号 　　　　　（西池袋第一生命ビルディング1階） ☎03-5979-2855（要予約）	セクハラ・DVなど女性の権利に関する法律相談
東京弁護士会錦糸町法律相談センター 〒130-0022　墨田区江東橋2丁目11番5号 　　　　　　　　　　（河口ビル7階） ☎03-5625-7336（要予約）	

名　称　・　所　在　地　等	紛　争　処　理　内　容
第二東京弁護士会女性の権利相談 四谷法律相談センター 〒160-0017　新宿区左門町2丁目6番 （ワコービル8階） ☎03-5312-2818（要予約）	セクハラ・DVなど女性の権利に関する法律相談
東京三弁護士会多摩支部DV相談 〒190-0014　立川市緑町7丁目1番 （立飛ビル8号館2階） ☎042-548-1190（面接予約・問い合わせ先） ※初回面接無料	DVに関する法律相談

14　高齢者・障がい者関係

名　称　・　所　在　地　等	紛　争　処　理　内　容
高齢者・障がい者のための電話相談 （東京弁護士会、第一東京弁護士会、第二東京弁護士会） 〒100-0013　千代田区霞が関1丁目1番3号 （弁護士会館内） ☎03-3581-9110 月～金　午前10時～12時、午後1時～4時	成年後見制度、財産管理、ホームロイヤー制度、介護契約・老人ホームへの入所契約に関する問題、介護サービスについての不服申立、虐待問題、精神保健福祉法に基づく退院請求等に関する問題等
東京弁護士会高齢者・障害者総合支援センター「オアシス」 〒100-0013　千代田区霞が関1丁目1番3号 （弁護士会館6階） ☎03-3581-2201（東京弁護士会代表）	
第一東京弁護士会成年後見センター「しんらい」 〒100-0013　千代田区霞が関1丁目1番3号 （弁護士会館11階） ☎03-3595-8575（面接予約・問合せ先）	成年後見制度、ホームロイヤー制度、財産管理、介護契約・老人ホームへの入所契約に関する問題、介護サービスについての不服申立、虐待問題、精神保健福祉法に基づく退院請求等に関する問題等
第二東京弁護士会高齢者・障がい者総合支援センター「ゆとり～な」 〒100-0013　千代田区霞が関1丁目1番3号 （弁護士会館9階） ☎03-3581-2250（面接予約・問合せ先）	
東京三弁護士会多摩支部高齢者・障害者専門法律相談 〒190-0014　立川市緑町7丁目1番 （立飛ビル8号館2階） ☎042-548-1190（面接予約・問い合わせ先）	成年後見、遺言、虐待問題等に関する面接相談・出張相談受付・弁護士あっせん等

15　子ども関係

名　称　・　所　在　地　等	紛　争　処　理　内　容
東京弁護士会子どもの人権110番 〒100-0013 千代田区霞が関1丁目1番3号 　　　　　　　　　　（弁護士会館6階） ☎03-3503-0110 （月〜金曜日　午後1時半〜4時15分、午後5時〜7時45分 土曜日　午後1時〜3時45分） 面接相談　無料・要予約（電話相談後予約受付） （水曜日　午後1時半〜4時半　土曜日　午後1時〜4時）	子どもの人権全般に関する相談
第一東京弁護士会子どものための法律相談 〒100-0013 千代田区霞が関1丁目1番3号 　　　　　　　　　　（弁護士会館11階） ☎03-3597-7867（土曜日　午後3時〜6時）	子どもの人権全般に関する相談
第二東京弁護士会子どもの悩みごと相談 〒100-0013 千代田区霞が関1丁目1番3号 　　　　　　　　　　（弁護士会館9階） 電話での相談　03-3581-1885（火、木、金　午後3時から7時まで） 面接での相談　03-3581-2257（火、木、金　午後3時から5時まで　前日午後5時までに電話で予約）	少年事件(非行)、体罰、児童虐待、いじめ、不登校、学校懲戒・校則、無戸籍問題など　子どもの悩みごとに関する相談
東京三弁護士会多摩支部弁護士子どもの悩みごと相談 〒190-0014 立川市緑町7丁目1番 　　　　　　　　　　（立飛ビル8号館2階） ☎042-548-0120　水曜日　午後3時〜7時（無料電話相談・面接予約）※初回面接無料	子どもの人権全般に関する相談

16　その他の問題等

名　称　・　所　在　地　等	紛　争　処　理　内　容
東京弁護士会生活保護法律相談 弁護士会蒲田法律相談センター 〒144-0052 大田区西蒲田7丁目48番3号 　　　　　　　　　　（大越ビル6階） ☎03-5714-0081（要予約） 東京弁護士会池袋法律相談センター 〒171-0014 豊島区池袋2丁目40番12号 　　　　　（西池袋第一生命ビルディング1階） ☎03-5979-2855（要予約） 東京弁護士会北千住法律相談センター 〒120-0034 足立区千住3丁目98番地 　　　　　　　（千住ミルディスⅡ番館6階） ☎03-5284-5055（要予約） 東京三弁護士会多摩支部生活保護法律相談 受付窓口 弁護士会八王子法律相談センター 〒192-0046 八王子市明神町4丁目2番10号 　　　　　　　　　（京王八王子駅前ビル8階） ☎042-642-5000（面接予約）	生活保護申請またはその申請の却下・変更もしくは停止等に対する審査請求等に関する法律相談

名　称・所　在　地　等	紛　争　処　理　内　容
東京弁護士会セクシュアル・マイノリティ電話法律相談 〒100-0013 千代田区霞が関1丁目1番3号 　　　　　　　　　　　（弁護士会館6階） ☎03-3581-5515 第2・4木曜　午後5時〜7時 祝祭日の場合は翌金曜日に行います	セクシュアル・マイノリティの方のための法律相談
東京三弁護士会多摩支部レインボー相談 〒190-0014 立川市緑町7丁目1番 　　　　　　　　　　（立飛ビル8号館2階） ☎無料相談042-512-8221（第1・3金曜　午後6時〜9時） 面接相談予約専用電話 ☎042-548-1190 （月〜金曜　午前9時30分〜12時、午後1時〜4時30分） 　　　　　　　　　　※初回相談無料	セクシュアル・マイノリティの方のための法律相談
中小企業法律支援センター 〒100-0013 千代田区霞が関1丁目1番3号 　　　　　　　　　　　（弁護士会館6階） ☎03-3581-8977　https://cs-lawyer.tokyo	中小企業の法的支援
東京三弁護士会公益通報相談（書面での相談） 〒100-0013 千代田区霞が関1丁目1番3号 　　　　　　　　　　　（弁護士会館6階） ☎03-3581-2425 東京弁護士会公益通報相談（電話での相談） ☎03-3581-2236（毎月第3火曜日　午前11時〜午後1時）	事業者が法令に違反する行為を行っている場合に、公益を目的として通報しようとする人や、公益通報により不利益を受けた人に、法的な助言をする。
東京法務局人権擁護部 〒160-0004 新宿区四谷1丁目6番1号 　（四谷タワー13階 外国人在留支援センター 　（FRESC)内） ☎0570-011-000	人権相談に対する助言、官公署への通報、日本司法支援センターの紹介、人権侵犯事件の調査、処理等
（一社）日本商事仲裁協会 〒101-0054 千代田区神田錦町3丁目17番地 　　　　　　　　　　　（廣瀬ビル3階） ☎03-5280-5161　https://www.jcaa.or.jp/	国内・国際取引の商事紛争についてのあっせん、調停、仲裁
（一社）日本海運集会所 〒112-0002 文京区小石川2丁目22番2号 　　　　　　　　　　　（和順ビル3階） ☎03-5802-8361　https://www.jseinc.org/	船舶貸借、運航依託、海上運送、海上保険もしくは船舶売買に関する契約又は海損もしくは海難救助に関する事項の紛争の相談、鑑定、証明、あっせん、仲裁
公害等調整委員会（総務省） 〒100-0013 千代田区霞が関3丁目1番1号 　　　　　　　　　（中央合同庁舎第4号館10階） ☎03-3581-9601 https://www.soumu.go.jp/kouchoi/	公害紛争について、あっせん、調停、仲裁及び裁定を行い、その迅速かつ適正な解決を図ること（公害紛争処理制度）
東京都公害審査会 〒163-8001 新宿区西新宿2丁目8番1号 　　　　　　　　　（都庁第二本庁舎19階） 　　　　　　（東京都環境局総務部総務課） ☎03-5388-3437	審査会が扱う紛争とは相当範囲にわたる典型7公害で、かつ、民事上の紛争（公害紛争処理法第2条）

名　称　・　所　在　地　等	紛　争　処　理　内　容
公害・環境なんでも110番 （東京弁護士会、第一東京弁護士会、第二東京弁護士会） 〒100-0013 千代田区霞が関1丁目1番3号 （弁護士会館内） ☎03-3581-5379　第2・4水曜　午前10時〜12時	東京三弁護士会によるさまざまな公害・環境問題に関する法律相談
ハーグ条約事件のための弁護士紹介窓口 （東京弁護士会、第一東京弁護士会、第二東京弁護士会） 〒100-0013 千代田区霞が関1丁目1番3号 （弁護士会館内） ☎03-3593-5650 平日　午前10時〜午後4時（正午〜午後1時を除く）	国際的な子の奪取の民事上の側面に関する条約事件（ハーグ条約事件）に対応する弁護士の紹介
総務省情報流通行政局（放送政策課） 〒100-8926 千代田区霞が関2丁目1番2号 （中央合同庁舎第2号館） ☎03-5253-5111　又は☎03-5253-5777 https://www.soumu.go.jp/main_sosiki/joho_tsusin/hoso_seido/	真実でない放送によって、名誉毀損、信用失墜等の権利侵害を受けた本人又は直接関係人（配偶者、直系親族、兄弟姉妹等）は、その放送を行った放送事業者に訂正又は取消しの放送を請求することができる（放送後3か月以内）（放送法9条）。
電子内容証明サービス「e内容証明」 https://www.post.japanpost.jp/service/enaiyo/	内容証明郵便を電子化しインターネットを通じて24時間受付を行うサービス（登録制）。郵便局の電子内容証明システムで受け付け、電子内容証明の証明文及び日付印を文書内に挿入し、差出人宛てに謄本、受取人宛てに正本を発送する。
登記情報提供サービス（（一財）民事法務協会） https://www1.touki.or.jp/	登記所が保管する登記情報をインターネットを利用してパソコン等の画面に表示することができる。登録制の有料サービス。

役所等一覧表、その他

64 入国管理関係問い合わせ先一覧

地方出入国在留管理局

本局・支局　　出張所等		所　　在　　地	電話番号
東京出入国在留管理局		108-8255　東京都港区港南5丁目5番30号 （四谷分庁舎） 160-0004　東京都新宿区四谷1丁目6番1号 四谷タワー 13・14階	0570-034259 0570-011000
	立川出張所	186-0001　国立市北3丁目31番地2 立川法務総合庁舎	042-528-7179
	さいたま出張所	338-0002　さいたま市中央区下落合5丁目12番1号 さいたま第2法務総合庁舎1階	048-851-9671
	千葉出張所	260-0026　千葉市中央区千葉港2番1号 千葉中央コミュニティーセンター内	043-242-6597
	水戸出張所	310-0061　水戸市北見町1番1号 水戸法務総合庁舎1階	029-300-3601
	宇都宮出張所	320-0036　宇都宮市小幡2丁目1番11号 宇都宮法務総合庁舎1階	028-600-7750
	高崎出張所	370-0829　高崎市高松町26番地5 高崎法務総合庁舎1階	027-328-1154
	長野出張所	380-0846　長野市大字長野旭町1108番地 長野第一合同庁舎3階	026-232-3317
	新潟出張所	950-0001　新潟市東区松浜町3710番地 新潟空港ターミナルビル	025-275-4735
	甲府出張所	400-0031　甲府市丸の内1丁目1番18号 甲府合同庁舎9階	055-255-3350
横浜支局		236-0002　横浜市金沢区鳥浜町10番地7	0570-045259
	川崎出張所	215-0021　川崎市麻生区上麻生1丁目3番14号 川崎西合同庁舎	044-965-0012
成田空港支局		282-0004　成田市古込1番地の1 成田国際空港第2旅客ターミナルビル6階	0476-34-2222
羽田空港支局		144-0041　東京都大田区羽田空港2丁目6番4号 羽田空港CIQ棟	03-5708-3202
大阪出入国在留管理局		559-0034　大阪市住之江区南港北1丁目29番53号	0570-064259
	京都出張所	606-8395　京都市左京区丸太町川端東入ル東丸太町 34番地12　京都第二地方合同庁舎	075-752-5997
	舞鶴港出張所	624-0946　舞鶴市字下福井901番地 舞鶴港湾合同庁舎	0773-75-1149
	奈良出張所	630-8305　奈良市東紀寺町3丁目4番1号 奈良第二法務総合庁舎	0742-23-6501
	和歌山出張所	640-8287　和歌山市築港6丁目22番地2 和歌山港湾合同庁舎	073-422-8778
	大津出張所	520-0044　大津市京町3丁目1番1号 大津びわ湖合同庁舎6階	077-511-4231

本局・支局	出張所等		所　在　地	電話番号
関西空港支局		549-0011	大阪府泉南郡田尻町泉州空港中1番地	072-455-1453
神戸支局		650-0024	神戸市中央区海岸通29番地 神戸地方合同庁舎	078-391-6377
	姫路港出張所	672-8063	姫路市飾磨区須加294番地1 姫路港湾合同庁舎	079-235-4688
名古屋出入国在留管理局		455-8601	名古屋市港区正保町5丁目18番地	052-217-8944
	豊橋港出張所	441-8075	豊橋市神野ふ頭町3番地11 豊橋港湾合同庁舎	0532-32-6567
	四日市港出張所	510-0051	四日市市千歳町5番地1 四日市港湾合同庁舎	059-352-5695
	浜松出張所	430-0929	浜松市中央区中央1丁目12番4号 浜松合同庁舎1階	053-458-6496
	静岡出張所	420-0858	静岡市葵区伝馬町9番地4 福一伝馬町ビルディング6階	054-653-5571
	福井出張所	910-0019	福井市春山1丁目1番54号 福井春山合同庁舎14階	0776-28-2101
	富山出張所	939-8252	富山市秋ヶ島30番地 富山空港国内線ターミナルビル1階	076-495-1580
	金沢出張所	920-0024	金沢市西念3丁目4番1号 金沢駅西合同庁舎	076-222-2450
	岐阜出張所	500-8812	岐阜市美江寺町2丁目7番地2 岐阜法務総合庁舎別館4階	058-214-6168
中部空港支局		479-0881	常滑市セントレア1丁目1番地 CIQ棟3階	0569-38-7410
広島出入国在留管理局		730-0012	広島市中区上八丁堀2番31号 広島法務総合庁舎内	082-221-4411
	下関出張所	750-0066	下関市東大和町1丁目7番1号 下関港湾合同庁舎3階	083-261-1211
	福山出張所	720-0065	福山市東桜町1番21号 エストパルク8階	084-973-8090
	広島空港出張所	729-0416	三原市本郷町善入寺平岩64番地31 広島空港国際ターミナルビル1階	0848-86-8015
	周南出張所	745-0045	周南市徳山港町6番35号 徳山港湾合同庁舎2階	0834-21-1329
	岡山出張所	700-0907	岡山市北区下石井1丁目4番1号 岡山第2合同庁舎11階	086-234-3531
	境港出張所	684-0055	境港市佐斐神町1634番地 米子空港ビル3階	0859-47-3600
	松江出張所	690-0841	松江市向島町134番地10 松江地方合同庁舎内4階	0852-21-3834
福岡出入国在留管理局		810-0073	福岡市中央区舞鶴3丁目5番25号 福岡第1法務総合庁舎	092-717-5420
	博多港出張所	812-0031	福岡市博多区沖浜町8番1号 福岡港湾合同庁舎	092-262-2373

その他、役所等一覧表、

本局・支局	出張所等		所在地	電話番号
	福岡空港出張所	812-0851	福岡市博多区大字青木739番地 福岡空港国際線ターミナルビル	092-477-0121
	北九州出張所	803-0813	北九州市小倉北区城内5番1号 小倉合同庁舎	093-582-6915
	佐賀出張所	840-0801	佐賀市駅前中央3丁目3番20号 佐賀第2合同庁舎6階	0952-36-6262
	長崎出張所	850-0921	長崎市松が枝町7番29号 長崎港湾合同庁舎	095-822-5289
	対馬出張所	817-0016	対馬市厳原町東里341番地42 厳原地方合同庁舎4階	0920-52-0432
	大分出張所	870-8521	大分市荷揚町7番5号 大分法務総合庁舎1階	097-536-5006
	熊本出張所	862-0971	熊本市中央区大江3丁目1番53号 熊本第二合同庁舎	096-362-1721
	鹿児島出張所	892-0812	鹿児島市浜町2番5-1号 鹿児島港湾合同庁舎3階	099-222-5658
	宮崎出張所	880-0802	宮崎市別府町1番1号 宮崎法務総合庁舎2階	0985-31-3580
那覇支局		900-0022	那覇市樋川1丁目15番15号 那覇第一地方合同庁舎	098-832-4185
	那覇空港出張所	901-0142	那覇市鏡水280番地 那覇空港国際線ターミナルビル国際線エリア	098-857-0053
	嘉手納出張所	904-0203	沖縄県中頭郡嘉手納町字嘉手納290番地9 ロータリー1号館	098-957-5252
	宮古島出張所	906-0012	宮古島市平良字西里7番地21 平良港湾合同庁舎	0980-72-3440
	石垣港出張所	907-0013	石垣市浜崎町1丁目1番地8 石垣港湾合同庁舎	0980-82-2333
仙台出入国在留管理局		983-0842	仙台市宮城野区五輪1丁目3番20号 仙台第二法務合同庁舎	0570-022259
	仙台空港出張所	989-2401	名取市下増田字南原 仙台空港旅客ターミナルビル	022-383-4545
	郡山出張所	963-8035	郡山市希望ヶ丘31番26号 郡山第2法務総合庁舎1階	024-962-7221
	酒田港出張所	998-0036	酒田市船場町2丁目5番43号 酒田港湾合同庁舎	0234-22-2746
	秋田出張所	010-0951	秋田市山王7丁目1番3号 秋田第一地方合同庁舎5階	018-895-5221
	青森出張所	030-0861	青森市長島1丁目3番5号 青森第二合同庁舎	017-777-2939
	盛岡出張所	020-0045	盛岡市盛岡駅西通1丁目9番15号 盛岡第2合同庁舎6階	019-621-1206
札幌出入国在留管理局		060-0042	札幌市中央区大通西12丁目 札幌第三合同庁舎	0570-003259
	札幌出入国在留管理局 （小樽分室）	047-0007	小樽市港町5番2号 小樽地方合同庁舎	0134-33-9238

本局・支局	出張所等		所　在　地	電話番号
	旭川出張所	078-8391	旭川市宮前1条3丁目3番15号 旭川合同庁舎	0166-38-6755
	函館出張所	040-0061	函館市海岸町24番4号 函館港湾合同庁舎	0138-41-6922
	釧路港出張所	085-0022	釧路市南浜町5番9号 釧路港湾合同庁舎	0154-22-2430
	千歳苫小牧出張所	066-0012	千歳市美々 新千歳空港国際線旅客ターミナルビル	0123-24-6439
	千歳苫小牧出張所 （苫小牧分室）	053-0004	苫小牧市港町1丁目6番15号 苫小牧港湾合同庁舎2階	0144-32-9012
	稚内港出張所	097-0023	稚内市開運2丁目2番1号 稚内港湾合同庁舎	0162-23-3269
高松出入国在留管理局		760-0033	高松市丸の内1番1号 高松法務合同庁舎	087-822-5852
	松山出張所	790-0066	松山市宮田町188番地6 松山地方合同庁舎1階	089-932-0895
	小松島港出張所	773-0001	小松島市小松島町外開1番地11 小松島みなと合同庁舎	08853-2-1530
	高知出張所	780-0850	高知市丸ノ内1丁目4番1号 高知法務総合庁舎1階	088-871-7030

入国者収容所

センター	所　在　地		電話番号
東日本入国管理センター	300-1288	牛久市久野町1766番地1	029-875-1291
大村入国管理センター	856-0817	大村市古賀島町644番地の3	0957-52-2121

外国人在留総合インフォメーションセンター

仙台	983-0842	仙台市宮城野区五輪1丁目3番20号 仙台第二法務合同庁舎	
東京	108-8255	東京都港区港南5丁目5番30号	TEL 0570-013904
横浜	236-0002	横浜市金沢区鳥浜町10番地7	（IP、海外：03-5796-7112）
名古屋	455-8601	名古屋市港区正保町5丁目18番地	平日　午前8：30〜午後5：15
大阪	559-0034	大阪市住之江区南港北1丁目29番53号	
神戸	650-0024	神戸市中央区海岸通29番地 神戸地方合同庁舎	メールアドレス
広島	730-0012	広島市中区上八丁堀2番31号 広島法務総合庁舎内	info-tokyo@i.moj.go.jp
福岡	810-0073	福岡市中央区舞鶴3丁目5番25号 福岡第一法務総合庁舎	

出入国在留管理庁	100-8977	東京都千代田区霞が関1丁目1番1号	03-3580-4111
出入国在留管理庁 （外国人在留支援センター（FRESC））	160-0004	東京都新宿区四谷1丁目6番1号 四谷タワー13階	03-5363-3005

役所等一覧表、その他

65 関東財務局及び財務部出張所

名　称	所　在　地	管　轄　区　域	電　話
関東財務局	330-9716 さいたま市中央区新都心1番地1 （さいたま新都心合同庁舎1号館）		048(600)1111
東京財務事務所	113-8553 文京区湯島4丁目6番15号 （湯島地方合同庁舎）	東京都	03(5842)7011
第1統括国有 財産管理官	〃	千代田区、中央区、大田区	03(5842)7020
第2　〃	〃	新宿区、文京区、台東区、墨田区、豊島区、荒川区、島しょ	03(5842)7021
第3　〃	〃	中野区、杉並区、練馬区	03(5842)7022
第4　〃	〃	北区、板橋区、足立区	03(5842)7023
第5　〃	〃	港区、世田谷区、渋谷区	03(5842)7024
第6　〃	〃	江東区、品川区、目黒区、葛飾区、江戸川区	03(5842)7456
立川出張所	190-8575 立川市緑町4番地2 （立川地方合同庁舎7階）	立川市ほか29市町村 （都内23区及び島しょを除く）	042(524)2195
横浜財務事務所	231-8412 横浜市中区北仲通5丁目57番地 （横浜第2合同庁舎12階）	神奈川県 （横須賀出張所管轄区域を除く）	045(681)0931
横須賀出張所	238-8535 横須賀市新港町1番地8 （横須賀地方合同庁舎5階）	逗子市、横須賀市、三浦市、葉山町	046(823)1047
千葉財務事務所	260-8607 千葉市中央区椿森5丁目6番1号	千葉県	043(251)7211
甲府財務〃	400-0031 甲府市丸の内1丁目1番18号 （甲府合同庁舎8階）	山梨県	055(253)2261
宇都宮財務〃	320-8532 宇都宮市桜3丁目1番10号	栃木県	028(633)6221
水戸財務〃	310-8566 水戸市北見町1番4号	茨城県 （筑波出張所管轄区域を除く）	029(221)3188
筑波出張所	305-0031 つくば市吾妻1丁目12番地1 （筑波合同庁舎3階）	つくば市	029(851)2160
前橋財務事務所	371-0026 前橋市大手町2丁目3番1号 （前橋地方合同庁舎10階）	群馬県	027(221)4491
新潟財務〃	950-8623 新潟市中央区美咲町1丁目2番1号 （新潟美咲合同庁舎2号館9階）	新潟県	025(281)7501
長野財務〃	380-0846 長野市大字長野旭町1108番地 （長野第2合同庁舎5階）	長野県	026(234)5123

66 東京都税事務所

名　称	所　在　地	電　話	交　通　機　関
千代田	101-8520 千代田区内神田2丁目1番12号	03(3252)7141	ＪＲ山手線　神田駅
中央	104-8558 中央区新富2丁目6番1号	03(3553)2151	地下鉄有楽町線　新富町駅
港	106-8560 港区麻布台3丁目5番6号	03(5549)3800	地下鉄日比谷線　神谷町駅
新宿	160-8304 新宿区西新宿7丁目5番8号	03(3369)7151	地下鉄大江戸線　新宿西口駅
文京	112-8550 文京区春日1丁目16番21号 （文京シビックセンター内）	03(3812)3241	都営三田線　春日駅
台東	111-8606 台東区雷門1丁目6番1号	03(3841)1271	地下鉄銀座線　田原町駅
墨田	130-8608 墨田区業平1丁目7番4号	03(3625)5061	東武伊勢崎線　とうきょうスカイツリー駅
江東	136-8533 江東区大島3丁目1番3号	03(3637)7121	都営新宿線　西大島駅
品川	140-8716 品川区広町2丁目1番36号	03(3774)6666	ＪＲ京浜東北線　大井町駅
目黒	153-8937 目黒区上目黒2丁目19番15号 （目黒区総合庁舎内）	03(5722)9001	東急東横線　中目黒駅
大田	144-8511 大田区新蒲田1丁目18番22号（仮庁舎）	03(3733)2411	ＪＲ京浜東北線　蒲田駅
世田谷	154-8577 世田谷区若林4丁目22番13号 （世田谷合同庁舎5・6階）	03(3413)7111	東急世田谷線　松陰神社前駅
渋谷	151-8546 渋谷区千駄ケ谷4丁目3番15号 （東京都渋谷合同庁舎4〜7階）	03(5422)8780	ＪＲ山手線　代々木駅
中野	164-0001 中野区中野4丁目6番15号	03(3386)1111	ＪＲ中央線　中野駅
杉並	166-8502 杉並区成田東5丁目39番11号	03(3393)1171	地下鉄丸ノ内線　南阿佐ケ谷駅
豊島	171-8506 豊島区西池袋1丁目17番1号 （豊島合同庁舎）	03(3981)1211	ＪＲ山手線　池袋駅
北	114-8517 北区中十条1丁目7番8号	03(3908)1171	ＪＲ埼京線　十条駅
荒川	116-8586 荒川区西日暮里2丁目25番1号	03(3802)8111	ＪＲ山手線　日暮里駅
板橋	173-8510 板橋区大山東町44番8号	03(3963)2111	都営三田線　板橋区役所前駅
練馬	176-8511 練馬区豊玉北6丁目13番10号	03(3993)2261	西武池袋線　練馬駅
足立	123-8512 足立区西新井栄町2丁目8番15号	03(5888)6211	東武伊勢崎線　西新井駅
葛飾	124-8520 葛飾区立石5丁目13番1号 （葛飾区総合庁舎内）	03(3697)7511	京成押上線　京成立石駅
江戸川	132-8551 江戸川区中央4丁目24番19号	03(3654)2151	ＪＲ総武線　新小岩駅より都バス　江戸川区役所
八王子	192-8611 八王子市明神町3丁目19番2号 （東京都八王子合同庁舎6階）	042(644)1111	ＪＲ中央線　八王子駅
立川	190-0022 立川市錦町4丁目6番3号	042(523)3171	ＪＲ南武線　西国立駅

役所等一覧表、その他

67 国税不服審判所

名称	所在地	管轄区域	電話
国税不服審判所	100-8978 東京都千代田区霞が関3丁目1番1号		03(3581)4101
関東信越国税不服審判所	330-9718 さいたま市中央区新都心1番地1 （さいたま新都心合同庁舎1号館）	埼玉県、茨城県、栃木県、群馬県	048(600)3221
新潟支所	951-8104 新潟市中央区西大畑町5191番地	新潟県	025(228)0991
長野支所	380-0845 長野市西後町608番地の2	長野県	026(232)6489
東京国税不服審判所	102-0074 東京都千代田区九段南1丁目1番15号 （九段第2合同庁舎10階）	千葉県、東京都、山梨県	03(3239)7181
横浜支所	231-0001 横浜市中区新港1丁目6番1号 （よこはま新港合同庁舎4階）	神奈川県	045(641)7901

68 労働委員会

名称	所在地	電話
中央労働委員会	105-0011 東京都港区芝公園1丁目5番32号（労働委員会会館）	03(5403)2111
東京都労働委員会事務局	163-8001 東京都新宿区西新宿2丁目8番1号（都庁第一本庁舎南塔37・38階）	03(5320)6981
茨城県労働委員会事務局	310-8555 水戸市笠原町978番地6	029(301)5563
栃木県労働委員会事務局	320-8501 宇都宮市塙田1丁目1番20号（県庁南館5階）	028(623)3337
群馬県労働委員会事務局	371-8570 前橋市大手町1丁目1番1号（県庁舎26階）	027(226)2783
埼玉県労働委員会事務局	330-9301 さいたま市浦和区高砂3丁目15番1号（第三庁舎4階）	048(830)6452
千葉県労働委員会事務局	260-8667 千葉市中央区市場町1番1号（県庁南庁舎7階）	043(223)3735
神奈川県労働委員会事務局	231-0026 横浜市中区寿町1番地4（かながわ労働プラザ内）	045(633)5448
新潟県労働委員会事務局	950-8570 新潟市中央区新光町4番地1（県庁行政庁舎16階）	025(280)5543
山梨県労働委員会事務局	400-8501 甲府市丸の内1丁目6番1号	055(223)1826
長野県労働委員会事務局	380-8570 長野市大字南長野字幅下692番地2（県庁内）	026(235)7468
静岡県労働委員会事務局	420-8601 静岡市葵区追手町9番6号	054(221)2286

69 運輸安全委員会事務局

機　　　　関	所　　在　　地	電　話
運 輸 安 全 委 員 会 事 務 局	160-0004 東京都新宿区四谷1丁目6番1号 （四谷タワー 15階）	03（5367）5025
函 館 事 務 所	040-0061 函館市海岸町24番4号　（函館港湾合同庁舎4階）	0138（43）5517
仙 台 事 務 所	983-0842 仙台市宮城野区五輪1丁目3番15号 （仙台第3合同庁舎8階）	022（295）7313
横 浜 事 務 所	231-0003 横浜市中区北仲通5丁目57番地 （横浜第2合同庁舎19階）	045（201）8396
神 戸 事 務 所	650-0042 神戸市中央区波止場町1番1号 （神戸第2地方合同庁舎10階）	078（331）7258
広 島 事 務 所	734-0011 広島市南区宇品海岸3丁目10番17号 （広島港湾合同庁舎4階）	082（251）4603
門 司 事 務 所	801-0841 北九州市門司区西海岸1丁目3番10号 （門司港湾合同庁舎10階）	093（331）3707
長 崎 事 務 所	850-0921 長崎市松が枝町7番29号　（長崎港湾合同庁舎4階）	095（821）3537
那 覇 事 務 所	900-0001 那覇市港町2丁目11番1号　（那覇港湾合同庁舎8階）	098（868）9335

70 海難審判所

機　　　　関	所　　在　　地	電　話
海 難 審 判 所	102-0083 東京都千代田区麹町2丁目1番地 （PMO半蔵門4階）	03（6893）2400
函 館 地 方 海 難 審 判 所	040-0061 函館市海岸町24番4号　（函館港湾合同庁舎5階）	0138（43）4352
仙 台 地 方 海 難 審 判 所	983-0842 仙台市宮城野区五輪1丁目3番15号 （仙台第3合同庁舎8階）	022（295）7311
横 浜 地 方 海 難 審 判 所	231-0003 横浜市中区北仲通5丁目57番地 （横浜第2合同庁舎4階）	045（201）7501
神 戸 地 方 海 難 審 判 所	650-0042 神戸市中央区波止場町1番1号 （神戸第2地方合同庁舎10階）	078（331）6371
広 島 地 方 海 難 審 判 所	734-0011 広島市南区宇品海岸3丁目10番17号 （広島港湾合同庁舎4階）	082（251）4604
門 司 地 方 海 難 審 判 所	801-0841 北九州市門司区西海岸1丁目3番10号 （門司港湾合同庁舎10階）	093（331）3721
門 司 地 方 海 難 審 判 所　那 覇 支 所	900-0001 那覇市港町2丁目11番1号 （那覇港湾合同庁舎8階）	098（868）9334
長 崎 地 方 海 難 審 判 所	850-0921 長崎市松が枝町7番29号（長崎港湾合同庁舎5階）	095（821）3538

役所等一覧表、その他

71 運輸事務所

（茨城県、栃木県、群馬県、埼玉県、千葉県、東京都、神奈川県、山梨県）

名　称	所　在　地	電　話	交　通　機　関
茨城運輸支局	310-0844 水戸市住吉町353番地	029(247)5348	ＪＲ常磐線　水戸駅よりバス
土浦自動車検査登録事務所	300-0847 土浦市卸町2丁目1番3号	050(5540)2018	ＪＲ常磐線　荒川沖駅よりバス
栃木運輸支局	321-0169 宇都宮市八千代1丁目14番8号	028(658)7011	東武宇都宮線　江曽島駅
佐野自動車検査登録事務所	327-0044 佐野市下羽田町2001番地7	050(5540)2020	東武佐野線　田島駅
群馬運輸支局	371-0007 前橋市上泉町399番地の1	027(263)4440	上毛電鉄　上泉駅
埼玉運輸支局	331-0077 さいたま市西区大字中釘2154番地2	048(624)1835	ＪＲ京浜東北線　大宮駅よりバス
熊谷自動車検査登録事務所	360-0844 熊谷市御稜威ケ原701番地の4	050(5540)2027	ＪＲ高崎線　籠原駅
所沢自動車検査登録事務所	359-0026 所沢市大字牛沼688番地の1	050(5540)2029	西武池袋線　所沢駅よりバス
春日部自動車検査登録事務所	344-0042 春日部市増戸723番地の1	050(5540)2028	東武野田線　豊春駅
千葉運輸支局	261-0002 千葉市美浜区新港198番地	043(242)7336	ＪＲ総武線　稲毛駅よりバス
習志野自動車検査登録事務所	274-0063 船橋市習志野台8丁目57番1号	050(5540)2024	ＪＲ総武線　津田沼駅よりバス
野田自動車検査登録事務所	278-0013 野田市上三ケ尾207番地の22	050(5540)2023	東武野田線　運河駅
袖ケ浦自動車検査登録事務所	299-0265 袖ケ浦市長浦580番地の77	050(5540)2025	ＪＲ内房線　長浦駅よりバス
東京運輸支局 （本庁舎）	140-0011 東京都品川区東大井1丁目12番17号	03(3458)9231	京浜急行線　鮫洲駅
東京運輸支局 （青海庁舎）	135-0064 東京都江東区青海2丁目7番11号 （東京港湾合同庁舎9階）	03(5530)2320	東京臨海新交通ゆりかもめ テレコムセンター駅
練馬自動車検査登録事務所	179-0081 東京都練馬区北町2丁目8番6号	050(5540)2032	東武東上線　東武練馬駅
足立自動車検査登録事務所	121-0062 東京都足立区南花畑5丁目12番1号	050(5540)2031	東武伊勢崎線　竹ノ塚駅よりバス
八王子自動車検査登録事務所	192-0011 八王子市滝山町1丁目270番地の2	050(5540)2034	ＪＲ中央線　八王子駅よりバス

名　　　称	所　　在　　地	電　話	交　通　機　関
多摩自動車 検査登録事務所	186-0001 国立市北3丁目30番3号	050（5540）2033	ＪＲ中央線　立川駅よりバス
神奈川運輸支局	224-0053 横浜市都筑区池辺町3540番地	045（939）6800	ＪＲ横浜線　小机駅よりバス
川崎自動車 検査登録事務所	210-0826 川崎市川崎区塩浜3丁目24番1号	050（5540）2036	ＪＲ京浜東北線　川崎駅より バス
湘南自動車 検査登録事務所	254-0082 平塚市東豊田369番地の10	050（5540）2038	ＪＲ東海道本線　平塚駅より バス
相模自動車 検査登録事務所	243-0303 神奈川県愛甲郡愛川町中津 7181番地	050（5540）2037	小田急線　本厚木駅よりバス
山梨運輸支局	406-0034 笛吹市石和町唐柏1000番地9	055（261）0880	ＪＲ中央本線　石和温泉駅よ りタクシー

72 自動車税事務所

名　　　　称	所　　在　　地	電　話	交　通　機　関
〔東　京　都〕			
都税総合事務センター	176-8517 練馬区豊玉北6丁目13番10号 （都税事務所4階）	03（3525）4066	西武池袋線　練馬駅
〔神奈川県〕			
自動車税管理事務所	232-8602 横浜市南区弘明寺町31番地	045（716）2111	京浜急行線　弘明寺駅
〔埼　玉　県〕			
自動車税事務所	330-0844 さいたま市大宮区下町3丁目8番地3	048（658）0223	ＪＲ京浜東北線　大宮駅
〔千　葉　県〕			
自動車税事務所	260-8523 千葉市中央区問屋町1番11号	043（243）2721	ＪＲ京葉線　千葉みなと 駅
〔茨　城　県〕			
水戸県税事務所 （自動車税分室）	310-0844 水戸市住吉町292番地の10	029（247）1297	ＪＲ常磐線　水戸駅より バス
土浦県税事務所 （自動車税分室）	300-0847 土浦市卸町2丁目1番5号	029（842）7812	ＪＲ常磐線　荒川沖駅よ り関東鉄道バス土浦産業 学院下車
〔群　馬　県〕			
自動車税事務所	371-8507 前橋市上泉町397番地の5	027（263）4343	上毛電鉄　上泉駅
〔栃　木　県〕			
自動車税事務所	321-0169 宇都宮市八千代1丁目5番10号	028（658）5521	東武宇都宮線　江曽島駅
〔山　梨　県〕			
総合県税事務所 （自動車税部）	406-8558 笛吹市石和町唐柏1000番地4	055（262）4662	ＪＲ中央本線　石和温泉 駅

役所等一覧表、
その他

73 関係団体等（弁理士会・司法書士会等）

名　称	所　在　地	電　話	交　通　機　関
日本弁理士会	〈東京倶楽部ビル〉 100-0013 千代田区霞が関3丁目2番6号 （東京倶楽部ビルディング14階） 〈弁理士会館〉 100-0013 千代田区霞が関3丁目4番2号	03（3581）1211 （地域会課） 03（3581）1209 （関東会事務室） 03（3519）2751 （広報室） 03（3519）2361 （経営・支援室） 03（3519）2709	地下鉄銀座線　虎ノ門駅
日本税理士会連合会	141-0032 品川区大崎1丁目11番8号 （日本税理士会館8階）	03（5435）0931	ＪＲ山手線　大崎駅
東京地方税理士会 （神奈川・山梨）	220-0022 横浜市西区花咲町4丁目106番地 （税理士会館7階）	045（243）0511	ＪＲ京浜東北線　桜木町駅
東京税理士会	151-8568 渋谷区千駄ケ谷5丁目10番6号 （東京税理士会館）	03（3356）4461	ＪＲ中央線　千駄ケ谷駅
日本司法書士会連合会	160-0003 新宿区四谷本塩町4番37号	03（3359）4171	ＪＲ中央線　四ッ谷駅
東京司法書士会	同　上	03（3353）9191	同　　　上
日本公認会計士協会	102-8264 千代田区九段南4丁目4番1号 （公認会計士会館）	03（3515）1120	ＪＲ中央線　市ケ谷駅
日本公認会計士協会 東　京　会	同　　　上	03（3515）1180	同　　　上
日本行政書士会連合会	105-0001 港区虎ノ門4丁目1番28号 （虎ノ門タワーズオフィス10階）	03（6435）7330	地下鉄日比谷線　神谷町駅
日本公証人連合会	100-0013 千代田区霞が関1丁目4番2号 （大同生命霞が関ビル5階）	03（3502）8050	地下鉄銀座線　虎ノ門駅
（一財）東京公証人協会	同　　　上	同　　　上	同　　　上
司　法　研　修　所	351-0194 和光市南2丁目3番8号	048（460）2000	東武東上線　和光市駅より バス
裁判所職員総合 研　修　所	351-0196 和光市南2丁目3番5号	048（452）5000	東武東上線　和光市駅より バス
法務総合研究所	100-8977 千代田区霞が関1丁目1番1号	03（3580）4111	地下鉄有楽町線　桜田門駅
全国人権擁護委員 連　合　会	同　　　上	同　　　上	同　　　上
法　務　図　書　館	同　　　上	同　　　上	同　　　上
国立国会図書館	100-8924 千代田区永田町1丁目10番1号	03（3581）2331	地下鉄有楽町線　永田町駅
最高裁判所図書館	102-8651 千代田区隼町4番2号	03（3264）8111	同　　　上
（一財）日本法律家協会	100-0013 千代田区霞が関1丁目1番1号	03（3581）6867	地下鉄有楽町線　桜田門駅

74 裁判所における主な事件の符号一覧

【参照】民事事件記録符号規程　刑事事件記録符号規程　行政事件記録符号規程
　　　　家庭事件記録符号規程

最高裁判所

(1) 民事事件

オ	上告事件	ク	特別抗告事件	ヤ	再審事件
受	上告受理事件	許	許可抗告事件	マ	民事雑事件
テ	特別上告事件				

(2) 刑事事件

あ	上告事件	き	再審請求事件	し	特別抗告事件
さ	非常上告事件	ゆ	上告受理申立て事件	す	雑事件

(3) 行政事件

行チ	訴訟事件（第一審）	行テ	特別上告事件	行ナ	再審事件
行ツ	上告事件	行ト	特別抗告事件	行ニ	雑事件
行ヒ	上告受理事件	行フ	許可抗告事件		

高等裁判所

(1) 民事事件

ネ	控訴事件	ラ	抗告事件	ツ	上告事件
ネオ	上告提起事件	ラク	特別抗告提起事件	ム	再審事件
ネ受	上告受理申立て事件	ラ許	許可抗告申立て事件	ウ	民事雑事件

(2) 刑事事件

う	控訴事件	く	抗告事件	て	雑事件
お	再審請求事件	の	第一審事件		

(3) 行政事件

行ケ	訴訟事件（第一審）	行サ	上告提起事件	行タ	雑事件
行コ	控訴事件	行ス	抗告事件	行ノ	上告受理申立て事件

地方裁判所

(1) 民事事件

ワ	通常訴訟事件	チ	民事非訟事件	フ	破産事件
ワネ	控訴提起事件	ヒ	商事非訟事件	再	再生事件
ワオ	飛躍上告提起事件	借チ	借地非訟事件	再イ	小規模個人再生事件
ヨ	保全命令事件	労	労働審判事件	再ロ	給与所得者等再生事件
レ	控訴事件	手ワ	手形訴訟事件及び小切手訴訟事件	ミ	会社更生事件

レツ	上告提起事件	ノ	民事一般調停事件	モ	民事雑事件
ソ	抗告事件	ユ	宅地建物調停事件	ヌ	強制執行事件
ソラ	抗告提起事件	メ	商事調停事件	ケ	担保不動産競売事件
ル	債権等財産権に対する強制執行事件	ナ	債権等財産権を目的とする担保権の実行及び行使事件	ヲ	執行雑事件
企	企業担保権実行事件	ヘ	公示催告事件	カ	再審事件
配チ	配偶者暴力等に関する保護命令事件	財チ	財産開示事件	情チ	第三者からの情報取得事件
発チ	発信者情報開示命令事件				

(2) 刑事事件

わ	公判請求事件	た	再審請求事件	損	刑事損害賠償命令事件
よ	証拠保全請求事件	む	雑事件		

(3) 行政事件

行ウ	訴訟事件	行エ	飛躍上告提起事件及び上告提起事件	行カ	抗告提起事件
行ヌ	控訴提起事件	行オ	再審事件	行ク	雑事件

家庭裁判所

家	家事審判事件	家ヘ	通常訴訟事件	家ロ	家事雑事件
家イ	家事調停事件	家リ	保全命令事件	少	少年保護事件
家ホ	人事訴訟事件	家ヌ	子の返還申立事件		

簡易裁判所

(1) 民事事件

イ	和解事件	少エ	少額訴訟判決に対する異議申立て事件	ユ	宅地建物調停事件
ロ	督促事件	ヘ	公示催告事件	メ	商事調停事件
ハ	通常訴訟事件	ト	保全命令事件	特ノ	特定調停事件
手ハ	手形訴訟事件及び小切手訴訟事件	借	借地非訟事件	交	交通調停事件
少コ	少額訴訟事件	ノ	民事一般調停事件	公	公害等調停事件
少ル	少額訴訟債権執行事件	ハレ	控訴提起事件	ハソ	抗告提起事件
サ	民事雑事件				

(2) 刑事事件

い	略式事件	に	証拠保全請求事件		
ろ	公判請求事件	ほ	再審請求事件		

75 文書・情報の入手先一覧

※ 下記は一例です。

官公庁・役場に保管されている文書・情報（場合により、コピー・閲覧することができる）

保管先	文書	本書参照項目
裁判所	民事裁判記録、家事事件記録、刑事裁判記録	45、47、48
検察庁	実況見分調書等 交通事故刑事記録 不起訴記録	46、47、48
警察署	交通法規違反の事実 交通事故現場の状況 信号機の表示周期 行方不明者届出 物件事故報告書 過去3年間の運転記録証明書 風俗営業の許可を受けている者の住所・氏名・許可年月日 古物商の許可 暴力団員の該当性 運転免許の有無	49
法務局	不動産登記事項証明書 閉鎖登記簿謄本 商業・法人登記事項証明書 地積測量図 建物所在図 14条1項地図 後見登記されていないことの証明書	53～56
市区町村役場	戸籍、戸籍の附票 除籍謄・抄本 改製原戸籍謄・抄本 住民票、住民基本台帳 印鑑証明 名寄帳 固定資産課税台帳 都市計画図 航空写真 建築確認申請書類 建築計画概要書 開発許可申請の事前協議の有無の確認 都市計画区域の指定内容 道路調書 建築制限等の内容 区画整理確定図 介護保険に関する文書 無資産証明書 課税証明書	58～60
出入国在留管理庁	出入国月日 乗換機地、利用航空便名 日本にいる外国人の国籍、本籍、氏名、生年月日、在留カード番号、特別永住者証明書番号、居住地等	64
税務署	市街地路線価図、確定申告書、固定資産税評価額証明書 相続税申告書、源泉徴収票	66
運輸局・軽自動車検査協会	登録事項証明書	71

役所等一覧表、その他

保管先	文書
消防署	火災事案等（出火原因、時間、場所等） 救急・救助活動等
労働局・金融庁	登録貸金業者情報
建設局	道路・地形データ
都市整備局	建設業者の許可 宅地建物取引業の許可
外務省	海外居住者の住所、連絡先 旅券発給の事実
労働基準監督署	就業規則届出 労災保険の給付金の種類と額 労災事故の報告内容・調査内容・処分内容
気象庁・地方気象台	全国の地上気象観測 アメダスの過去のデータ
保健所	営業者の氏名・代表者名 営業の種類・屋号・許可番号・年月日等
法務省矯正局成人矯正課	服役場所、収容年月日
損害保険料率算出機構	事故発出日、自賠責保険会社の名称・支払金額等
自動車安全運転センター	交通事故証明書

（参考）民間企業に保管されている情報（場合により、コピー・閲覧できるものがある）

保管先	文書
銀行	不渡届 取引停止処分の有無 融資状況 株取引の有無と数量 防犯カメラ映像 預貯金の有無 取引履歴、残高証明 手形小切手のマイクロフィルム
証券会社	証券取引の有無と状況
損害保険会社	損害保険契約の有無・内容 保険金支払の有無・内容
生命保険協会／生命保険会社	生命保険契約の有無・内容 給付金支払いの内容
病院	傷病名、複害部位、後遺症の症状等 死因 入院通院期間 受胎時期 意思能力
ホテル	宿泊記録
電力会社	契約名義人の氏名・住所
電話会社	電話番号、発信記録 契約名義人の氏名・住所・銀行口座
クレジット会社	利用明細の照会

弁護士職務便覧
―令和6年度版―

2024年7月12日　初版発行

編　者	東京弁護士会 第一東京弁護士会 第二東京弁護士会
発行者	和　田　　　裕

発行所　日本加除出版株式会社
本　社　〒171-8516
　　　　東京都豊島区南長崎3丁目16番6号

組版・印刷・製本　㈱アイワード

定価はカバー等に表示してあります。
落丁本・乱丁本は当社にてお取替えいたします。
お問合せの他、ご意見・感想等がございましたら、下記まで
お知らせください。

〒171-8516
東京都豊島区南長崎3丁目16番6号
日本加除出版株式会社　営業企画課
電話　　03-3953-5642
FAX　　03-3953-2061
e-mail　toiawase@kajo.co.jp
URL　　www.kajo.co.jp

お役立ち資料　無料プレゼントのご案内

弁護士ドットコムでは弁護士の先生方のお役に立てるよう、様々なコンテンツを無料で公開しています。
その中から今回は、特に人気の高いものをご紹介いたします。

**各コンテンツは QR コード、FAX、メールからお申し込みいただくことで、
閲覧・ダウンロード可能となります。**

生成 AI によって変わる未来のリーガルリサーチ　【セミナーレポート】

生成 AI の利用が一般化するなか、弁護士の業務はどのように変わり、どのようなスキルが
求められるようになるのでしょうか？弁護士向けサービスに生成 AI をいち早く取り入れた
弁護士ドットコムが徹底解説します。

向井蘭弁護士の顧問先にウケるシリーズ
「記載不備・失敗例からわかる労使紛争知らずの就業規則〜賃金編〜【退職金】」より
退職金規定の記載の仕方で労使紛争は回避できる

「退職金」をめぐる紛争を回避するための実務上の対処として、退職金規定の「適用対象」
の記載や、退職金返還請求条項の記載の仕方を解説した一部を抜粋して紹介します。

これだけ知っとけば何とかなる！交通事故 関係先別 交渉・対応方法

基本的なポイントはもちろん、実際にどこに問い合わせて、どのように話したらよいかと
いった具体的な話し方や交渉方法、また「こんなことを言われて困った」というときの
対応を交渉相手ごとに分けて解説します。

資料をご希望の方は、下記の必要事項をご記入のうえ、
FAX またはメールからお問い合わせください。

FAX 050-3538-4199
メール gyosys@bengo4.com

ご希望の資料にチェックを付けてください	□ 生成 AI によって変わる未来のリーガルリサーチ【セミナーレポート】 □ 退職金規定の記載の仕方で労使紛争は回避できる □ これだけ知っとけば何とかなる！交通事故 関係先別 交渉・対応方法 □ 弁護士ドットコム LIBRARY サービス資料
弁護士登録番号（必須）	
メールアドレス（必須） ＊メールにて資料を送付いたします	
氏名（必須）　　　　　　　　　　電話番号	

先生方の書籍づくりをお手伝いします

研究成果出版
のすゝめ

- ☑ 長年の研究成果や積み上げてきた経験・知識を1冊にまとめ、出版したい
- ☑ 親身な出版社と一緒に費用と労力を抑えて出版したい
- ☑ ISBNコードを付与して書店やAmazonなどで流通させたい

くわしくは、
研究成果出版Web
をご覧ください

https://kenkyu-seika-shuppan.com

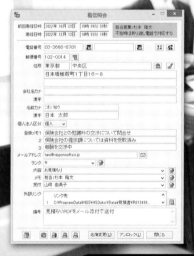

夢を、

上乗せしよう。

merit 1	merit 2	merit 3	merit 4	merit 5
65歳から **一生涯** **受け取れます**	**掛金**の額も **受取**の額も **変動しません**	**税金**が **おトク**に なります	**掛け捨て** には **なりません**	受取額や 受取期間に合わせて **自由に設計** できます

ご加入、ご検討にあたってはホームページ・パンフレット等で詳細をご確認ください。

資料請求・ご相談・
お問い合わせはお気軽に。

☎**03-3581-3739**

日本弁護士国民年金基金 検索 http://www.bknk.or.jp/

日本弁護士国民年金基金

〒100-0013 東京都千代田区霞が関1丁目1番3号 弁護士会館14階

※地域によっては携帯電話からはつながらない場合があります。

度量衡換算表

長　　さ

	メートル	キロメートル	尺(しゃく)	間(けん)	里(り)	インチ	フィート	ヤード	マイル
メートル	1	0.001	3.3	0.55	0.000254	39.3701	3.28084	1.09361	0.000621
キロメートル	1000	1	3300	550	0.254629	39370.1	3280.84	1093.61	0.621371
尺(しゃく)	0.30303	0.000303	1	0.166666	0.000077	11.9305	0.994211	0.331403	0.000188
間(けん)	1.81818	0.001818	6	1	0.000462	71.5832	5.96527	1.98842	0.001129
里(り)	3927.27	3.92727	12960	2160	1	154619	12884.9	4294.99	2.44033
インチ	0.0254	0.000025	0.083818	0.013969	0.000006	1	0.083332	0.027777	0.000015
フィート	0.3048	0.0003	1.00582	0.167637	0.000077	12	1	0.33333	0.000189
ヤード	0.9144	0.000914	3.01746	0.50291	0.000232	36	3	1	0.000568
マイル	1609.344	1.609344	5310.83	885.123	0.409779	63360	5280	1760	1

重　　さ

	グラム	キログラム	匁(もんめ)	貫(かん)	斤(きん)	オンス	ポンド	トン(英)	トン(米)
グラム	1	0.001	0.266666	0.000266	0.001666	0.035274	0.0022046	0.0000009	0.000001
キログラム	1000	1	266.666	0.266666	1.66666	35.2740	2.20462	0.0009842	0.001102
匁(もんめ)	3.75	0.00375	1	0.001	0.00625	0.132277	0.008267	0.000003	0.000004
貫(かん)	3750	3.75	1000	1	6.25	132.277	8.26732	0.00369	0.004133
斤(きん)	600	0.6	160	0.16	1	21.1641	1.32277	0.00059	0.000661
オンス	28.3495	0.028349	7.55984	0.007559	0.047249	1	0.0625	0.000027	0.000031
ポンド	453.592	0.45359237	120.958	0.120958	0.755988	16	1	0.000446	0.0005
トン(英)	1016050	1016.05	270946	270.946	1693.41	35840	2240	1	1.12
トン(米)	907185	907.185	241916	241.916	1511.97	32000	2000	0.8928547	1

面　　積

	平方メートル	アール	ヘクタール	坪(つぼ)	反(たん)	町(ちょう)	平方フィート	平方マイル	エーカー
平方メートル	1	0.01	0.0001	0.3025	0.001008	0.0001	10.7639	0.0000003	0.000247
アール	100	1	0.01	30.25	0.100833	0.010083	1076.39	0.000038	0.02471
ヘクタール	10000	100	1	3025	10.0833	1.0083	107639	0.003861	2.4711
坪(つぼ)	3.30578	0.033058	0.00033	1	0.003333	0.00033	35.5844	0.000001	0.000816
反(たん)	991.736	9.91736	0.09917	300	1	0.1	10675.3	0.000382	0.24507
町(ちょう)	9917.36	99.1736	0.99173	3000	10	1	106750	0.003829	2.45072
平方フィート	0.09290	0.000928	0.000009	0.028102	0.000093	0.000009	1	—	0.00002
平方マイル	2589988	25899.9	258.999	783443	2611.47	261.147	2787832	1	640
エーカー	4046.86	40.4686	0.40468	1224.17	4.0806	0.40806	43560	0.001562	1

体　　積

	立方メートル	リットル	合(ごう)	升(しょう)	石(こく)	ガロン(英)	ガロン(米)	立方フィート	バーレル
立方メートル	1	1000	5543.52	554.352	5.54352	219.969	264.172	35.3147	6.292
リットル	0.001	1	5.54352	0.55435	0.005543	0.219969	0.264172	0.0353	0.006292
合(ごう)	0.00018	0.18039	1	0.1	0.001	0.0397	0.047654	0.00637	0.001135
升(しょう)	0.001803	1.8039	10	1	0.01	0.397	0.47654	0.06370	0.01135
石(こく)	0.18039	180.39	1000	100	1	39.7034	47.654	6.37077	1.135
ガロン(英)	0.004560	4.54609	25.2006	2.52006	0.0252	1	1.20095	0.16054	0.028594
ガロン(米)	0.003785	3.78541	20.9846	2.09846	0.02098	0.833	1	0.134	0.023807
立方フィート	0.0283168	28.3168	156.966	15.6966	0.156966	6.2288	7.48	1	0.178167
バーレル	0.1589345	158.9345	881.3679	88.13679	0.8813679	34.97237	42.00445	5.612712	1

温度換算……摂氏(℃)を華氏(°F)9/5×摂氏＋32°　華氏(°F)を摂氏(℃)に5/9×(華氏－32°)

坪(歩)m² 換算表(1坪～69坪)

	坪	1	2	3	4	5	6	7	8	9
坪	m²	3.3057	6.6115	9.9173	13.2231	16.5289	19.8347	23.1404	26.4462	29.7520
10	33.0578	36.3636	39.6694	42.9752	46.2809	49.5867	52.8925	56.1983	59.5041	62.8099
20	66.1157	69.4214	72.7272	76.0330	79.3388	82.6446	85.9504	89.2561	92.5619	95.8677
30	99.1735	102.4793	105.7851	109.0909	112.3966	115.7024	119.0082	122.3140	125.6198	128.9256
40	132.2314	135.5371	138.8429	142.1487	145.4545	148.7603	152.0661	155.3719	158.6776	161.9834
50	165.2892	168.5950	171.9008	175.2066	178.5123	181.8181	185.1239	188.4296	191.7355	195.0413
60	198.3471	201.6528	204.9586	208.2644	211.5702	214.8760	218.1818	221.4876	224.7933	228.0991

西　暦	日本年号	干　支	年　齢
※1904	明治37年	甲辰	120歳
1905	〃38	乙巳	119
1906	〃39	丙午	118
1907	〃40	丁未	117
※1908	〃41	戊申	116
1909	〃42	己酉	115
1910	〃43	庚戌	114
1911	〃44	辛亥	113
※1912	〃45	｝壬子	112
※1912	大　正　元		
1913	〃2	癸丑	111
1914	〃3	甲寅	110
1915	〃4	乙卯	109
※1916	〃5	丙辰	108
1917	〃6	丁巳	107
1918	〃7	戊午	106
1919	〃8	己未	105
※1920	〃9	庚申	104
1921	〃10	辛酉	103
1922	〃11	壬戌	102
1923	〃12	癸亥	101
※1924	〃13	甲子	100
1925	〃14	乙丑	99
1926	〃15	｝丙寅	98
1926	昭　和　元		
1927	〃2	丁卯	97
※1928	〃3	戊辰	96
1929	〃4	己巳	95
1930	〃5	庚午	94
1931	〃6	辛未	93
※1932	〃7	壬申	92
1933	〃8	癸酉	91
1934	〃9	甲戌	90
1935	〃10	乙亥	89
※1936	〃11	丙子	88
1937	〃12	丁丑	87
1938	〃13	戊寅	86
1939	〃14	己卯	85
※1940	〃15	庚辰	84
1941	〃16	辛巳	83
1942	〃17	壬午	82
1943	〃18	癸未	81
※1944	〃19	甲申	80
1945	〃20	乙酉	79
1946	〃21	丙戌	78
1947	〃22	丁亥	77
※1948	〃23	戊子	76
1949	〃24	己丑	75
1950	〃25	庚寅	74
1951	〃26	辛卯	73
※1952	〃27	壬辰	72
1953	〃28	癸巳	71
1954	〃29	甲午	70
1955	〃30	乙未	69
※1956	〃31	丙申	68
1957	〃32	丁酉	67
1958	〃33	戊戌	66
1959	〃34	己亥	65
※1960	〃35	庚子	64
1961	〃36	辛丑	63
1962	〃37	壬寅	62
1963	〃38	癸卯	61
※1964	〃39	甲辰	60

西　暦	日本年号	干　支	年　齢
1965	昭和40年	乙巳	59歳
1966	〃41	丙午	58
1967	〃42	丁未	57
※1968	〃43	戊申	56
1969	〃44	己酉	55
1970	〃45	庚戌	54
1971	〃46	辛亥	53
※1972	〃47	壬子	52
1973	〃48	癸丑	51
1974	〃49	甲寅	50
1975	〃50	乙卯	49
※1976	〃51	丙辰	48
1977	〃52	丁巳	47
1978	〃53	戊午	46
1979	〃54	己未	45
※1980	〃55	庚申	44
1981	〃56	辛酉	43
1982	〃57	壬戌	42
1983	〃58	癸亥	41
※1984	〃59	甲子	40
1985	〃60	乙丑	39
1986	〃61	丙寅	38
1987	〃62	丁卯	37
※1988	〃63	戊辰	36
1989	〃64	｝己巳	35
1989	平　成　元		
1990	〃2	庚午	34
1991	〃3	辛未	33
※1992	〃4	壬申	32
1993	〃5	癸酉	31
1994	〃6	甲戌	30
1995	〃7	乙亥	29
※1996	〃8	丙子	28
1997	〃9	丁丑	27
1998	〃10	戊寅	26
1999	〃11	己卯	25
※2000	〃12	庚辰	24
2001	〃13	辛巳	23
2002	〃14	壬午	22
2003	〃15	癸未	21
※2004	〃16	甲申	20
2005	〃17	乙酉	19
2006	〃18	丙戌	18
2007	〃19	丁亥	17
※2008	〃20	戊子	16
2009	〃21	己丑	15
2010	〃22	庚寅	14
2011	〃23	辛卯	13
※2012	〃24	壬辰	12
2013	〃25	癸巳	11
2014	〃26	甲午	10
2015	〃27	乙未	9
※2016	〃28	丙申	8
2017	〃29	丁酉	7
2018	〃30	戊戌	6
2019	〃31	｝己亥	5
2019	令　和　元		
※2020	〃2	庚子	4
2021	〃3	辛丑	3
2022	〃4	壬寅	2
2023	〃5	癸卯	1
※2024	〃6	甲辰	0

〔注〕　①年齢は出生の日から起算し、起算日に応当する日の前日で満了します。誕生日前の年齢数は上表年齢より1を引いて下さい。

　　　②※印は、うるう年です。ただし、100で割り切れ400で割り切れない年は平年となります。

　　　③各年号の改元の日は、大正元年（明治45年）7月30日、昭和元年（大正15年）12月25日、平成元年（昭和64年）1月8日、令和元年（平成31年）5月1日です。